경북지역 청동기시대 무덤

학연문화사

▌저자

이성주 : 경북대학교 고고인류학과 교수

신영애 : 경상북도문화재연구원 보존관리팀장

방선지 : 경상북도문화재연구원 연구원

조미애 : 경상북도문화재연구원 연구원

정은정 : 경상북도문화재연구원 연구원

김광명 : 경상북도문화재연구원 조사연구실장

경상북도문화재연구원 학술총서2

경북지역 청동기시대 무덤

2016년 12월 26일 초판 1쇄 인쇄
2016년 12월 30일 초판 1쇄 발행

지은이 이성주·신영애·방선지·조미애·정은정·김광명
펴낸이 권혁재

편　집 방선지·조미애·정은정·한진연(경상북도문화재연구원)
디자인 학연문화사
출　력 리치미디어
인　쇄 리치미디어

펴낸곳 학연문화사
등　록 1988년 2월 26일 제2-501호
주　소 서울시 금천구 가산동 371-28 우림라이온스밸리 B동 712호
전　화 02-2026-0541~4
팩　스 02-2026-0547
E-mail hak7891@chol.net

ISBN 978-89-5508-366-8　94910
ⓒ 이성주·신영애·방선지·조미애·정은정·김광명 2016
협의에 따라 인지를 붙이지 않습니다.

책값은 뒷표지에 있습니다.
잘못된 책은 바꾸어 드립니다.

경북지역 청동기시대 무덤

이성주 · 신영애 · 방선지 · 조미애 · 정은정 · 김광명

학연문화사

발간사

우리 연구원은 지난 해 '금호강유역 초기사회의 형성'이라는 주제로 개원 17년 만에 처음으로 학술총서를 발간하였습니다. 금번에는 '경북지역 청동기시대 무덤'이라는 제목으로 두 번째 총서를 완성하게 되었습니다.

경북지역은 수많은 선사시대 유적이 존재하는 것으로 보고되어 있습니다. 그중에서도 청동기시대 지석묘와 석관묘가 가장 많은 비중을 차지합니다. 한반도에 존재한 인간의 역사를 뒤돌아보면 청동기시대부터 대규모 마을을 형성하여 살았고, 이들이 남긴 기념비적인 성과물이 바로 지석묘와 석관묘라 할 수 있습니다. 때문에 경북 각지에 산재한 지석묘와 석관묘의 가치는 청동기시대 사람들의 삶을 반영한다는 것입니다.

경북지역 청동기시대 무덤에 대한 조사·연구는 일제강점기부터 시작되었고, 1990년대에 들어서는 각종 사회간접자본 개발을 위한 매장문화재 조사가 대폭 증가하면서 많은 조사 결과물이 축적되어 왔습니다. 그럼에도 불구하고 아직까지 이들 유적을 집대성한 연구보고서는 전무한 실정입니다. 따라서 이런 유적조사 결과들을 학술자료로 모을 필요가 있다는 현실인식과 또 한편으로 경상북도문화재연구원의 소임 중 하나인 연구기관으로서의 역할을 하고자하는 의무감에 학술총서 2집을 발간하게 되었습니다.

연구원들의 헌신적인 노력이 없었다면 이런 연구성과는 불가능하였을 것입니다. 바쁜 현장조사에도 불구하고, 시간을 쪼개 학술총서 제작에 참여하여 성과를 이루어 낸 연구자들에게 고마운 마음을 전합니다. 특히 희귀자료인 일제강점기의 유리건판을 사용할 수 있도록 협조해 주신 국립중앙박물관 관계자 여러분께도 지면을 빌어 감사의 뜻을 전하고자 합니다.

2016년 12월

경상북도문화재연구원장 박재홍

▌일러두기

1. 이 책은 경북(대구)지역 청동기시대 지석묘, 석관묘, 토광묘(목관묘), 옹관묘 가운데 2016년 6월까지 발굴조사 보고서가 발간된 것을 대상으로 하였다. 단, 2012년 국립나주문화재연구소가 발간한『동북아시아 지석묘 2; 한국지석묘-경상남북도·제주도 편』에 수록된 지석묘는 중복을 피하기 위해 제외하였고, 본 총서와 『한국지석묘-경상남북도·제주도 편』으로 경북지역 청동기시대 무덤 전모를 파악할 수 있도록 하였다.

2. 책 구성은 청동기시대 무덤이 하천을 따라 조영되는 특징을 감안하여 낙동강, 금호강, 형산강 등 경북지역 주요 강과 하천을 기준으로 구분하였다.

3. 유적번호는 경북지역에서 청동기시대 무덤 분포밀도가 높은 금호강부터 시작해 동쪽으로, 그리고 다시 경북지역 남쪽에서 낙동강을 따라 북상하는 순서로 부여하였다. 각 하천별로는 강 하류부터 상류쪽으로 유적번호를 부여하였다.

4. 유적명은 행정지명에 따라 '시/군 + 동/리 + 유적'을 기본으로 하되, 동/리에 두 개소 이상 유적이 있거나 『한국지석묘-경상남북도·제주도 편』과 중복되는 유적명은 '시/군 + 동/리 + 번지 + 유적'으로 표기하여 구분하였다.

5. 유적 기술은 유적위치, 조사기수, 출토유물, 참고문헌, 유적 및 유구 내용 순으로 하였다. 유적 및 유구의 명칭 및 세부 내용은 보고자의 견해를 우선으로 따랐으며, 각 보고서에서 서로 달리 사용된 용어 가운데 일부는 전체적인 통일을 기하기 위하여 일반적으로 통용되고 있는 용어로 바꾸어 표현하였다.

6. 책자에 수록된 도면과 사진은 발굴조사보고서에 게재된 도면과 사진을 그대로 인용하였다.

7. 도면 축적은 유구 1/50, 토기 1/5, 석기 1/4을 기준으로 하였으며 예외인 경우는 별도로 표기하였다.

8. 권말에는 일제강점기 유리건판, 유구현황표, 참고문헌을 첨부하고 마지막으로 논고를 실었다.

9. 유리건판은 국립중앙박물관 소장 자료 중 경북지역 청동기시대 무덤 관련자료를 수록하였다.

목 차

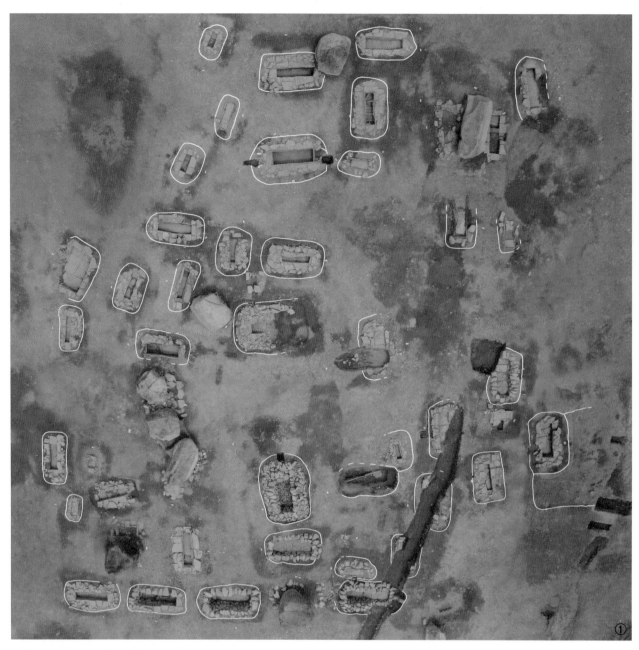

사진 1. 04 대구 신서동 유적 B-1구역 전경(①)

사진 2. 04 대구 신서동 유적 B-1구역 지석묘 3호(②③)

사진 3. 04 대구 신서동 유적 B-6구역 지석묘 1호(①②)

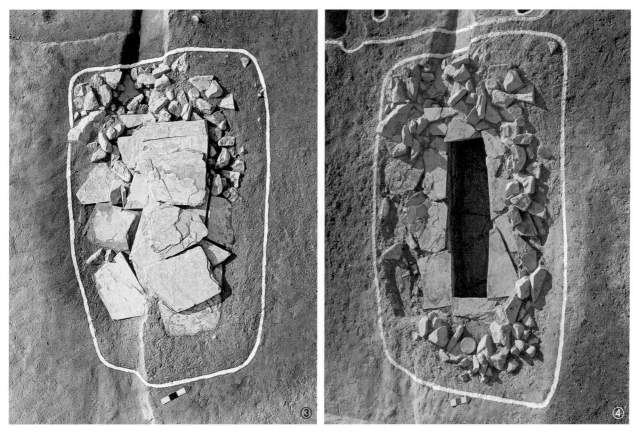

사진 4. 04 대구 신서동 유적 B-6구역 석관묘 19호(③④)

사진 5. 09 대구 대천동 511-2 유적 석곽(관)묘군 A군 전경

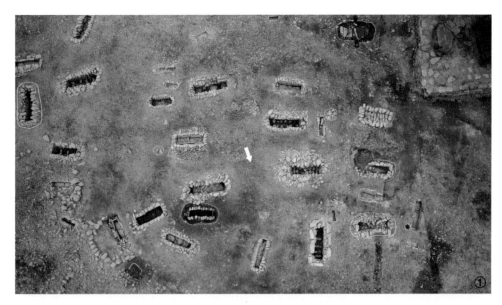

사진 6. 09 대구 대천동 511-2 유적 석곽(관)묘군 A군 세부 전경(①)

사진 7. 09 대구 대천동 511-2 유적 석곽(관)묘군 A-17호묘·18호묘(②)

사진 8. 09 대구 대천동 511-2 유적 B군 10호묘(③)

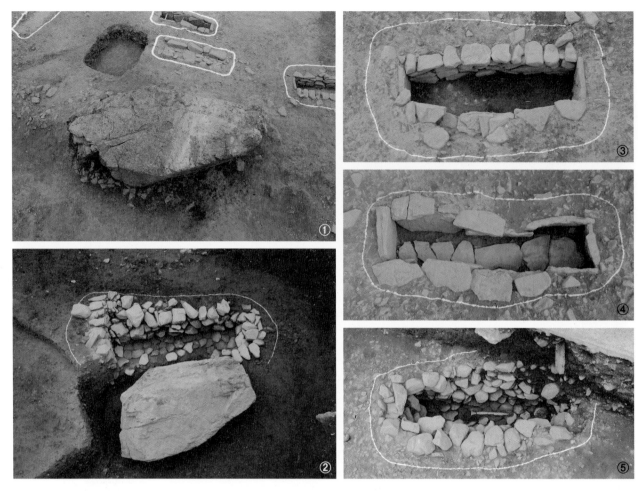

사진 9. 16 대구 상인동 128-8 유적 지석묘 1호(①)·2호(②), 석관묘 2호(③)·4호(④)·7호(⑤)

사진 10. 17 대구 상인동 98-1 유적 석관묘 6호(⑥⑦)

16

사진 11. 23 대구 상동 1-64 유적 전경(①②)·석관묘 2~5호(③)·석관묘 12~15호(④)

사진 12. 32 경산 평기리 유적 지석묘 1호(①)·2호(②)

사진 13. 34 경주 갑산리 유적 적석석관묘(③~⑤)

사진 14. 53 청도 신당리 489-3 유적 상석 제거 전(①)·상석 제거후(②)

사진 15. 58 달성 평촌리 유적 원경(①)·석관묘군 전경(②)

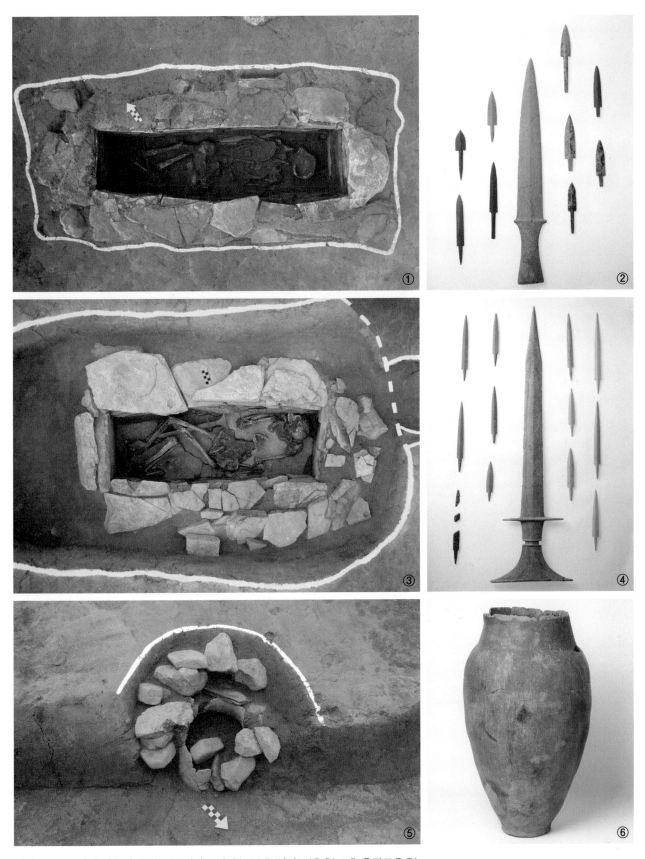

사진 16. 58 달성 평촌리 유적 3호 석관묘(①②)·20호 석관묘(③④)·1호 옹관묘(⑤⑥)

사진 협조

사진1~4 : 한국문화재보호재단, 사진5~8 : (재)영남문화재연구원,
사진9·12·14 : (재)삼한문화재연구원, 사진10 : (재)대동문화재연구원,
사진11 : (재)세종문화재연구원, 사진13·15·16 : (재)경상북도문화재연구원

분포도 1. 경북지역 청동기시대 무덤 분포도(위성사진)

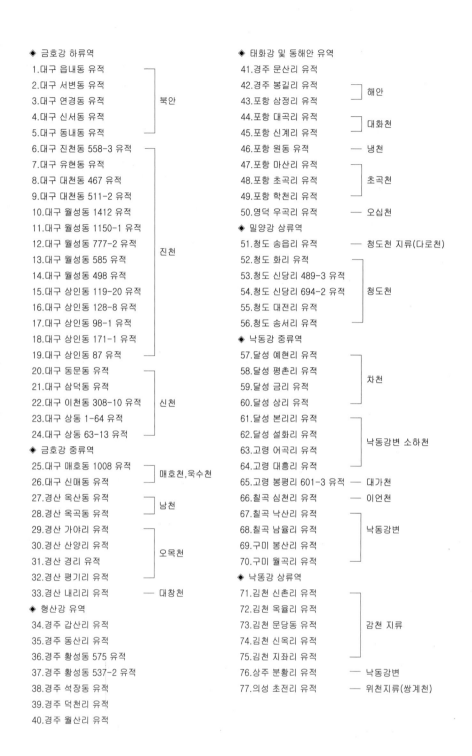

◆ 금호강 하류역

1. 대구 읍내동 유적 ┐
2. 대구 서변동 유적 │
3. 대구 연경동 유적 ├ 북안
4. 대구 신서동 유적 │
5. 대구 동내동 유적 ┘
6. 대구 진천동 558-3 유적 ┐
7. 대구 유현동 유적 │
8. 대구 대천동 467 유적 │
9. 대구 대천동 511-2 유적 │
10. 대구 월성동 1412 유적 │
11. 대구 월성동 1150-1 유적 │
12. 대구 월성동 777-2 유적 ├ 진천
13. 대구 월성동 585 유적 │
14. 대구 월성동 498 유적 │
15. 대구 상인동 119-20 유적 │
16. 대구 상인동 128-8 유적 │
17. 대구 상인동 98-1 유적 │
18. 대구 상인동 171-1 유적 │
19. 대구 상인동 87 유적 ┘
20. 대구 동문동 유적 ┐
21. 대구 삼덕동 유적 │
22. 대구 이천동 308-10 유적 ├ 신천
23. 대구 상동 1-64 유적 │
24. 대구 상동 63-13 유적 ┘

◆ 금호강 중류역

25. 대구 매호동 1008 유적 ┐ 매호천,욱수천
26. 대구 신매동 유적 ┘
27. 경산 옥산동 유적 ┐ 남천
28. 경산 옥곡동 유적 ┘
29. 경산 가야리 유적 ┐
30. 경산 산양리 유적 │
31. 경산 경리 유적 ├ 오목천
32. 경산 평기리 유적 ┘
33. 경산 내리리 유적 ─ 대창천

◆ 형산강 유역

34. 경주 갑산리 유적
35. 경주 동산리 유적
36. 경주 황성동 575 유적
37. 경주 황성동 537-2 유적
38. 경주 석장동 유적
39. 경주 덕천리 유적
40. 경주 월산리 유적

◆ 태화강 및 동해안 유역

41. 경주 문산리 유적
42. 경주 봉길리 유적 ┐ 해안
43. 포항 삼정리 유적 ┘
44. 포항 대곡리 유적 ┐ 대화천
45. 포항 신계리 유적 ┘
46. 포항 원동 유적 ─ 냉천
47. 포항 마산리 유적 ┐
48. 포항 초곡리 유적 ├ 초곡천
49. 포항 학천리 유적 ┘
50. 영덕 우곡리 유적 ─ 오십천

◆ 밀양강 상류역

51. 청도 송읍리 유적 ─ 청도천 지류(다로천)
52. 청도 화리 유적 ┐
53. 청도 신당리 489-3 유적 │
54. 청도 신당리 694-2 유적 ├ 청도천
55. 청도 대전리 유적 │
56. 청도 송서리 유적 ┘

◆ 낙동강 중류역

57. 달성 예현리 유적 ┐
58. 달성 평촌리 유적 ├ 차천
59. 달성 금리 유적 │
60. 달성 상리 유적 ┘
61. 달성 본리리 유적 ┐
62. 달성 설화리 유적 │
63. 고령 어곡리 유적 ├ 낙동강변 소하천
64. 고령 대흥리 유적 ┘
65. 고령 봉평리 601-3 유적 ─ 대가천
66. 칠곡 심천리 유적 ─ 이언천
67. 칠곡 낙산리 유적 ┐
68. 칠곡 남율리 유적 │
69. 구미 봉산리 유적 ├ 낙동강변
70. 구미 월곡리 유적 ┘

◆ 낙동강 상류역

71. 김천 신촌리 유적 ┐
72. 김천 옥율리 유적 │
73. 김천 문당동 유적 ├ 감천 지류
74. 김천 신옥리 유적 │
75. 김천 지좌리 유적 ┘
76. 상주 분황리 유적 ─ 낙동강변
77. 의성 초전리 유적 ─ 위천지류(쌍계천)

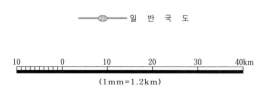

──◯23── 일 반 국 도

10 0 10 20 30 40km

(1mm=1.2km)

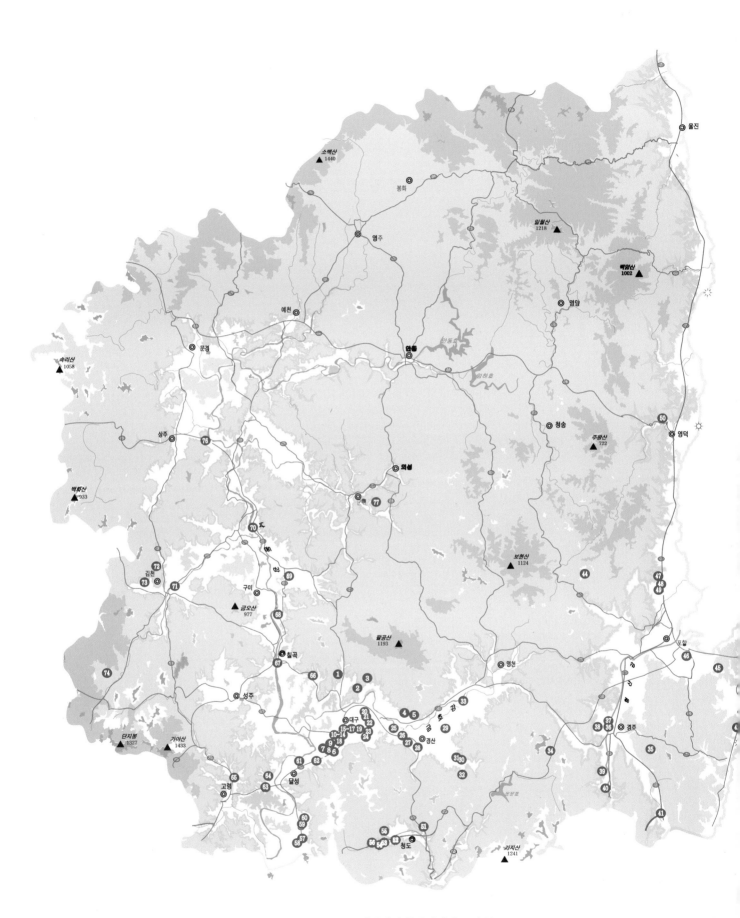

분포도 2. 경북지역 청동기시대 무덤 분포도

~~유적은 본 총서에 수록된 유적, ~~지석묘는 「한국지석묘-경상남북도·제주도 편」에 수록된 유적, ~~지석묘(유리건판)는 일제강점기 유리건판에 기록된 유적이다.

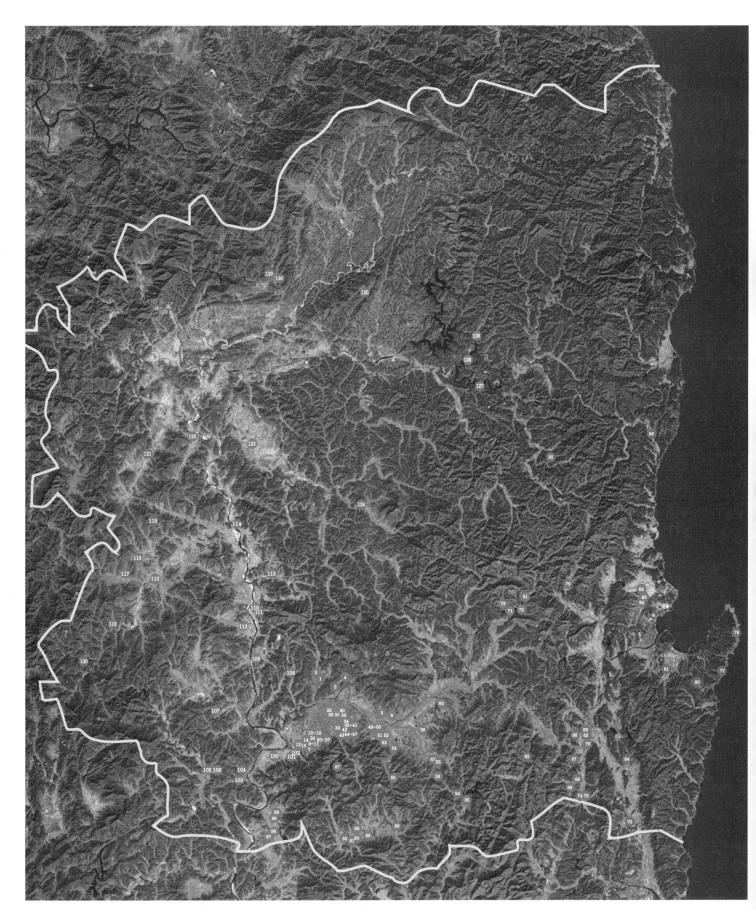

분포도 3. 경북지역 청동기시대 무덤 분포도(본 총서+『한국지석묘-경상남북도·제주도 편』)

━━━㉓━━ 일 반 국 도

```
10      0      10      20      30      40km
```

(1mm=1.2km)

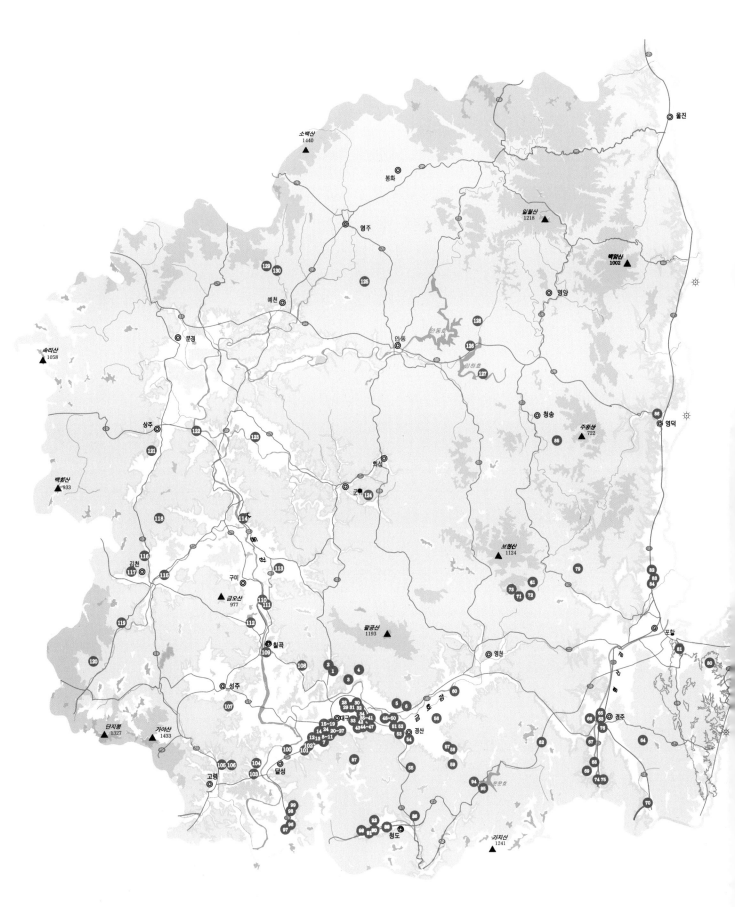

분포도 4. 경북지역 청동기시대 무덤 분포도(본 총서+『한국지석묘-경상남북도·제주도 편』)

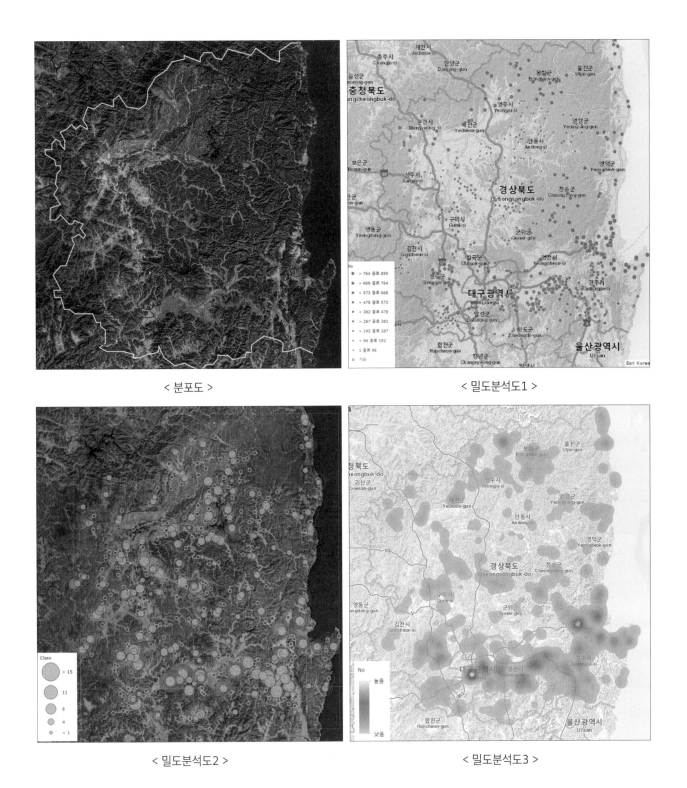

<분포도>

<밀도분석도1>

<밀도분석도2>

<밀도분석도3>

분포도 5. 문화재청 공간정보 시스템 내 경북지역 청동기시대 무덤

Ⅰ. 금호강 하류역

01 대구 읍내동 유적

유적위치 대구광역시 북구 읍내동 산76번지 일원
유구 석관묘 1기
유물 없음
참고문헌 경상북도문화재연구원, 2014, 『대구 대중금속공업고등학교 이전부지 내 대구 읍내동 산76번지 유적』

유적은 팔계평야의 북서쪽에 위치하며 칠곡군과 대구 경계에 위치한 명봉산에서 동남쪽으로 길게 뻗어 내려온 지맥의 끝부분으로 저구릉성산지에 해당한다. 구릉을 경계로 동쪽에는 상주·안동 방향의 25번 국도가 인접해 있고 서쪽에는 중앙고속도로가 위치한다. 유적의 동편으로는 팔거천이 남류하여 금호강과 합류한다.

구릉 하단을 총 3개의 구역으로 나누어 조사한 결과 석관묘는 A구역에서 1기 확인되었다. 석관묘는 구릉의 경사면 하단 해발 73.2m에 조성되었다. 축조방법을 보면 묘광을 조성한 후 판석을 수적하여 네 벽을 조성하였고 바닥에 판석 2매를 나란히 깔아 시상을 마련하였다. 내부에서 확인되는 유물은 없다.

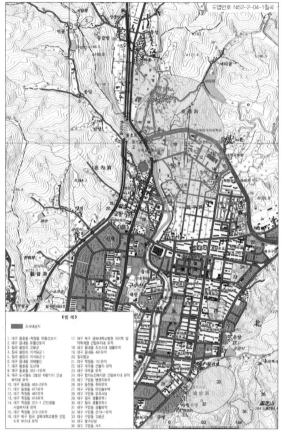

그림 1. 유적위치도 1

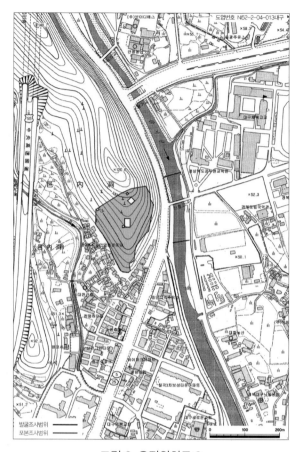

그림 2. 유적위치도 2

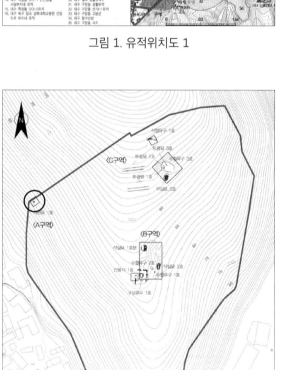

그림 3. 유구배치도

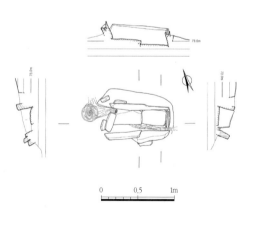

그림 4. A구역 석관묘 1호

02 대구 서변동 유적

유적위치   대구광역시 북구 서변동 670번지 일원
유구   석관묘 6기
유물   적색마연토기
참고문헌   嶺南文化財研究院, 2013,『大邱 西邊洞 聚落遺蹟II』

유적은 대구분지의 주봉인 팔공산(1,192m) 남쪽 지류인 도덕산의 최남단 함지산(287.7m) 아래 도곡골에서 흘러내린 퇴적물에 의한 선상지와 동하천의 범람성 퇴적지대가 접하는 지점에 해당한다. 팔공산에서 발원하여 금호강과 합류하는 동화천이 유적의 동쪽에서 남북으로 흐르고 있다.

석관묘는 총 6기가 확인되었고 군집이 아닌 개별로 확인되었다. 1호와 6호를 제외하고 모두 개석이 확인되었으며, 3호의 경우 개석을 두 차례 나누어 축조하였다. 석관의 형태는 'ㅍ'자형과 직사각형 조합식으로 나눌 수 있다. 석관의 벽면은 모두 판석을 이용하여 축조하였고 측벽에 판석을 세우면서 굴착한 것으로 생각된다.

바닥은 판석을 깔거나 판석과 할석을 혼용하여 시상을 마련한 것이 대부분이고 부장칸과 주검칸을 구분하기 위해 바닥의 높이를 달리하여 격벽을 사용한 경우도 있다.

유물은 1·2·6호에서 적색마연토기가 출토되었다. 6호 출토품만 완형이고 나머지 두 기는 편의 형태인데 보고자는 부장 당시 깨진 상태였을 것으로 보았다.

석관묘가 분포하는 양상은 6호를 제외하고 대부분 주거지와 생활유구가 분포하는 공간에 함께 위치하고 있으며 특히 하도와 구에 인접하여 위치하고 있는 것이 특징적이다.

그림 1. 유적위치도 1

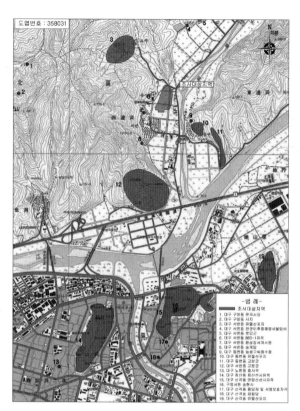

그림 2. 유적위치도 2

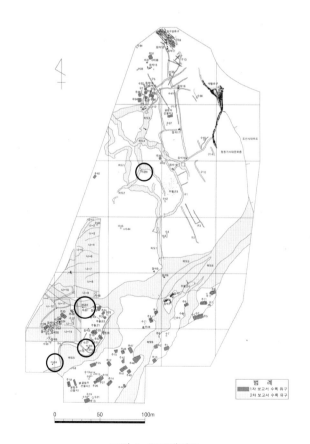

그림 3. 유구배치도

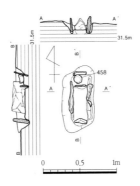

그림 4. 석관묘 1호 및 출토유물

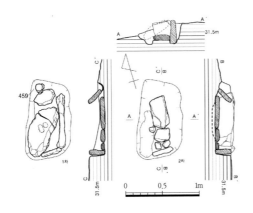

그림 5. 석관묘 2호 및 출토유물

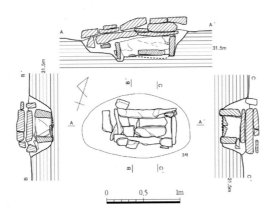
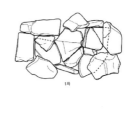

그림 6. 석관묘 3호

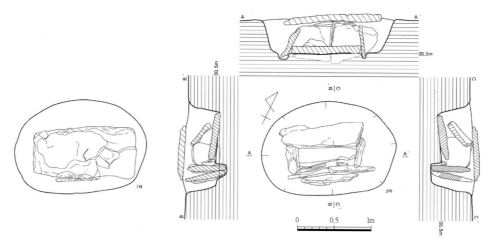

그림 7. 석관묘 4호

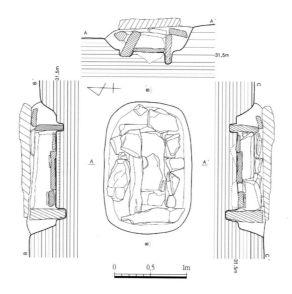

그림 8. 석관묘 5호

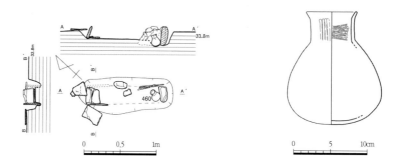

그림 9. 석관묘 6호 및 출토유물

03 대구 연경동 유적

유적위치	대구광역시 북구 연경동 일원
유구	석관묘 6기
유물	석촉
참고문헌	中央文化財研究院, 2016, 『大邱 研經洞 聚落遺蹟Ⅱ』

유적은 대구광역시 북구 연경동과 지묘동 일원에 보금자리주택 조성을 위해 택지개발에 앞서 시굴조사와 표본조사를 실시한 후 2구역으로 나누어 발주하였다. 그 중 Ⅰ구역을 중앙문화재연구원에서 조사하였고, Ⅱ구역은 한강문화재연구원에서 조사를 실시하였다.

조사지역은 북쪽 도덕산에서 남쪽으로 뻗은 능선과 남동쪽으로 뻗은 능선 사이 계곡부에 해당되며, 동화천과 무명천이 합류하는 지점의 서편에 위치한다. 지형은 산록완사면과 자연제방 미고지 등 유적이 입지할 수 있는 특징을 보이나, 경작과 마을 형성 등으로 훼손되었다. 중앙의 미고지를 따라 청동기시대 유구가 확인되고, 산록완사면을 중심으로 분묘와 생활유구가 분포한다.

석관묘는 4구역 북편에서 6기가 조사되었다. 대체로 판석으로 벽석을 축조하였고, 1호와 6호는 개석이 확인된다. 석관묘 축조양상을 살펴보면 '표'형과 'ㅁ'형이 확인되며, 축조방식은 홈을 굴착하지 않고 판석을 세운 후 묘광과 벽석 사이의 공간을 채우는 방식을 사용한 것으로 보고 있다. 부장유물은 석관묘 6호에서 석촉 1점이 출토되었다.

주변유적인 서변동 유적의 경우 동시기의 분묘와 취락유구가 확인되는 반면 연경동 유적은 분묘유적만 확인되었고, 부장유물도 서변동 유적에 비해 빈약하다. 그러나 두 유적간의 연관성, 시기차이, 집단간의 차이 등을 연구하는데 좋은 자료가 될 것으로 판단된다.

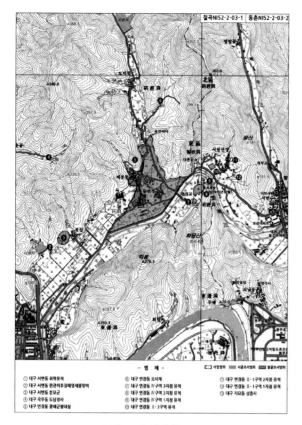

그림 1. 유적위치도 1

그림 2. 유적위치도 2

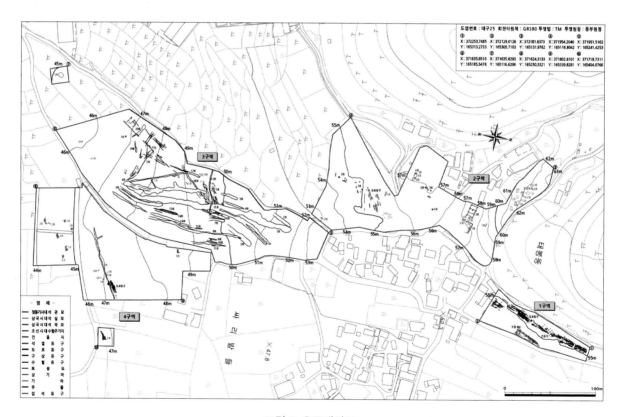

그림 3. 유구배치도

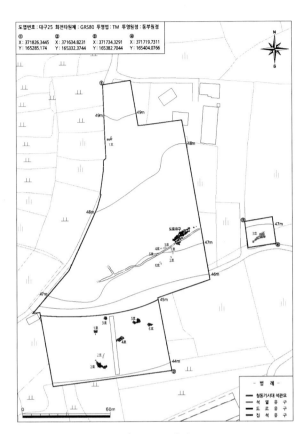

그림 4. 유구배치도

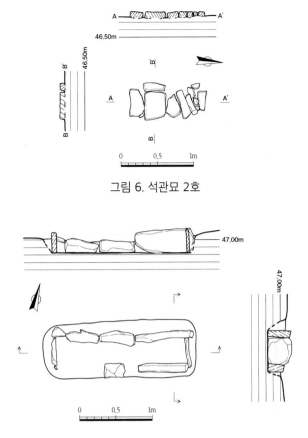

그림 6. 석관묘 2호

그림 7. 석관묘 3호

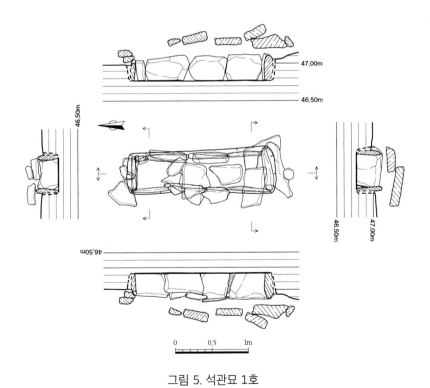

그림 5. 석관묘 1호

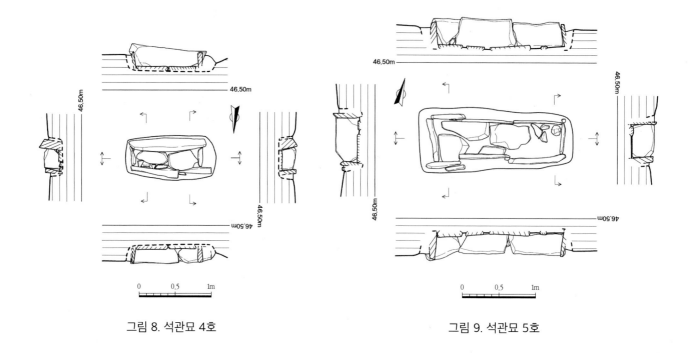

그림 8. 석관묘 4호   그림 9. 석관묘 5호

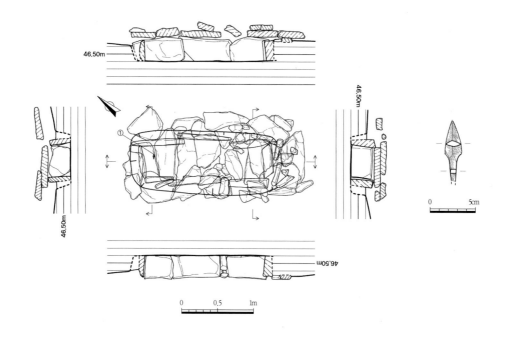

그림 10. 석관묘 6호 및 출토유물

04 대구 신서동 유적

유적위치　대구광역시 동구 신서동 일원

유구　지석묘 6기, 상석 5기, 석관묘 78기

유물　적색마연토기, 무문토기, 석검, 석촉

참고문헌　한국문화재보호재단, 2012, 『大邱 新西洞 遺蹟 I ~ V』

　　유적은 동구 신서동·각산동 일원으로 2차에 걸쳐 조사를 실시하였다. 발굴조사 대상지가 광범위하여 혁신도시 건설부지의 중앙을 기준으로 서쪽을 A구역, 동쪽을 B구역으로 구분하여 A구역과 B-3북구역을 경상북도 문화재연구원에서 조사하고, 나머지 대상지를 한국문화재보호재단에서 조사하였다. B-1구역에서 지석묘 4기와 상석 4기, 석관묘 44기, B-3구역에서 석관묘 4기, B-4구역에서 석관묘 2기, B-5구역에서 지석묘 1기, 석관묘 8기로 총 88기, B-6구역에서 지석묘 1기, 상석 1기, 석관묘 19기, B-7구역에서 석관묘 1기가 확인되었다. 유적은 해발고도 66~70m의 구릉 말단부 사이의 초례봉에서 금호강부근에 형성된 선상지 지형에 위치한다. 주변유적으로는 대구 동내동유적이 있다. 청동기시대 무덤은 1구역과 6구역에서 각각 52기와 19기가 집중 분포하고, 주거지는 6구역에서 57기가 집중 분포한다. 무덤은 크게 지석묘, 상석, 석관묘가 확인되며, 무덤간의 동-서, 남-북의 방향성이 확인된다. 일부 구역은 경작지로 인해 훼손되었으나 일대에 무덤이 분포하고 있었던 것으로 추정한다. 석관묘 일부를 제외하고는 군집을 이루고 있다.

　　신서동유적은 한국문화재보호재단에서 조사한 구역에서 청동기시대 주거지와 분묘가 다수 확인되었고, 경상북도문화재연구원에서 조사한 구역에서는 분묘가 확인되지 않았으나 주거지가 조사되었고, 그 주변으로 초기철기시대~원삼국시대 목관묘, 목곽묘가 조사되었다. 혁신도시 건설부지 중앙을 기준으로 나뉜 구역에 인접하고 있어 단독으로 확인된 유구라 하더라도 군집된 집단과의 관계를 생각하지 않을 수 없다. B구역의 경우 북구역에서 초기철기시대 목관묘와 목곽묘가 확인되고, 남구역에서 목관묘와 석관묘 그리고 건너편에 위치한 B-1구역에서 지석묘와 석관묘가 확인된 점으로 볼 때 분묘의 변화양상, 청동기시대와 초기철기시대로의 변화양상을 연구할 수 있는 좋은 자료라고 생각된다.

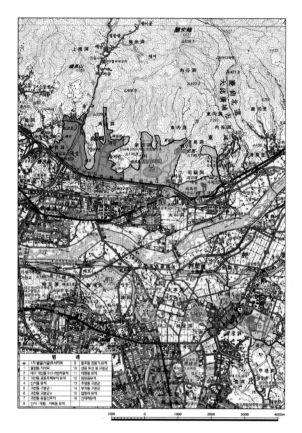

그림 1. 유적위치도 1

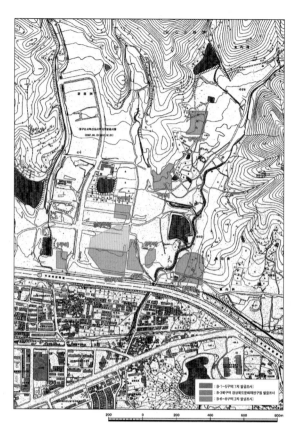

그림 2. 유적위치도 2

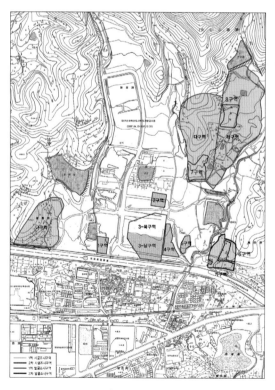

그림 3. 구역위치도

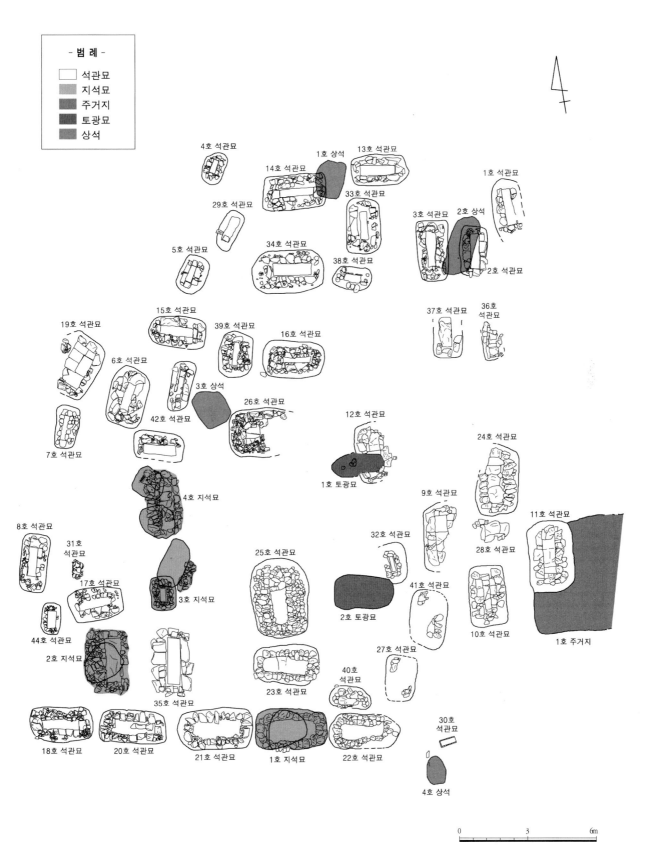

- 범 례 -

	석관묘
	지석묘
	주거지
	토광묘
	상석

4호 석관묘

14호 석관묘

1호 상석   13호 석관묘

1호 석관묘

29호 석관묘

33호 석관묘

3호 석관묘   2호 상석

5호 석관묘

34호 석관묘

38호 석관묘

2호 석관묘

37호 석관묘   36호 석관묘

19호 석관묘   15호 석관묘

39호 석관묘   16호 석관묘

6호 석관묘

3호 상석

42호 석관묘   26호 석관묘

12호 석관묘

24호 석관묘

7호 석관묘

1호 토광묘

9호 석관묘

11호 석관묘

4호 지석묘

8호 석관묘

31호 석관묘

25호 석관묘

32호 석관묘

28호 석관묘

17호 석관묘

3호 지석묘

2호 토광묘

41호 석관묘

10호 석관묘

1호 주거지

44호 석관묘

2호 지석묘

35호 석관묘

27호 석관묘

40호 석관묘

30호 석관묘

18호 석관묘   20호 석관묘   21호 석관묘   1호 지석묘   22호 석관묘

23호 석관묘

4호 상석

0   3   6m

그림 4. B-1구역 유구배치도

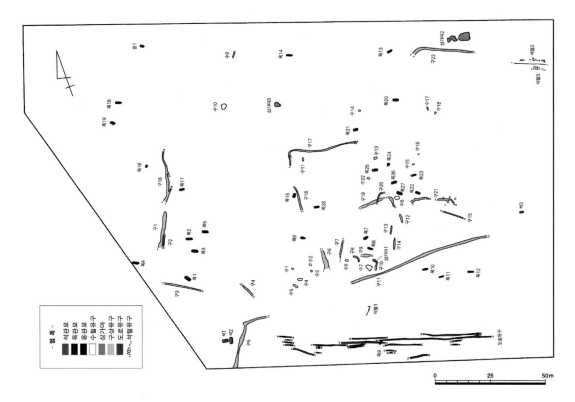

그림 5. B-3구역 유구배치도

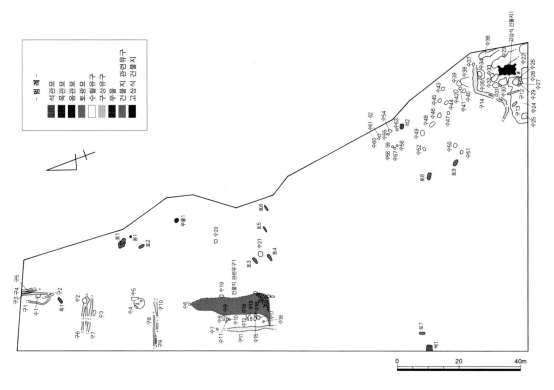

그림 6. B-4구역 유구배치도

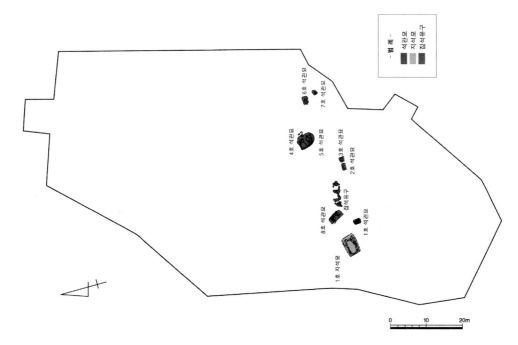

그림 7. B-5구역 유구배치도

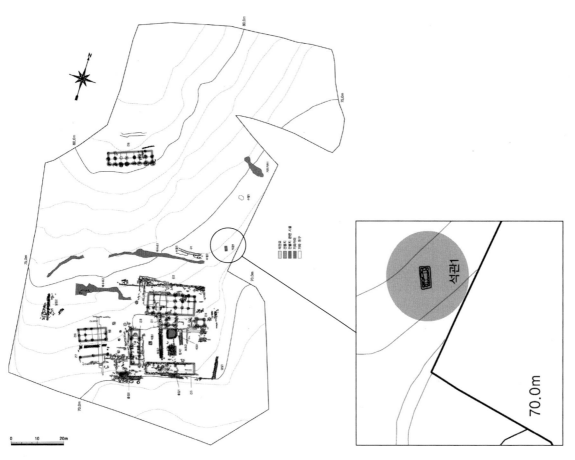

그림 8. B-7구역 유구배치도

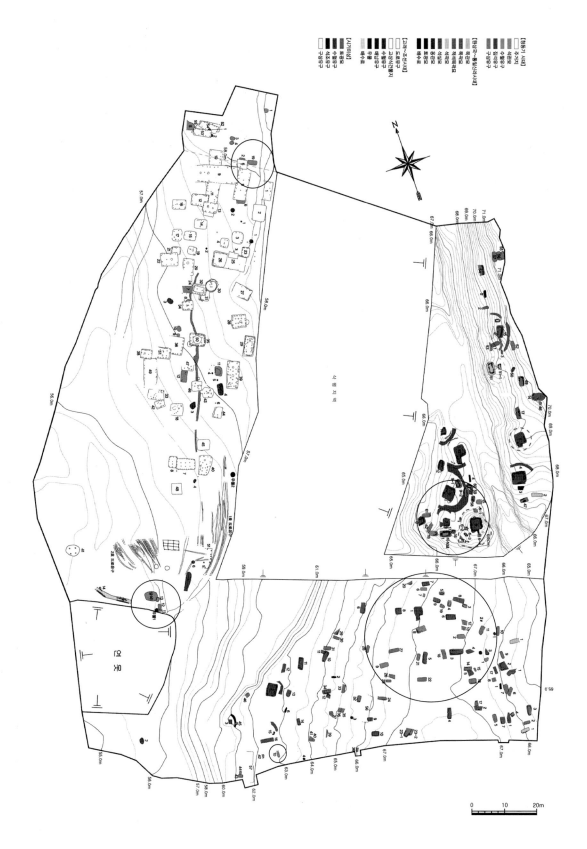

그림 9. B-6구역 유구배치도

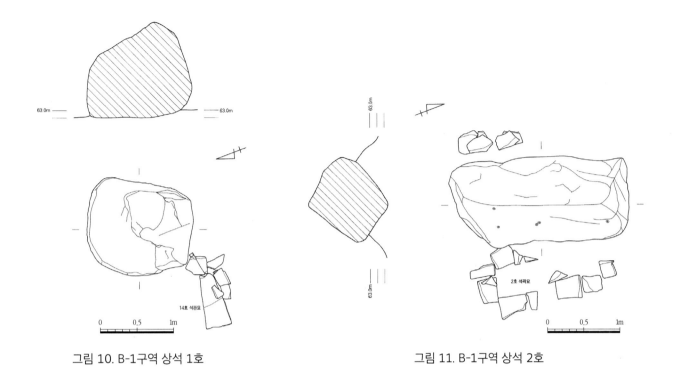

그림 10. B-1구역 상석 1호

그림 11. B-1구역 상석 2호

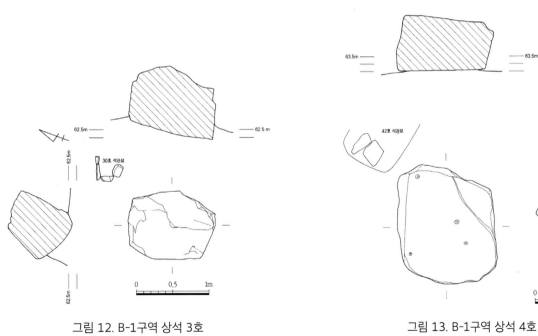

그림 12. B-1구역 상석 3호

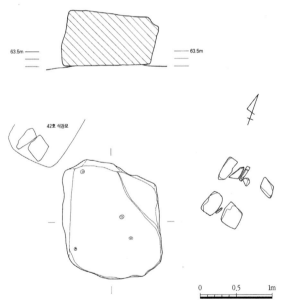

그림 13. B-1구역 상석 4호

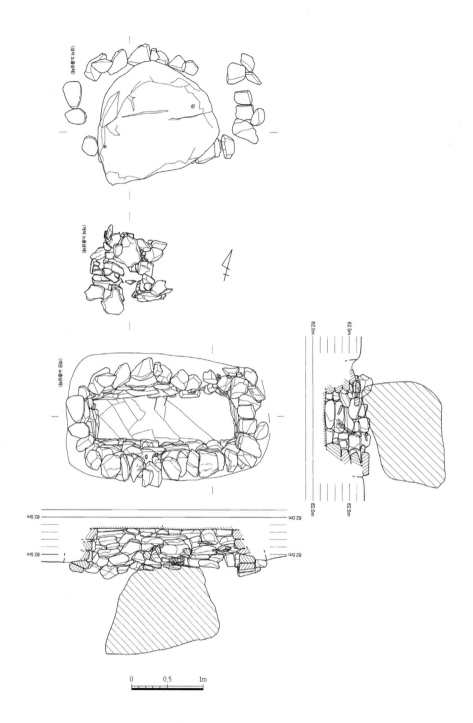

그림 14. B-1구역 지석묘 1호

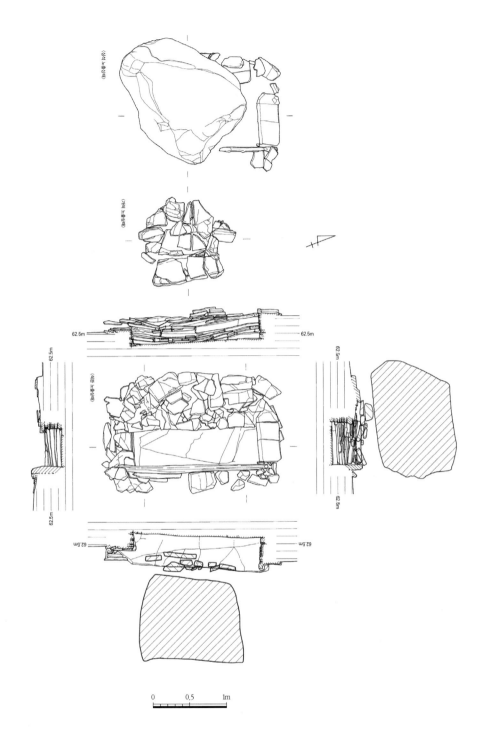

그림 15. B-1구역 지석묘 2호

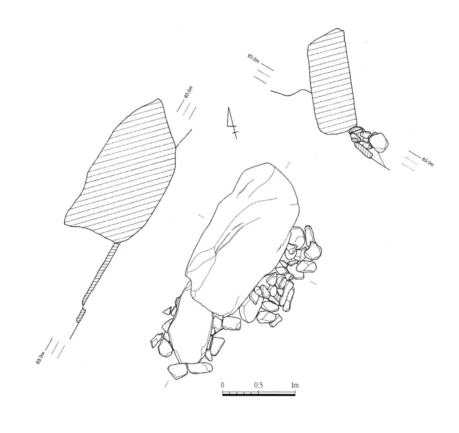

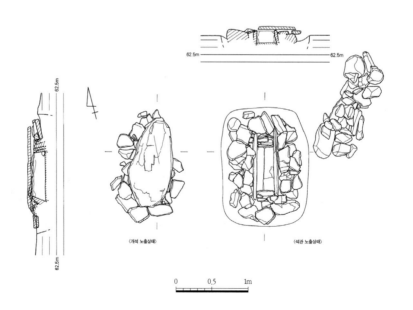

그림 16. B-1구역 지석묘 3호

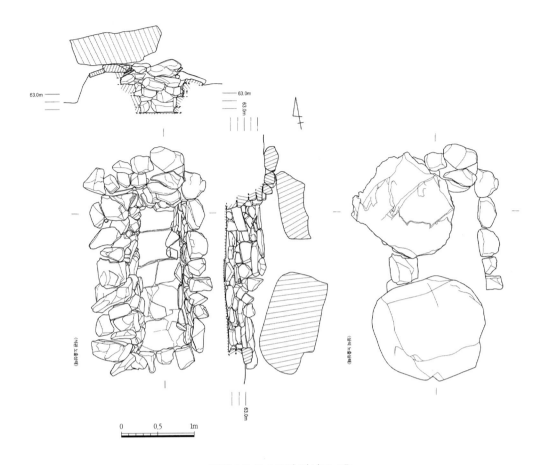

그림 17. B-1구역 지석묘 4호

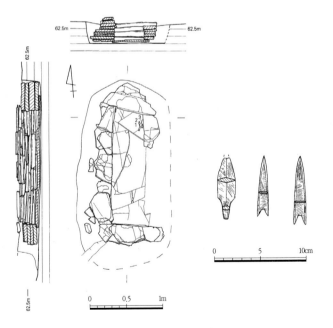

그림 18. B-1구역 석관묘 1호 및 출토유물

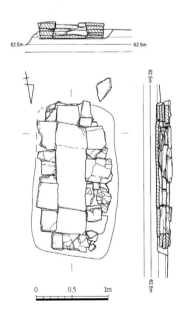

그림 19. B-1구역 석관묘 2호

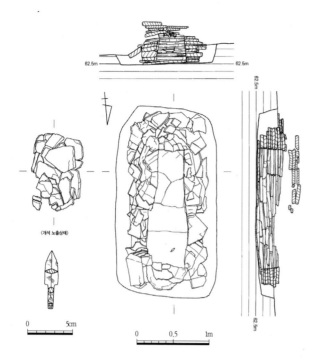

(개석 노출상태)

그림 20. B-1구역 석관묘 3호 및 출토유물

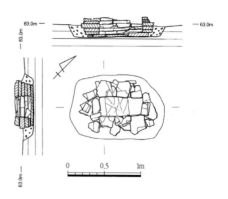

그림 21. B-1구역 석관묘 4호

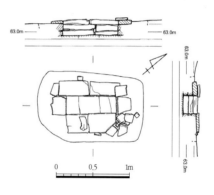

그림 22. B-1구역 석관묘 5호

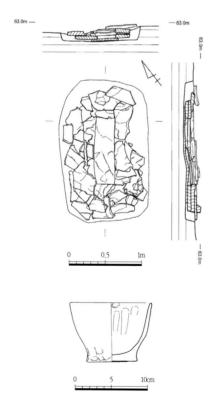

그림 23. B-1구역 석관묘 6호 및 출토유물

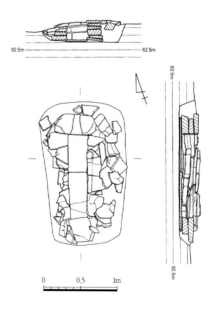

그림 24. B-1구역 석관묘 7호

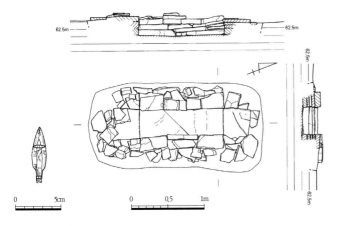

그림 25. B-1구역 석관묘 8호 및 출토유물

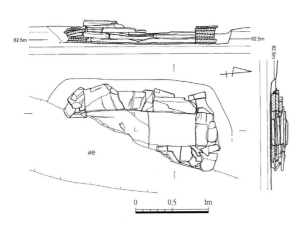

그림 26. B-1구역 석관묘 9호

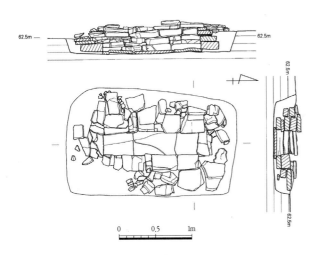

그림 27. B-1구역 석관묘 10호

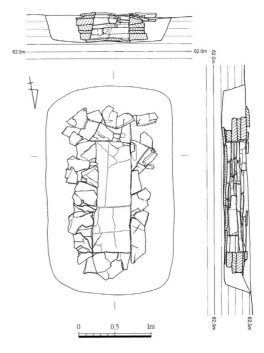

그림 28. B-1구역 석관묘 11호

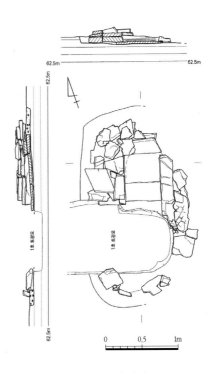

그림 29. B-1구역 석관묘 12호

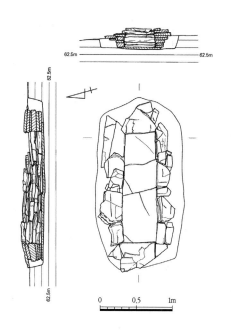

그림 30. B-1구역 석관묘 13호

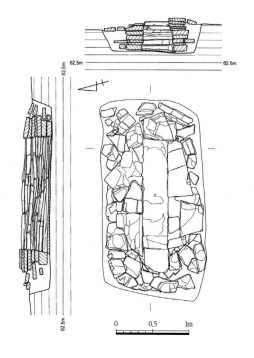

그림 31. B-1구역 석관묘 14호

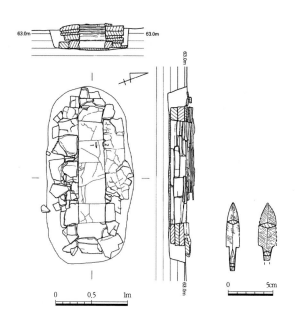

그림 32. B-1구역 석관묘 15호 및 출토유물

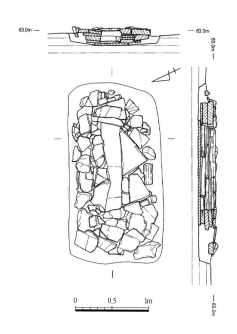

그림 33. B-1구역 석관묘 16호

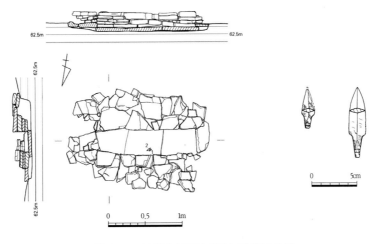

그림 34. B-1구역 석관묘 17호 및 출토유물

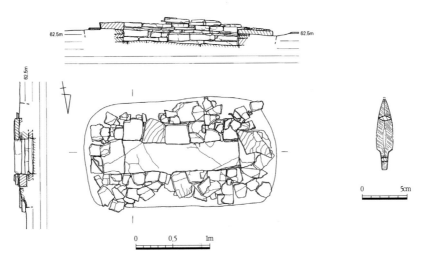

그림 35. B-1구역 석관묘 18호 및 출토유물

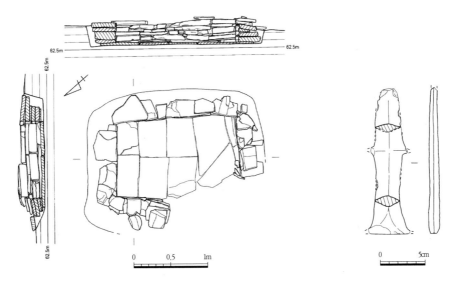

그림 36. B-1구역 석관묘 19호 및 출토유물

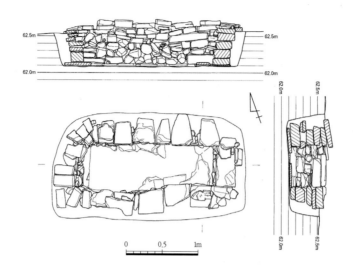

그림 37. B-1구역 석관묘 20호

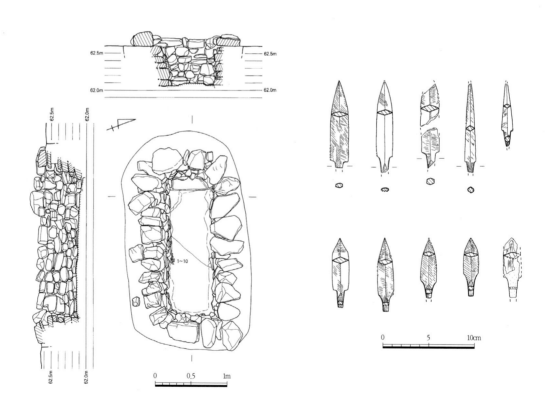

그림 38. B-1구역 석관묘 21호 및 출토유물

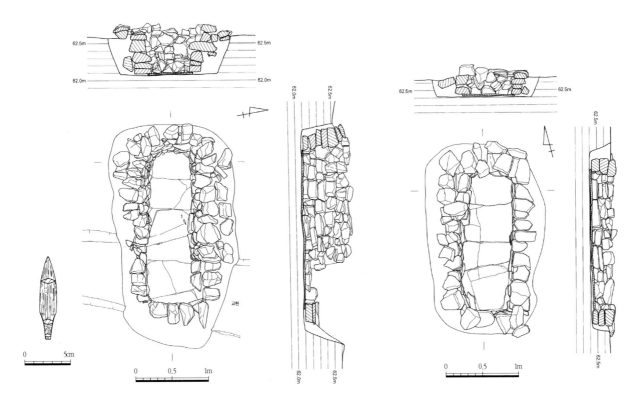

그림 39. B-1구역 석관묘 22호 및 출토유물

그림 40. B-1구역 석관묘 23호

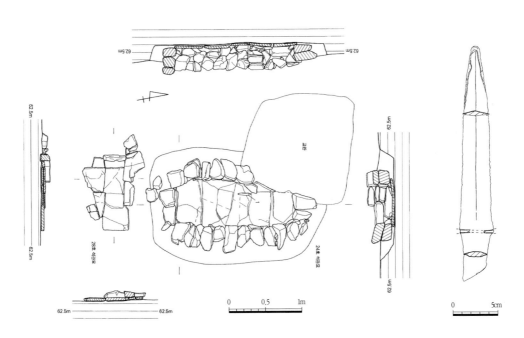

그림 41. B-1구역 석관묘 24호·28호 및 24호 출토유물

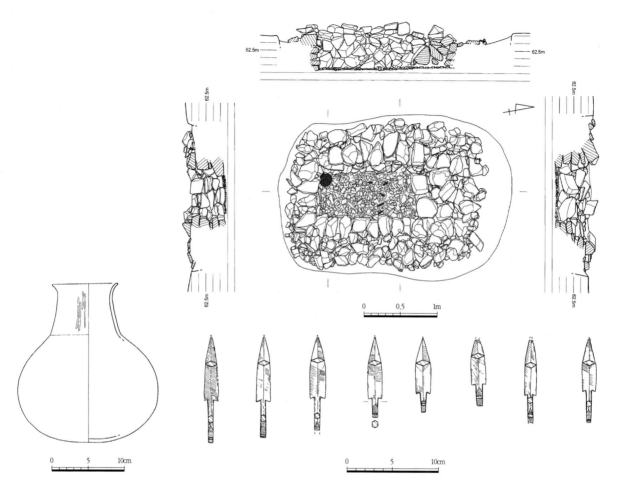

그림 42. B-1구역 석관묘 25호 및 출토유물

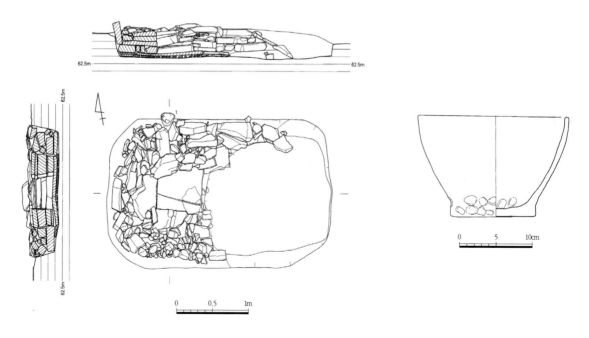

그림 43. B-1구역 석관묘 26호 및 출토유물

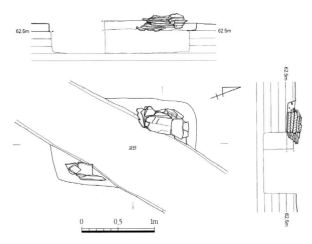

그림 44. B-1구역 석관묘 27호

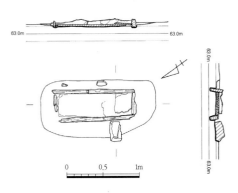

그림 45. B-1구역 석관묘 29호

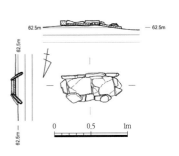

그림 46. B-1구역 석관묘 30호

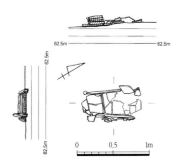

그림 47. B-1구역 석관묘 31호

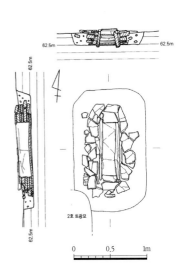

그림 48. B-1구역 석관묘 32호

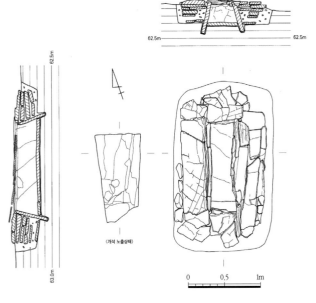

그림 49. B-1구역 석관묘 33호

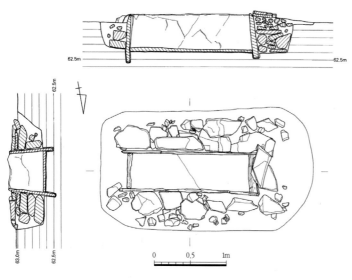

그림 50. B-1구역 석관묘 34호

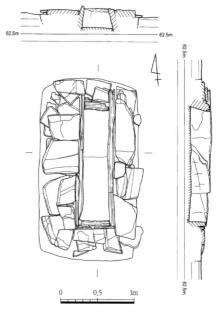

그림 51. B-1구역 석관묘 35호

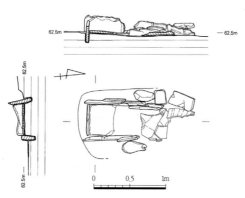

그림 52. B-1구역 석관묘 36호

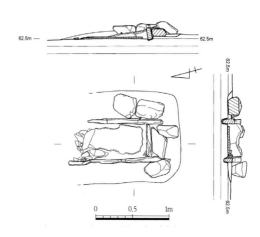

그림 53. B-1구역 석관묘 37호

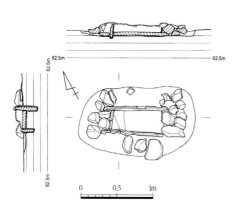

그림 54. B-1구역 석관묘 38호

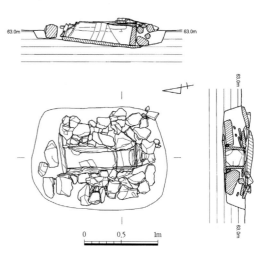

그림 55. B-1구역 석관묘 39호

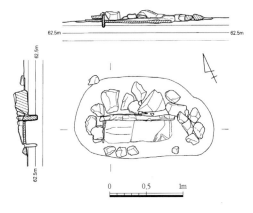

그림 56. B-1구역 석관묘 40호

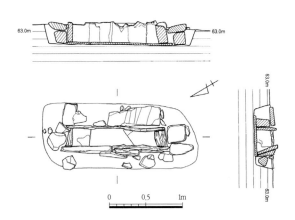

그림 58. B-1구역 석관묘 42호

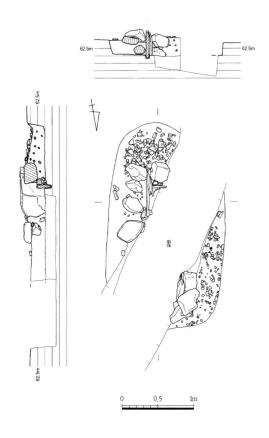

그림 57. B-1구역 석관묘 41호

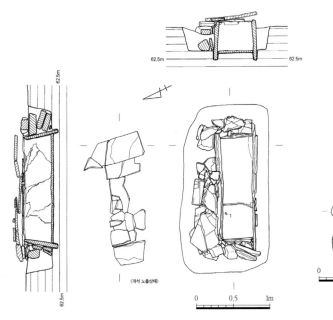

(개석 노출상태)

그림 59. B-1구역 석관묘 43호 및 출토유물

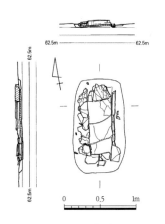

그림 60. B-1구역 석관묘 44호

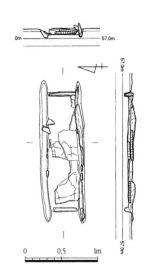

그림 61. B-3구역 석관묘 1호

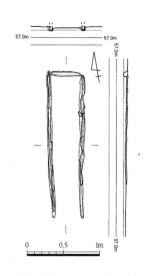

그림 62. B-3구역 석관묘 2호

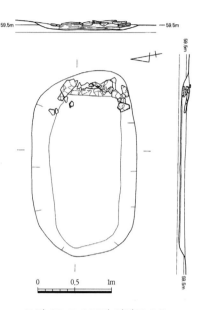

그림 63. B-3구역 석관묘 3호

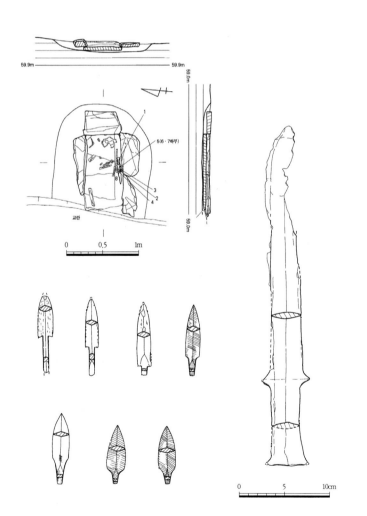

그림 64. B-4구역 석관묘 1호 및 출토유물

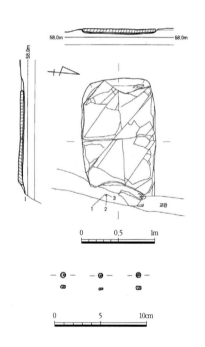

그림 65. B-4구역 석관묘 2호 및 출토유물

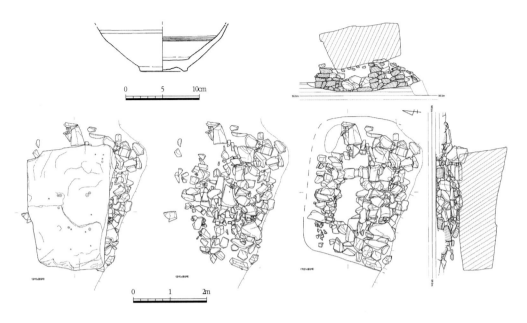

그림 66. B-5구역 지석묘 1호(1:100) 및 출토유물

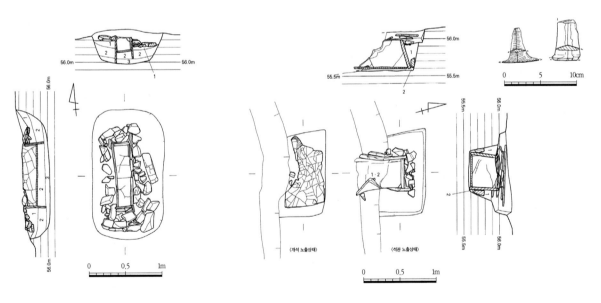

그림 67. B-5구역 석관묘 1호

그림 68. B-5구역 석관묘 2호 및 출토유물

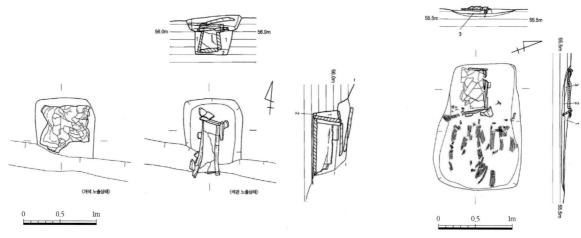

그림 69. B-5구역 석관묘 3호

그림 71. B-5구역 석관묘 6호

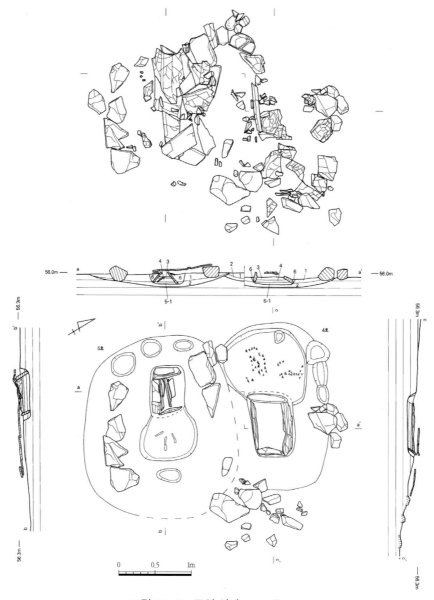

그림 70. B-5구역 석관묘 4·5호

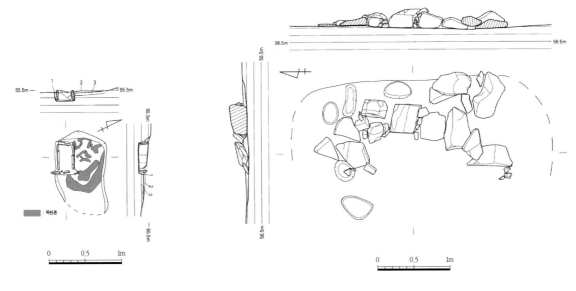

그림 72. B-5구역 석관묘 7호

그림 73. B-5구역 석관묘 8호

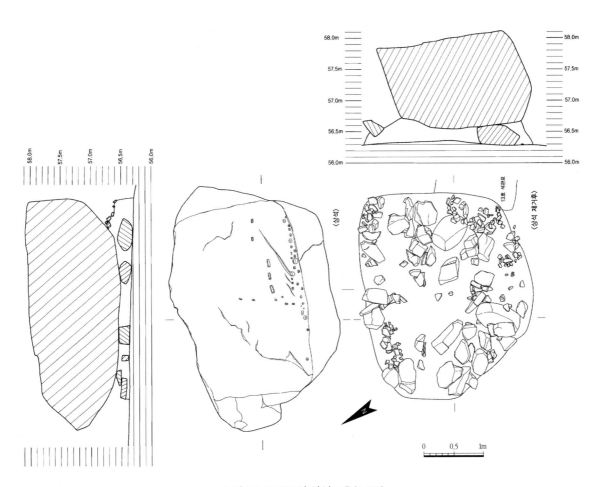

그림 74. B-6구역 상석 1호(1:60)

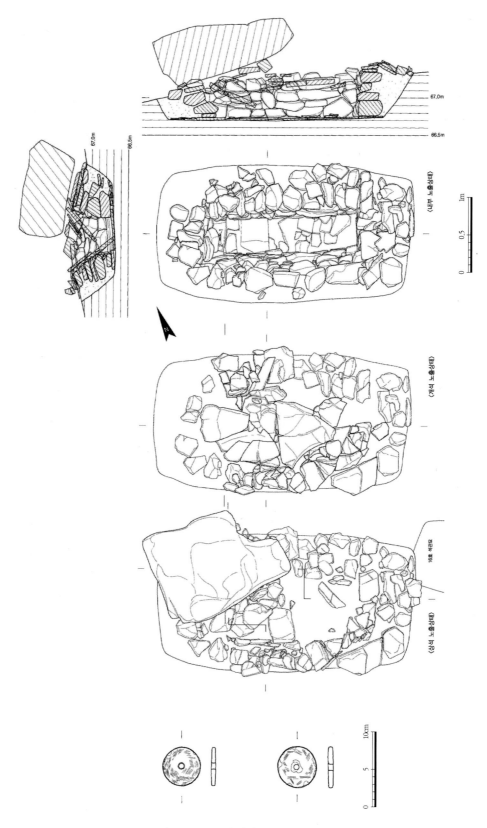

그림 75. B-6구역 지석묘 1호 및 출토유물

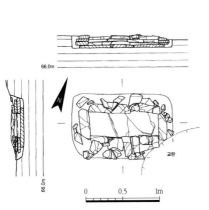

그림 76. B-6구역 석관묘 1호

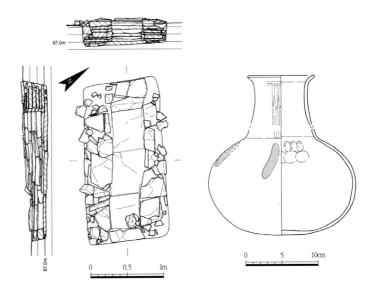

그림 77. B-6구역 석관묘 2호 및 출토유물

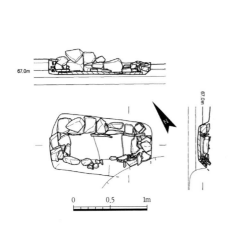

그림 78. B-6구역 석관묘 3호

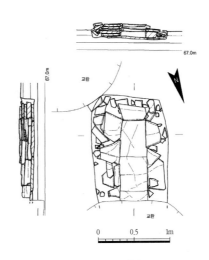

그림 79. B-6구역 석관묘 4호

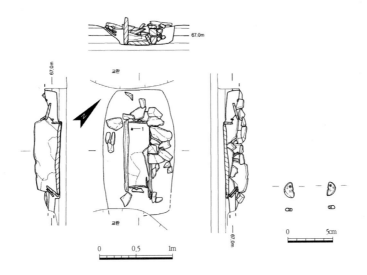

그림 80. B-6구역 석관묘 5호 및 출토유물

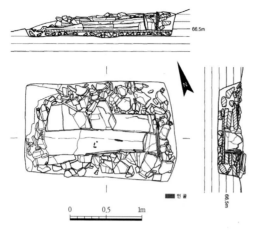

그림 81. B-6구역 석관묘 6호

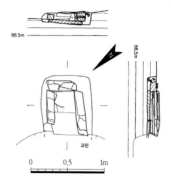

그림 82. B-6구역 석관묘 7호

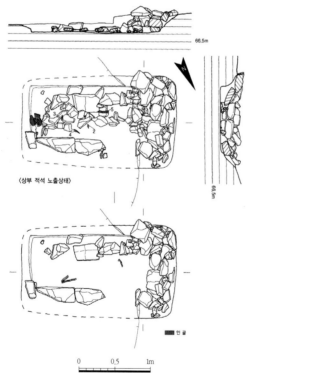

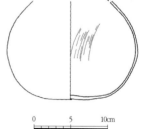

그림 83. B-6구역 석관묘 8호 및 출토유물

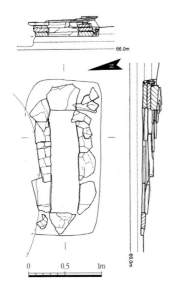

그림 84. B-6구역 석관묘 9호

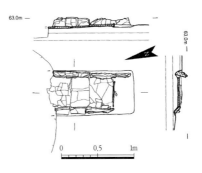

그림 85. B-6구역 석관묘 10호

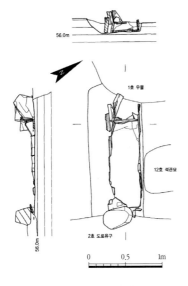

그림 86. B-6구역 석관묘 11호

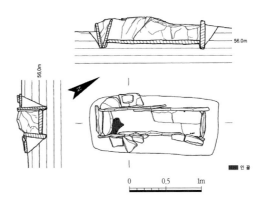

그림 87. B-6구역 석관묘 12호

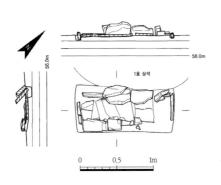

그림 88. B-6구역 석관묘 13호

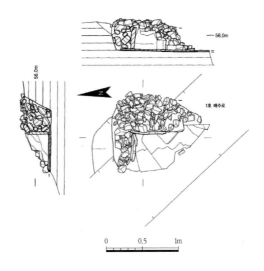

그림 89. B-6구역 석관묘 14호

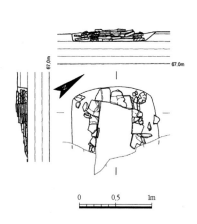

그림 90. B-6구역 석관묘 15호

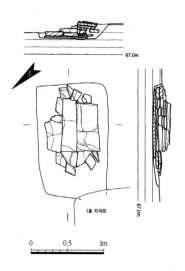

그림 91. B-6구역 석관묘 16호

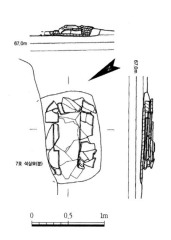

그림 92. B-6구역 석관묘 17호

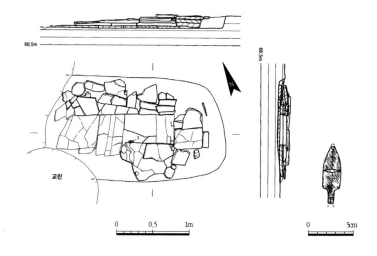

그림 93. B-6구역 석관묘 18호 및 출토유물

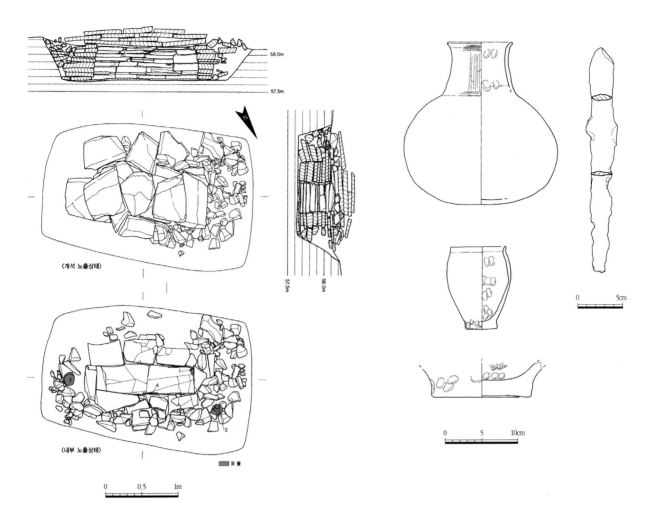

그림 94. B-6구역 석관묘 19호 및 출토유물

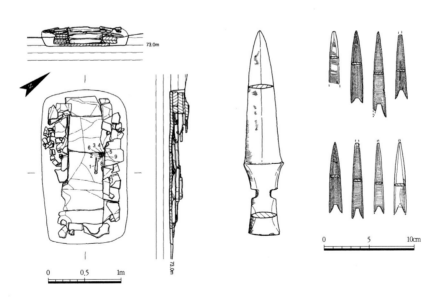

그림 95. B-7구역 석관묘 1호 및 출토유물

05 대구 동내동 유적

유적위치 대구광역시 동구 동내동 산 64-21번지 일원

유구 지석묘 1기, 석관묘 4기

유물 적색마연토기

참고문헌 嶺南文化財硏究院, 2002, 『大邱 東內洞遺蹟』

유적이 위치하는 반야월지구는 대구분지의 동쪽에 위치하며 남쪽으로는 금호강이 흐르고 있다. 금호강 유역에 위치하는 구릉과 충적지에 많은 선사시대 유적들이 분포하고 있다. 유적은 팔공산에서 동쪽으로 뻗은 지맥 중 하나인 조로봉(194.1m)에서 남쪽으로 뻗어내려 동내동 마을 동편을 지나 송정초등학교와 가남지에 이르는 야트막한 구릉에 위치한다.

발굴조사 결과 청동기시대 지석묘 1기와 석관묘 4기가 확인되었다.

지석묘는 구릉의 정상부 동편에서 확인되었고 상석 아래에는 지석이 확인된다. 상석의 상면에서 성혈은 확인되지 않는다. 하부에는 매장구조가 확인되지 않으며 상석과 지석으로 이루어진 지상식 형태로 추정된다.

석관묘는 구릉의 정상부에서 확인되며 상석은 확인되지 않는다. 평면형태는 장방형이며 청석암반층을 굴착하여 묘광을 조성하였다. 바닥에는 장방형의 판석을 깔아 시상을 마련하였고 네 벽에는 청석제판석을 평적하여 축조하였다. 잔존상태가 가장 좋은 1호의 경우 벽석이 7단 정도 잔존한다.

유물은 3호 남장벽 중앙에서 적색마연토기 1점이 출토되었다.

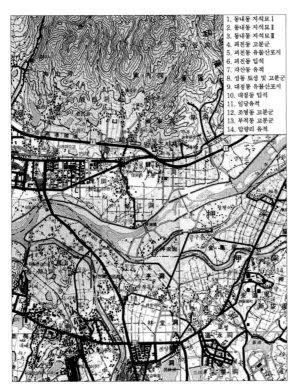

1. 동내동 지석묘 I
2. 동내동 지석묘 II
3. 동내동 지석묘 III
4. 퍼전동 고분군
5. 퍼전동 유물산포지
6. 퍼전동 입석
7. 각산동 유적
8. 성동 토성 및 고분군
9. 대정동 유물산포지
10. 대정동 입석
11. 임당유적
12. 조영동 고분군
13. 부적동 고분군
14. 압량리 유적

그림 1. 유적위치도 1

그림 2. 유적위치도 2

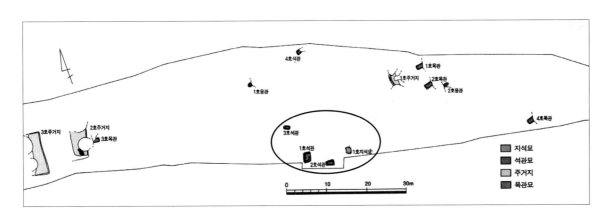

그림 3. 유구배치도

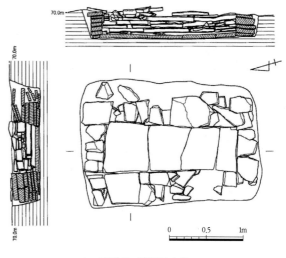

그림 5. 석관묘 1호

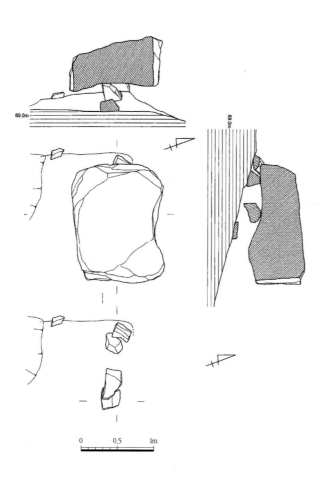

그림 4. 지석묘 1호

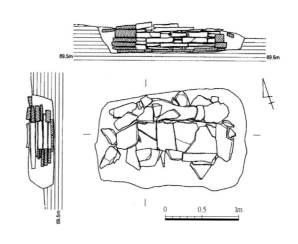

그림 6. 석관묘 2호

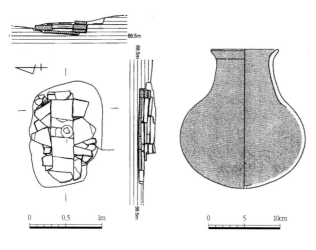

그림 7. 석관묘 3호 및 출토유물

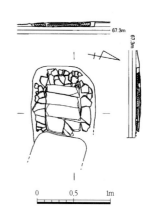

그림 8. 석관묘 4호

06 대구 진천동 558-3번지 유적

유적위치 대구광역시 달서구 진천동 558-3번지

유구 석관묘 5기, 석개토광묘 1기

유물 석촉

참고문헌 世宗文化財研究院, 2011, 『大邱 辰泉洞 553-3番地 遺蹟』

유적은 대구분지의 남서쪽 경계인 월배선상지에 위치한다. 월배선상지는 대구분지의 남부산지와 중앙저지가 맞닿은 부분에 위치하는 진천천에 의해 형성된 충적평야이다. 선상지의 크기는 동서 길이 약 3.5㎞, 남북 폭 2㎞ 정도로 조사지역은 내륙평탄지와 홍적대지의 경계에 해당한다. 유적 내 퇴적층위를 보면 표토직하에 자갈층이 퇴적되어 있으며 이는 월배선상지 일대가 진천천과 그 외의 소하천들의 범람에 의해 형성된 지형임을 의미한다.

유적에서 확인되는 청동기시대 분묘는 총 6기로 석관묘 5기와 석개토광묘 1기이다. 석관묘는 유적의 서쪽 경계를 따라 남-북으로 길게 열을 이루며 배치되어 있다.

석관묘 5기는 벽석의 축조방식과 시상석 종류에 따라 여러 가지 유형으로 확인된다. 1호는 할석을 이용하여 네 벽을 축조하였고 바닥에는 납작한 할석을 이용하여 시상을 마련하였다. 2호는 양장벽은 할석을, 양단벽은 판석과 할석을 이용하여 축조하였고, 바닥에는 점판암제 판석을 이용하여 시상을 마련하였다. 상부에는 개석이 확인되었다. 3호는 할석을 이용하여 네 벽을 조성하였고 바닥에 별다른 시상은 설치하지 않았다. 4호는 양장벽은 할석을 이용하였고 양단벽은 판석을 세워 축조하였다. 시상은 확인되지 않으며 북장벽과 서단벽 뒤쪽에서 기단석이 확인되었다. 5호는 판석으로 네 벽을 축조하였고 바닥에서 시상은 확인되지 않았다.

이를 통해 보면 석관묘는 다양한 방식으로 벽을 조성하였으며 시상의 유무도 유구별 차이가 있다. 이외 특징적인 점은 우선 5기의 석관묘가 주축방향이 북동-남서 방향으로 길게 열상으로 분포하는 것으로 이는 기본적인 축조양상이 동일한 방식으로 이루어져 동일한 집단에 의해 지속적으로 관리된 분묘군일 가능성이 크다. 두 번째는 석관묘 주변에서 기단석과 부석 등이 확인되므로 지석묘 하부구조일 가능성이 크다. 세 번째는 평면형태가 두광족협인 석관묘가 확인되는 점이다. 유물은 1호와 3호에서 유경식석촉 5점이 확인되었다.

1기가 확인된 석개토광묘는 토광의 위쪽에 판석 1~2매를 겹쳐 개석으로 사용하였고 내부에서 확인된 유물은 없다.

보고자는 유적의 조성 시기를 출토된 석촉을 통해 볼 때 대략 청동기시대 전기 중~후반으로 추정하였다.

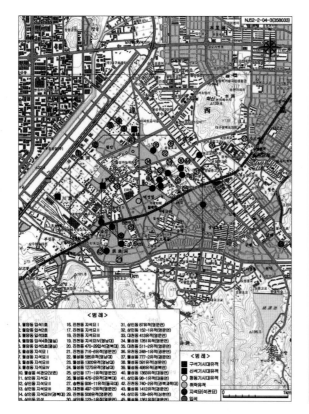

그림 1. 유적위치도 1

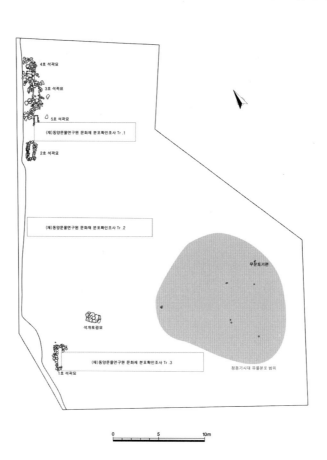

그림 2. 유적위치도 2

그림 3. 유구배치도

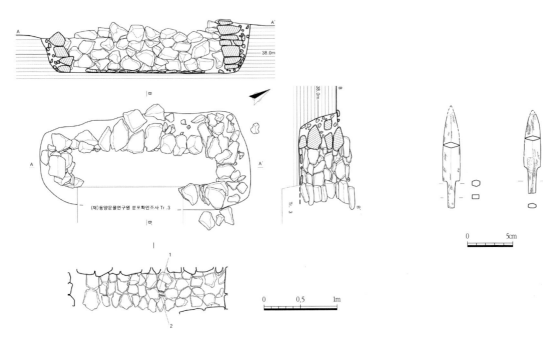

그림 4. 석관묘 1호 및 출토유물

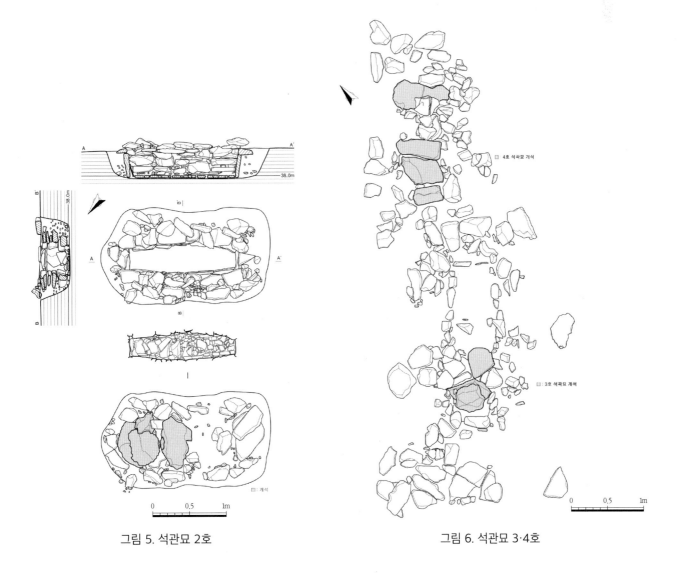

그림 5. 석관묘 2호

그림 6. 석관묘 3·4호

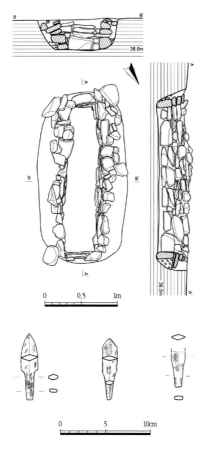

그림 7. 석관묘 3호 및 상부수습유물

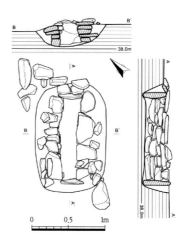

그림 8. 석관묘 4호

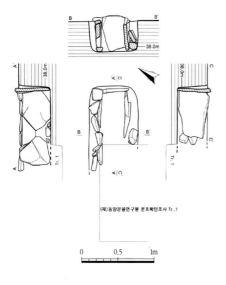

그림 9. 석관묘 5호

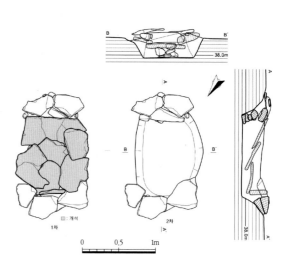

그림 10. 석개토광묘

07 대구 유천동 유적

유적위치 대구광역시 달서구 유천동 103번지 일원
유구 석관묘 6기
유물 없음
참고문헌 大東文化財研究院, 2014,『大邱 流川洞 103遺蹟-大邱 流川洞 103番地 一圓공동주택(AK TOWN) 建立地內 遺蹟 試·發掘調査報告書-』

유적은 대구분지의 남부 산지인 해발 500m 이상의 대덕산, 앞산, 산성산, 청룡산 등이 남쪽으로 병풍처럼 둘러져 있고, 남서편으로는 남쪽 산지에서 발원한 진천천이 동에서 서로 흘러 낙동강으로 유입되는 중간지점에 위치한다. 유적은 평탄하게 조성된 월배선상지의 선앙에서 선단으로 이어지는 부분에 해당된다. 실제 월배선상지에서 현재까지 조사된 유적은 대부분 선앙에서 선단부로 이어지는 경계부인 해발 25~50m 사이에서 조사되었다.

석관묘는 유적 내에서 가장 지대가 높은 남동쪽 H구역에 5기가 위치하고 서쪽에 위치한 C구역에 1기가 위치한다. C구역에서 확인된 석관묘는 점판암재 판석을 이용하여 네 벽을 조성하였고 바닥에 판석을 이용하여 시상을 마련하였다.

H구역에서 확인된 5기는 남-북으로 길게 열상으로 배치되어 있다. 석관묘는 벽면의 축조방식에 따라 천석과 할석으로 이용한 경우, 할석과 판석을 혼용한 경우, 판석으로 축조한 경우 등으로 나누어 볼 수 있으며 바닥은 점판암재 판석을 이용하여 시상을 마련하였다.

특이한 점은 H구역에서 확인된 5기의 석관묘가 북서-남동 방향으로 열상으로 배치되어 있으며 인근 대천동 511-2번지 유적과 유사한 형태를 보인다.

보고자는 유물이 확인되지 않아 석관묘의 조영연대는 확실하지 않으나 인근 유적을 통해 비교하면 대략 청동기시대 후기 후반으로 추정하였다.

그림 1. 유적위치도 1

圖面 6. 2006年 地形圖에서의 遺蹟 位置(■) 및 周邊遺蹟 分布圖 (縮尺 : 1/25,000)

圖面 5. 1918年 地形圖에서의 遺蹟 位置(■) 및 周邊遺蹟 分布圖 (縮尺 : 1/25,000)

그림 2. 유적위치도 2

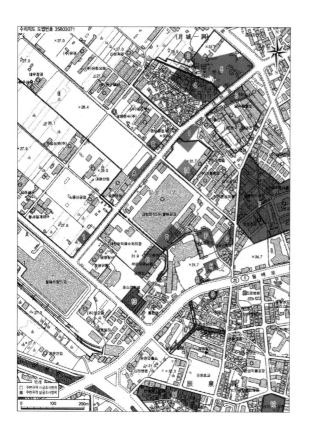

그림 3. 유적위치도 3

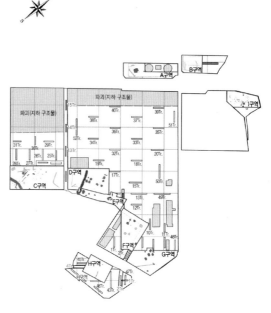

그림 4. 조사구역도

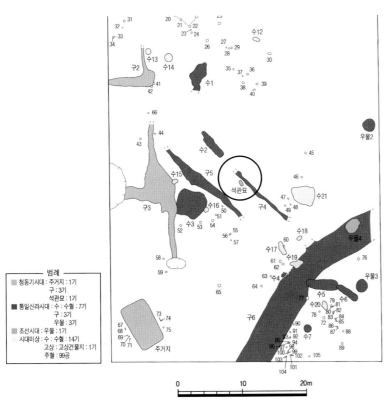

그림 5. C구역 유구배치도

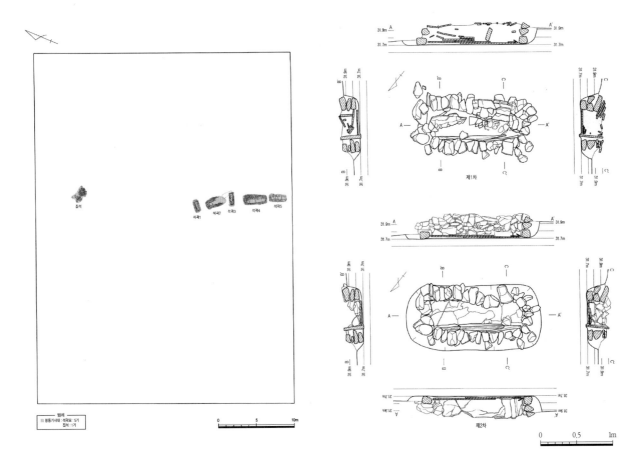

그림 6. C구역 석관묘

그림 7. H구역 유구배치도

그림 8. H구역 석관묘 1호

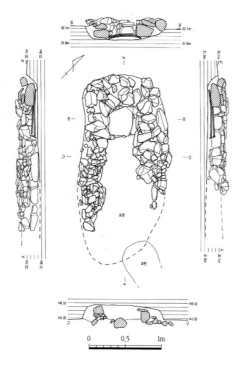

그림 9. H구역 석관묘 2호

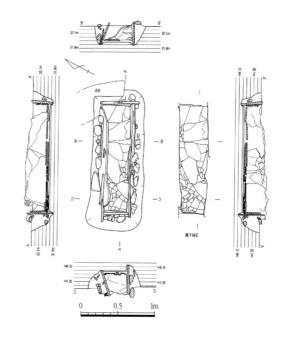

그림 10. H구역 석관묘 3호

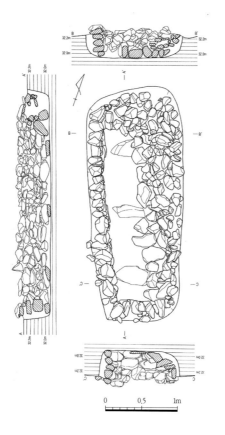

그림 11. H구역 석관묘 4호

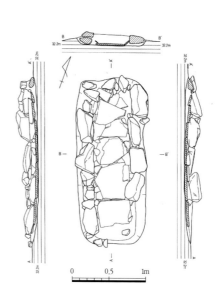

그림 12. H구역 석관묘 5호

08 대구 대천동 467번지 유적

유적위치 　대구광역시 달서구 대천동 467번지 일원

유구 　　　석관묘 1기, 추정옹관묘 1기

유물 　　　적색마연토기, 석검

참고문헌 　大東文化財研究院, 2013,『大邱 大泉洞 467遺蹟-大邱 大泉洞 467番地 一圓 大邱瀚泉初等學校 設立豫定敷地內 遺蹟 發掘調査報告書-』

유적은 대구분지의 남부 산지인 해발 500m 이상의 대덕산, 앞산, 산성산, 청룡산 등이 남쪽으로 병풍처럼 둘러져 있고, 남서편으로는 남쪽 산지에서 발원한 진천천이 동에서 서로 흘러 낙동강으로 유입되는 중간지점에 위치한다. 지형상으로는 대구 월배지구의 도심 속에 위치하고 있지만 전체 월배선상지에서 북서편으로 조금 치우친 선앙부와 선단부의 경계지점에 해당된다.

2개의 구역을 발굴조사한 결과 제1구역에서 석관묘 1기, 추정 옹관묘 1기로 총 2기가 확인되었다.

석관묘는 개석이 남아 있는 상태로 확인되었다. 축조방법을 보면 묘광을 조성하고 바닥면에 암갈색점토를 깔아 정지를 한 후 점판암제 판석을 이용하여 '표'자 형태로 벽석을 세웠다. 벽석과 묘광 사이에는 천석과 점토를 채워 충전하고 내부 바닥면에 천석 11매가 20~30㎝ 간격을 두고 2열로 가장자리를 따라 배열되어 있는데 보고자는 시상보다는 의식행위 또는 벽석 내부를 지지하는 보강석 역할을 한 것으로 추정하였다. 유물은 북장벽 가운데 부분에서 석검 1점이 확인되었다.

추정 옹관묘는 높이 50㎝ 정도로 추정되는 적색마연토기 1점이 가지런히 눕혀진 상태로 출토되었다. 축조방법을 보면 기반층인 자갈층을 'U'자형으로 굴착하여 조성한 후 적색마연토기를 눕혀 옹관으로 이용한 것으로 추정된다.

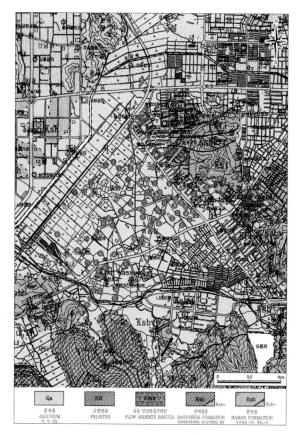

그림 1. 유적위치도 1

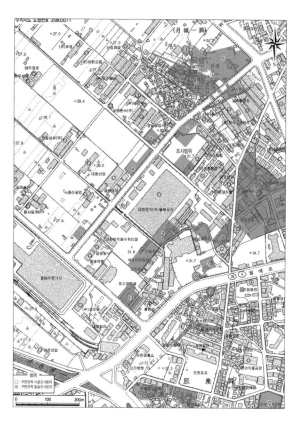

圖面 5. 2006년 地形圖에서의 遺蹟 位置(■) 및 周邊遺蹟 分布圖

（縮尺：1/25,000）

1.월암동 입석Ⅰ, 2.월암동 입석Ⅱ, 3.월암동 입석Ⅲ, 4.월암동 입석Ⅳ, 5.월암동 입석Ⅴ, 6.월성동 777-2유적, 7.월성동 1412유적, 8.월성동 591유적, 9.월성동 498유적, 10.월성동 585유적, 11.월성동 지석묘Ⅱ, 12.월성동 1261유적, 13.월성동 1557-6유적, 14.월성동 1396-1유적, 15.월성동 1275유적, 16.월성동 1300유적, 17.월성동 지석묘Ⅱ, 18.월성동 지석묘Ⅲ, 19.월성동 지석묘Ⅳ, 20.월성동 1361유적, 21.월성동 1363유적, 22.월성동 476-2유적, 23.월성동 산6유적, 24.월성동고분군, 25.월성동 신사유적, 26.송현동 906-11유적, 27.상인동 123-1유적, 28.상인동 지석묘Ⅳ, 29.상인동 지석묘Ⅱ, 30.상인동 128-8유적, 31.상인동 지석묘Ⅲ, 32.상인동 152-1유적, 33.상인동 171-1유적, 34.상인동 98-1유적, 35.상인동 87유적, 36.상인동 지석묘Ⅰ, 37.상인동고분군Ⅰ, 38.상인동 토기요지, 39.상인동유적, 40.대천동 511-2유적, 41.대천동 497-2유적, 42.대천동 413유적, 43.유천동 248-1유적, 44.유천동 89유적, 45.유천동 103유적, 46.유천동 유물산포지, 47.진천동 지석묘Ⅱ, 48.진천동 595-39유적, 49.진천동 15-1유적, 50.진천동 지석묘Ⅱ, 51.진천동 508유적, 52.진천동 740-2유적, 53.진천동 지석묘Ⅱ, 54.진천동 입석, 55.진천동 716-6유적, 56.대곡동 80-1유적, 57.대곡동 유물산포지, 58.도원동 분묘군, 59.도원동 토기요지, 60.월성동 739유적, 61.진천동 684-27유적, 62.진천동 655-5유적, 63.월성동 600유적, 64.상인동 119-20유적, 65.월성동 566유적, 66.상인동1-40유적, 67.상인동 112-3유적, 68.진천동 86-5유적, 69.진천동 838유적, 70.장동 735유적, 71.유천동 360-4유적, 72.상인동 1436-1유적, 73.진천동 197-5유적, 74.장기동 유물산포지, 75.장기동 507-6유적, 76.월성동 1262-1유적, 77.진천동 553·558-3유적

그림 2. 유적위치도 2

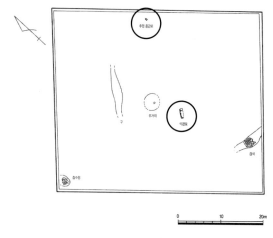

그림 3. 유적위치도 3

그림 4. 유구배치도

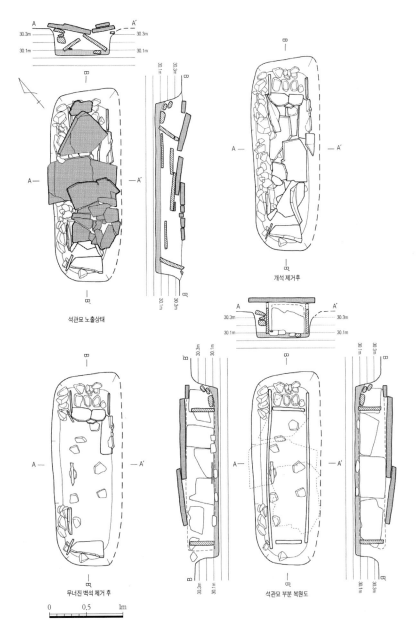

석관묘 노출상태

개석 제거후

무너진 벽석 제거 후

석관묘 부분 복원도

그림 5. 제1구역 석관묘

그림 6. 제1구역 추정옹관묘(1:30)

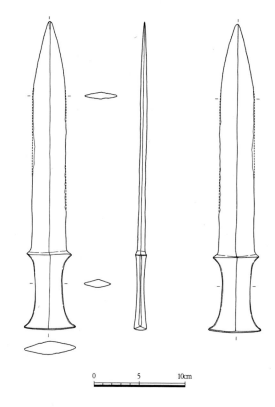

그림 7. 제1구역 석관묘 출토유물

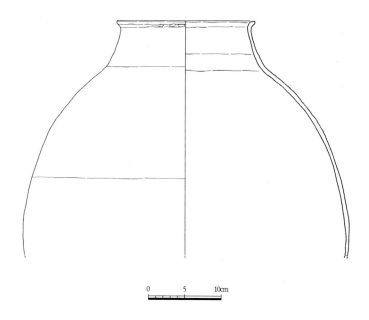

그림 8. 제1구역 추정옹관묘 출토유물

09 대구 대천동 511-2번지 유적

유적위치   대구광역시 달서구 대천동 511-2번지 일원

유구   석관묘 67기, 석개토광묘 1기

유물   적색마연토기, 무문토기, 석검, 석촉, 미완성석부, 지석, 경식

참고문헌   嶺南文化財研究院, 2009, 『대구 대천동 511-2번지 공동주택신축부지내 大邱大泉洞 511-2番地遺蹟Ⅰ·Ⅱ』

유적은 대구분지내 남쪽 경계를 이루는 남부산지 일대의 서편에서 중앙 저지대로 흘러가는 진천천 주변의 충적평야 지대에 위치하고 있다. 남부산지의 고봉들 사이에는 골짜기들이 깊게 발달하였고 이러한 고봉과 골짜기 사이를 따라 큰 하천들이 중앙저지대 일대를 관통하여 낙동강으로 합류한다. 유적이 위치하는 월성동 일대는 남부산지에서 중앙저지대로 이어지는 부분으로 진천천 주변에 형성된 충적평야 일원이다. 특히 산지에서 평지로 이어지는 지형구조로 상인동 부근을 선정으로 하여 선단에 해당하는 대천동까지 이어진다.

유적에서 확인되는 청동기시대 무덤은 총 68기로 석관묘군은 주변보다 비교적 높은 곳에 위치하며 동-서로 열을 지어 배치되어 있다. 군집의 형태에 따라 단독묘, A군, B군으로 구분되며 B군은 A군에서 동쪽으로 50m 정도 이격되어 위치한다.

벽석 축조방식을 보면 천석만을 이용한 경우, 천석과 판석을 혼용한 경우, 판석만을 이용한 경우, 굴광면을 그대로 이용한 경우로 나누어 볼 수 있으며 바닥시설의 유무에 따라서도 5가지 형식이 확인된다.

유물은 단독묘를 제외한 A군과 B군의 16기에서 확인되며 종류를 보면 적색마연토기, 무문토기, 석검, 석촉, 석도, 미완성석기 등이 있다.

보고자는 유구 및 유물의 종합적인 분석을 통해 B군은 청동기시대 후기전반~후기후반 사이에 소멸되었고 A군이 청동기시대 후기전반에서 후기후반 이후까지 계속해서 축조된 것으로 추정하였다.

유적에서 확인되는 주거지와 무덤의 형식, 그리고 그 출토유물을 통해 살펴보면 크게 4단계로 구분된다. 1단계는 청동기시대 전기전반으로 장방형주거지가 축조되며, 2단계는 전기후반으로 장방형 및 대형의 (세)장방형주거지가 축조되며 어느 정도 취락내 주거군을 형성하기 시작한다. 3단계는 전기말 또는 후기초로 파악되며 소형의 방형주거지와 유적내 석곽(관)묘가 조영되기 시작한다. 4단계는 원형주거지가 중심이 되는 시기로서 군집묘가 집중적으로 조영되는 시기이며, 유적 외곽으로 확인되는 환구와 관련된 시기로 파악하였다.

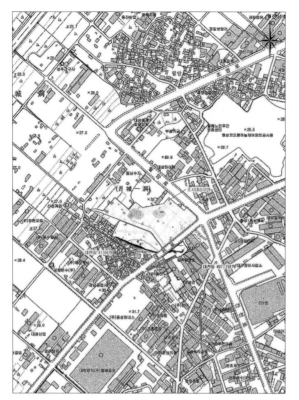

그림 1. 유적위치도 1

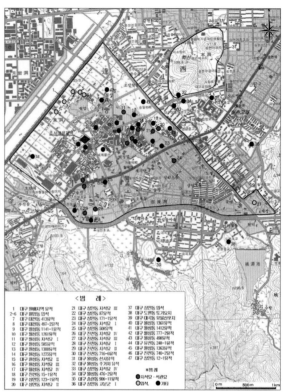

그림 2. 유적위치도 2

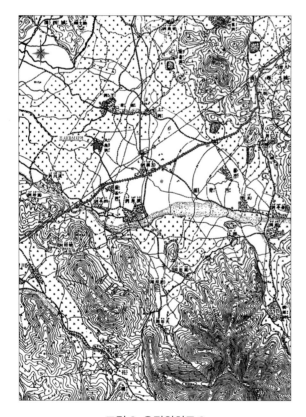

그림 3. 유적위치도 3

그림 4. 조사구역도

그림 5. 유구배치도

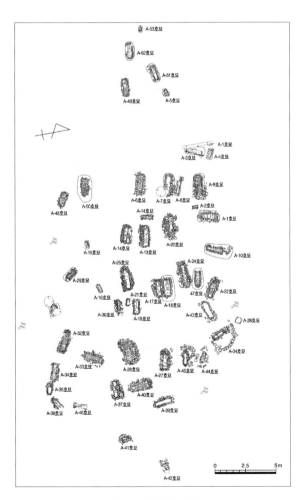

그림 6. A군 유구배치도

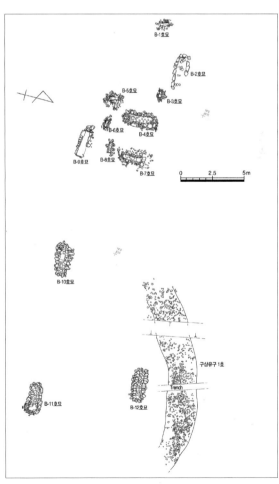

그림 7. B군 유구배치도

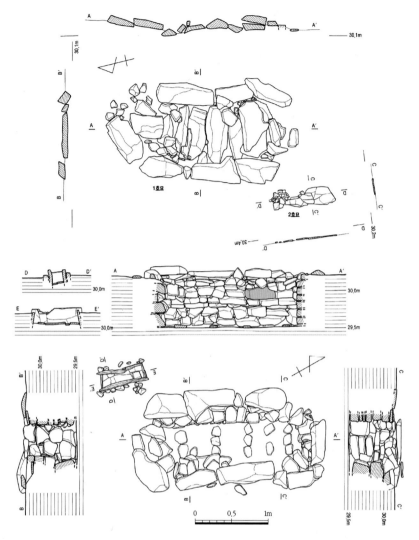

그림 8. A군 석관묘 1·2호

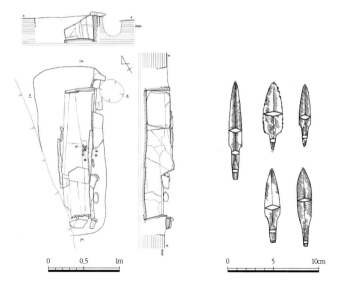

그림 9. A군 석관묘 3호 및 출토유물

그림 11. A군 석관묘 5호

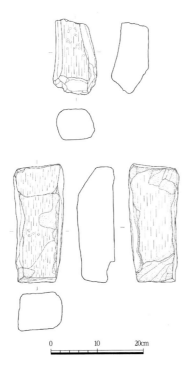

그림 10. A군 석관묘 4호 및 출토유물(1:8)

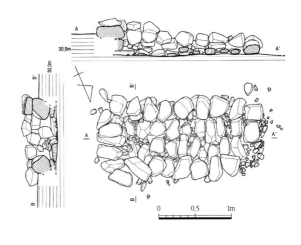

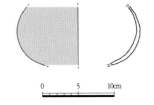

그림 12. A군 석관묘 6호 및 수습유물

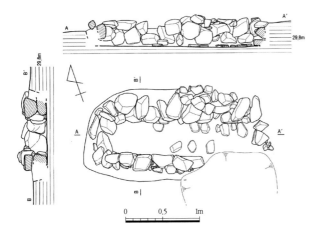

그림 13. A군 석관묘 7호

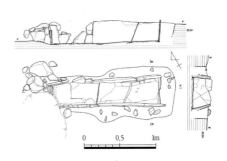

그림 14. A군 석관묘 8호

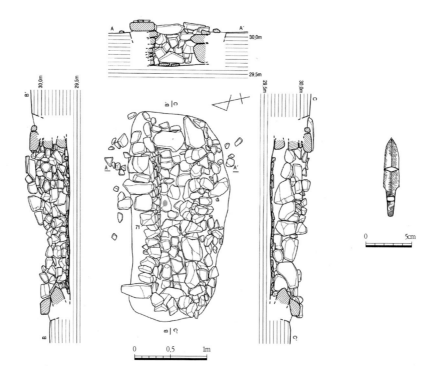

그림 15. A군 석관묘 9호 및 출토유물

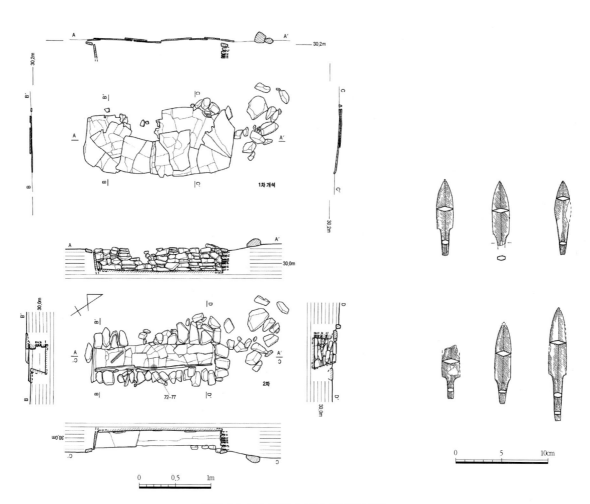

그림 16. A군 석관묘 10호 및 출토유물

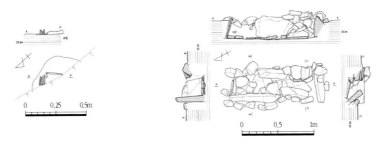

그림 17. A군 석관묘 11호(1:30)

그림 18. A군 석관묘 12호

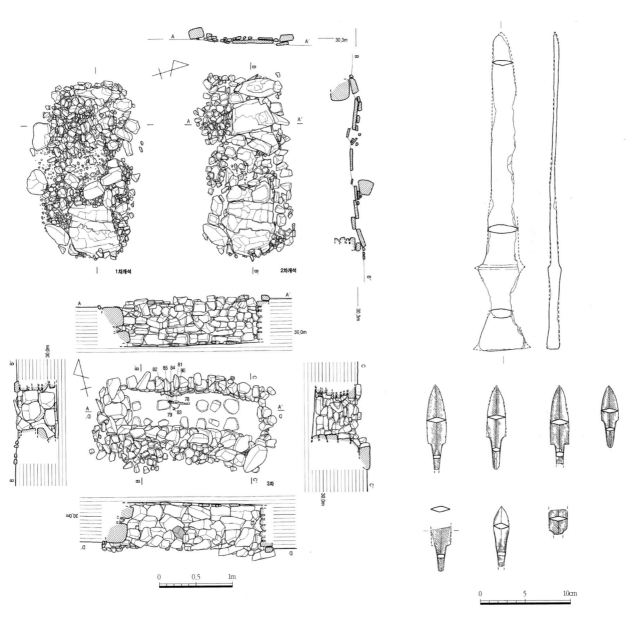

그림 19. A군 석관묘 13호 및 출토유물

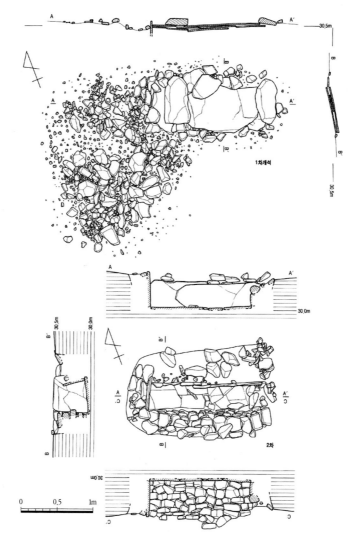

그림 20. A군 석관묘 14호

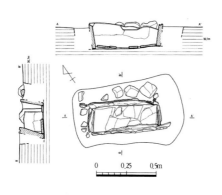

그림 21. A군 석관묘 15호(1:30)

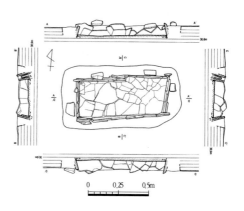

그림 22. A군 석관묘 16호(1:30)

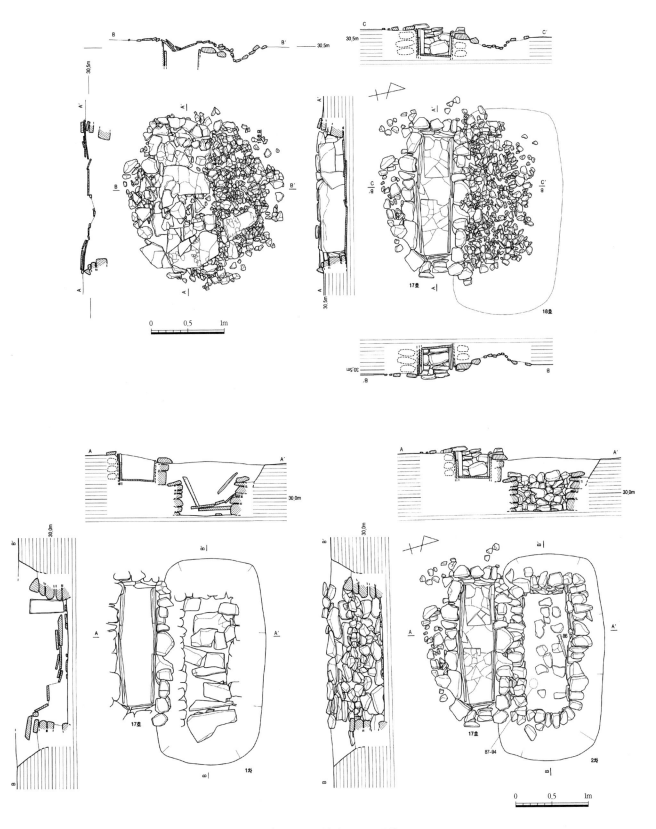

그림 23. A군 석관묘 17·18호

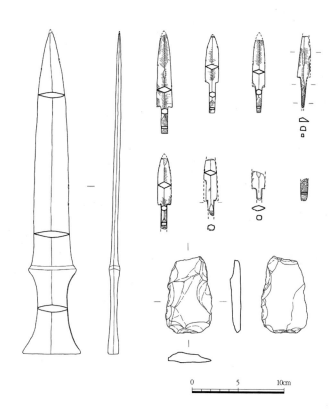

그림 24. A군 석관묘 18호 출토·수습유물

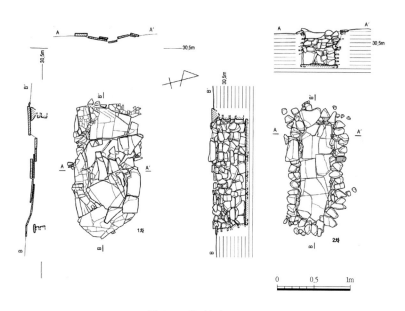

그림 25. A군 석관묘 19호

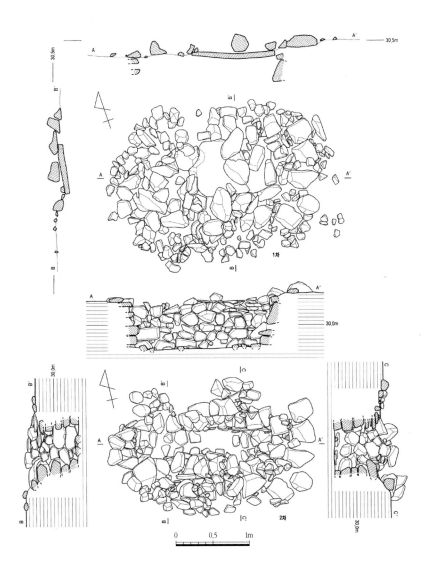

그림 26. A군 석관묘 20호

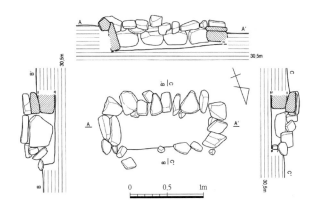

그림 27. A군 석관묘 21호

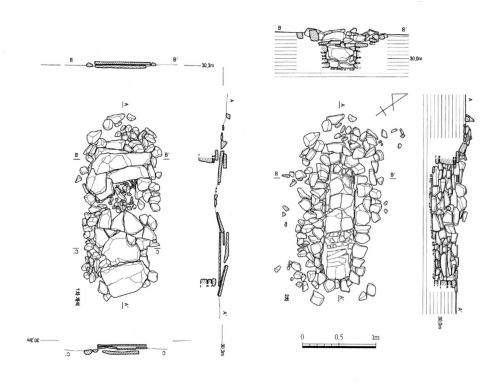

그림 28. A군 석관묘 22호

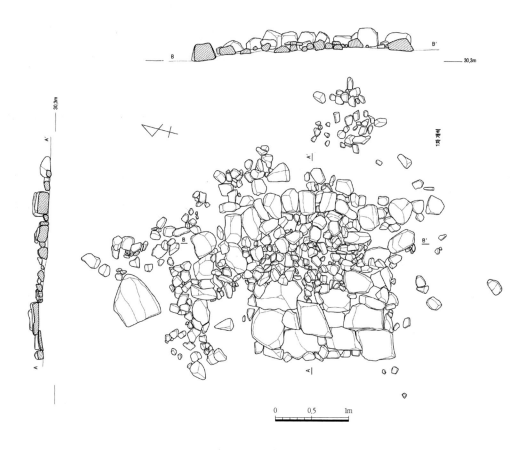

그림 29. A군 석관묘 23호

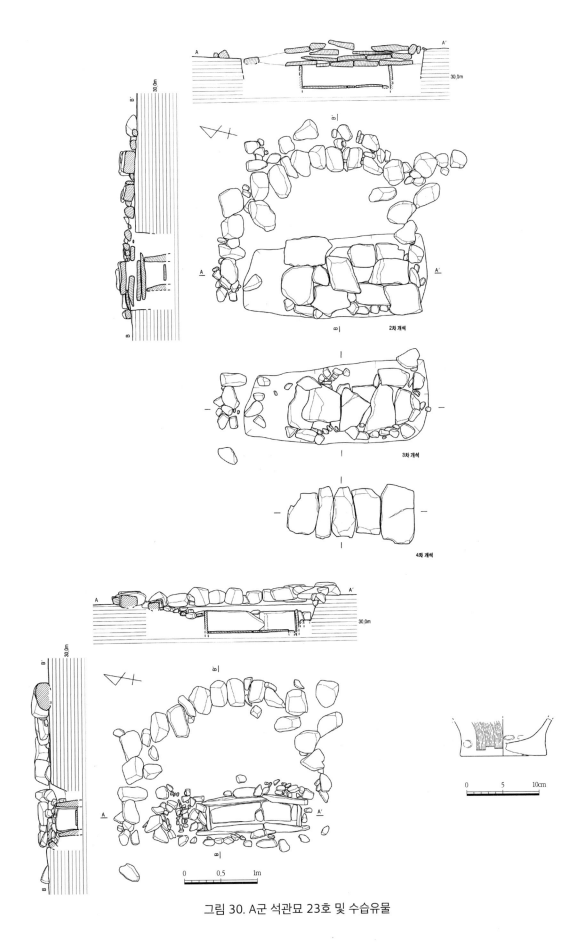

그림 30. A군 석관묘 23호 및 수습유물

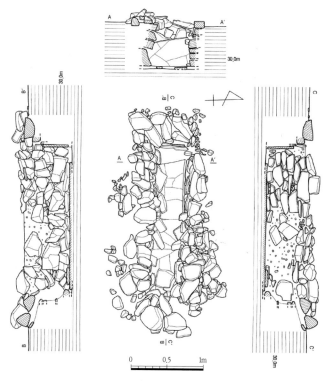

그림 31. A군 석관묘 24호

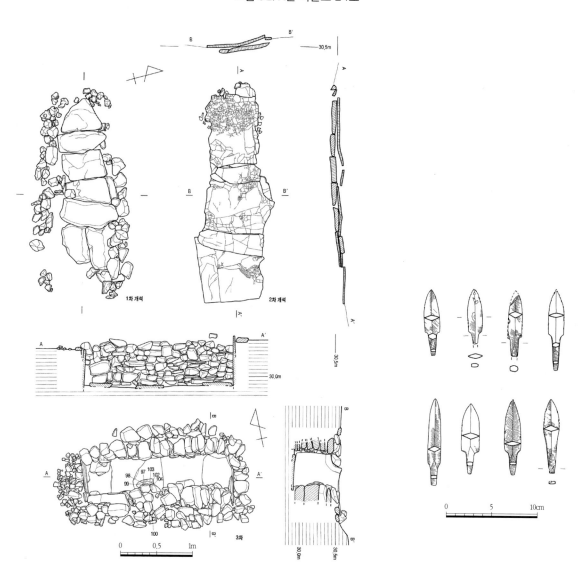

그림 32. A군 석관묘 25호 및 출토유물

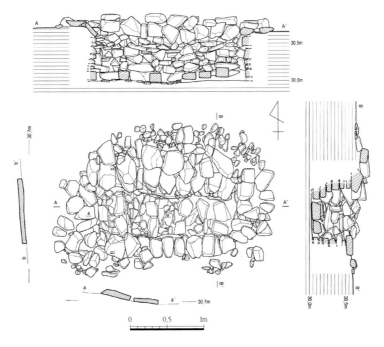

그림 33. A군 석관묘 26호

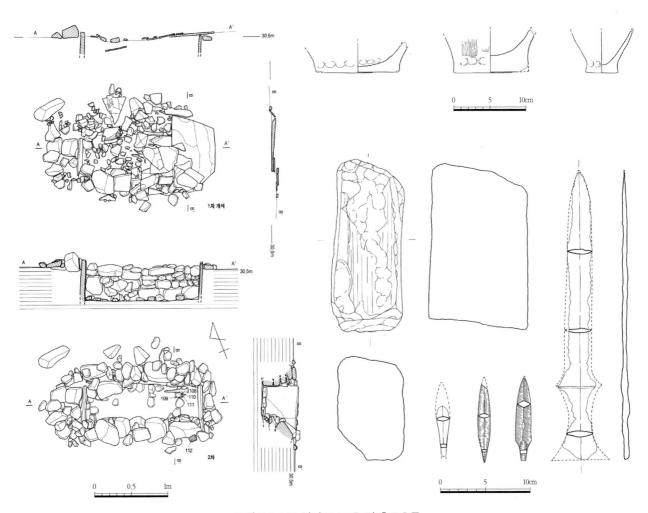

그림 34. A군 석관묘 27호 및 출토유물

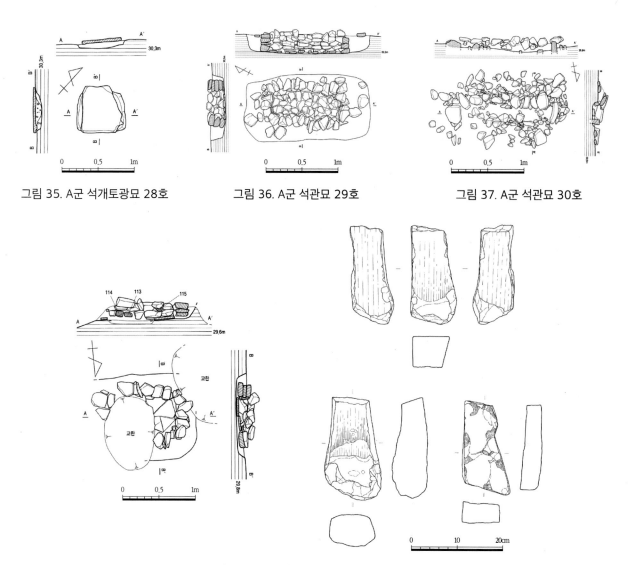

그림 35. A군 석개토광묘 28호   그림 36. A군 석관묘 29호   그림 37. A군 석관묘 30호

그림 38. A군 석관묘 31호 및 출토유물(1:8)

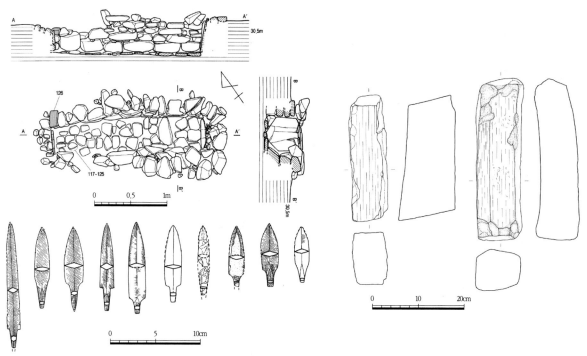

그림 39. A군 석관묘 32호 및 출토유물(지석 1:8)

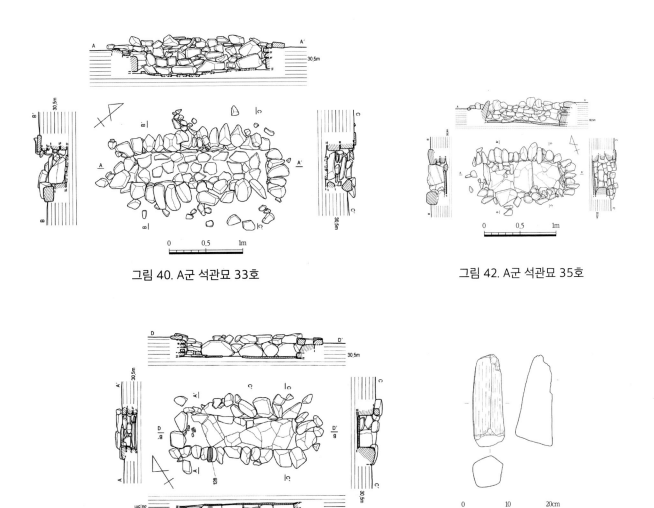

그림 40. A군 석관묘 33호

그림 42. A군 석관묘 35호

그림 41. A군 석관묘 34호 및 출토유물(1:8)

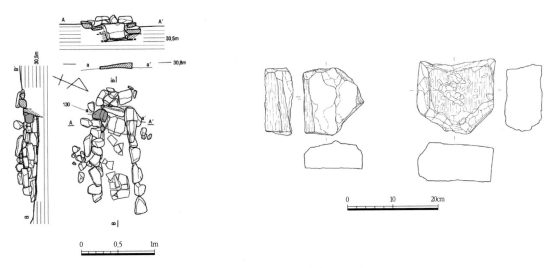

그림 43. A군 석관묘 36호 및 출토유물(1:8)

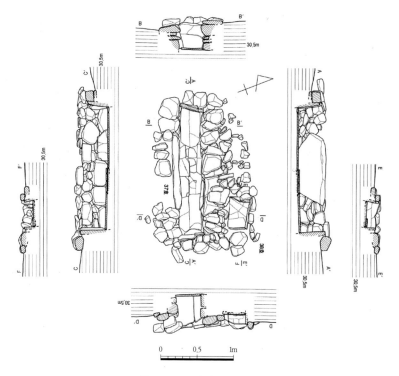

그림 44. A군 석관묘 37·38호

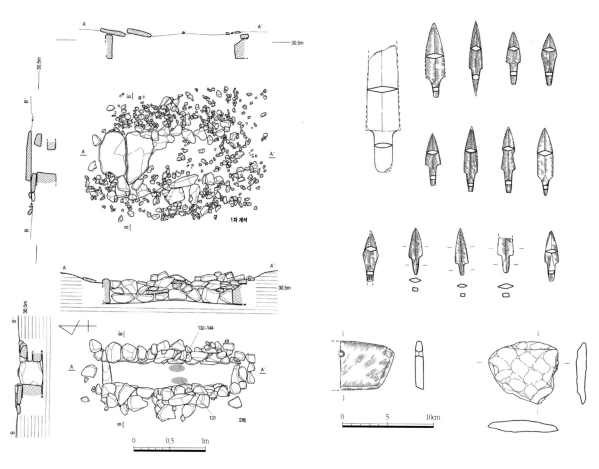

그림 45. A군 석관묘 39호 및 출토유물

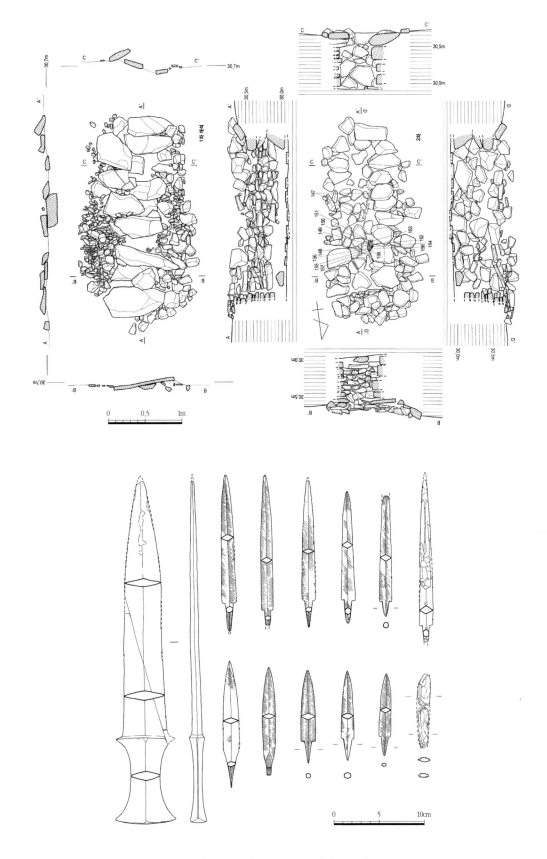

그림 46. A군 석관묘 40호 및 출토유물

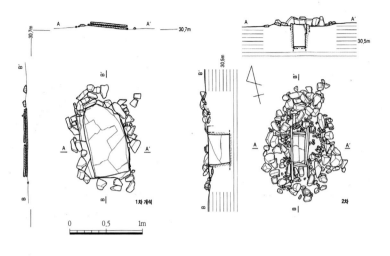

그림 47. A군 석관묘 41호

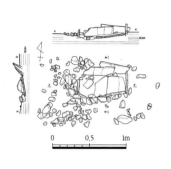

그림 48. A군 석관묘 42호

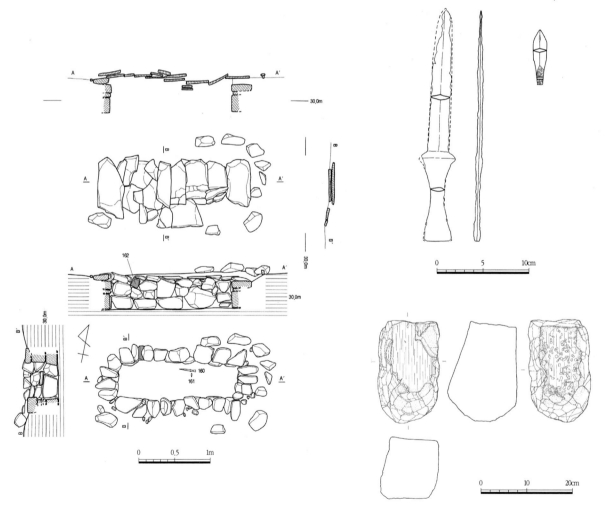

그림 49. A군 석관묘 43호 및 출토유물(지석 1:8)

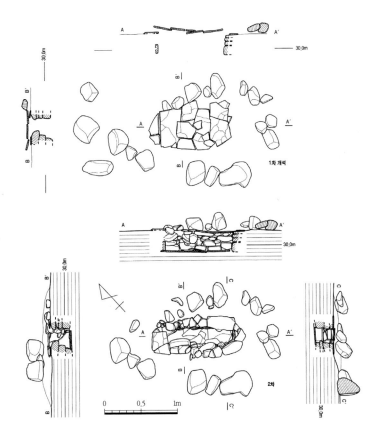

그림 50. A군 석관묘 44호

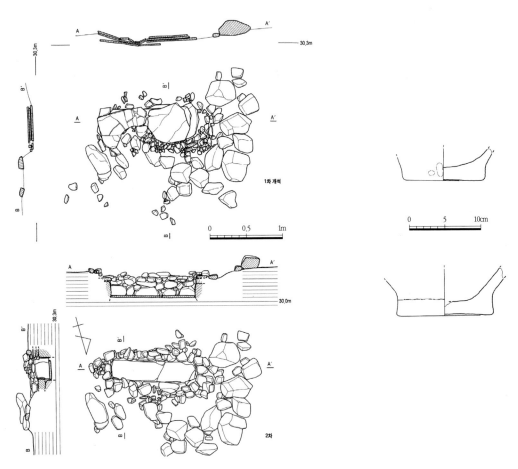

그림 51. A군 석관묘 45호 및 구획석 출토유물

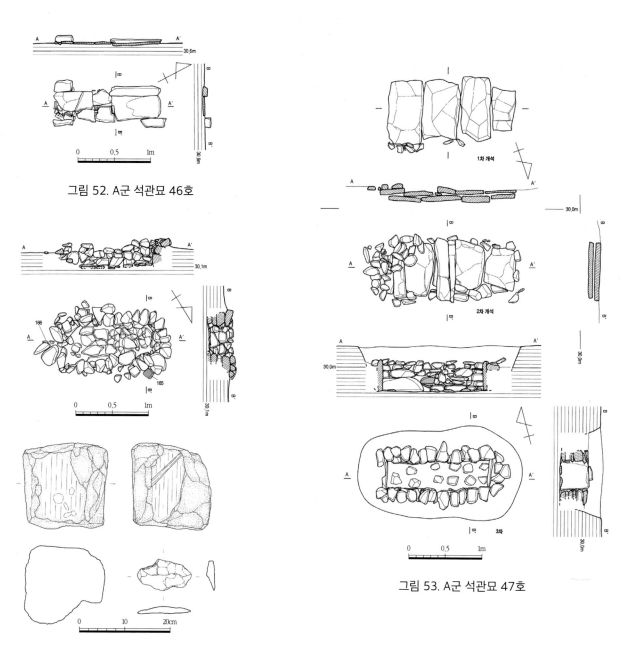

그림 52. A군 석관묘 46호

그림 53. A군 석관묘 47호

그림 54. A군 석관묘 48호 및 출토유물(1:8)

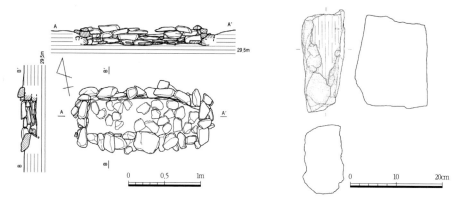

그림 55. A군 석관묘 49호 및 출토유물(1:8)

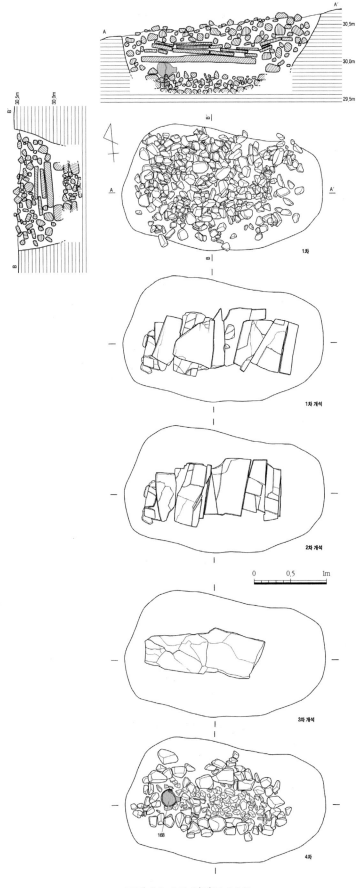

그림 56. A군 석관묘 50호

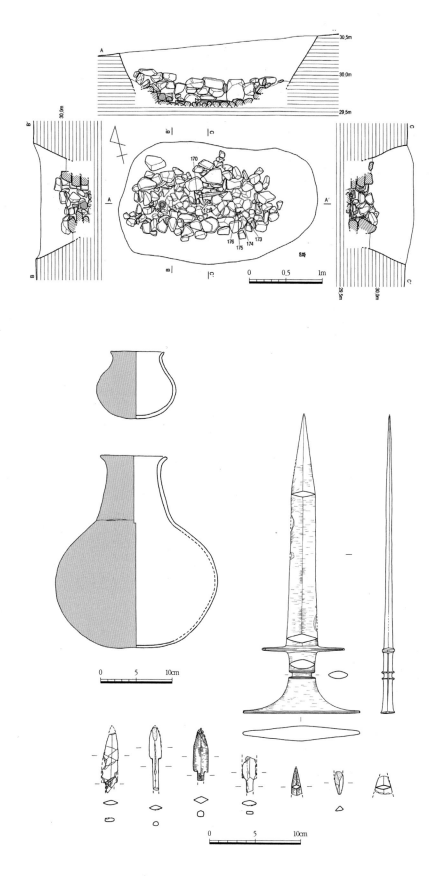

그림 57. A군 석관묘 50호 및 출토유물

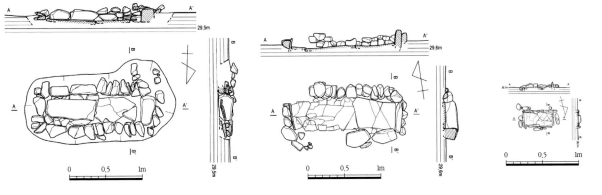

그림 58. A군 석관묘 51호   그림 59. A군 석관묘 52호   그림 60. A군 석관묘 53호

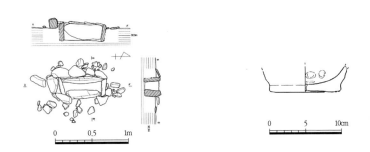

그림 61. B군 석관묘 1호 및 출토유물

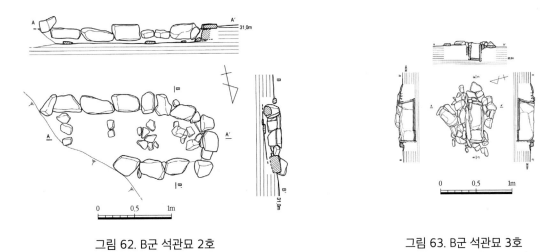

그림 62. B군 석관묘 2호   그림 63. B군 석관묘 3호

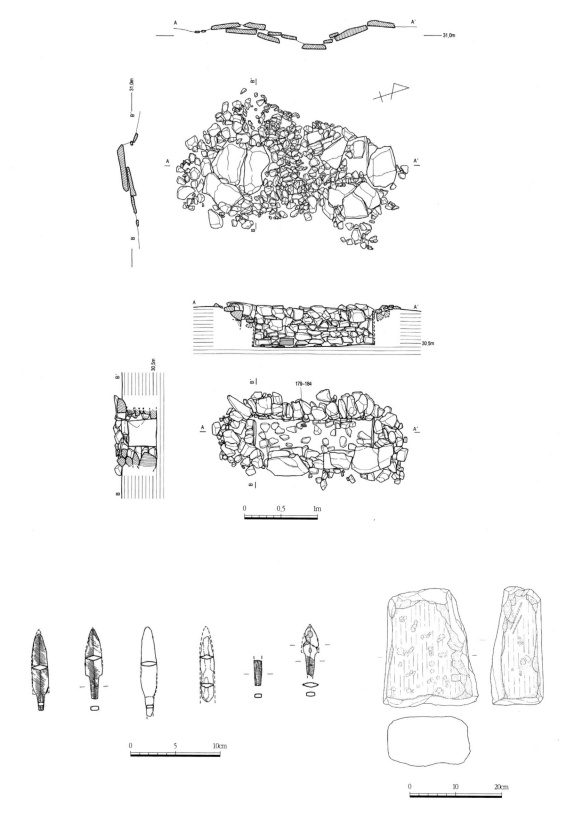

그림 64. B군 석관묘 4호 및 출토유물(지석 1:8)

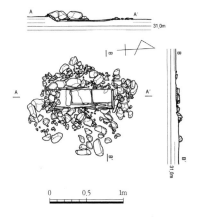

그림 65. B군 석관묘 5호

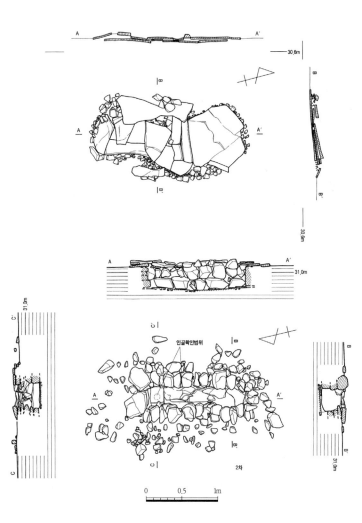

그림 67. B군 석관묘 7호

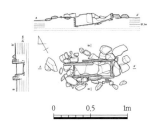

그림 66. B군 석관묘 6호

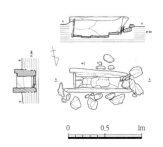

그림 68. B군 석관묘 8호

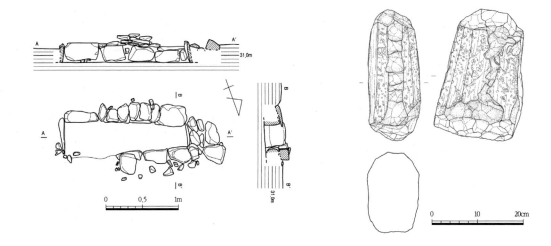

그림 69. B군 석관묘 9호 및 출토유물(1:8)

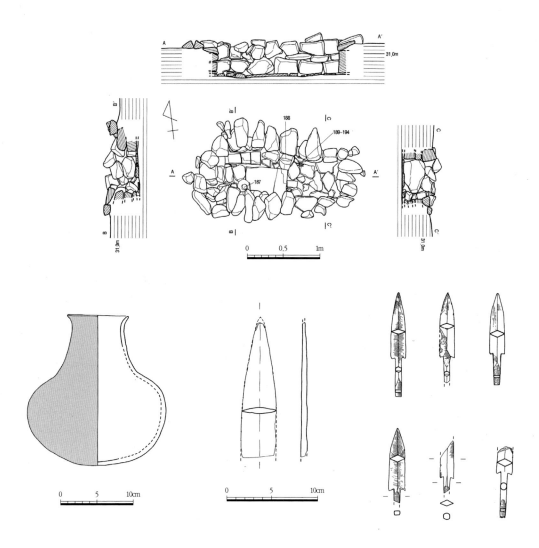

그림 70. B군 석관묘 10호 및 출토유물

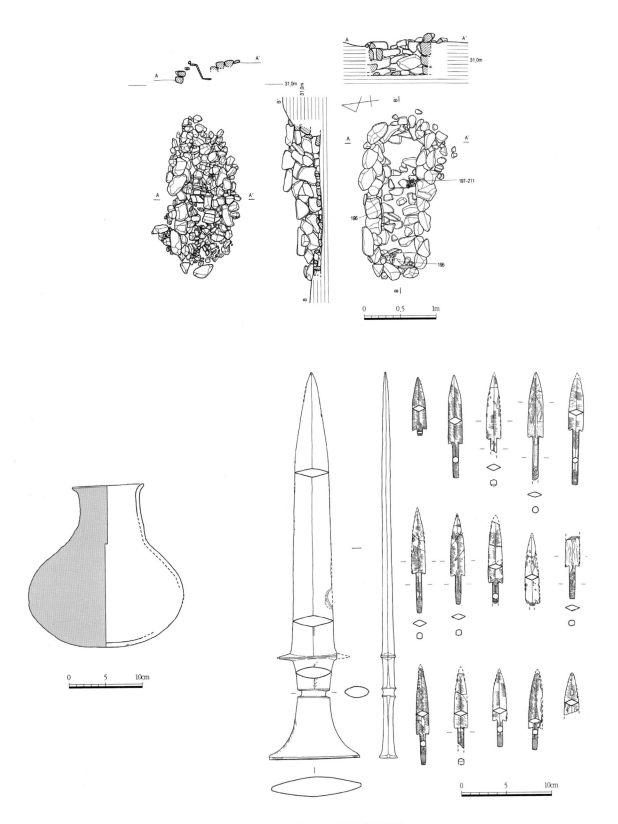

그림 71 . B군 석관묘 11호 및 출토유물

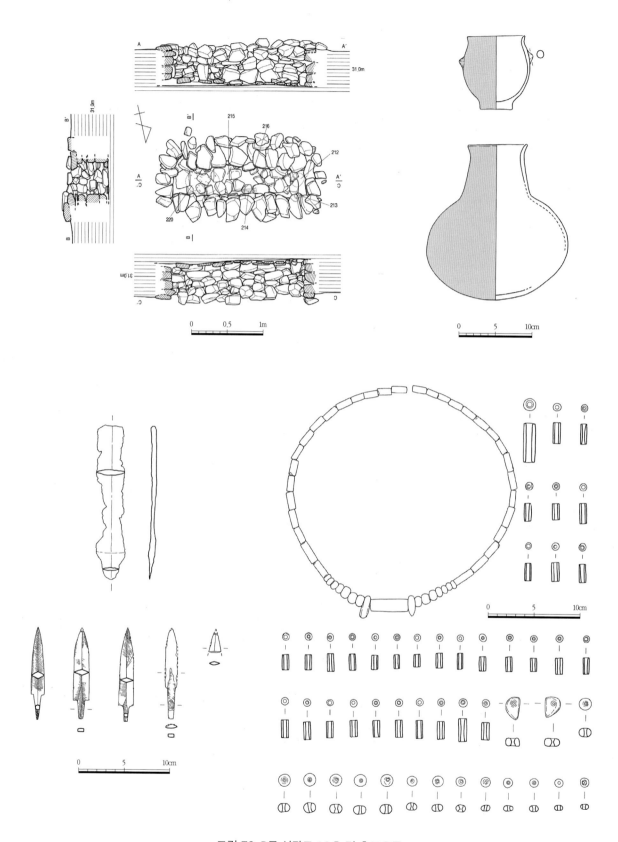

그림 72. B군 석관묘 12호 및 출토유물

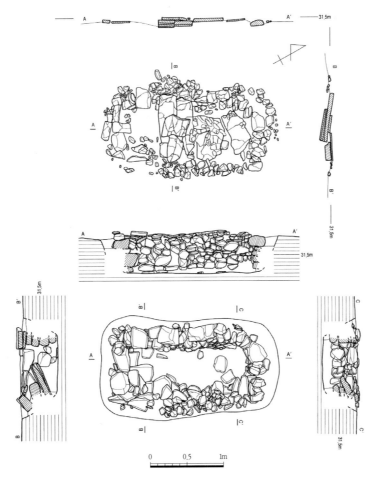

그림 73. 단독 석관묘 1호

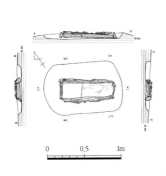

그림 74. 단독 석관묘 2호

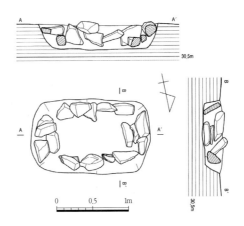

그림 75. 단독 석관묘 3호

10 대구 월성동 1412번지 유적

유적위치 대구광역시 달서구 월성동 1412번지 일원
유구   석관묘 1기
유물   없음
참고문헌 경상북도문화재연구원, 2015, 『대구 월성동 공동주택신축부지내 대구 월성동 1412번지 유적』

유적이 위치하는 달서구 일대는 서록에서 발원하여 서쪽의 낙동강으로 합류하는 진천천, 성당천 등 소하천들에 의해 형성된 전형적인 충적선상지에 해당하며 유적은 월배선상지의 선단부에 해당한다. 선상지의 경우 산지에서 계곡을 따라 흐르는 곡구에 위치하여 물이 풍부한 선정부와 지하수면이 얕아져 용천이 분포하는 선단부에 대체로 취락이나 경작지가 입지한다.

총 3개의 구역을 발굴조사한 결과 석관묘는 청동기시대 주거지가 확인되는 Ⅰ구역에서 1기 확인되었다.

석관묘는 Ⅰ구역 남동쪽 경계면에 인접해 해발 29.7m 선상에서 확인되었다. 축조방식을 보면 기반층을 굴착하여 묘광을 조성한 후 5매의 점판암제 판석을 이용하여 바닥과 네 벽을 조성하였다. 그 후 묘광과 벽석 사이에 길이 10~20㎝ 정도의 천석을 채워 보강한 후 점판암제 개석을 덮은 것으로 추정된다.

양장벽은 축조방식에서 차이가 확인된다. 북장벽은 바닥석 밖으로 설치하고 남장벽은 바닥석 위에 설치한 것으로 보아 이는 벽석의 높이를 맞추기 위한 것으로 생각된다. 내부에서 출토된 유물은 없다.

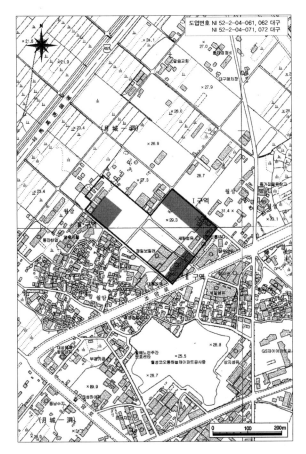

그림 1. 유적위치도 1

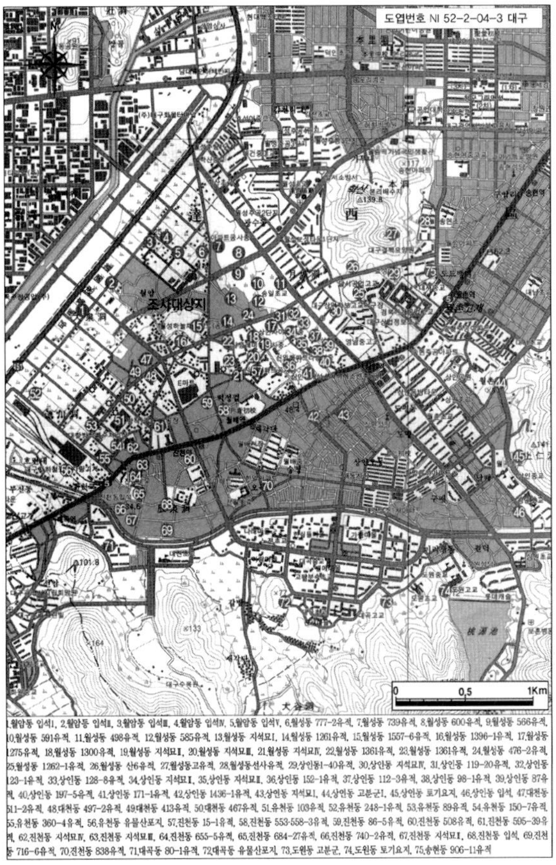

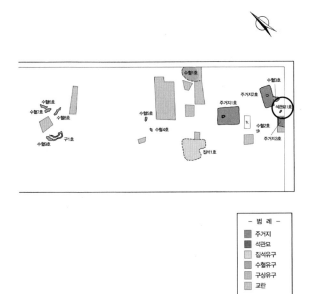

그림 2. 유적위치도 2

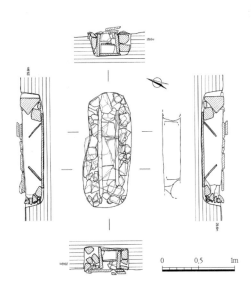

그림 3. Ⅰ구역 유구배치도

- 범 례 -

- 주거지
- 석관묘
- 집석유구
- 수혈유구
- 구상유구
- 교란

그림 4. Ⅰ구역 석관묘 1호

11 대구 월성동 1150-1번지 유적

유적위치 대구광역시 달서구 월성동 1150-1번지 일원

유구 석관묘 6기

유물 석촉

참고문헌 세종문화재연구원, 2016, 『대구 월성동 1150-1번지 일원 한천중학교 예정부지 내 大邱 月城洞 1150-1番地 遺蹟』

유적은 월배선상지의 선앙과 선단부의 경계지점에 해당하며 선상지 진행방향을 따라 비교적 평탄한 남고북저의 지형을 이루고 있다. 동남쪽으로는 청룡산, 산성산, 대덕산 등이 둘러싸고 있고, 남쪽으로 진천천이 동쪽에서 서쪽으로 흘러 낙동강으로 합류한다.

2개 구역을 발굴조사한 결과 청동기시대 유구는 Ⅰ구역에서 석관묘 6기가 확인되었고, Ⅱ구역에서 수혈유구 1기가 확인되었다. 대부분 잔존상태가 양호하지 못한 편이나 벽석축조방식이나 시상을 축조한 방식 등에서 차이가 확인된다.

벽석축조 방식을 보면 20~30㎝ 크기의 할석을 이용하여 벽면을 축조한 1·5호가 있고, 할석과 판석을 혼용하여 축조한 4호, 판석을 이용한 6호가 있다. 시상축조 방식은 석재의 사용방식에 따라 바닥 전체에 납작한 할석을 깐 경우, 바닥 전체에 판석을 깐 경우, 굴착면을 그대로 이용한 경우로 나눌 수 있는데 본 유적은 바닥 전체에 납작한 할석 또는 판석을 깐 경우가 확인되었다.

유물은 1호에서 석촉 9점이 확인되었을 뿐 나머지 5기에서 유물은 확인되지 않았다. 1호에서 확인된 석촉은 동장벽 중앙의 시상 상면에서 일괄로 출토되었다. 형태가 양호한 8점의 석촉은 모두 일단경식이며, 보고자는 주변유적과의 비교를 통해 석관묘의 연대를 청동기시대 후기로 추정하였다.

그림 1. 유적위치도 1

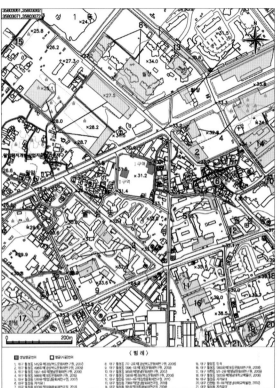

그림 2. 유적위치도 2

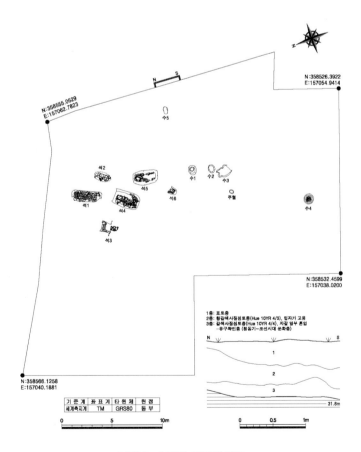

그림 3. Ⅰ구역 유구배치도

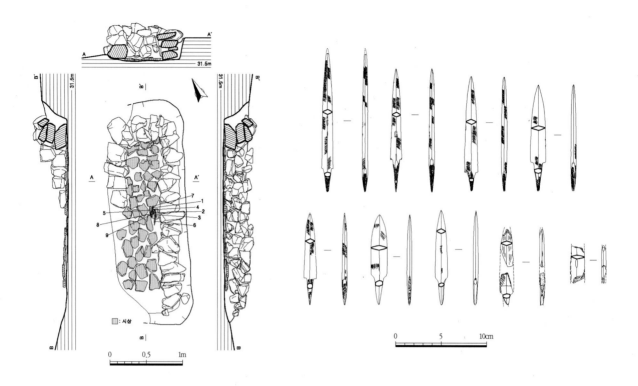

그림 4. Ⅰ구역 석관묘 1호 및 출토유물

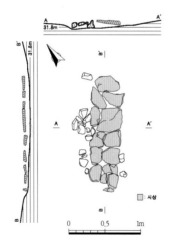

그림 5. Ⅰ구역 석관묘 2호

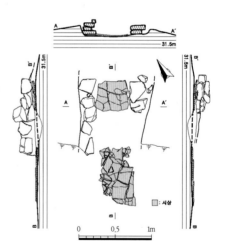

그림 6. Ⅰ구역 석관묘 3호

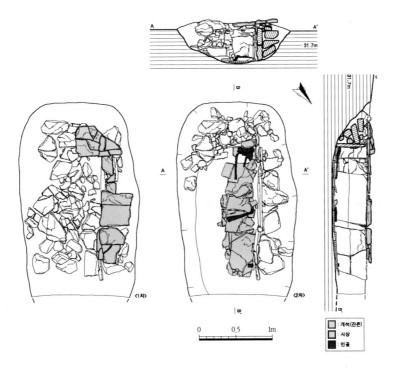

그림 7. Ⅰ구역 석관묘 4호

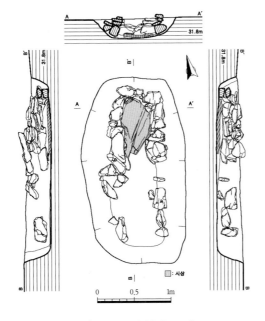

그림 8. Ⅰ구역 석관묘 5호

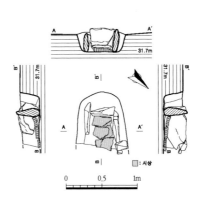

그림 9. Ⅰ구역 석관묘 6호

12 대구 월성동 777-2번지 유적

유적위치 대구광역시 달서구 월성동 777-2번지 일원
유구 석관묘 2기
유물 석촉
참고문헌 경상북도문화재연구원, 2008, 『大邱 月城洞 777-2番地 遺蹟(Ⅱ)-靑銅器~近代』

유적은 대구분지내 앞산과 청룡산 북서면에 형성된 월배선상지 선상의 선단부에 위치한다. 유적의 남동편은 100m 내외의 파랑상 구릉지들이 분포하고 있으며 북서편으로 선상지 충적평야가 이어진다. 선상지는 자갈·모래에 의해 구성되므로 하천수는 지하로 복류하여 하천의 대부분은 건천을 이룬다. 유적이 위치하는 선단부는 지하수면이 얕아져 용천이 분포하는 곳으로 취락이나 경작지가 입지하기 매우 좋은 조건을 가진다.

3개의 구역을 발굴조사한 결과 Ⅰ구역에서는 초기철기시대에 해당하는 목관묘가 13기 확인되었고, Ⅱ구역에서 청동기시대 석관묘가 2기, 초기철기시대 목관묘 6기가 확인되었다.

1호는 해발 약 27m 선상에 조영되었고 1호에서 북서편으로 10m 떨어져 2호가 위치한다. 축조방식을 살펴보면 묘광을 조성한 후 바닥에 납작한 강돌을 사용하여 바닥 전면에 깔아 시상을 마련하였고 양단벽석을 세운 후 북남장벽을 설치하였다. 그리고 묘광과 벽석 사이에 강돌로 보강하였다. 양단벽은 판석으로 축조하였고 양장벽은 강돌을 이용하여 축조하였다.

유물은 내부에서 석촉 1점이 수습되었다.

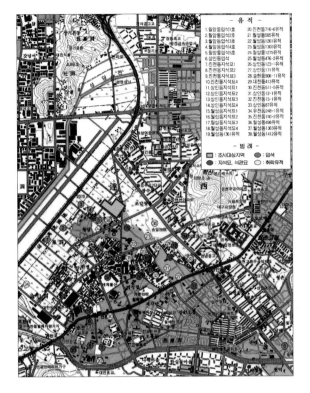

그림 1. 유적위치도

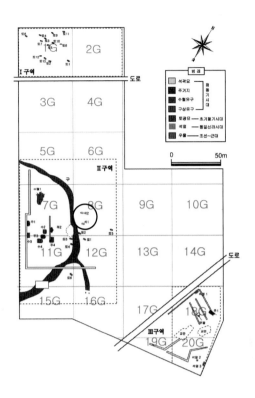

그림 2. 유구배치도

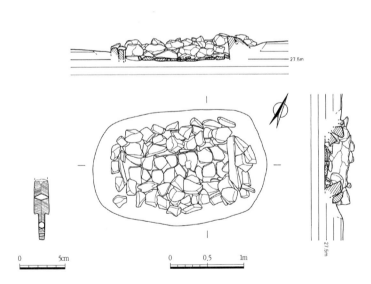

그림 3. Ⅱ구역 석관묘 1호 및 출토유물

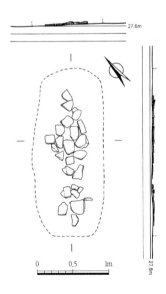

그림 4. Ⅱ구역 석관묘 2호

13 대구 월성동 585번지 유적

유적위치 대구광역시 달서구 월성동 585번지 일원
유구 석관묘 4기
유물 석검, 석촉
참고문헌 嶺南大學校博物館, 2007, 『大邱 月城洞 585遺蹟』

    유적이 위치하는 월성동 일대는 대구 남부 산지에서 중앙 저지대로 이어지는 부분으로 진천천 주변에 형성된 충적평야 일원에 위치한다. 진천천의 원래 형태는 발원지에서 계곡 입구까지 비교적 곧게 흘렀으나 평야지대에 접어들면서 다소 곡선적 형태를 취하며 주변으로 다수의 지류들이 방사상으로 복잡하게 발달하였다. 월배선상지의 선정과 선단에 걸쳐 유적이 위치한다.

    석관묘는 총 4기가 확인되었는데 양단벽이 파괴된 3호를 제외한 3기는 비교적 양호한 상태로 확인되었다. 유구의 축조방식은 시상과 벽석의 축조순서에 따라 2가지 방식으로 구분된다. 우선 장방형의 묘광을 파고 시상을 먼저 간 다음 벽석을 축조한 것과 벽석을 축조한 후 시상을 간 형태로 구분된다. 석관묘의 벽석은 할석과 천석을 이용하였고 시상은 천석을 이용하여 조성하였다.

    잔존상태가 양호한 2호의 축조방식을 보면 묘광을 조성한 후 시상석을 깔고 벽석을 쌓은 것으로 판단된다. 묘광과 벽석 사이에는 소형 할석을 채워 넣었다. 벽석은 할석과 천석을 혼용하여 횡평적 내지 종평적하였다.

    유물은 1호에서 유경식 석촉 3점, 2호에서 석검 1점과 석촉 6점, 3호에서 석촉 9점과 석검 1점, 4호에서 석촉 8점과 석검 1점이 출토되었다.

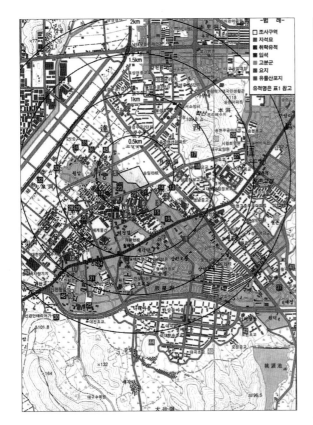

그림 1. 유적위치도 1

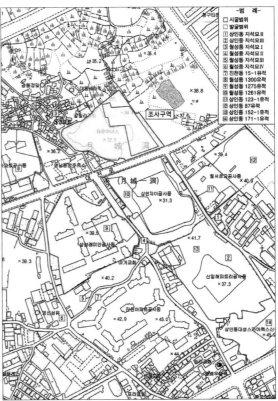

그림 2. 유적위치도 2

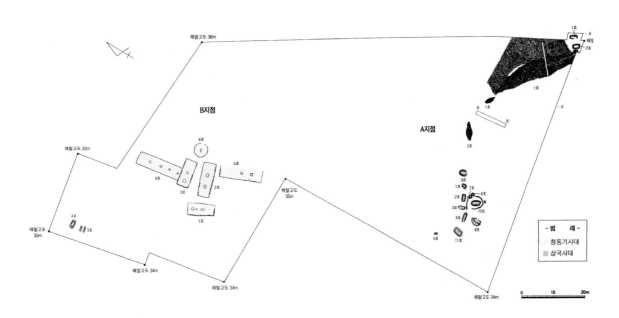

그림 3. 유구배치도

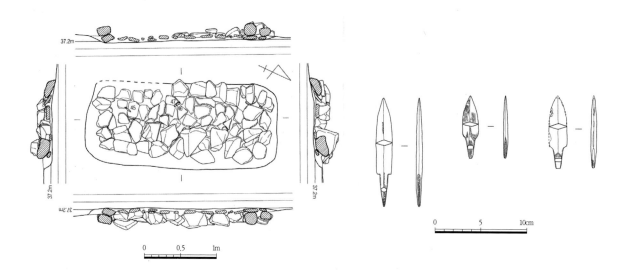

그림 4. 석관묘 1호 및 출토유물

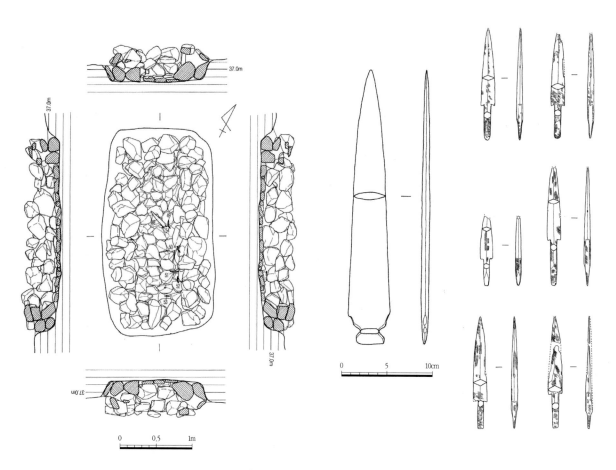

그림 5. 석관묘 2호 및 출토유물

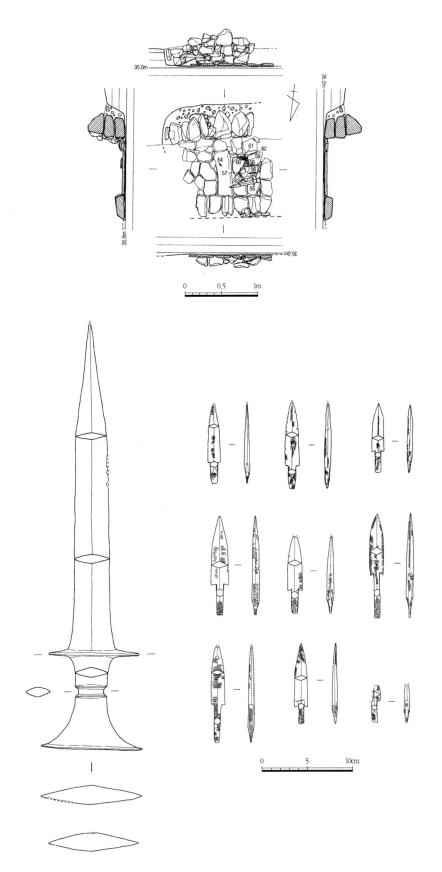

그림 6. 석관묘 3호 및 출토유물

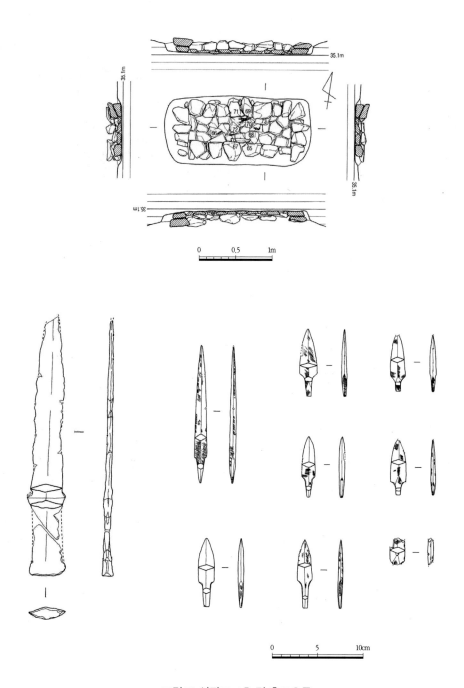

그림 7. 석관묘 4호 및 출토유물

14 대구 월성동 498번지 유적

유적위치 대구광역시 달서구 월성동 498번지 일원

유구 석관묘 3기

유물 없음

참고문헌 경상북도문화재연구원, 2009,『大邱 月城洞 498番地 遺蹟(Ⅱ·Ⅲ구역)』

유적은 대구분지내 서남부산지를 이루는 대덕산과 청룡산에서 발원한 진천천의 구하도와 성당천 등의 소하천이 북서쪽의 저지대로 내려오면서 형성된 월배선상지에 위치한다. 유적은 월배선상지의 동쪽 경계에 인접한 선앙~선단부에 입지하며 선상지의 진행방향을 따라 비교적 평탄한 남고북저의 지형을 이룬다.

3개의 구역을 발굴조사한 결과 Ⅱ구역에서 석관묘 2기, Ⅲ구역에서 석관묘 1기로 총 3기가 확인되었다.

Ⅱ구역에서 확인된 석관묘 2기는 소형으로 비교적 잘 남아 있는 1호의 경우 축조방법을 보면 묘광을 굴착한 후 바닥에 판석 1매를 깔고 벽을 축조하였다. 벽은 판석 4매를 'ㅍ'자형에 가깝게 세웠던 것으로 추정된다. 2호의 경우 묘광과 벽석홈을 굴착하여 벽석을 조성하였다. 바닥에는 점판암재 판석을 놓고 벽은 화강암재 판석 4매를 'ㅍ'자형으로 세워 축조하였다. 2기 모두 유물은 출토되지 않았다.

Ⅲ구역에서 확인된 석관묘는 개석이 1매 놓인 상태로 확인되었다. 축조방법을 보면 묘광을 굴착한 후 바닥에 점판암재 판석을 놓고 그 위에 점판암재 판석 4매를 이용해 평면 'ㅍ'자 형태로 벽을 세웠다. 벽 축조 후 벽과 묘광 사이에 천석을 채워 보강하였다. 출토유물은 없다.

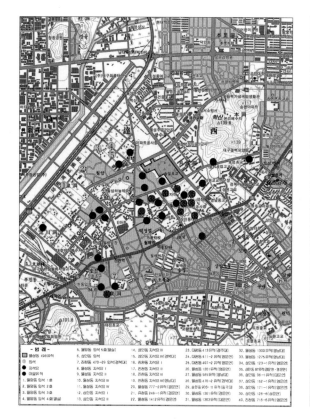

그림 1. 유적위치도 1

그림 2. 유적위치도 2

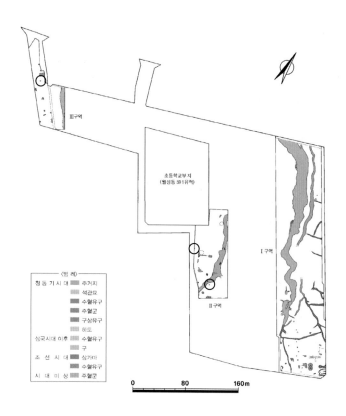

그림 3. Ⅰ~Ⅲ구역 유구배치도

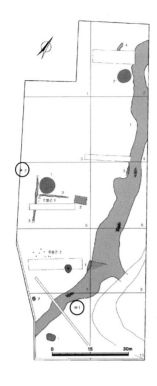

그림 4. Ⅱ구역 유구배치도

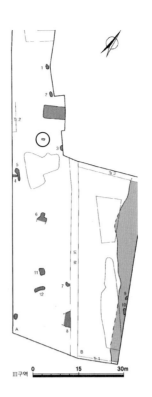

그림 5. Ⅲ구역 유구배치도

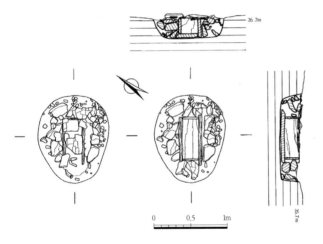

그림 6. Ⅱ구역 석관묘 1호

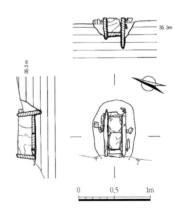

그림 7. Ⅱ구역 석관묘 2호

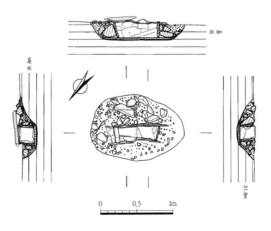

그림 8. Ⅲ구역 석관묘

15 대구 상인동 119-20번지 유적

유적위치 대구광역시 달서구 상인동 119-20번지 일원

유구 석관묘 2기

유물 석촉

참고문헌 大東文化財研究院, 2006,『大邱 上仁洞 119-20遺蹟-大邱 達西區 上仁洞 119-4一圓 月背2區域 近生用地 都市開發
事業敷地內 遺蹟試·發掘調查報告書-』

유적이 위치하는 대구 남부지역에는 대덕산(584m), 앞산(660m), 산성산(653m), 청룡산(794m), 삼필봉(468m) 등 가파른 산줄기가 서로 연결되어 월배지역을 둘러싸고 있으며 북쪽 경계면에는 와룡산(299m), 궁산(252m)이 연결되어 작은 산지를 형성하고 있다.

유적은 대구분지의 남부산지가 병풍처럼 둘러져 있고 남서편으로 진천천이 동에서 서로 흘러 낙동강으로 유입되는 중간 지점에 위치한다.

석관묘는 유적의 서편 경계부에서 2기 확인되었다.

잔존상태가 양호한 2호의 경우 석관의 장축방향이 북서-남동으로 20~30㎝ 정도의 천석을 이용하여 벽석을 축조하였다. 축조양상은 말각장방향의 묘광을 조성할 때 동장벽부는 단차를 두어 이단 굴광으로 조성하였다. 이후 북단벽과 동장벽의 최하단 석렬을 설치한 후 바닥에 천석과 할석을 이용하여 시상을 마련하였다. 이후 서장벽과 남단벽을 축조하였는데 북단벽과 동장벽에 비해 벽석의 쌓임이 엉성하다.

유물은 2호에서 유경식 석촉 8점이 출토되었다.

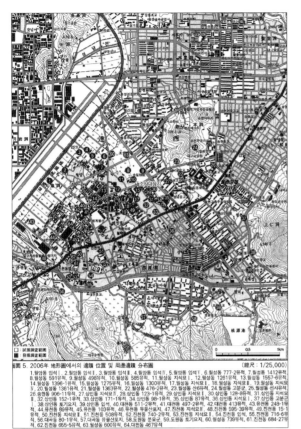

圖面 5. 2006年 地形圖에서의 遺蹟 位置 및 周邊遺蹟 分布圖 (縮尺: 1/25,000)

1.월암동 입석Ⅰ, 2.월암동 입석Ⅱ, 3.월암동 입석Ⅲ, 4.월암동 입석Ⅳ, 5.월암동 입석Ⅴ, 6.월성동 777-2유적, 7.월성동 1412유적, 8.월성동 591유적, 9.월성동 498유적, 10.월성동 585유적, 11.월성동 지석묘Ⅰ, 12.월성동 1261유적, 13.월성동 1557-6유적, 14.월성동 1396-1유적, 15.월성동 1275유적, 16.월성동 1300유적, 17.월성동 지석묘Ⅱ, 18.월성동 지석묘Ⅲ, 19.월성동 지석묘Ⅳ, 20.월성동 1361유적, 21.월성동 1363유적, 22.월성동 476-2유적, 23.월성동 산6유적, 24.월성동 고분군, 25.월성동 선사유적Ⅰ, 26.송현동 906-11유적, 27.상인동 지석묘Ⅰ, 28.상인동 123-1유적, 29.상인동 지석묘Ⅱ, 30.상인동 128-8유적, 31.상인동 지석묘Ⅲ, 32.상인동 152-1유적, 33.상인동 171-1유적, 34.상인동 98-1유적, 35.상인동 87유적, 36.상인동 지석묘Ⅰ, 37.상인동 고분군Ⅰ, 38.상인동 토기요지, 39.상인동 입석, 40.대천동 511-2유적, 41.대천동 497-2유적, 42.대천동 413유적, 43.유천동 248-1유적, 44.유천동 89유적, 45.유천동 103유적, 46.유천동 유물산포지, 47.진천동 지석묘Ⅱ, 48.진천동 595-39유적, 49.진천동 15-1유적, 50.진천동 지석묘Ⅰ, 51.진천동 508유적, 52.진천동 740-2유적, 53.진천동 지석묘Ⅲ, 54.진천동 입석, 55.진천동 716-6유적, 56.대속동 80-1유적, 57.대곡동 유물산포지Ⅰ, 58.도원동 분묘군, 59.도원동 토기요지, 60.월성동 739유적, 61.진천동 684-27유적, 62.진천동 655-5유적, 63.월성동 600유적, 64.대천동 467유적

그림 1. 유적위치도 1

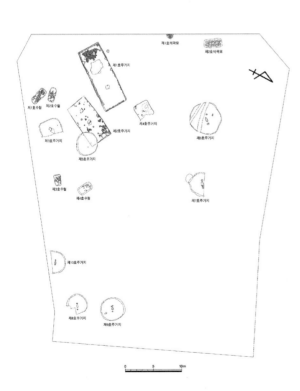

圖面 6. 1979年 地形圖에서의 遺蹟 位置 및 周邊遺蹟 分布圖 (縮尺: 1/5,000)

1.월성동 산6유적(경북대), 2.월성동 600유적(대동연), 3.월성동 501유적(성문연), 4.월성동 498유적(경북연), 5.월성동 585유적(영남대), 6.월성동 지석묘Ⅰ, 7.월성동 1275유적(영남대), 8.월성동 1300유적(영남대), 9.월성동 지석묘Ⅱ, 10.월성동 지석묘Ⅲ, 11.월성동 지석묘Ⅳ, 12.상인동 지석묘Ⅰ, 13.상인동 87유적(경북연), 14.상인동 128-8유적(삼한연), 15.상인동 123-1유적(영문연), 16.상인동 98-1유적(대동연), 17.상인동 152-1유적(영남연), 18.상인동 171-1유적(영문연), 19.진천동 15-1유적(영남대)

그림 2. 유적위치도 2

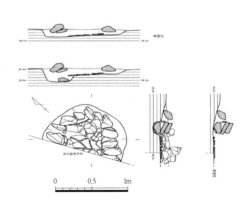

그림 4. 석관묘 1호

그림 3. 유구배치도

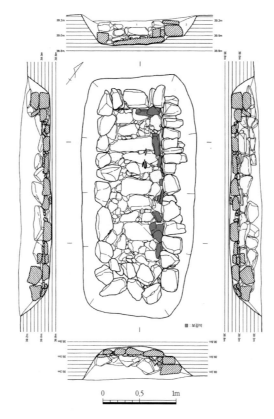

그림 5. 석관묘 2호

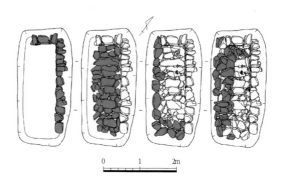

그림 6. 석관묘 2호 단계별 축조과정

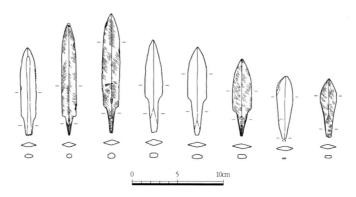

그림 7. 석관묘 2호 출토유물

16 대구 상인동 128-8번지 유적

유적위치	대구광역시 달서구 상인동 128-8번지 일원
유구	지석묘 2기, 상석 3기, 석관묘 7기
유물	적색마연토기, 석검, 석촉, 석기, 박편, 곡옥
참고문헌	삼한문화재연구원, 2010, 『대구 상인동 128-8번지 도시계획도로 예정부지 내 大邱 上仁洞 128-8番地 遺蹟』

유적은 대구 남서부에 형성된 월배선상지의 북동쪽 가장자리에 해당하며 월배선상지는 대구 남서부에 솟아 있는 대덕산, 앞산, 청룡산 등 해발 500m 이상의 산지에서 운반된 토사에 의해 형성되었다. 월배선상지의 범위는 동-서 길이 약 3.5㎞, 남-북 폭 2㎞ 정도로 비교적 넓은 충적평야를 형성하고 있다. 선상지의 선정은 상인동과 도원동 부근이며 구마고속도로가 지나가는 부근이 대략 선단에 해당된다.

발굴조사 결과 지석묘 2기를 비롯한 석관묘 7기, 원위치에서 이탈된 상석 3기가 확인되었다. 이외 초기철기시대 토광묘 1기가 확인되었다.

지석묘의 상석과 하부구조의 장축방향은 대부분 남-북방향으로 열상으로 분포한다. 1호는 성혈이 확인되는 상석 아래 천석이 두 벌 정도 깔려 있으며 하부구조는 석관묘이다. 석관묘는 묘광을 굴착한 후 천석을 한 벌 깐 후 천석을 쌓아 벽석을 쌓고 묘광과 벽석 사이에는 천석으로 충전하였다. 내부에서 확인된 유물은 없다. 2호는 상석 아래 바로 석관묘가 확인되었다. 축조방식은 1호와 동일하며 서장벽 벽석 사이에서 석촉 1점이 출토되었다.

석관묘는 벽석재에 따라 천석만 사용한 경우, 천석과 판석상의 할석을 혼용한 경우, 판석을 사용한 경우가 확인되었고 시상석의 유무와 시상석의 석재에 따라 구분된다. 바닥의 형태는 대부분 한쪽 단벽이 좁아지는 형태이다.

보고자는 상석이 확인되지 않는 석관묘의 경우 지석묘의 하부구조인지 배장묘인지 구분이 쉽지 않으나 벽석재가 천석이고 시상석을 벽석 축조 전 깐 석관묘의 경우 기조사된 지석묘와 유사성을 들어 지석묘 하부구조일 가능성이 있다고 보았다. 그리고 출토된 유물의 부장양상을 통해 석관묘 내 목관이 사용되었을 가능성을 언급하였다.

유물은 적색마연토기, 석검, 석촉, 곡옥 등이 확인되었다. 분묘의 연대는 대략 청동기시대 중기로 추정된다.

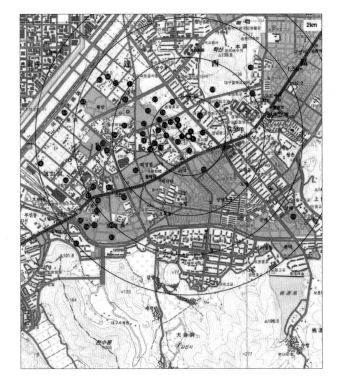

그림 1. 유적위치도 1

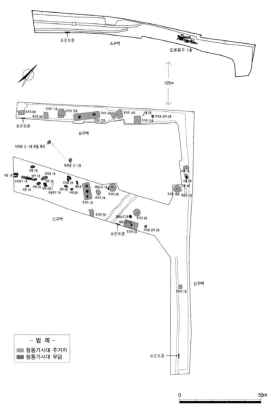

그림 2. 유적위치도 2

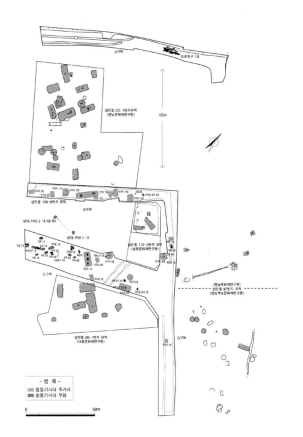

그림 3. 유구배치도 1

그림 4. 유구배치도 2

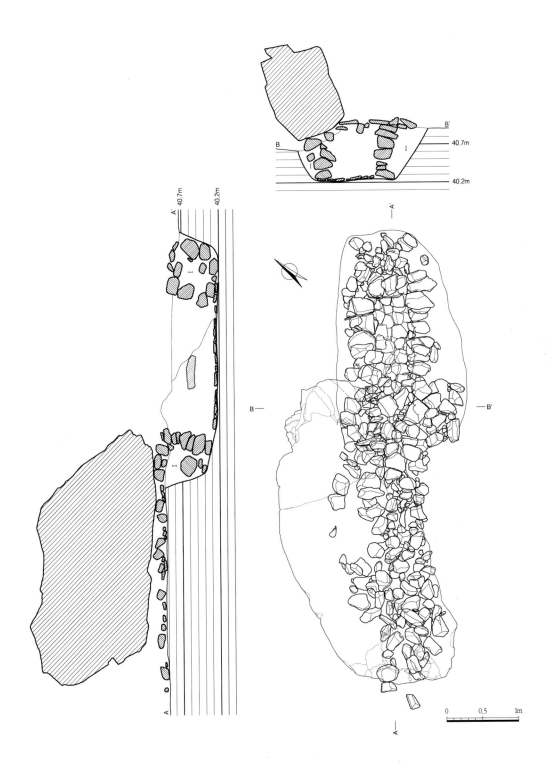

40.7m

40.2m

40.7m

40.2m

그림 5. 지석묘 1호

0 0.5 1m

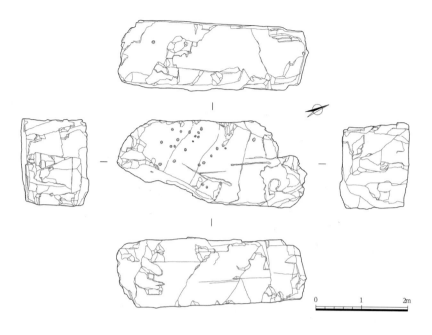

그림 6. 지석묘 1호(1:80)

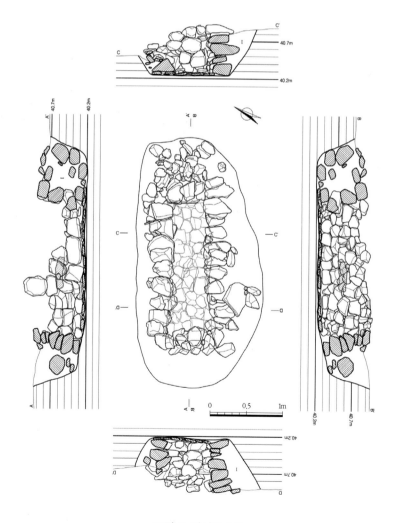

그림 7. 지석묘 1호

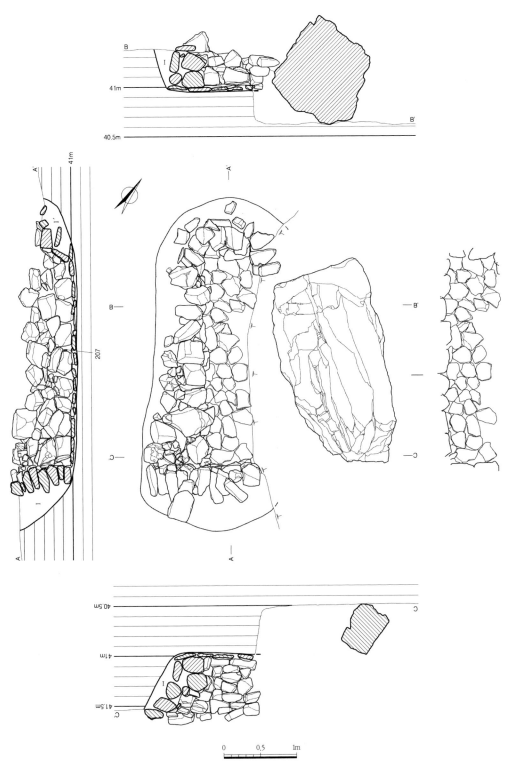

그림 8. 지석묘 2호

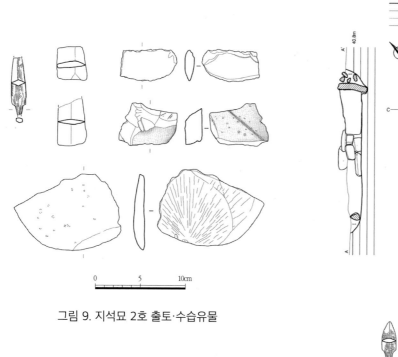

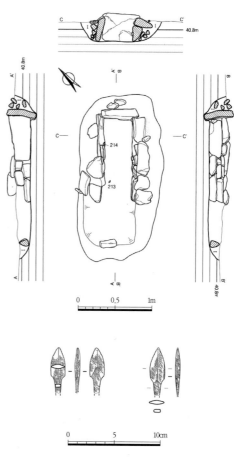

그림 9. 지석묘 2호 출토·수습유물

그림 10. 석관묘 1호 및 출토유물

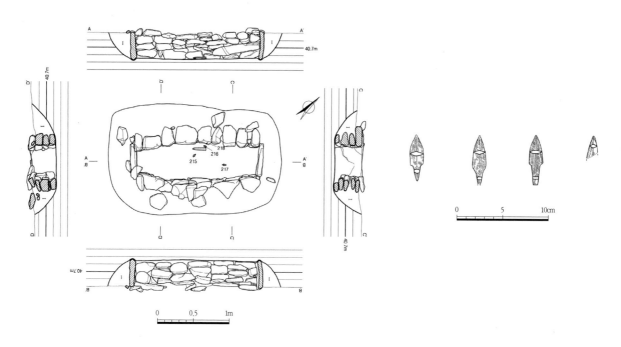

그림 11. 석관묘 2호 및 출토유물

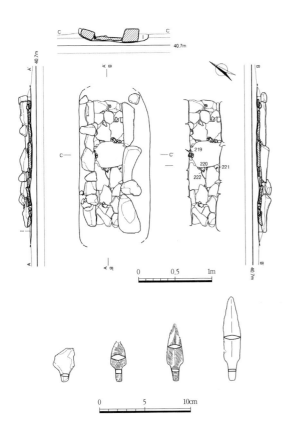

그림 12. 석관묘 3호 및 출토유물

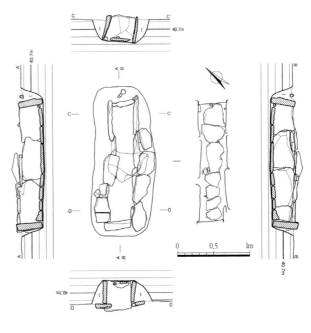

그림 13. 석관묘 4호

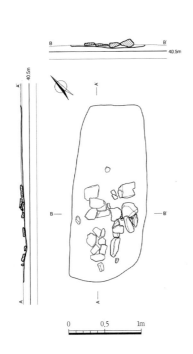

그림 14. 석관묘 5호

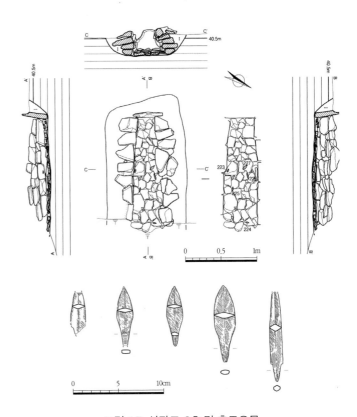

그림 15. 석관묘 6호 및 출토유물

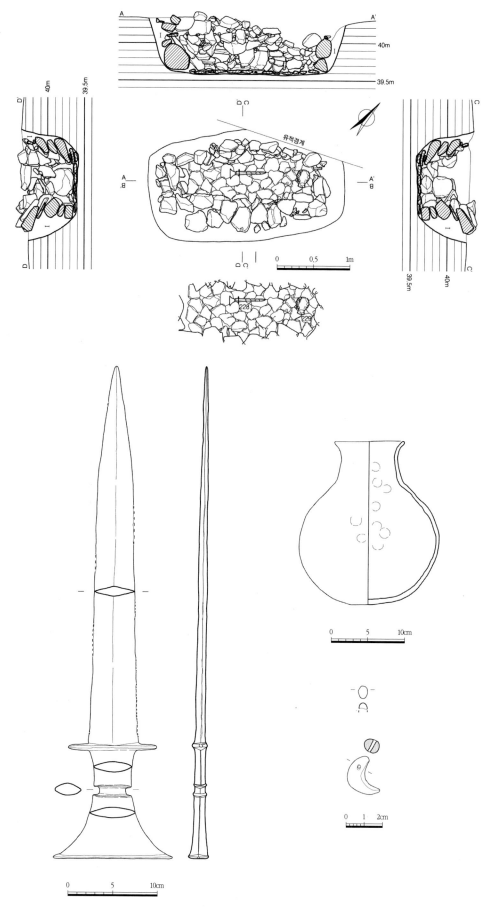

그림 16. 석관묘 7호 및 출토유물(곡옥 1:2)

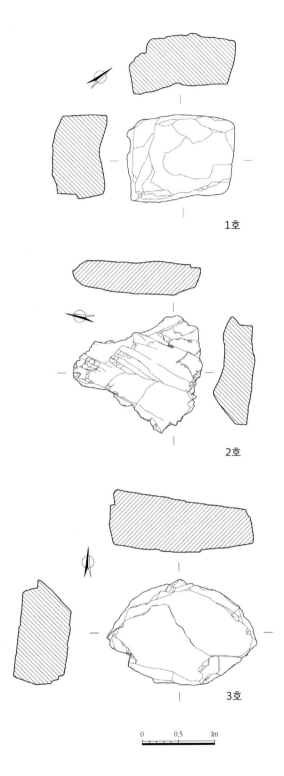

1호

2호

3호

0   0.5   1m

그림 17. 상석 1~3호

17 대구 상인동 98-1번지 유적

유적위치 대구광역시 달서구 상인동 98-1번지 일원

유구 석관묘 12기

유물 적색마연토기, 무문토기, 석촉, 석부

참고문헌 大東文化財研究院, 2008, 『大邱 上仁洞 98-1遺蹟-大邱 上仁洞 98-1番地 아파트新築敷地內 遺蹟 試·發掘調査報告書-』

　　유적이 위치하는 달서구는 대구광역시의 서남부에 위치한다. 달서구의 지형은 남부에 대덕산(584m), 앞산(660m), 산성산(653m), 청룡산(794m), 삼필봉(468m) 등 가파른 산줄기가 서로 연결되어 월배지역을 둘러싸고 있으며 북편 경계면에는 와룡산(299m), 궁산(252m)이 연결되어 작은 산지를 형성하고 있다. 그 외 지역은 넓은 충적평야를 이루고 있는데 중앙부의 성당천을 경계로 북편의 낙동강과 금호강의 범람으로 이루어진 '성서들'과 남편의 '월배선상지'로 양분된다. 월배선상지는 대구분지의 남부산지를 이루는 해발 500m 이상의 산으로 둘러싸여 있으며 이들 산지에서 발원한 소하천들이 모여 만들어진 진천천의 퇴적에 의해 형성되었다.

　　2개의 구역을 발굴조사한 결과 제Ⅱ구역에서 석관묘 12기가 확인되었다. 석관묘는 인접하여 조성된 청동기시대 구의 진행방향과 맞추어 군을 이루어 배치되어 있는 점이 특징적이다. 이 중 9~11호의 경우 주변에 역석과 소할석으로 부석되어 있는 점으로 보아 지석묘 하부구조로 추정되며 인근 상인동 지석묘Ⅲ의 상석일 가능성이 있다고 추정된다.

　　석관묘의 축조방식을 보면 모두 할석과 천석을 혼용하여 벽석을 조성하였고 5호를 제외한 11기 바닥에는 전면에 천석을 깔아 시상을 마련하였다. 그 중 4·8·9·11·12호에서는 개석이 확인되었다. 이외 시상석 상면의 가장자리에 붙여 할석 수 매를 횡수적한 형태가 7·9호에서 확인되는데 보고자는 관이 있었다면 관과 벽석을 보강하는 용도거나 피장자의 범위를 구획하는 용도로 사용되었다고 추정하였다.

　　유물은 7기의 석관묘에서 모두 석촉이 확인되며 최소 2점에서 최고 13점까지 매납되었다. 석촉의 형태는 일단경식의 (세장)유엽형이 대부분이며 인근에서 조사된 석관묘 매납품과 동일한 형태이다. 이러한 형태의 석촉은 청동기시대 중기전반으로 편년된다. 인근에 조성된 주거지를 보면 전기로 편년되는 장방형주거지군 뿐만 아니라 후기로 편년되는 송국리형 주거지군과 일정한 배치관계를 가지고 상호중복관계가 없다는 점으로 미루어 청동기시대 전기 이후 지속적으로 지석묘가 조성되었다고 생각된다.

그림 1. 유적위치도 1

1.월성동476-2유적(경북대), 2.월성동산6유적(경북대), 3.월성동591유적(성문연), 4.월성동498유적(경북연), 5.월성동585유적(영남대), 6.월성동1275유적(영남대), 7.월성동1300유적(영남대), 8.월성동지석묘Ⅱ(영남대), 9.진천동15-1유적(영남대), 10.상인동152-1유적(영문연), 11.상인동171-1유적(영문연), 12.상인동지석묘Ⅳ(경북대), 13.상인동87유적(영문연, 경북연), 14.상인동123-1유적(영문연), 15.상인동128-8유적(삼한연)

그림 2. 유적위치도 2

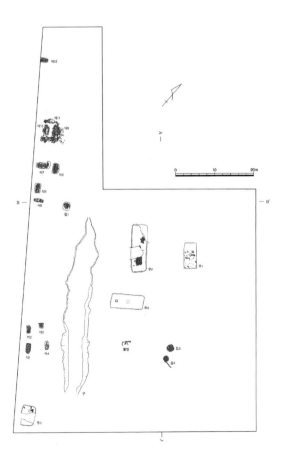

그림 3. Ⅱ구역 유구배치도

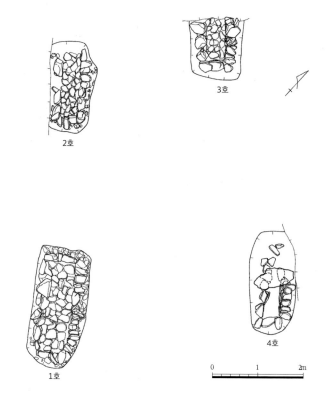

그림 4. Ⅱ구역 석관묘 1~4호(1:80)

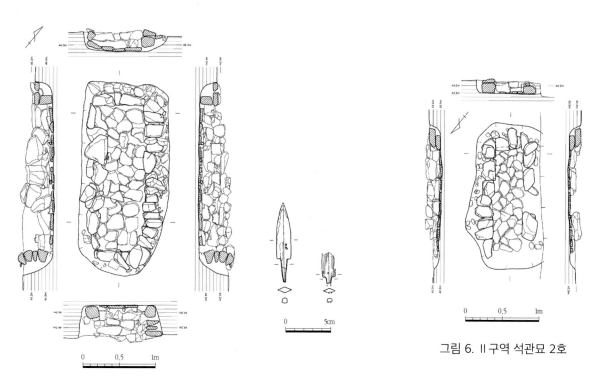

그림 5. Ⅱ구역 석관묘 1호 및 출토유물

그림 6. Ⅱ구역 석관묘 2호

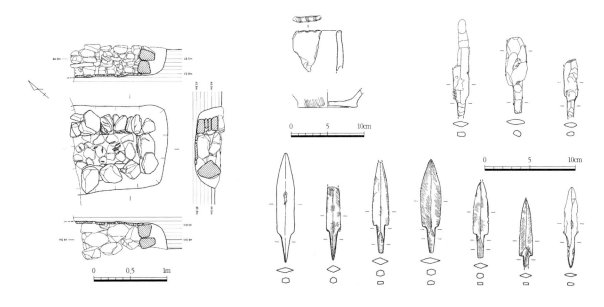

그림 7. Ⅱ구역 석관묘 3호 및 출토유물

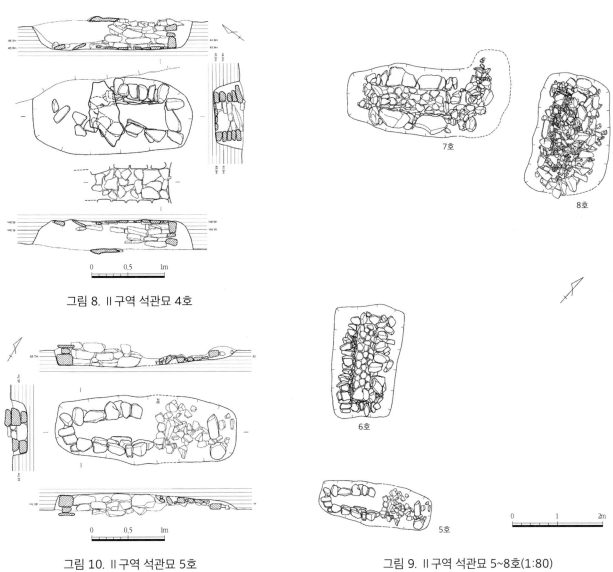

그림 8. Ⅱ구역 석관묘 4호

그림 10. Ⅱ구역 석관묘 5호

그림 9. Ⅱ구역 석관묘 5~8호(1:80)

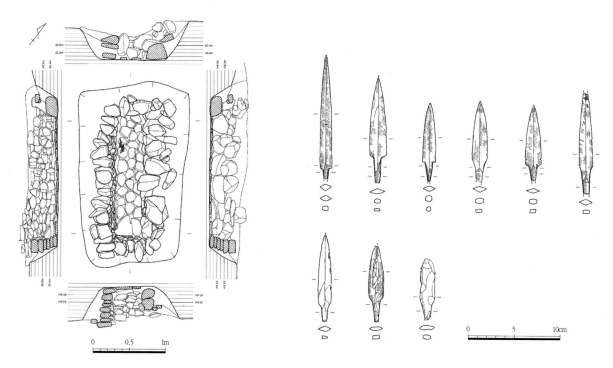

그림 11. Ⅱ구역 석관묘 6호 및 출토유물

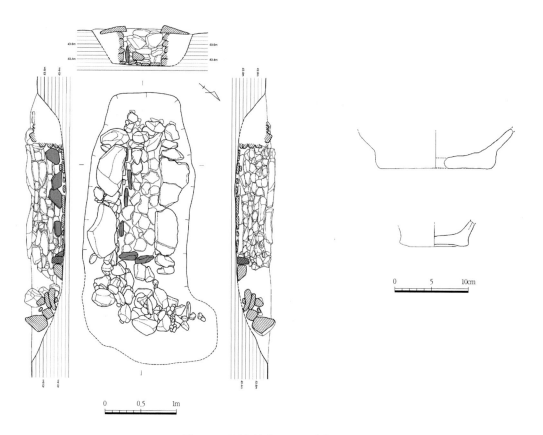

그림 12. Ⅱ구역 석관묘 7호 및 출토유물

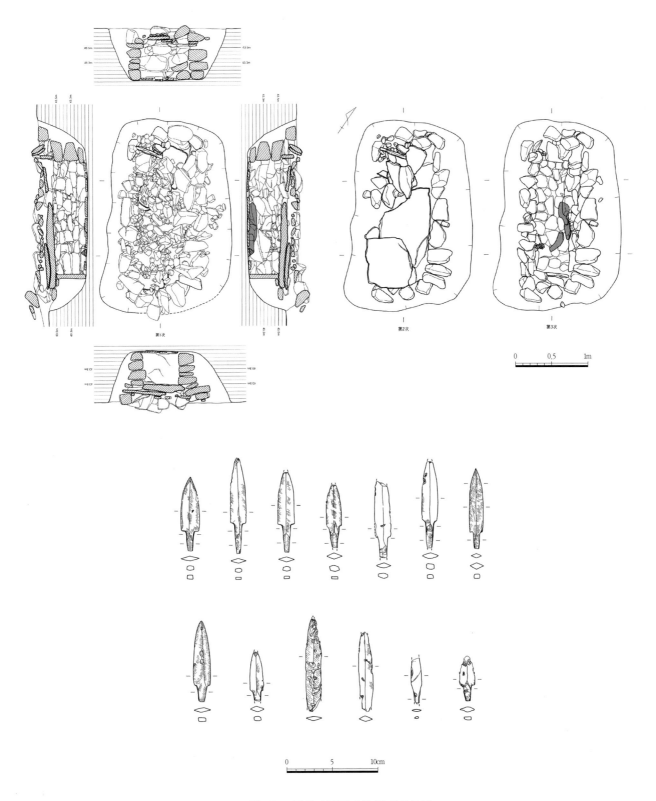

그림 13. Ⅱ구역 석관묘 8호 및 출토유물

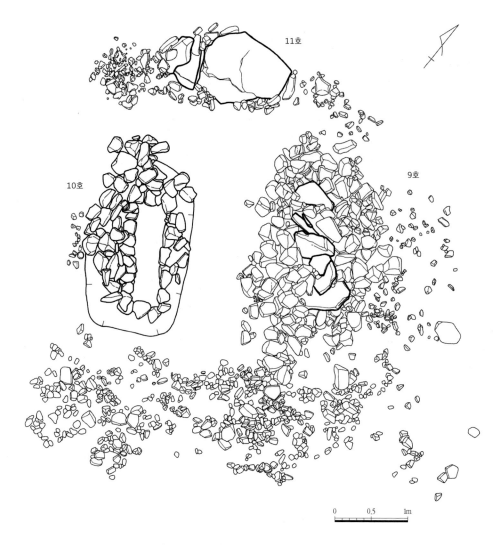

그림 14. Ⅱ구역 석관묘 9~11호 및 부석

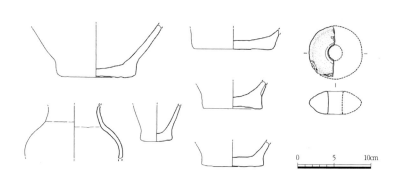

그림 15. Ⅱ구역 석관묘 9~11호 부석 출토유물

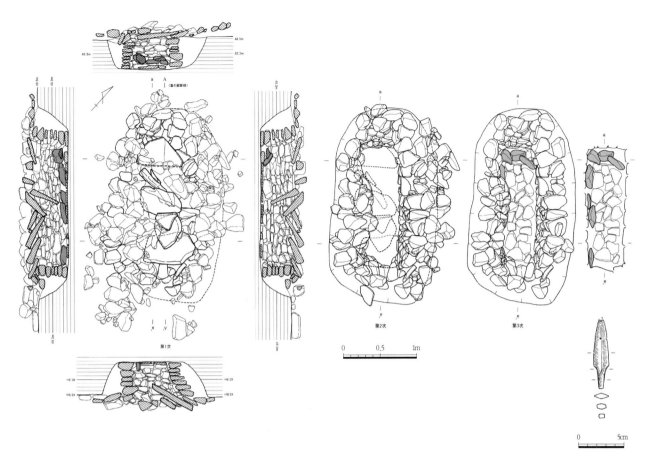

그림 16. Ⅱ구역 석관묘 9호 및 출토유물

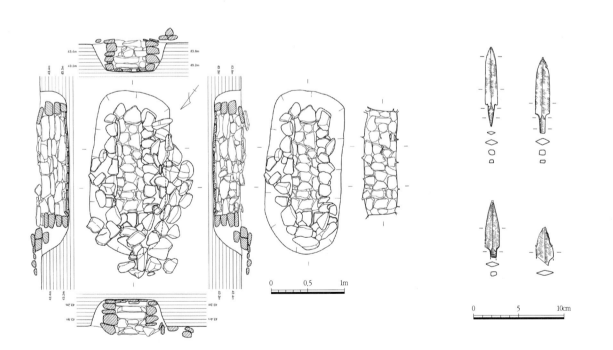

그림 17. Ⅱ구역 석관묘 10호 및 출토유물

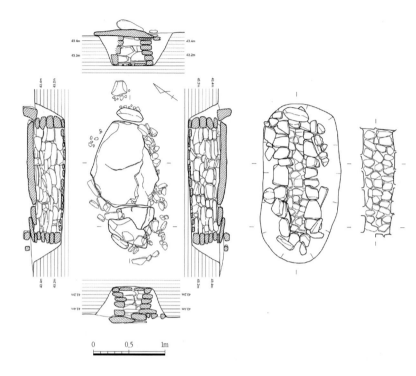

그림 18. Ⅱ구역 석관묘 11호

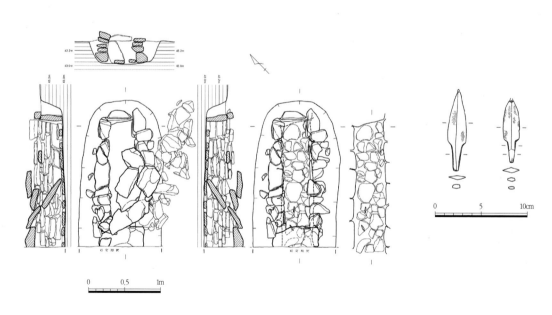

그림 19. Ⅱ구역 석관묘 12호 및 출토유물

18 대구 상인동 171-1번지 유적

유적위치   대구광역시 달서구 상인동 171-1번지 일원

유구   석관묘 6기

유물   석검, 석촉

참고문헌   嶺南文化財研究院, 2006, 『대구 상인동 주상복합아파트 신축부지내 大邱 上仁洞 171-1番地遺蹟』

유적은 대구분지의 남쪽 경계인 앞산(658.7m)과 청룡산(793.1m)에서 북서쪽에서 저지대로 내려오면서 넓게 펼쳐진 월배선상지에 위치하며 남쪽으로는 앞산과 청룡산 계곡 일대에서 발원한 진천천이 동쪽에서 서쪽으로 흐르면서 낙동강 본류와 만난다.

월배선상지 일대에는 다수의 선사시대 유적이 조사된 바 있으며 이러한 유적들은 선상지의 선앙과 선단 일대에 넓게 분포하고 있다.

석관묘는 총 6기가 확인되었고 이 중 3기에서 개석이 확인되었다.

가장 큰 규모인 1호의 축조방법을 보면 묘광을 굴착한 후 내부에 천석을 이용하여 2~3단 벽석을 평적하여 축조하였다. 석관의 바닥에는 납작한 천석을 전면에 한 벌 깔아 시상을 마련하였다. 유물은 서단벽쪽 근처에서 석촉 2점이 출토되었다.

3호는 벽석이 최대 6단 확인되며 묘광을 굴착한 후 장방형 또는 부정형의 할석과 천석을 평적하여 벽석을 축조하였다. 양단벽은 장방형 괴석 1매를 와수적하여 벽을 조성하였다. 바닥에는 천석을 1벌 깔아 시상을 마련하였다. 유물은 남단벽쪽에 유경식 석검 1점이 출토되었다.

4호는 장방형의 묘광을 굴착한 후 바닥에 장타원형 판석 1매를 깔아 시상을 마련한 후 크기가 일정하지 않은 천석 또는 할석을 1단 돌려 벽석을 축조하였는데 정연하지 않아 위석식의 형태를 취하고 있다.

석검 및 석촉의 형식을 통해 볼 때 석관묘의 연대는 대략 청동기시대 중기후반으로 판단되며 함께 확인되는 수혈주거지 시기 역시 이와 유사한 것으로 보고자는 판단하고 있다.

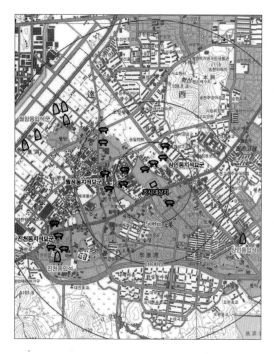

그림 1. 유적위치도 1

그림 2. 유적위치도 2

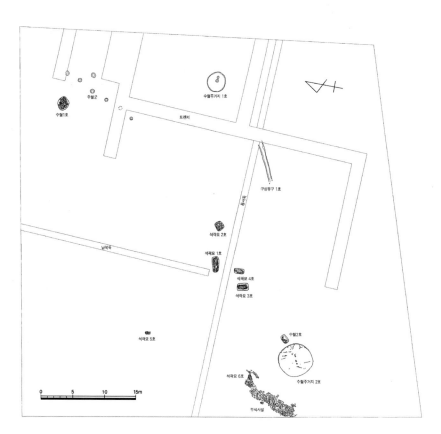

그림 3. 유구배치도

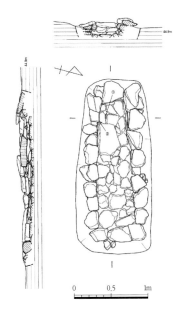

그림 4. 석관묘 1호 및 출토유물

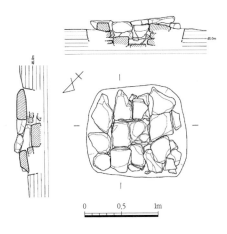

그림 5. 석관묘 2호

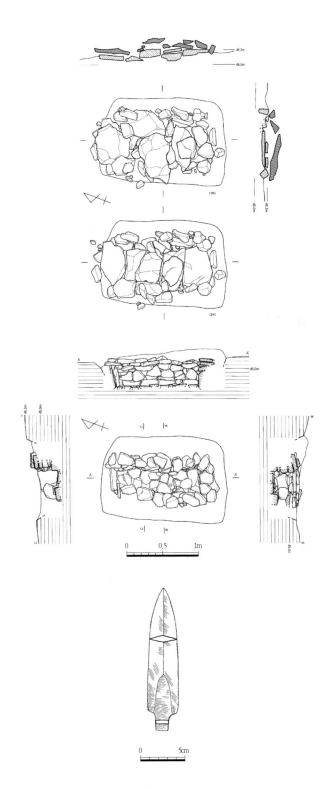

그림 6. 석관묘 3호 및 출토유물

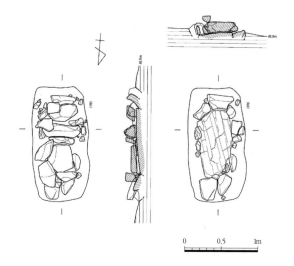

그림 7. 석관묘 4호

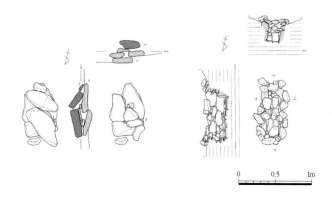

그림 8. 석관묘 5호

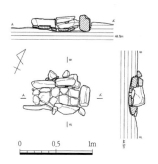

그림 9. 석관묘 6호

19 대구 상인동 87번지 유적

유적위치	대구광역시 달서구 상인동 87번지 일원
유구	지석묘 1기, 석관묘 4기
유물	방추차, 석검, 석촉
참고문헌	嶺南文化財硏究院, 2008, 『대구 상인동 아파트 신축부지내 大丘 上仁洞 87番地遺蹟』 경상북도문화재연구원, 2008, 『大邱 上仁洞 87番地 遺蹟(Ⅱ地區)』

유적은 대구분지내 월배선상지의 선앙부에 해당하며 영남문화재연구원과 경상북도문화재연구원에서 각각 Ⅰ·Ⅱ구역을 발굴조사 하였다. 유적의 남동쪽은 100m 내외의 파랑상 구릉지들이 분포하고 있으며 북서편으로 선상지 충적평야가 이어진다. 조사대상지의 북서쪽 선단부를 중심으로 크고 작은 마을들이 방사상으로 분포하고 있으며 이러한 충적평야 주변으로 선사시대 유적이 다수 확인되었다.

발굴조사 결과 청동기시대 주거지부터 통일신라·조선시대 건물지 등 다양한 시기의 유구가 다수 확인되었다. 이 중 청동기시대 매장유구는 Ⅰ구역에서 지석묘 1기, 석관묘 2기가 확인되었고 Ⅱ구역에서 석관묘 2기가 확인되어 총 5기가 발굴조사 되었다.

Ⅰ구역에서 확인된 매장유구를 보면 우선 지석묘는 상석 아래 천석을 지석으로 하여 상석을 받치고 있으며 지석 아래에서 매장주체부인 석관묘가 확인되었다. 석관묘의 바닥에는 천석을 1~2단 반 정도 깔아 시상을 마련하였으며, 내부에서 유물이나 피장자의 흔적은 확인되지 않는다. 석관묘 2기는 지석묘에서 대략 90㎝ 정도 떨어져 지석묘를 중심으로 부석된 곳에서 확인되었으며 천석을 주로 평적하여 벽석을 축조하였다. 3기 모두 내부에서 출토된 유물은 없으나 석관묘 3호에서 수습유물로 무문토기 저부, 석촉편이 있다.

Ⅱ구역에서는 석관묘 2기가 확인되었다. 이 중 잔존상태가 양호한 1호의 경우 3.78m 선상에서 확인되었고 동쪽으로 약 2m 떨어져 2호가 직교되게 조성되었다. 축조방법은 묘광을 조성한 후 할석 또는 천석과 할석을 혼용하여 벽석을 쌓았다. 벽석을 쌓은 순서는 남→서→북→동 순이며 바닥에는 납작한 강돌로 전면에 깔았다. 유물은 동단벽쪽에서 석촉 1점, 북장벽 중앙에서 방추차, 석검, 석촉이 각 1점씩, 서단벽에서 석촉 10점이 확인되었다. 유물의 출토위치로 보아 내부가 비어 있는 상태에서 외부 흙이 유입되면서 유물의 위치가 일부 이탈된 것으로 보았다.

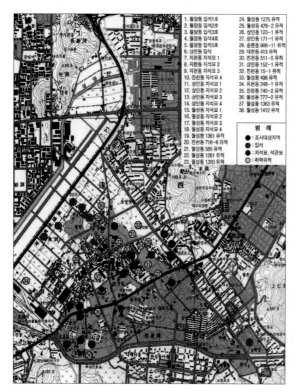

1. 월암동 입석1호
2. 월암동 입석2호
3. 월암동 입석3호
4. 월암동 입석4호
5. 상인동 입석
6. 지천동 지석묘 1
7. 지천동 지석묘 2
8. 지천동 지석묘 3
9. 진천동 지석묘 3
10. 진천동 지석묘 4
11. 상인동 지석묘 1
12. 상인동 지석묘 2
13. 상인동 지석묘 3
14. 상인동 지석묘 4
15. 월성동 지석묘 1
16. 월성동 지석묘 2
17. 월성동 지석묘 3
18. 월성동 지석묘 4
19. 진천동 1361 유적
20. 진천동 716-6 유적
21. 월성동 585 유적
22. 월성동 1261 유적
23. 월성동 1300 유적
24. 월성동 1275 유적
25. 월성동 476-2 유적
26. 상인동 123-1 유적
27. 상인동 171-1 유적
28. 송현동 906-11 유적
29. 대천동 413 유적
30. 진천동 511-5 유적
31. 상인동 152-1 유적
32. 진천동 15-1 유적
33. 월성동 498 유적
34. 유천동 248-1 유적
35. 진천동 740-2 유적
36. 월성동 777-2 유적
37. 월성동 1363 유적
38. 월성동 1412 유적

범 례
● : 조사대상지역
▮ : 입석
▲ : 지석묘, 석관묘
◉ : 취락유적

그림 1. 유적위치도 1

그림 2. 유적위치도 2

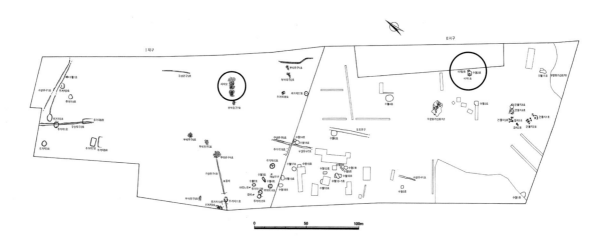

그림 3. 유구배치도

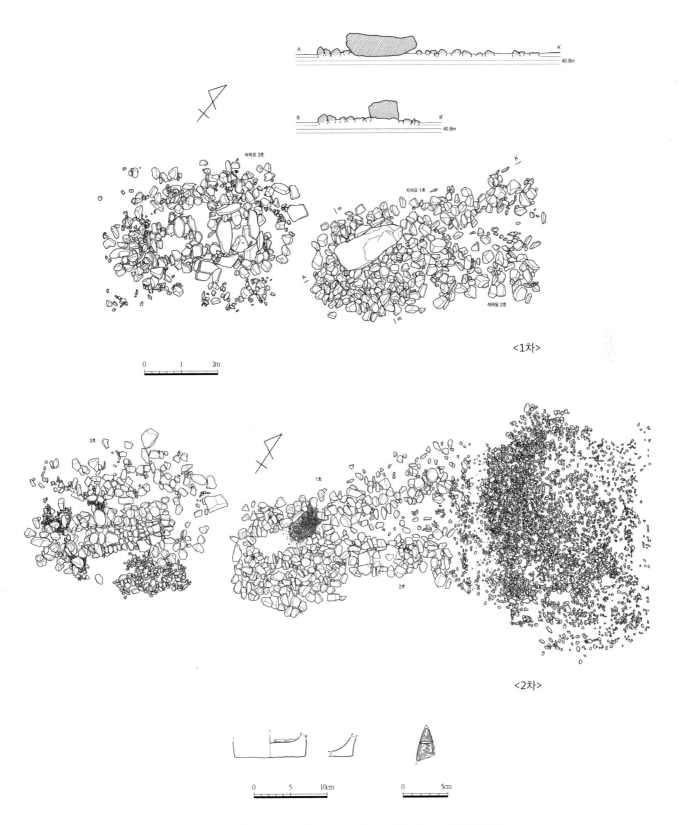

<1차>

<2차>

그림 4. Ⅰ구역 지석묘 1호·석관묘 2·3호(1:100) 및 수습유물(영문연)

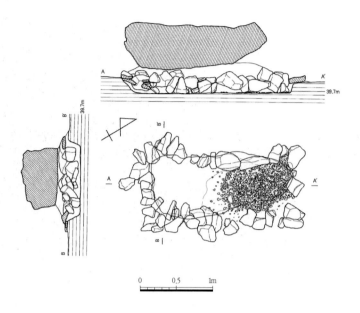

그림 5. Ⅰ구역 지석묘 1호(영문연)

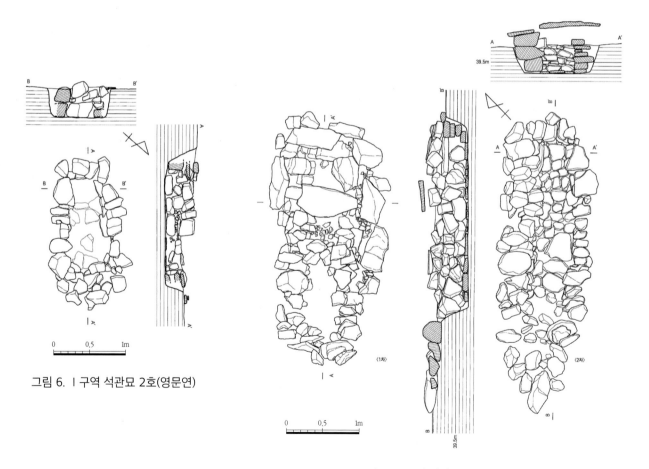

그림 6. Ⅰ구역 석관묘 2호(영문연)

그림 7. Ⅰ구역 석관묘 3호(영문연)

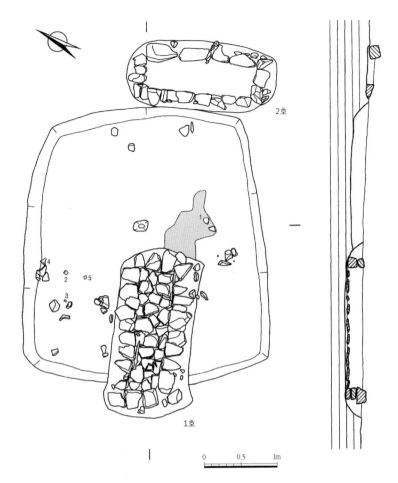

그림 8. Ⅱ구역 석관묘 1·2호(경문연)

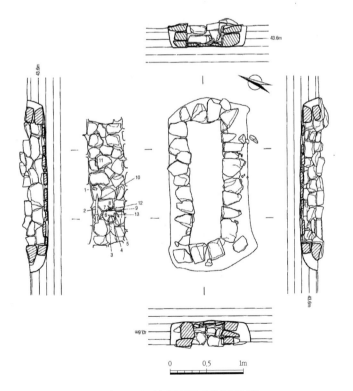

그림 9. Ⅱ구역 석관묘 1호(경문연)

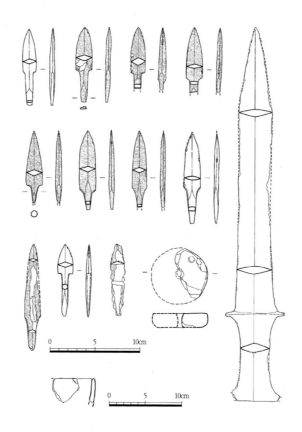

그림 10. Ⅱ구역 석관묘 1호 출토·수습유물(경문연)

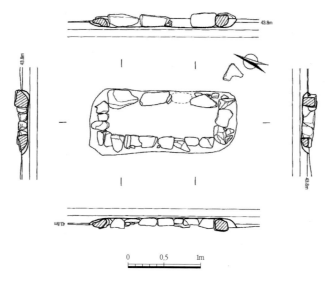

그림 11. Ⅱ구역 석관묘 2호(경문연)

20 대구 동문동 유적

유적위치　대구광역시 동구 동문동 38-6번지 일원
유구　　　석관묘 2기
유물　　　석촉
참고문헌　삼한문화재연구원, 2011, 『대구 중구 패션주얼리 전문타운 건립예정지 내 大邱 東門洞 38-6番地 遺蹟』

　　유적의 입지는 대구 중심부내에서 북동쪽으로 약간 치우쳐 있는 곳으로 신천변 중하류의 서쪽 충적지에 해당한다. 공반유구로는 주거지 1동, 수혈유구 3기, 구 1기가 조사되었다. 석관묘는 2기가 확인되었는데 후대의 교란으로 인하여 유실이 심하고 유구의 일부만 남아있는 상태이다.

　　석관묘의 축조양상을 살펴보면 장방형의 수혈을 굴착하고 바닥에 5㎝내외의 편평한 천석을 전면에 깐 다음 그 상면에 황갈색사질점토로 정지한 후 장벽에서 5~10㎝가량 간격을 두고 시상을 설치하였다. 그 후에 벽석을 축조하였다.

　　석관묘의 시상은 판석, 벽석은 천석으로 축조되었다. 이와같이 시상에 석관을 축조한 구조는 신천변에서 기 조사된 상동지석묘 I · II, 대봉동 제4지구 I 지석묘 1호, 삼덕동 188-1번지 유적에서 조사되었다. 본 유적의 유구와 같이 시상은 판석, 장벽은 천석, 단벽은 천석으로 쌓았다는 점이 여타의 유구와 상이성이 있다.

　　축조방법에서도 상동지석묘 I -6호와 대봉동 제4지구 I 지석묘 1호의 경우 석곽을 먼저 쌓고 시상으로 판석을 깔았으나 본 유적과 삼덕동 188-1번지 지석묘는 시상을 설치하고 상면에 석곽을 축조하여 차이를 보인다. 시상의 재료취득과 축조방법으로 볼 때 동문동 석관1호-삼덕동 석곽2호-대봉동 제4지구 1호-상동 I -6호의 순으로 변화되었다고 보고자는 판단하고 있다.

그림 1. 유적위치도 1

그림 2. 유적위치도 2

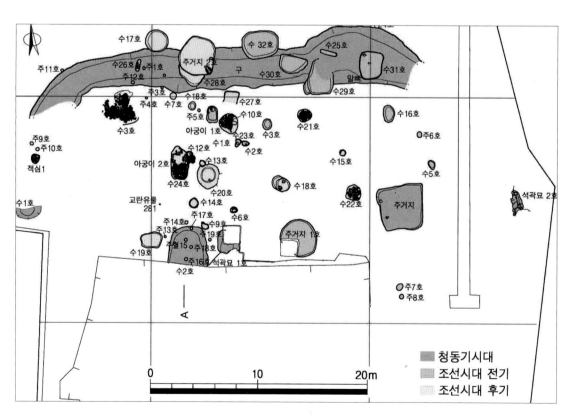

그림 3. 유구배치도

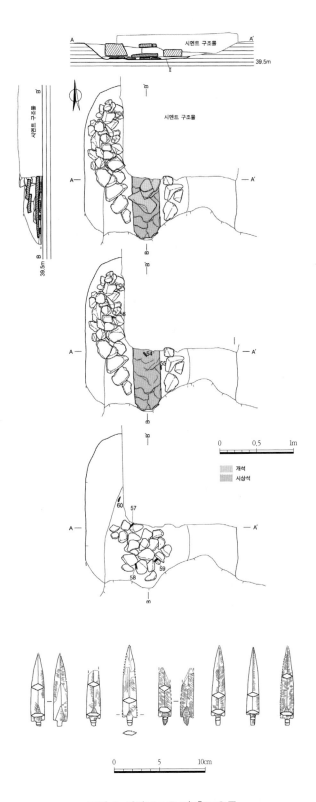

그림 4. 석관묘 1호 및 출토유물

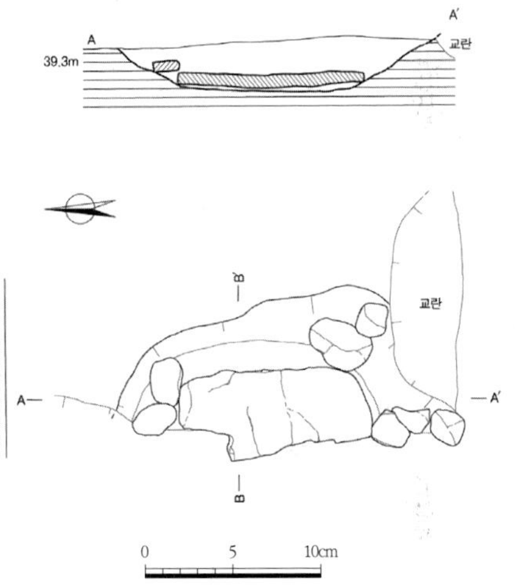

그림 5. 석관묘 2호

21 대구 삼덕동 유적

유적위치 대구광역시 중구 삼덕동2가 188-1번지 일원

유구 석관묘 3기

유물 적색마연토기, 무문토기, 석촉

참고문헌 삼한문화재연구원, 2011, 『大邱 三德洞 188-1番地 遺蹟』

유적의 입지는 신천과 대구천 양대하천의 범람으로 형성된 충적지에 해당한다. 공반유구로는 주거지 5동, 수혈유구 3기, 부석유구 1기가 조사되었다.

석관묘 3기는 각기 8.2~8.5m 정도 떨어져서 조성되어 있고, 장축은 신천과 직교한다. 이와 같이 일정한 거리를 두고 배치된 점은 석관묘 축조시 기존의 유구를 인지하고, 각각의 묘역을 침범하지 않도록 조성한 것으로 판단되어 3기의 조성시기는 크게 차이나지 않는 것으로 보고 있다.

석관묘의 축조양상을 살펴보면, 장벽은 천석으로 평적하고 단벽은 판석으로 수적하거나, 천석으로 평적하였다. 시상은 바닥 전체에 천석을 이용하여 설치하거나 판석을 이용하여 설치한 것, 별도의 시설없이 굴광면을 그대로 이용한 것으로 구분된다.

석관묘 3기는 모두 조사지의 남동쪽 역석층을 굴착하고 조성되었는데, 주거지가 조성된 곳과는 대비되는 곳으로 무덤 조성시 토지활용도가 상대적으로 낮은 역석층이 높게 형성된 곳에 부석유구와 석관묘를 축조한 것으로 보인다. 주거지가 입지하기에 유리한 점토층 이외 역석층에 무덤이 축조되는 것은 신천변 유적이나 월배선상지 유적에서 공통적으로 나타나는 양상이다. 신천변에서 기 조사된 석관묘의 대부분은 천석을 쌓아서 만든 지하식석곽형이다.

석관묘의 조성시기는 1호의 출토유물인 삼각만입석촉의 신부 단면이 편평한 형태로 보아 청동기시대 전기로 판단되나, 바닥에서 2㎝ 뜬 채 출토된 것으로 보아 지석묘의 상부구조가 유실되면서 유입된 것으로 판단하고, 석관묘 1호의 축조시기는 이보다 늦은 청동기시대 후기로 보고자는 판단하였다.

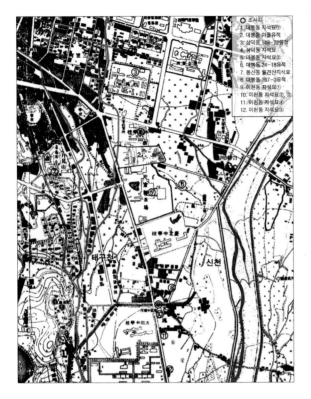

그림 1. 유적위치도

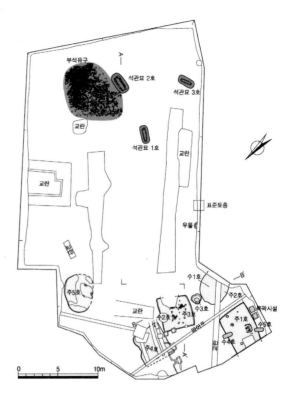

그림 2. 유구배치도

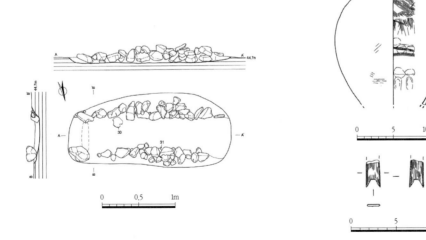

그림 3. 석관묘 1호 및 출토유물

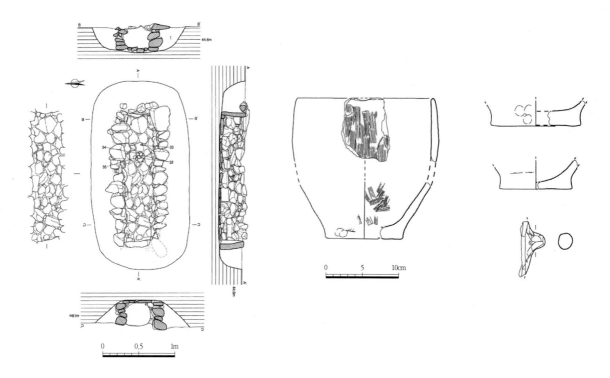

그림 4. 석관묘 2호 및 출토유물

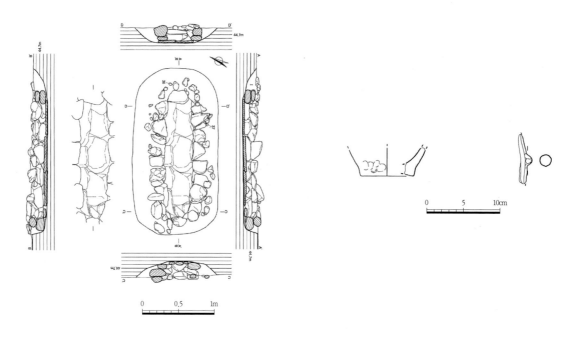

그림 5. 석관묘 3호 및 주변수습유물

22 대구 이천동 308-10번지 유적

유적위치 대구광역시 남구 이천동 308-10번지 일원
유구 석관묘 3기
유물 석촉
참고문헌 영남문화재연구원, 2012, 『대구 도시철도 3호선 건설부지(이천동구간)내 大邱 梨泉洞 308-10番地遺蹟』

유적의 입지는 대구분지의 중앙부로, 신천에서 서쪽으로 400m 떨어진 곳인 대봉네거리 도로의 중앙에 해당한다.

석관묘의 축조양상은 3기 모두 매장주체부가 석곽형의 형태이다. 매장주체부의 양장벽은 천석을 이용하여 3~5단으로 횡평적 또는 종평적하여 축조하였고, 양단벽은 천석 또는 할석 1매를 이용하여 와수적 또는 입수적하여 축조하였다. 바닥시설은 납작한 점판암을 이용하여 전면에 1열로 깐 형태와 납작한 할석을 이용하여 2열로 깔았다. 개석은 1겹으로 시설하였다.

유물은 2기의 바닥에서 석촉이 출토되었다. 유물이 출토되지 않은 석관묘 1호는 일제강점기(1938년)에 조사된 舊 大鳳洞支石墓群 第1區 周邊 石室과 동일한 유구로 확인되었다. 석관묘 3기와 약 5m 떨어진 곳에 위치하고 있는 이천동 지석묘 I 의 상석이 거의 같은 주축방향을 하고 있을 뿐 아니라, 위치 역시 인접하고 있는 점을 보아 지석묘 I 과 관련된 석관묘들로 추정하고 있다. 보고자는 석관묘 3기의 배치양상을 통해 2호가 중심이 되는 유구일 가능성이 있다고 보고 있으며, 혈연관계나 친족관계로 추정하고 있다.

출토유물인 석촉을 통해 본 유적의 편년은 삼각만입석촉과 이단경식석촉이 출토되지 않는 점, 청동기시대 후기 후반에 출토되는 촉신형태가 세장유엽형이면서 경부가 첨근식인 유물이 확인되지 않는 점 등을 보아 청동기시대 후기 전반의 유구들로 편년하고 있다.

그림 1. 유적위치도 1

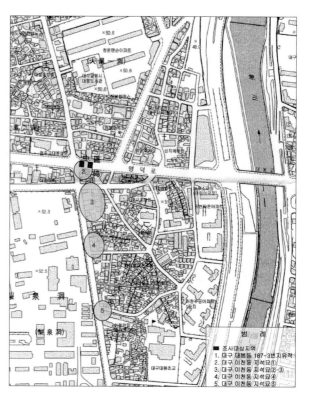

그림 2. 유적위치도 2

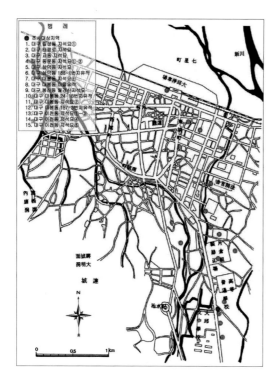

그림 3. 조선교통지도(1924)

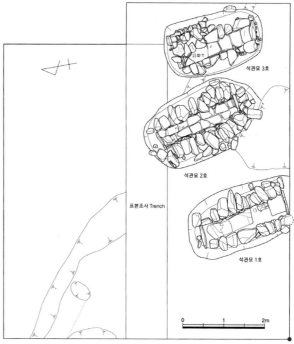

그림 4. 유구배치도

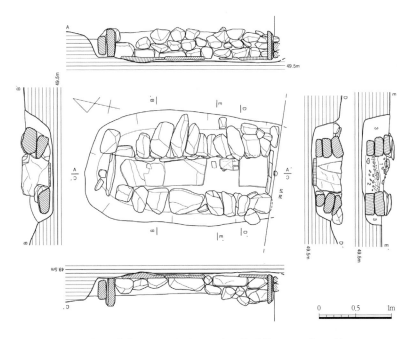

그림 5. 석관묘 1호 (舊 大鳳洞支石墓群 第1區 周邊 石室)

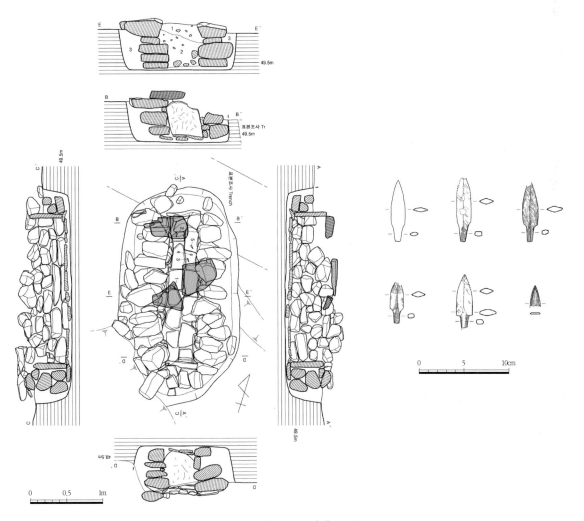

그림 6. 석관묘 2호 및 출토유물

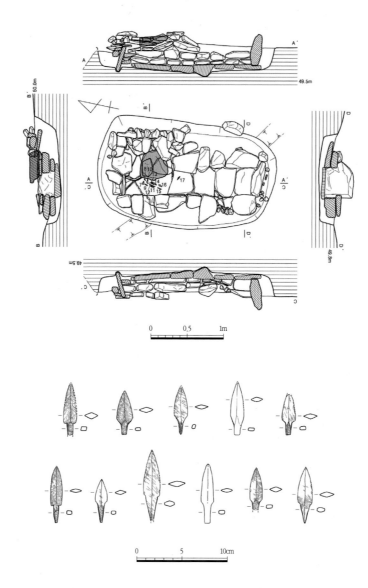

그림 7. 석관묘 3호 및 출토유물

23 대구 상동 1-64번지 유적

유적위치 대구광역시 수성구 상동 1-64 일원
유구 석관묘 30기
유물 무문토기, 석검, 석촉
참고문헌 세종문화재연구원, 2012, 『대구세계육상대회 마라톤코스(수성로)확장공사(1단계) 구간 내 大邱 上洞 1-64番地 遺蹟』

유적의 입지는 대구분지의 동남부분 서쪽 가장자리에 위치하고, 신천의 범람으로 형성된 충적지에 해당되며 대구 신천변 유적내에 포함되어 있다. 주변으로 대구 중동 지석묘, 대구 상동 지석묘①, 대구 상동 74번지 유적, 대구 상동 89-2번지 유적, 대구 상동 348-16번지 유적들이 밀집 분포하고 있다. 공반유구로는 수혈, 주혈이 확인되었다.

같은 사업구간내에 위치하고 있는 상동 63-13유적(2단계)은 1-64번지 유적(1단계)에서 남쪽으로 170m가량 떨어진 곳에 인접하여 위치하고 있다.

먼저 상동 1-64번지 유적에서 확인된 석관묘를 살펴보면 석관묘는 길이에 따라 대형(200㎝이상), 중형(170~200㎝), 소형(170㎝미만)으로 분류하고 있다. 각 유형별로 장축방향을 달리한 것이 확인되었는데 중형에 속하는 석관묘는 장축방향이 동-서향이고, 나머지 석관묘들은 남-북방향으로 파악되었다.

벽면구조의 축조 방식 및 재료에 따라서는 천석만 사용하여 축조한 유형을 석곽·석축형, 천석과 판석을 혼용하여 축조한 경우는 혼축형, 판석만 사용하여 축조한 상형으로 분류하고 있다. 이 가운데 석곽·석축형이 가장 많은 비율을 차지하고 있다.

바닥시설(시상)의 유형은 시상석의 유무와 형태에 따라 바닥 굴착면을 그대로 이용한 것, 천석을 바닥에 깐 것, 천석을 이용하여 무덤의 장축방향과 직교하게 깐 것, 판암계의 판석을 바닥 전체에 깐 것으로 분류하였다.

보고자는 유적의 조성시기를 석관묘내에서 출토된 석검과 석촉의 편년 및 석관묘간 중복 축조의 선후관계를 파악하여 청동기시대 후기로 편년하였다.

<범 례>

1.신천변 유적
2.상동 348-16번지 유적(세종면,2013)
3.상동 552-8유적(경북연, 2009)
4.아수정(문화재자료 제14호)
5.이공제비 및 군수이후범선영세불망비
　(유형문화재 제23호)
6.상동 89-2유적(경북연, 2004)
7.상동 162-11유적(경북연, 2006)
8.상동 166-10유적(경북연, 2006)
9.상동 170-2, 170-5유적(한문연, 2010)
10.상동 74유적(경북연, 2002, 상동 지석묘③)
11.상동 지석묘①
12.상동 63-13번지 유적(세종면, 2013)
13.상동 172유적(세종면, 2012)
14.중동 지석묘
15.상동 지석묘①(시도기념물 제12호)
16.상동 723유적(경북연, 2005)
17.봉두산성
18.파동 지석묘
19.두산동 498-2유적(영문연, 2005)
20.두산동 고분군①
21.두산동 폭포섬일대내 유적
　(대구대, 1999), 두산동 고분군②
22.두산동 621번지 유적(경북연, 2008)
23.두산동 기와묘
24.두산 유물산포지
25.봉덕동 산148유적(대구대, 1999)
26.파동 산5-1번지 유적(대구박, 1999)
27.파동 고분군
28.대봉동 고분군
29.이천동 지석묘(5묘)
30.이천동 지석묘(4묘)
31.이천동 지석묘(2-3묘)
32.이천동 지석묘(1묘)
33.대구시름도 3호선 건설부지
　(이천동 구간)나 유적(영문연, 2010)
34.범어동 유물산포지
35.범어동 379유적(경북연, 2008)
36.대봉동 187-3유적(삼한연, 2011)
37.대봉동 188-3유적(대구건연, 2011)
38.건들비(시도기념물 제2호)
39.이천동 유물산포지

그림 1. 유적위치도 1

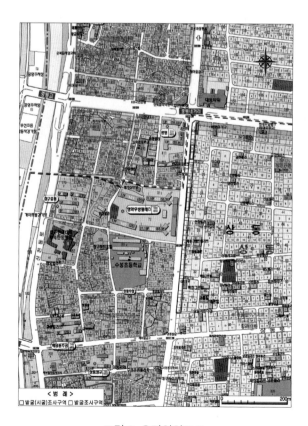

<범 례>

1.신천변 유적
2.중동지석묘
3.상동 552-8번지 유적(경북연, 2002)
4.상동 지석묘①
5.상동 89-2번지 유적(경북연, 2004)
6.상동 172번지 유적(세종면, 2012)
7.상동 170-2, 170-5번지 유적(한문연, 2010)
8.상동 166-10번지 유적(경북연, 2006)
9.상동 162-11번지 유적(경북연, 2006)
10.상동 63-13번지 유적(세종면, 2013)

　　□ : 발굴(시굴)조사구역　□: 발굴조사구역

그림 2. 유적위치도 2

<범 례>

　　□ 발굴(시굴)조사구역　□ 발굴조사구역

그림 3. 유적위치도 3

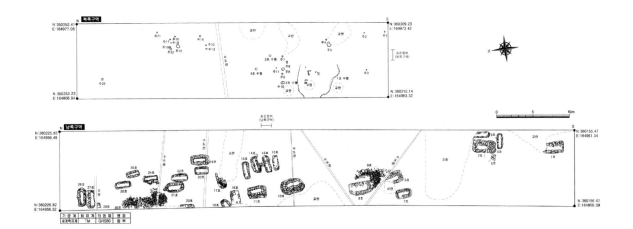

그림 4. 유구배치도

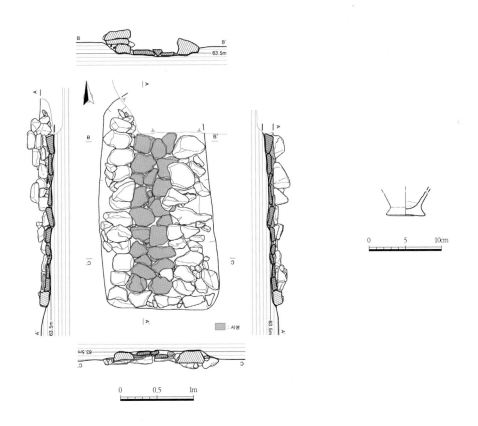

그림 5. 석관묘 1호 및 상부 수습유물

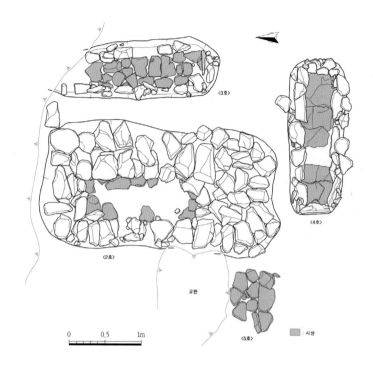

그림 6. 석관묘 2~5호

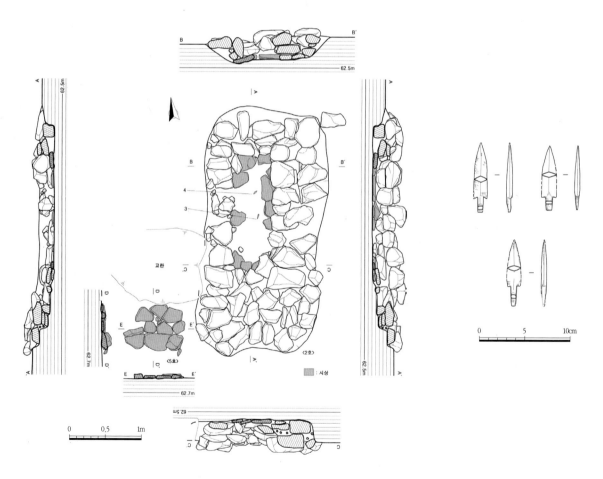

그림 7. 석관묘 2·5호 및 석관묘 2호 출토유물

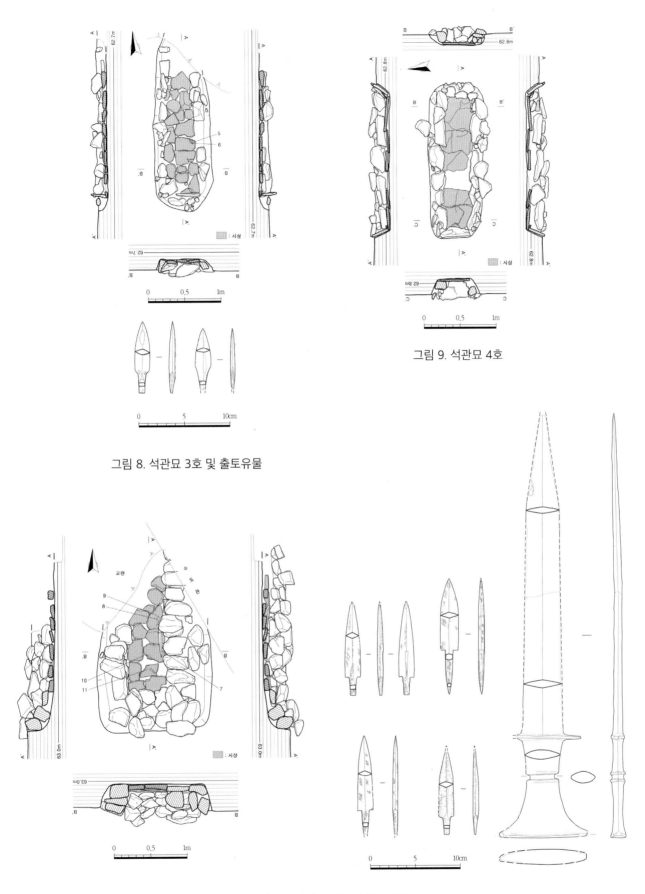

그림 8. 석관묘 3호 및 출토유물

그림 9. 석관묘 4호

그림 10. 석관묘 6호 및 출토유물

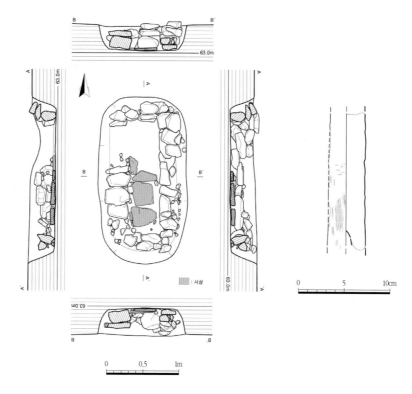

그림 11. 석관묘 7호 및 출토유물

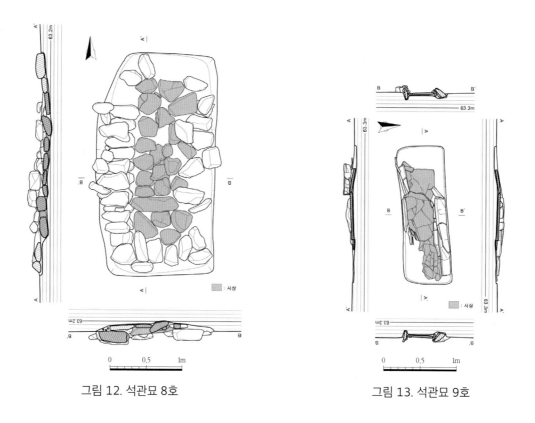

그림 12. 석관묘 8호

그림 13. 석관묘 9호

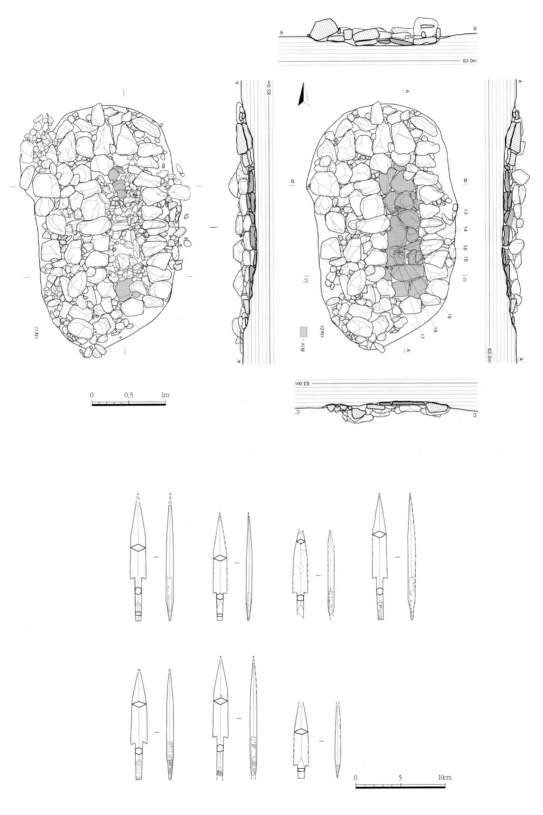

그림 14. 석곽묘 10호 및 출토유물

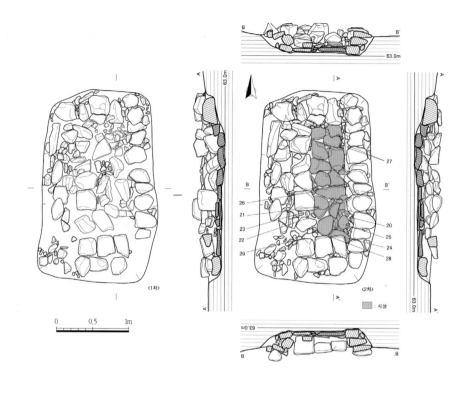

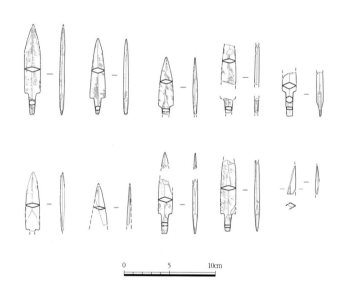

그림 15. 석관묘 11호 및 출토유물

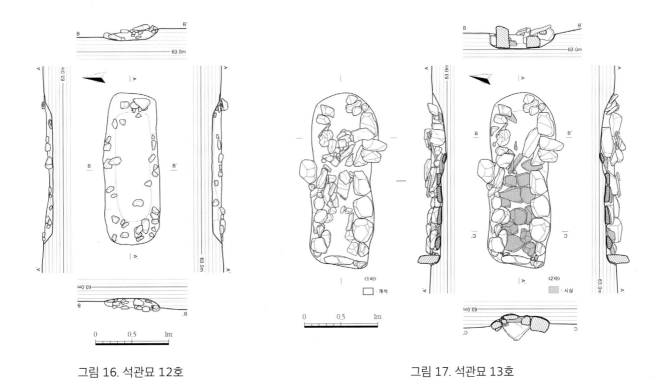

그림 16. 석관묘 12호

그림 17. 석관묘 13호

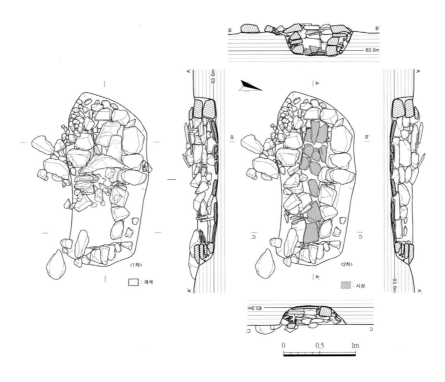

그림 18. 석관묘 14호

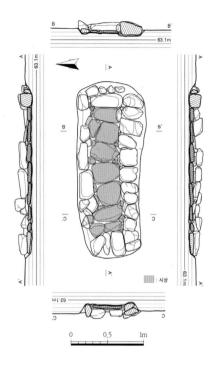

그림 19. 석관묘 15호

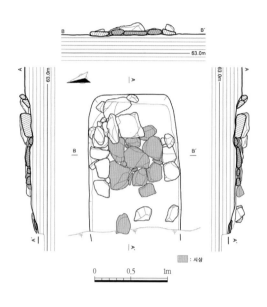

그림 20. 석관묘 16호

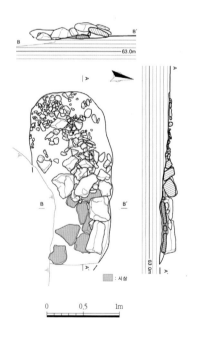

그림 21. 석관묘 17호

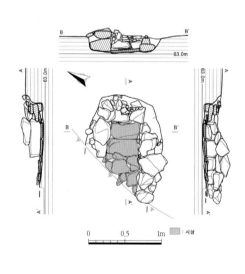

그림 22. 석관묘 18호

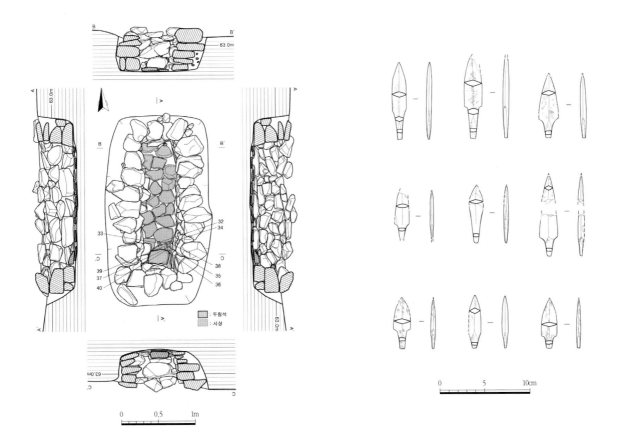

그림 23. 석관묘 19호 및 출토유물

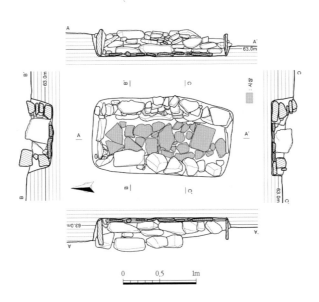

그림 24. 석관묘 20호

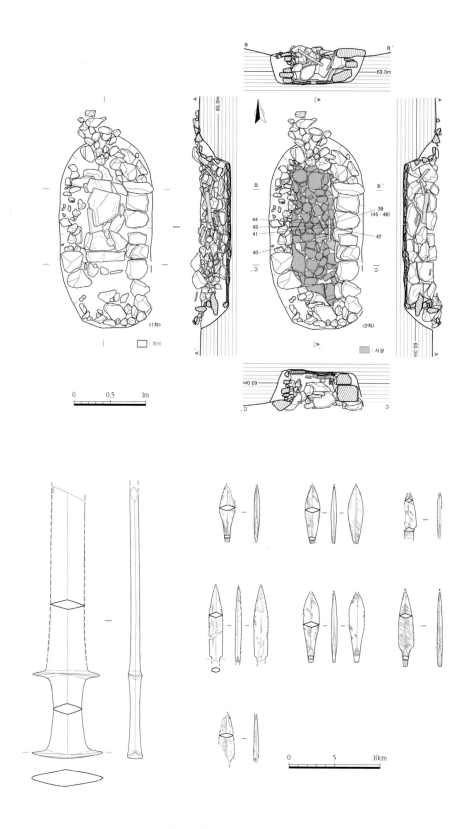

그림 25. 석관묘 21호 및 출토유물

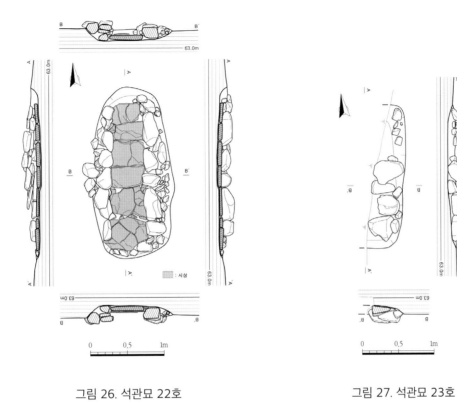

그림 26. 석관묘 22호

그림 27. 석관묘 23호

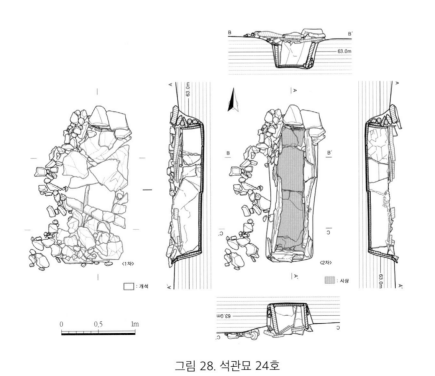

그림 28. 석관묘 24호

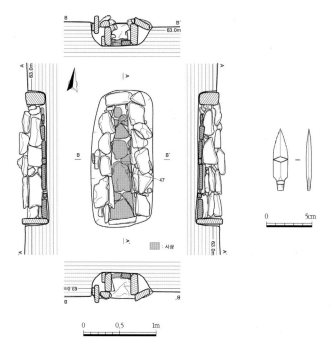

그림 29. 석관묘 25호 및 출토유물

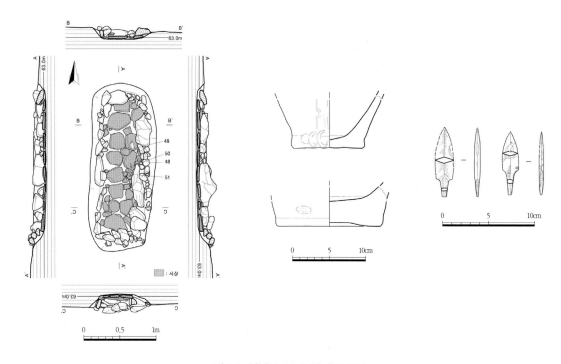

그림 30. 석관묘 26호 및 출토유물

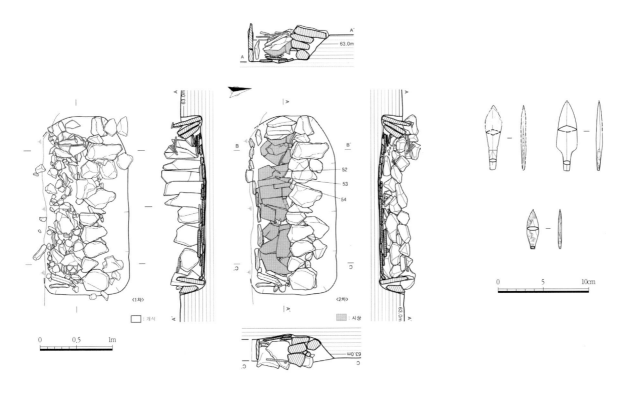

그림 31. 석관묘 27호 및 출토유물

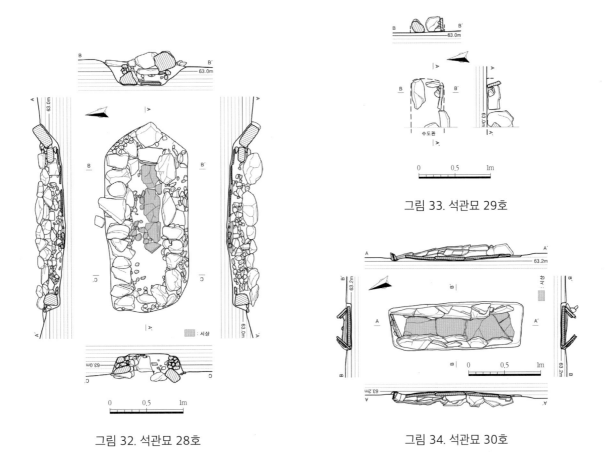

그림 32. 석관묘 28호

그림 33. 석관묘 29호

그림 34. 석관묘 30호

24 대구 상동 63-13번지 유적

유적위치 대구광역시 수성구 상동 63-13번지 일원
유구 석곽묘 5기
유물 무문토기, 석촉
참고문헌 세종문화재연구원, 2013, 『대구세계육상대회 마라톤코스(수성로)확장공사(2단계) 구간 내 大邱 上洞 63-13番地 遺蹟』

유적의 입지는 대구분지의 동남부분 서쪽 가장자리에 위치하고, 신천의 범람으로 형성된 충적지에 해당되며 대구 신천변 유적내에 포함되어 있다. 주변으로 대구 중동 지석묘, 대구 상동 지석묘①, 대구 상동 74번지 유적, 대구 상동 89-2번지 유적, 대구 상동 348-16번지 유적들이 밀집 분포하고 있다.

같은 사업구간내에 위치하고 있는 1-64번지 유적(1단계)과는 북쪽으로 170m가량 떨어진 곳에 인접하여 위치하고 있다.

총 5기의 석곽묘가 확인되었는데 후대의 교란으로 인하여 벽석이 1~2단만 남아 있는 상태이다. 유실이 심한 2·3호를 제외하고 3기 가운데 1호는 대형, 4·5호는 중형으로 구분되며, 벽면의 구조에 따라 3기 모두 네 벽을 천석을 쌓은 석곽·석축형에 속한다고 구분하였다. 또한 시상의 유무에 따라 시상이 존재하는 1호와 시상이 없는 4·5호로 구분된다. 석재의 크기에도 차이를 보이는데 1호의 경우 14~50㎝미만의 천석을 사용하여 평적하여 축조한 반면에 4·5호는 7~40㎝정도의 상대적으로 크기가 작은 천석을 바닥에서 10㎝가량 띄워서 석곽의 형태만 알 수 있을 정도로 축조하였다.

유물은 석곽묘내에서 무문토기 1점과 석촉 4점이 확인되었다. 석촉은 촉신부의 단면형태가 대체로 능형으로 능형일단경식 석촉이다. 촉신부의 형태가 굴절형이고, 경부 단면이 장방형인 것과 육각형인 것으로 인접한 유적에서 출토된 석촉과의 상대 비교를 통해서 상동 1-64번지 유적과 비슷한 청동기시대 후기에 조성된 유적으로 보고자는 편년하고 있다.

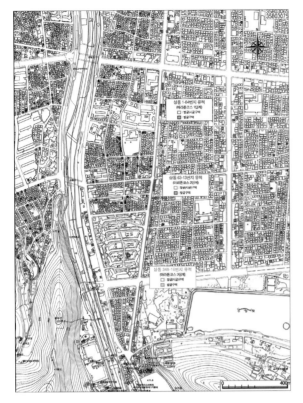

그림 1. 유적위치도 1

그림 2. 유적위치도 2

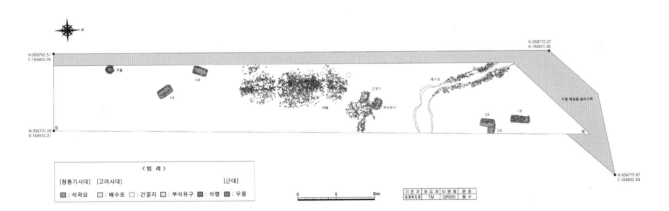

그림 3. 유구배치도

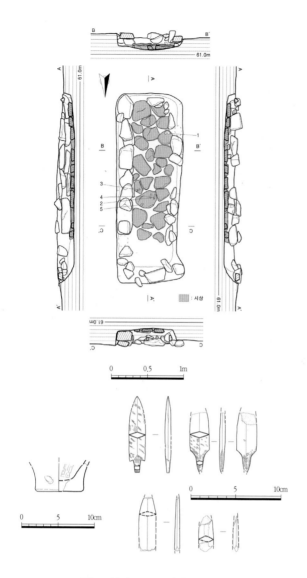

그림 4. 석관묘 1호 및 출토유물

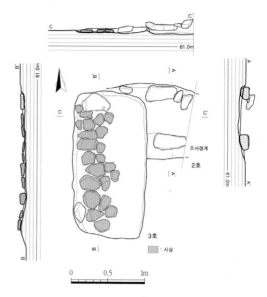

그림 5. 석관묘 2·3호

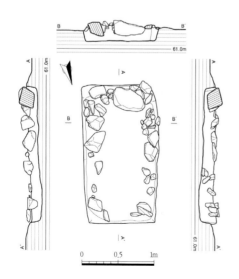

그림 6. 석관묘 4호

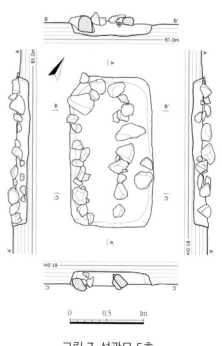

그림 7. 석관묘 5호

Ⅱ. 금호강 중류역

25 대구 매호동 1008번지 유적

유적위치   대구광역시 수성구 매호동 1008번지 일원
유구   석관묘 2기
유물   없음
참고문헌   영남문화재연구원, 2009, 『大邱 梅湖洞 1008番地遺蹟』

유적은 선상지의 선단부에 위치한다. 주변일대에 매호동 지석묘군, 사월동 지석묘군, 시지동 지석묘군이 인접하고 있다. 석관묘 1호는 격벽이 형성된 日자형의 구조로 점판암제 판석으로 관을 축조하였다. 개석은 일부 잔존한다. 묘광과 석관 사이에는 천석과 사질점토로 보강하였다. 석관묘 2호는 점판암제 판석으로 관을 축조하였고 개석은 함몰되었다.

매호동 유적이 위치하는 시지지구는 계곡의 아래쪽과 평지가 만나는 부분에 넓은 선상지가 형성되어 있고, 고산 선상지의 선단부에 유적이 위치하고 있다. 선상지의 선정부에는 시지택지개발지구에서 생활유적이 확인되었고, 북쪽으로 이어지는 능선상 중산동 고분군 동편의 평지에서도 청동기시대 주거지가 확인되었다. 유적이 위치한 선상지 선단부는 구릉이 형성되어 있고 그 일대에 시지동 지석묘군, 매호동 지석묘군, 사월동 지석묘군 등 지석묘군이 분포하고 있어 청동기시대 주거지와 지석묘 유적들 간의 조영시기와 상호 관계를 알 수 있는 좋은 자료가 될 것으로 판단된다.

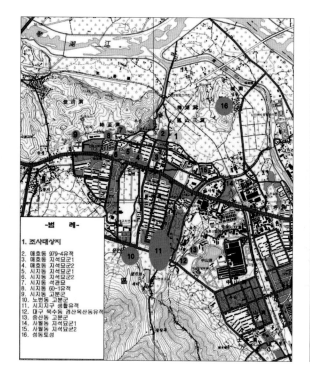

그림 1. 유적위치도 1

그림 2. 유적위치도 2

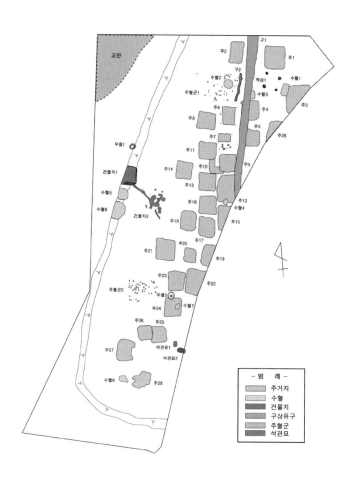

그림 3. 유구배치도

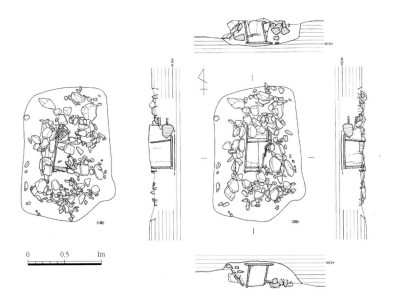

그림 4. 석관묘 1호

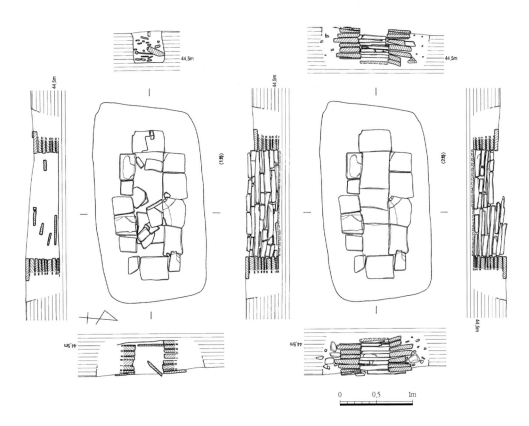

그림 5. 석관묘 2호

26 대구 신매동 유적

유적위치 대구광역시 수성구 신매동 510-156번지
유구 석관묘 1기
유물 적색마연호
참고문헌 영남문화재연구원, 2001,『大邱 時至地區 古墳群 I 』

　　유적은 시지택지개발지구 남쪽경계구역의 서쪽부분 단독택지구간으로 대구 시지지구 생활유적구역과 접한다. 위치는 구릉의 능선과 선상지의 평지가 만나는 부분에 있다. 유구는 일부 교란된 상태로 확인되었다. 벽석은 천석으로 축조하고 바닥은 생토면을 정지하여 사용한 것으로 본다. 유물은 남단벽쪽에서 적색마연호가 출토되었다. 주변일대가 청동기시대 주거지와 지석묘가 분포하고, 특히 시지택지개발지구내에서 취락과 고분의 경계를 보여주고 있어 생활공간과 분묘공간의 배치를 연구하는데 좋은 자료가 될 것으로 판단된다.

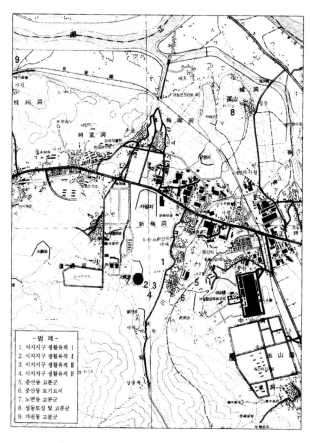

그림 1. 유적위치도 1

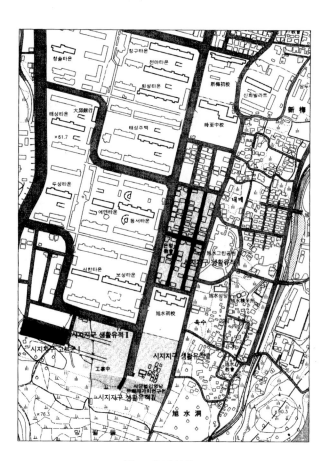

그림 2. 유적위치도 2

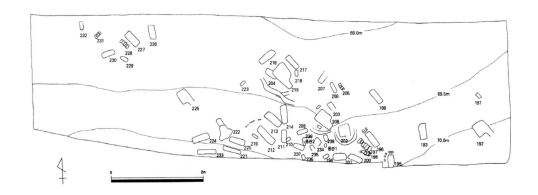

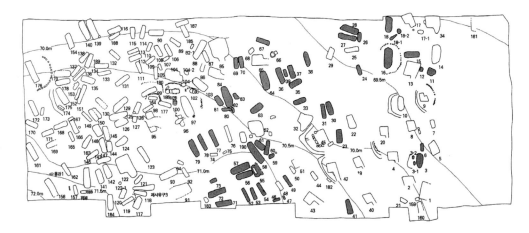

그림 3. 유구배치도

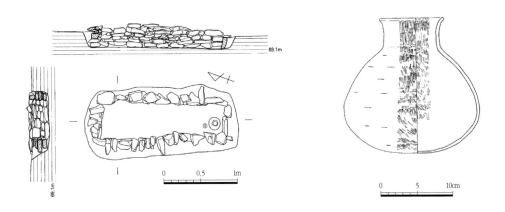

그림 4. 석관묘 24호 및 출토유물

27 경산 옥산동 유적

유적위치　경상북도 경산시 옥산동 300·500번지 일원

유구　석관묘 1기

유물　석검, 석촉

참고문헌　영남문화재연구원, 2011, 『慶山 玉山洞 300番地遺跡』

　　유적은 구릉의 말단부에 입지하고 있다. 지형은 중산지를 중심으로 북서쪽은 구릉, 남동쪽은 저평한 지대이다. 옥산동 유적 주변으로 전면에 유적이 형성된 것으로 추정되나 지형 훼손이 심하여 대부분 유실되고 일부가 남아있는 것으로 판단한다. 경산 옥산동 유적은 청동기시대 생활유적과 분묘유적이 조사되었다. 주거지의 경우 유적 전체에 배치되어 있고 석관묘는 단독묘로 확인되었다. 석관묘는 2구역의 서쪽 중앙에 위치하고 인접하여 주거지가 위치한다. 내부토는 주거지의 내부토와 유사하다. 석관묘의 개석은 확인되지 않았으나 석관과 묘광 사이에서 판석 일부가 확인되는 것으로 보아 개석이 있었던 것으로 본다. 석관묘는 1매의 판석으로 시상을 설치하고 양단벽석을 세워 'ㅍ'자 구조로 축조하였다. 유물은 북장벽 중앙에서 석검 1점과 북서모서리 부분에서 석촉 1점이 출토되었다. 시기상으로 주거지의 경우 중심연대가 전기중엽으로 보이나 석관묘는 출토유물로 보아 늦은 시기에 조성된 것으로 판단된다.

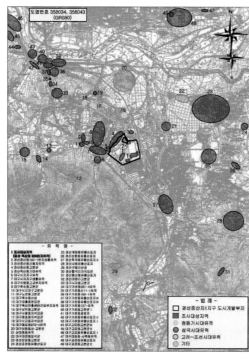

그림 1. 유적위치도 1

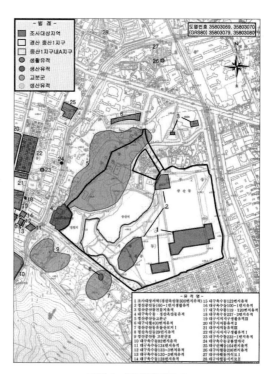

그림 2. 유적위치도 2

그림 3. 유적배치도

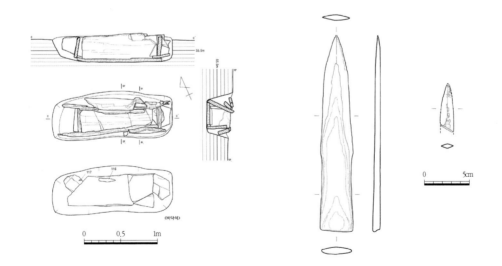

그림 4. 석관묘 1호 및 출토유물

28 경산 옥곡동 유적

유적위치 경상북도 경산시 옥곡동 87번지·138번지 일원

유구 지석묘 1기, 석관묘 9기

유물 무문토기저부, 석촉, 석검

참고문헌 한국문화재보호재단, 2009,『慶山 玉谷同 遺蹟Ⅱ』

옥곡동 유적은 비교적 험준한 산지와 협곡평야지대에 입지하고 청동기시대 생활유적과 분묘유적이 조사되었다. 조사대상지는 우선순위에 따라 북단에서 남단까지 4개 구역으로 나누어 조사하였다. 청동기시대 유구는 북쪽, 중앙부, 남쪽에 조성되었고 지석묘와 석관묘는 Ⅱ구역에 분포한다. 지석묘 3기와 석곽묘 4기가 조사되었고, 그 중 석곽묘 4호는 하부구조가 확인되지 않아 개석재로 사용하기 위해 임시로 주변에 놓았을 것으로 추정된다. 유적 주변으로 소하천을 따라 삼성리 지석묘군과 산전리 지석묘군, 협석리 지석묘군, 옥곡동 지석묘군, 대명리 지석묘군이 위치하는 것으로 보아 군집을 이루면서 묘를 조성한 것을 확인할 수 있다. 특히 삼성리 유적에서 확인되는 부속유구를 단순히 묘의 성격이 아닌 제단으로 추정하고 있으며, 제단이라면 소하천을 따라 군집을 이룬 지석묘 집단이 삼성리 유적의 제단을 사용하였을 것으로 판단된다.

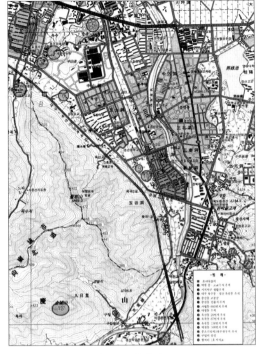

그림 1. 유적위치도 1

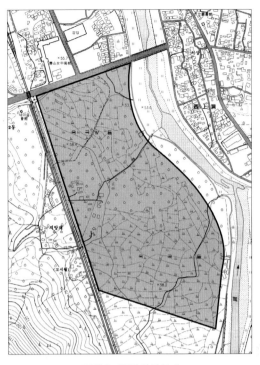

그림 2. 유적위치도 2

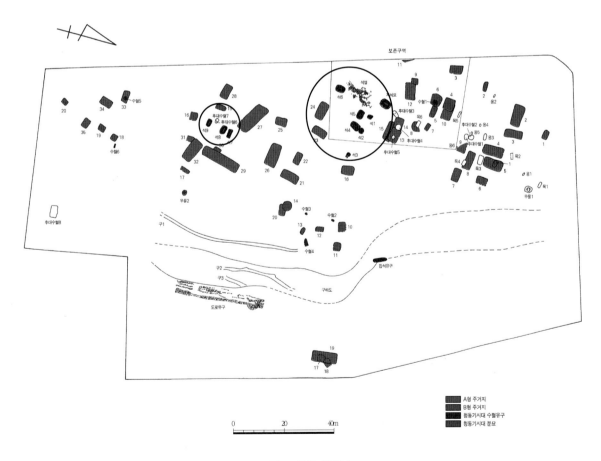

그림 3. 유구배치도

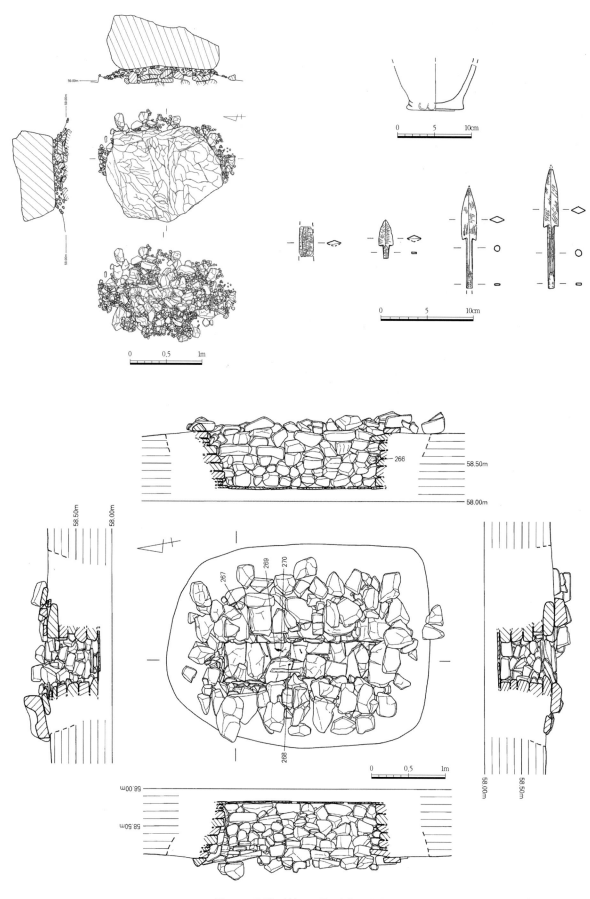

그림 4. Ⅱ구역 지석묘 1호 및 출토유물

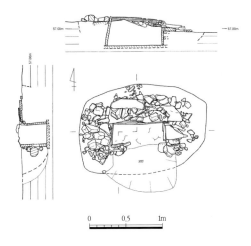

그림 5. 석관묘 1호

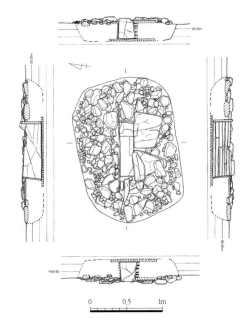

그림 6. 석관묘 2호

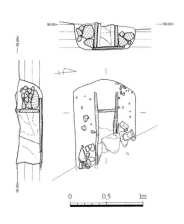

그림 7. 석관묘 3호

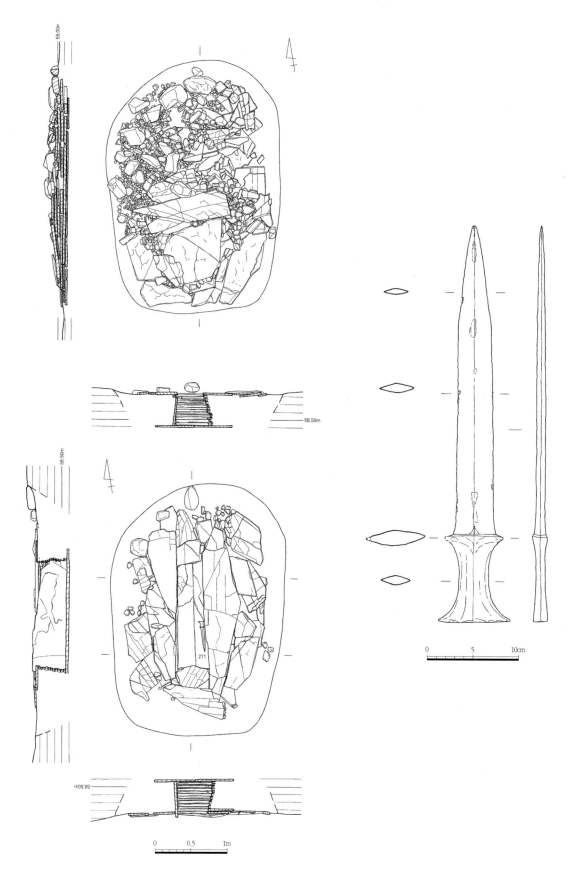

그림 8. 석관묘 4호 및 출토유물

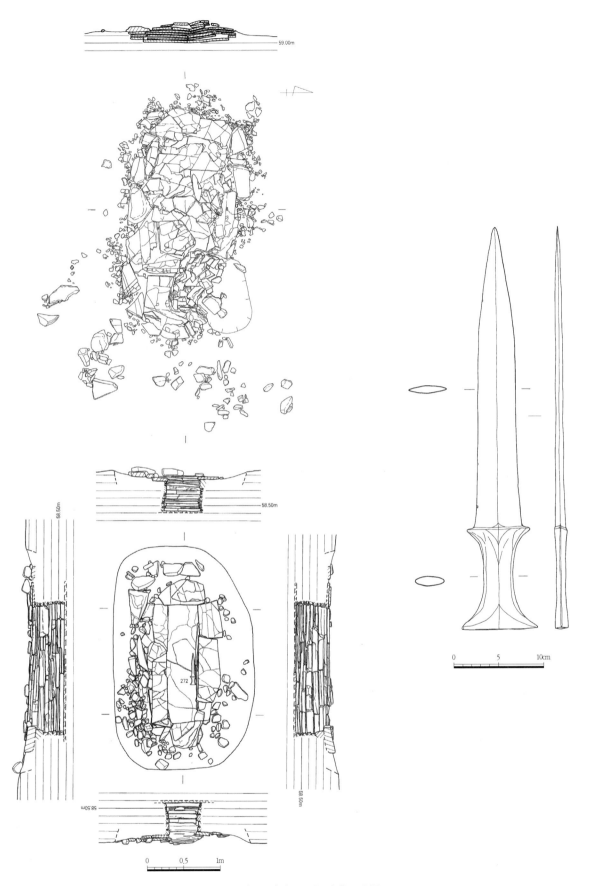

그림 9. 석관묘 5호 및 출토유물

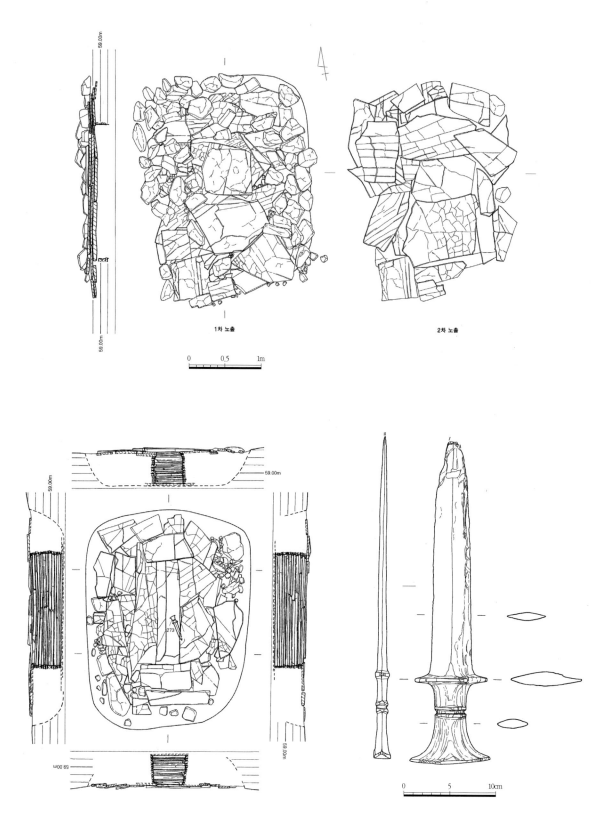

1차 노출

2차 노출

그림 10. 석관묘 6호 및 출토유물

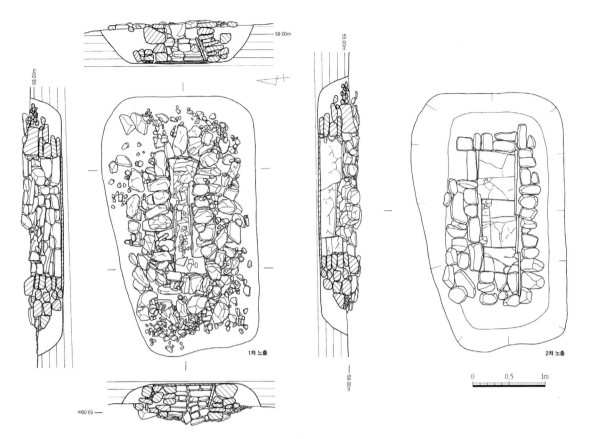

그림 11. 석관묘 7호

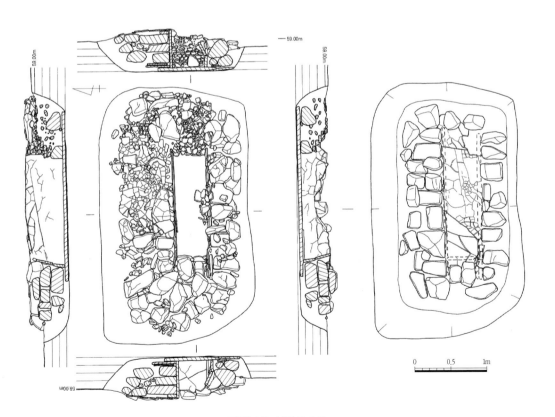

그림 12. 석관묘 8호

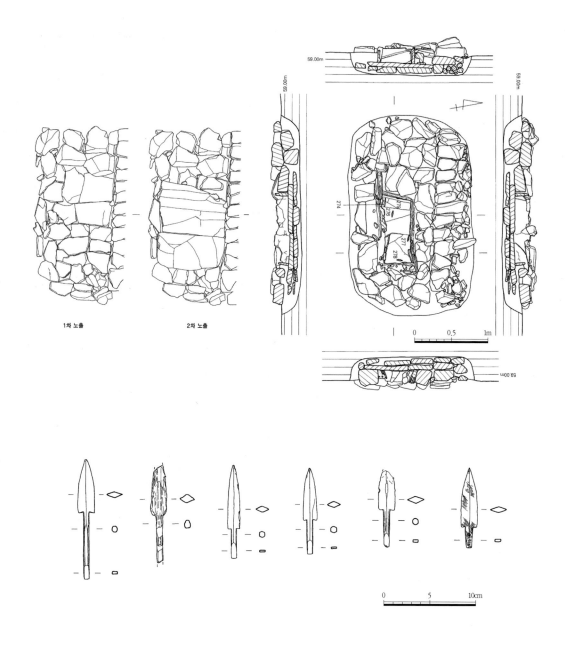

1차 노출　　　2차 노출

그림 13. 석관묘 9호 및 출토유물

29 경산 가야리 유적

유적위치 경산시 진량읍 가야리 376-1번지
유구 석관묘 1기
유물 없음
참고문헌 삼한문화재연구원, 2012, 『경산 가야리 376-1번지 유적』

유적은 구릉의 말단부 또는 구릉과 홍적대지가 접하는 부분에 입지하고 있다. 유구의 상부는 후대의 경작과 삭평으로 대부분 유실되어 벽석 일부와 서편의 시상만 잔존한다. 석관은 북장벽과 서단벽의 잔존형태로 보아 바닥에 홈을 파고 점판암제 판석으로 양장벽을 세운 후 단벽의 판석을 끼운 'ㅍ'자형으로 축조하였다. 벽석과 묘광 사이에는 암적갈색 사질점토를 채우고, 남장벽의 벽석 뒤편에는 두께 약 12㎝의 판석으로 보강하였다. 시상은 일부 유실되었으나 전체적인 크기로 추정하면 판석 2매로 설치한 것으로 본다. 가야리 유적에서 확인된 석관묘는 단독묘로 조사시 내부에서 유물이 출토되지 않아 정확한 시기는 판단하기 힘들다. 그러나 경산 당곡리유적, 경산 안촌리 유적, 경산 마곡리 유적에서 청동기시대 주거지와 유물이 수습되는 것으로 보아 가야리 유적 주변 일원에 청동기시대 유적이 넓게 분포하고 있는 것으로 판단된다.

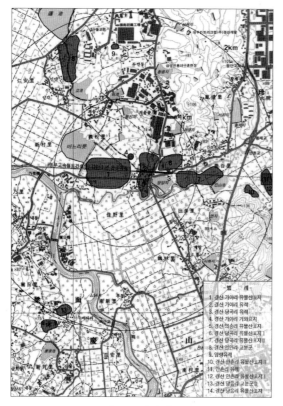

그림 1. 유적위치도 1

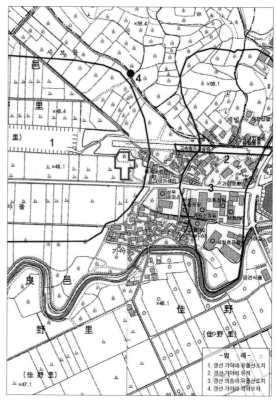

그림 2. 유적위치도 2

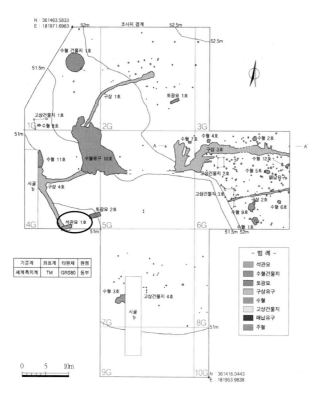

그림 3. 유구배치도

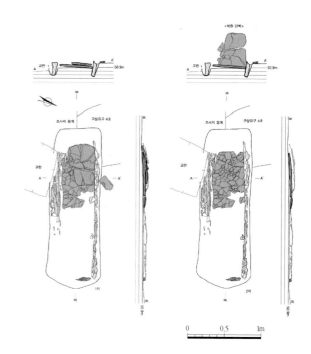

그림 4. 석관묘

30 경산 산양리 유적

유적위치 경상북도 경산시 남산면 산양리 84번지일원
유구 석관묘 1기
유물 무문토기저부, 석검, 석촉
참고문헌 경상북도문화재연구원, 2009, 『경산 산양리 유적』

산양리 유적은 구릉 말단부에 유적이 입지한다. 석관묘는 조사대상지의 Ⅱ구역에서 확인되었다. 조사전 상석은 확인되지 않았고, 벽석으로 추정되는 판석들이 노출된 상태로 확인되었다. 석관묘 주변으로 크기 10㎝ 내외의 할석으로 조성된 원형의 묘역시설이 확인되었다. 그 규모는 직경 840㎝이다. 할석의 틈새에서 무문토기 저부와 동체편, 석재 일부가 수습되었다.

석관묘는 암갈색사질점토층을 굴착한 후 니질암계의 판석을 사용하여 바닥과 벽을 축조하였다. 석관묘 내부에는 소량의 잔자갈이 섞인 점성이 약한 암갈색사질점토로 채워졌고, 그 상부에는 벽석재로 추정되는 판석 1매와 니질암반편들이 퇴적되었다. 매장주체부는 1매의 판석을 깔고 2~4매의 판석으로 벽을 축조하였다. 유실된 부분을 제외한 동단벽의 양상으로 보아 평면형태는 'ㅍ'자형으로 판단된다. 유물은 유구의 중앙 바닥에서 석검편이 뜬 상태로 확인되었고, 남장벽에서 석촉이 출토되었다.

산양리 유적은 구릉 말단부의 평탄대지에 청동기시대 분묘와 생활유적, 통일신라시대·조선시대 생활유적으로 구성되었다. 청동기시대 석관묘는 단독묘로 상석은 유실되었고, 내부는 교란된 상태로 조사된 반면에 청동기시대 주거지는 24기로 중복 없이 고르게 분포하고 있다. 특히 주거지의 경우 조사대상지 서편에 군집되어 분포하고 있으나, 석관묘는 주거지가 조성된 동쪽부근에 조금 떨어져 조성된 점으로 미루어 보아 주거구역과 묘역구역을 구분한 것으로 판단된다.

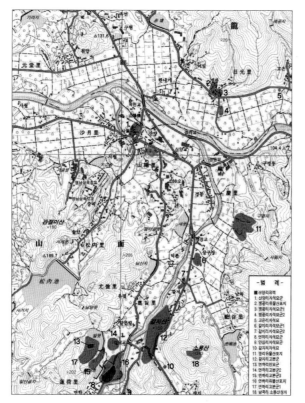

그림 1. 유적위치도 1

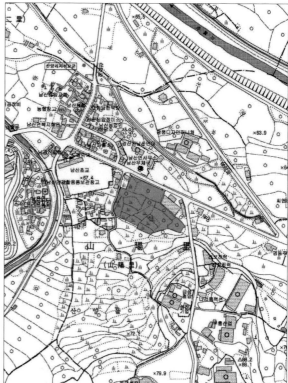

그림 2. 유적위치도 2

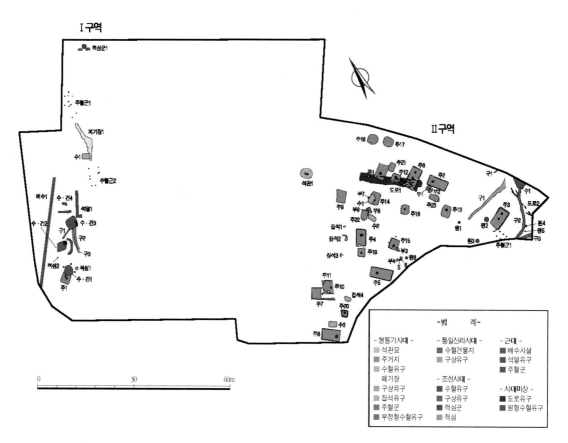

그림 3. 유구배치도

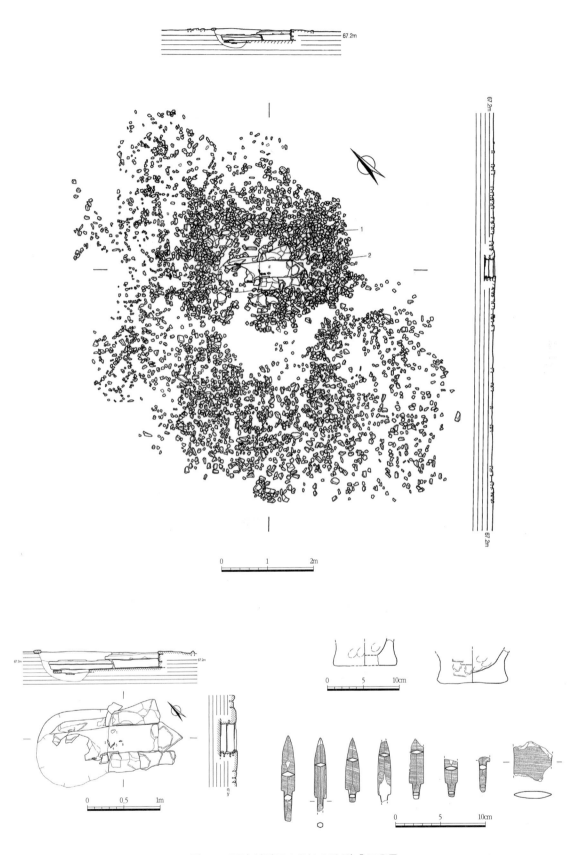

그림 4. Ⅱ구역 석관묘 1호(1:80) 및 출토유물

31 경산 경리 유적

유적위치 경북 경산시 남산면 경리 440-5번지 일원
유구 석관묘 2기
유물 관옥
참고문헌 삼한문화재연구원, 2012,『慶山 慶里 440-5番地 遺蹟』

유적은 소하천 주변으로 형성된 충적지에 입지한다. 남산면 일대 남동부의 산지 북쪽 오목천으로 향하면서 점진적으로 낮아지는 형태로 오목천과 사림천 주변에 형성된 충적지 주변에 대부분의 유적이 분포한다. 이러한 분포양상은 취락 분포도와 거의 일치하는 양상을 보인다.

유적에서는 청동기시대 석관묘 2기가 조사되었다. 석관묘 1호는 동쪽과 남쪽으로 묘역이 조성되었다. 석관묘는 바닥에 홈을 파고 천석을 세워 축조하였고 동장벽은 일부 유실되었다. 유물은 출토되지 않았다. 석관묘 2호는 대부분 유실되어 상부만 잔존한 상태이며 후대에 조성된 구에 의해 남쪽 일부가 훼손되었다. 벽석은 바닥에 홈을 파고 점판암제 판석을 끼워서 축조하였다. 시상은 대부분 유실되었고 유물은 본래 자리에서 벗어난 것으로 판단되며, 서장벽에 접한 바닥에서 관옥을 1점 수습하였다.

경리 유적과 주변에 분포하는 유적을 살펴보면 곡간 저지대를 통해 청도 방향의 교통로를 따라 분포하고 해발 69~68.5m에서 유구가 확인된다. 이러한 점은 청동기시대 지석묘의 군집과 관계있을 것으로 판단된다. 또한 유적에서 확인된 석관묘 주변으로 동시기의 수혈과 주거지가 확인되며, 초기철기시대 주거지와 수혈유구 등이 확인된다. 이는 물의 이용과 범람에 의한 영향을 이용하여 오랜기간 생활 터전으로 사용되어 온 것으로 보인다.

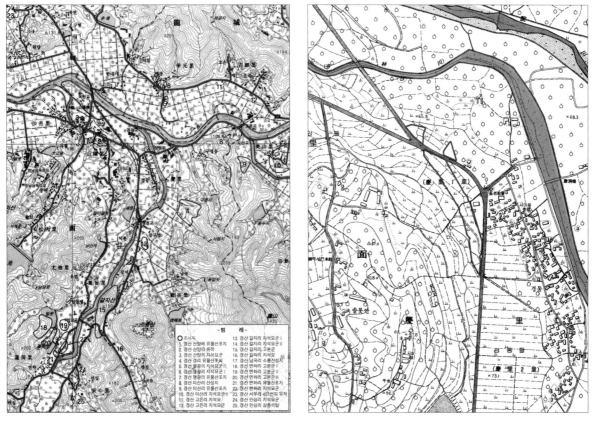

그림 1. 유적위치도 1

그림 2. 유적위치도 2

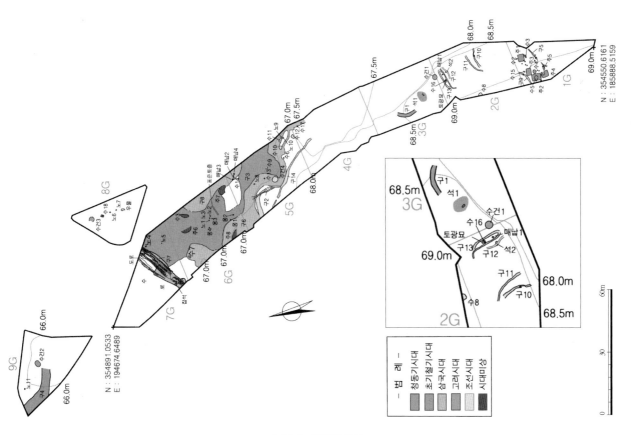

그림 3. 유구배치도

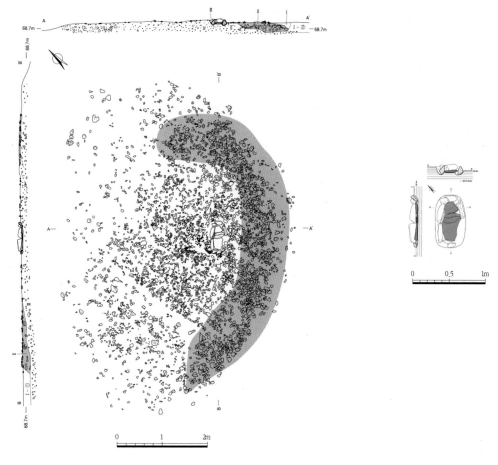

그림 4. 석관묘 1호(1:80)

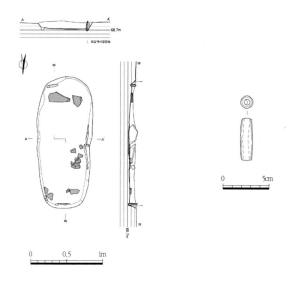

그림 5. 석관묘 2호 및 출토유물

32 경산 평기리 유적

유적위치   경산시 남산면 평기리 533번지 일원
유구   지석묘 2기, 상석 1기
유물   없음
참고문헌   삼한문화재연구원, 2015, 『청도-경산간 도로 4차로 확장공사구간(평기리지석묘Ⅱ)내 慶山 坪基里 遺蹟』

유적의 입지는 청도군 북동부와 경산시 남동부를 경계 짓는 대왕산의 북동쪽과 노적산의 남동쪽 지맥 사면의 끝자락과 계곡부 경계에 해당하는 해발 128~136m 선상에 자리잡고 있다. 이 일대에 인접한 지석묘들은 남동에서 북서로 흐르는 평기천을 따라 형성된 좁은 곡간충적지에 열상으로 분포하면서 독립적인 군집을 이루고 있다.

상석의 평면형태는 모두 부정형이고, 단면형태는 장방형과 부정형이다. 하부구조는 후대에 이동된 것으로 판단되는 상석 1기를 제외하고는 모두 기반층에 상석의 수평을 맞추기 위해 45㎝ 내외의 천석 및 할석을 이용해 정형성 없이 받쳐 놓았다.

지석묘 1호와 2호에서는 하부구조가 확인되지 않았으며, 상석은 시대미상의 부석 상부와 고려시대 이후 퇴적층에 위치하고 있어 후대에 이동된 것으로 판단하고 있다. 후대에 유입된 일부 유물을 제외하고는 시기를 추정할 만한 유물이 출토되지 않아 정확한 조성 시기는 알 수 없다.

하부구조물의 형태와 높이 등을 종합해보면 상석을 지탱하기 위한 기능 외에 무덤 또는 주검의 훼손을 방지하기 위한 시설물로써의 역할은 하지 못하였던 것으로 판단하고 있다. 다만 주변에 인접한 지석묘와 마찬가지로 평기천의 경계를 따라 열상으로 배치되어 있고, 주변에서 옹기편과 경질토기편 등이 유입되는 것으로 보아 오랜 기간 동안 지석묘의 존재가 인정되어 왔던 것으로 판단하고 있다.

본 유적의 지석묘는 인근 일대에 정주한 집단에 의한 계획적인 배치형태를 보여줌과 동시에 후대에 이르기까지 상징적인 기념물의 대상으로 여겨져 온 것으로 보고자는 판단하고 있다.

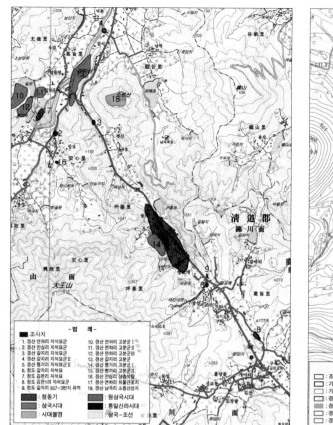

그림 1. 유적위치도 1

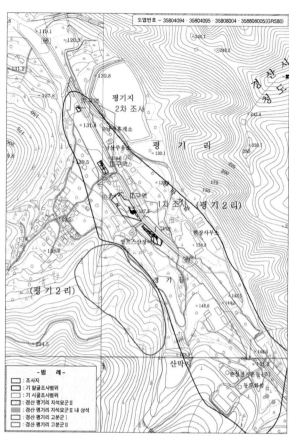

그림 2. 유적위치도 2

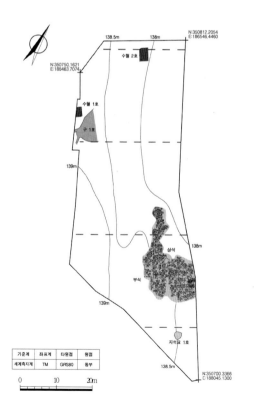

그림 3. Ⅱ구역 유구배치도

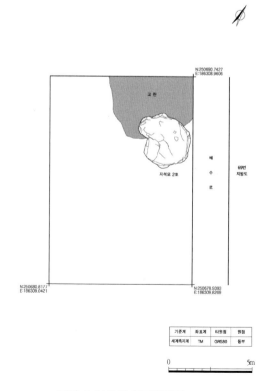

그림 4. Ⅳ구역 유구배치도

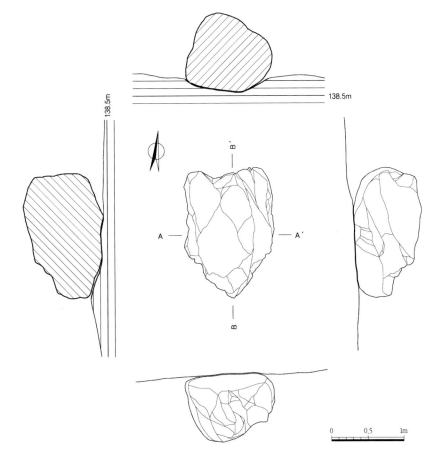

138.5m

138.5m

그림 5. Ⅱ구역 상석

0   0.5   1m

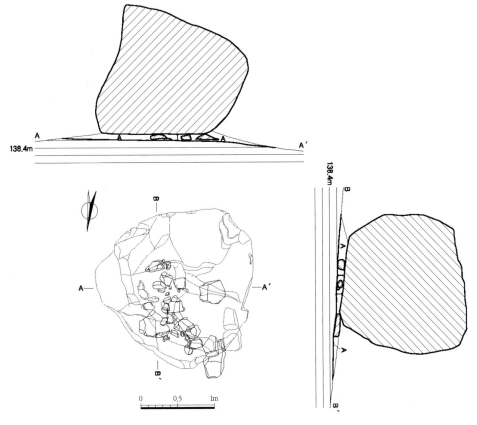

138.4m

138.4m

0   0.5   1m

그림 6. Ⅱ구역 지석묘 1호

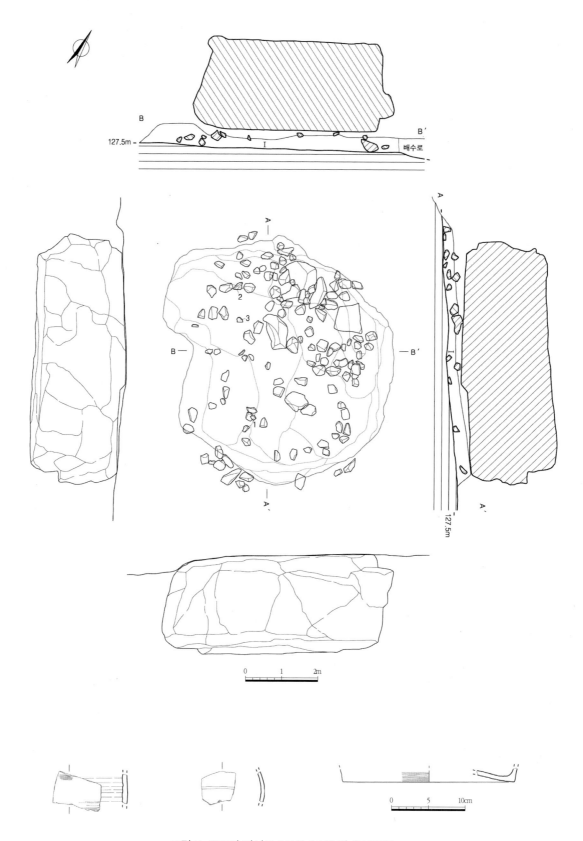

127.5m

배수로

127.5m

0 1 2m

0 5 10cm

그림 7. Ⅳ구역 지석묘 2호(1:100) 및 출토유물

33 경산 내리리 유적

유적위치 경북 경산시 진량읍 내리리 산 10번지 일원

유구 석관묘 1기

유물 없음

참고문헌 한빛문화재연구원, 2011, 『慶山 內里里 遺蹟』

유적은 금호강과 대창천이 합류하는 지점의 구릉성 침식저지로 해발 102m의 야산에서 뻗어내린 능선의 서쪽과 남쪽의 해발 58~77m 선상에 위치한다. 시굴조사 결과를 바탕으로 Ⅰ·Ⅱ구역으로 나누었으며, 청동기시대 석관묘가 확인된 구역은 Ⅰ구역이다. Ⅰ구역은 청동기시대 주거지 13기와 석관묘 1기, 초기철기시대 목관묘 9기 등이 조사되었다.

석관묘는 목관묘 1호와 2호 사이에 위치하며, 묘광을 굴착한 후 판석을 놓고 남서쪽 방향으로 벽석을 축조하였다. 벽석은 1~2단이 잔존한다. 특이점은 남서쪽 벽석의 경우 시상석과 붙여서 축조하였고, 나머지 벽석의 경우는 그렇지 않다는 점이다. 유물은 출토되지 않았다.

금호강 유역권에 위치하는 경산 내리리 유적은 Ⅰ구역에서 청동기시대 주거지와 석관묘, 초기철기시대 목관묘가 확인되는데, 이는 대구 신서동 유적과 공통된다. 석관묘 1기만 확인되었다는 점에서 대구 신서동 유적과 차이점이라 할 수 있다.

그림 1. 유적위치도 1

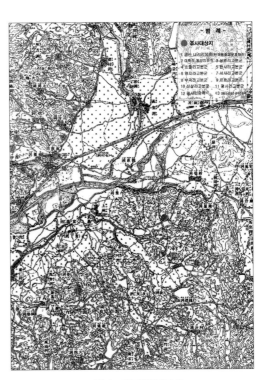

그림 2. 유적위치도 2

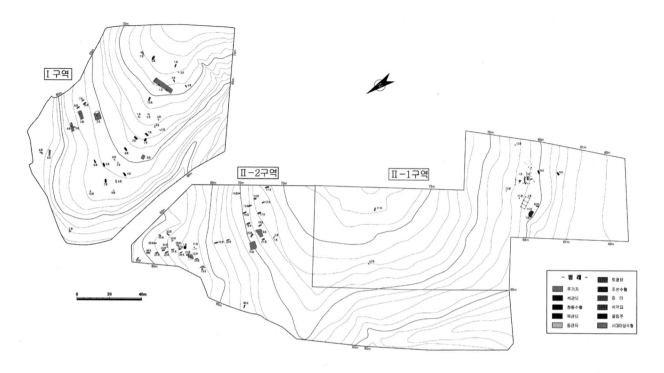

그림 3. 유구배치도

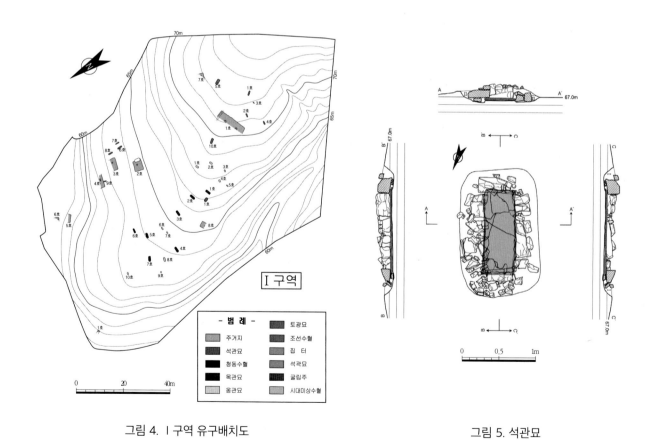

그림 4. Ⅰ구역 유구배치도

그림 5. 석관묘

Ⅲ. 형산강 유역

34 경주 갑산리 유적

유적위치　경주시 안강읍 갑산리 산 100번지 일원
유구　　　적석석관묘 1기
유물　　　없음
참고문헌　경상북도문화재연구원, 2006, 『안강-청령간 도로확·포장공사구간 내 慶州 甲山里遺蹟』

　　유적의 입지는 형산강 서안쪽에 형성된 산맥에서 동쪽으로 뻗은 많은 지릉들 가운데 형산강쪽으로 가장 가깝게 뻗은 구릉에 해당하며, 서쪽에서 동쪽으로 길게 뻗은 형태이다. 구릉의 정선부와 북사면쪽의 평탄한 지대에 청동기시대 수혈주거지 13동이 분포하고 있고, 적석석관묘는 구릉의 정선부가 시작되는 지점에 위치하고 있다. 적석석관묘가 위치하고 있는 곳에서는 남쪽의 경주분지로부터 형산강 하구까지 훤히 내려다보이는 조망권이 좋은 지점이다.

　　묘광은 2단으로 굴광으로 하였고, 묘광 바닥에 할석을 주먹 크기로 쪼개어 바닥 전체에 한 겹 깔고, 그 상부에 석관을 축조하였다.

　　석관묘의 구조는 두께 10㎝ 내외의 판석을 사용하여 네 벽을 조립한 전형적인 석관묘이며, 평면형태는 양단벽이 장벽 사이에 끼워진 'ㅍ'자형이다. 석관 내부는 잔자갈을 깔아 시상을 마련하였다.

　　개석은 두께 30㎝정도의 판석 1매를 덮어 이용하였고, 묘광과 석관 사이에는 할석을 쪼개어 빈틈없이 채워넣었다. 개석 위에도 이같은 돌을 적석하여 마감하였다.

　　적석석관묘에서 동쪽으로 약 1.3m 떨어진 지점에서 확인된 판석으로 만든 구조물은 이 적석석관묘와 관련된 제사유구로 추정된다. 이와 같은 제사유구는 지석묘 의례와 관련된 것으로 갑산리유적에서 최초로 확인되었다는 점에서 그 의의가 있다.

　　유물은 출토되지 않았으며, 적석석관묘의 축조연대는 그 구조상으로 보아 우리나라 청동기시대 중기 이후인 보성 동촌리유적의 지석묘 축조연대와 상응할 것으로 보고자는 판단했다.

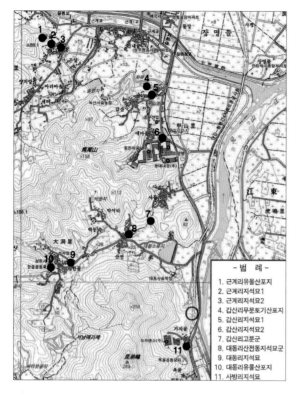

그림 1. 유적위치도 1

- 범 례 -
1. 근계리유물산포지
2. 근계리지석묘1
3. 근계리지석묘2
4. 갑산리무문토기산포지
5. 갑산리지석묘1
6. 갑산리지석묘2
7. 갑산리고분군
8. 대동리산전동지석묘군
9. 대동리지석묘
10. 대동리유물산포지
11. 사방리지석묘

그림 2. 유적위치도 2

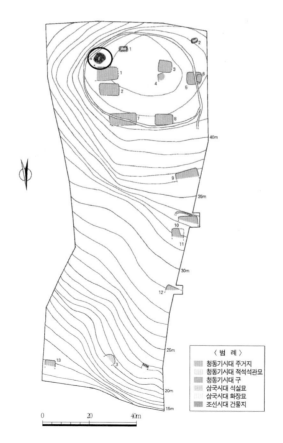

〈 범 례 〉
청동기시대 주거지
청동기시대 적석석관묘
청동기시대 구
삼국시대 석실묘
삼국시대 화장묘
조선시대 건물지

그림 3. 유구배치도

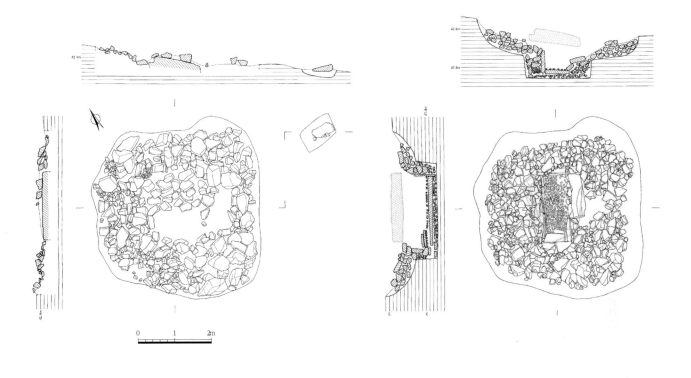

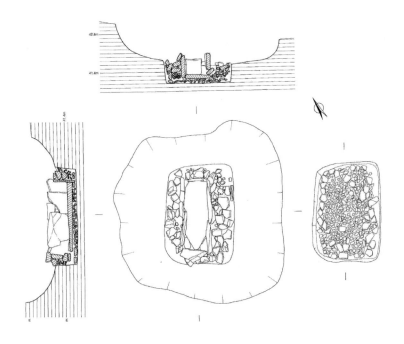

그림 4. 적석석관묘(1:100)

35 경주 동산리 유적

유적위치 경주시 천북면 동산리 401번지 일원

유구 토광묘 1기

유물 적색마연토기, 방추차, 관옥

참고문헌 신라문화유산연구원, 2010, 『경주 천북 동산리 401번지 일원 아파트건립부지내 慶州 東山里遺蹟Ⅲ-청동기시대-』

    유적의 입지는 북서쪽으로 비봉산(해발 145m), 남서쪽으로는 해발 159m의 야산이, 북쪽으로는 해발 80m의 야산이 위치하여 남동쪽을 제외하고는 산지로 둘러쌓인 지형에 해당한다. 유적의 남쪽으로 500m 지점에는 앞천이 동쪽에서 서쪽으로 흘러 신당천과 합류하고, 신당천은 서쪽으로 흘러 형산강과 만난다. 유적이 위치한 곳은 독립구릉으로 보이지만 전체적으로 동쪽의 야산에서부터 낮게 이어지는 얕은 구릉상을 이룬 곳이다.

    공반유구로는 주거지 40동, 주구 4기, 수혈유구 2기 등이 확인되었다.

    유구는 등고선과 직교하게 조성되었으며, 경사로 인한 삭평이 심하다. 묘광의 평면형태는 모서리가 약간 둥근 장방형이다. 규모는 잔존길이 185㎝, 너비 106㎝, 깊이 17㎝정도이다.

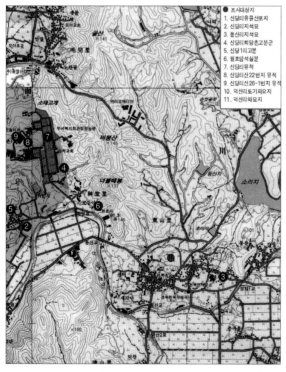

그림 1. 유적위치도 1

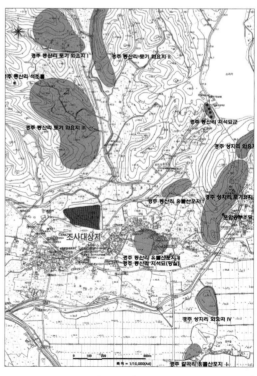

그림 2. 유적위치도 2

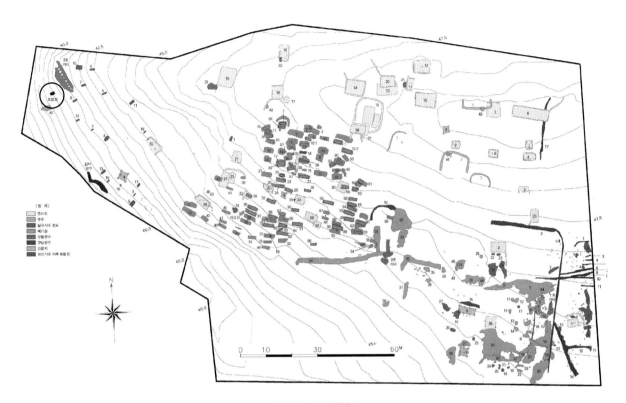

그림 3. 유구배치도

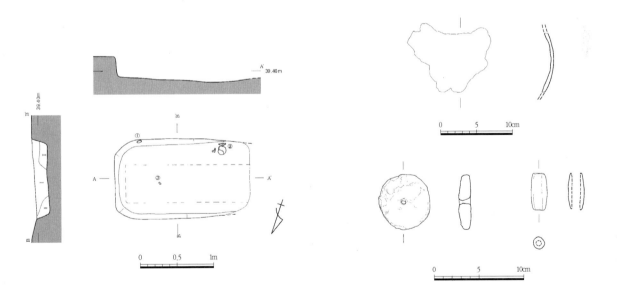

그림 4. 토광묘 1호 및 출토유물

36 경주 황성동 575번지 유적

유적위치 경주시 황성동 575번지

유구 석관묘 1기

유물 무문토기

참고문헌 영남문화재연구원, 2010, 『경주 황성동 공동주택건설부지내 慶州 隍城洞 575番地 古墳群』

유적의 입지는 경주분지의 북서쪽에 위치하며, 남쪽에는 경주분지를 동서로 가로지르는 북천이, 서쪽에는 남에서 북으로 흐르는 형산강이 위치하고 있어서 하천의 범람으로 형성된 지형이다. 경주분지내에서도 가장 낮은 곳으로 평지에 해당한다.

공반유구로는 원삼국시대 목관묘, 토광묘, 목곽묘, 옹관묘, 의례 및 수혈유구 등이 있다.

석관묘는 서장벽이 거의 유실되었고, 나머지 세벽은 1단씩 남아있는 상태이다. 평면형태는 장방형이며, 천석을 이용하여 평적하였다. 바닥은 별다른 시설을 하지 않았다.

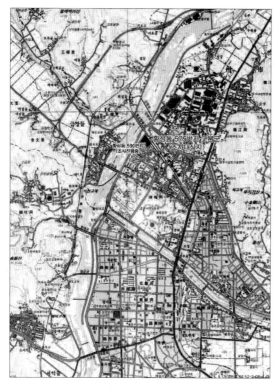 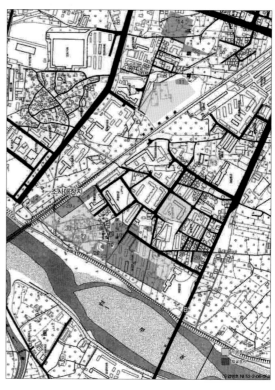

그림 1. 유적위치도 1　　　　　　　　　　　그림 2. 유적위치도 2

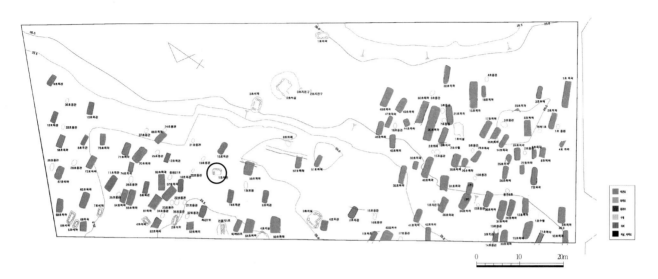

그림 3. 유구배치도

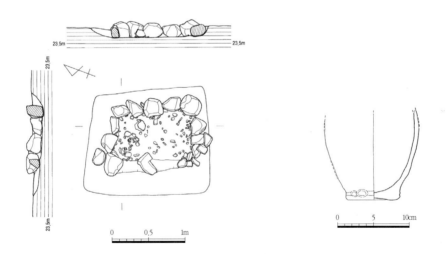

그림 4. 석관묘 1호 및 출토유물

37　경주 황성동 537-2번지 유적

유적위치　경주시 황성동 537-2 번지

유구　　석관묘 1기

유물　　석촉

참고문헌　한국문화재보호재단, 2001, 『慶州市 隍城洞 537-2 賃貸아파트 新築敷地 發掘調査 報告書』

　유적의 입지는 경주분지의 서북편으로 형산강의 상류인 서천이 남에서 북으로 흐르는 강변 동쪽에 위치하고 있으며, 형산강에 의해 퇴적된 해발 30m내외의 충적대지이다.

　주변유구로는 철기제작 관련유구인 노적, 폐기장, 토광묘, 석실묘, 도로유구 등이 확인된다.

　석관묘의 축조양상은 판석 5매를 이용하여 바닥과 네 벽면을 1매씩 수적하였고, 판석의 크기가 작아서 빈 곳은 천석을 같이 사용하여 바닥과 벽을 마무리하였다. 개석은 확인되지 않았고, 묘광과 석관 사이에 천석을 사용하여 보강하였다. 출토유물은 석촉 6점으로 유경식 3점, 무경식 3점이다. 석관묘는 본 유적과 인접한 곳에 위치하고 있는 황성동유적(907번지 일대)에서 보고된 청동기시대 주거지인들의 무덤으로 판단되며, 황성동유적(907번지 일대)에서 출토된 토기의 편년을 기점으로 하여 같은 청동기시대 전기에 축조된 것으로 보고자는 추정하고 있다.

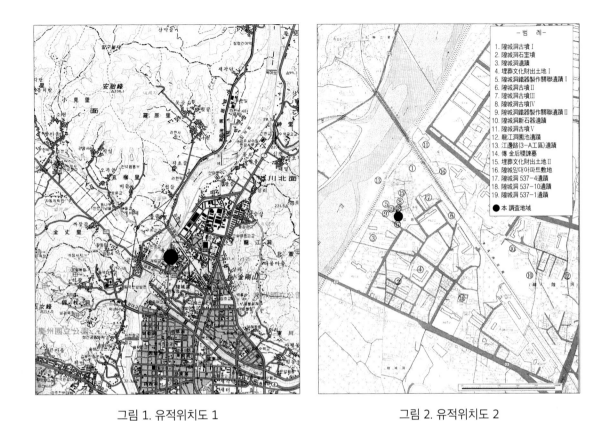

그림 1. 유적위치도 1   그림 2. 유적위치도 2

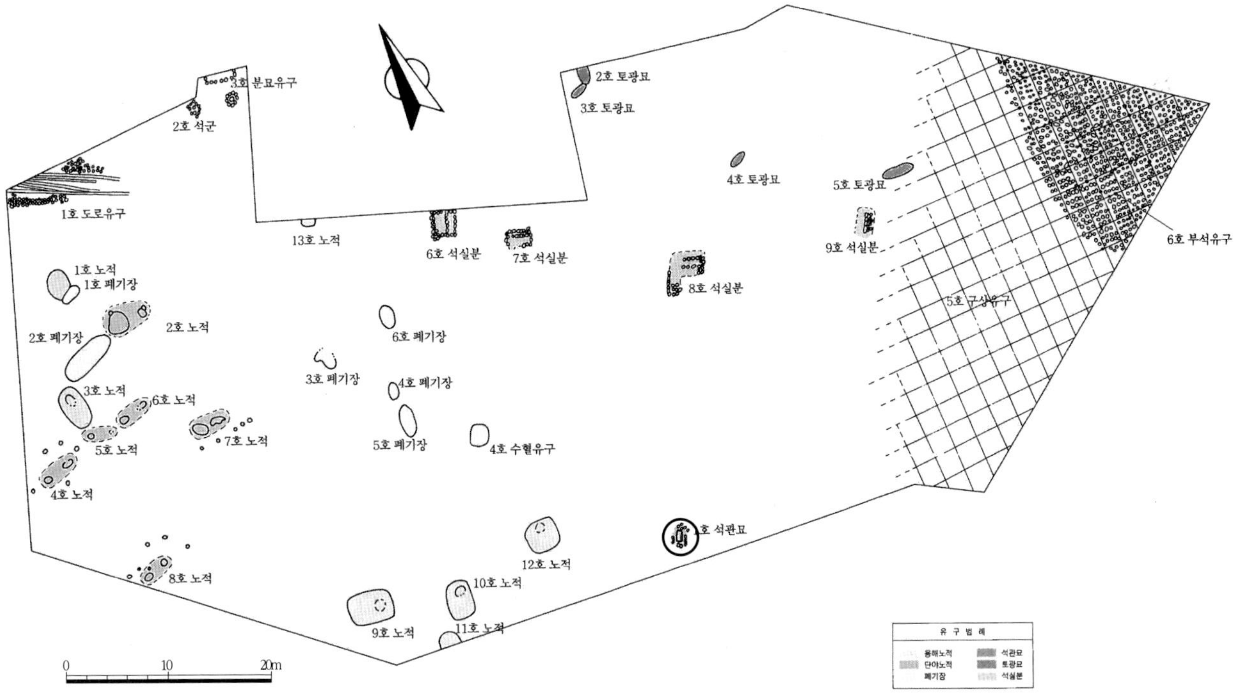

그림 3. 유구배치도

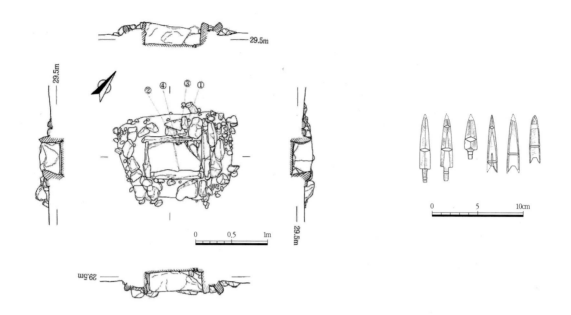

그림 4. 석관묘 1호 및 출토유물

38 경주 석장동 유적

유적위치 경주시 석장동 876-5번지 일원

유구 석관묘 2기, 묘역식 지석묘 1기

유물 무문토기, 석검, 석착

참고문헌 계림문화재연구원, 2012, 『경주지역 소규모 발굴조사 보고서 II』

유적의 입지는 경주분지의 북서쪽, 서천과 북천이 합류되는 지점의 서안에 위치하며 동쪽을 제외한 조사지역 북서쪽의 큰 갓산(해발 215m)과 남서쪽에서 내려오는 옥녀봉(해발 214.2m)의 지류가 합하는 협곡으로 번들기들에 해당한다.

묘역시설은 장축이 동-서향이며 평면형태는 장방형으로 추정된다. 축조양상은 서쪽에서 동쪽으로 흘러가는 자연구가 형성된 곳에 구 일부를 굴착하고, 굴착된 흙을 깔아 묘역을 정지한 것으로 파악하고 있다. 묘역을 따라 동-서향으로 길이가 34m, 남-북향으로는 280㎝만 남아 있다. 석재의 길이가 30~50㎝가량의 할석을 사용하여 최하단은 편평한 것을 이용하여 열을 지어 깔고 상단에는 비슷한 크기의 할석을 이용하여 바깥면을 맞추어 수직으로 쌓았다. 최대 4단까지 남아 있다. 묘역시설 내 서편으로 치우친 곳에 석관묘 1호와 화장묘를 열상으로 축조하였다.

묘역시설 내 석관묘 1호는 상석은 확인되지 않았으나 석관의 상부가 할석으로 덮여져 있었다. 중앙의 할석을 제거하니 판석을 이용한 'ㅍ'자형 석관이 지하식으로 축조되어 있었다. 바닥에 판석 1매를 깔고 벽석도 판석을 사용하여 수적하였다. 석관과 묘광 사이에는 작은 할석으로 보강하였으며, 석관 아래에도 편평한 할석을 사용하여 기초석으로 이용하였다. 규모는 길이 82㎝, 너비 27㎝로 소형에 해당하며, 유물은 북편 채움석 아래에서 석검 1점과 석착 1점이 출토되었다.

묘역시설 내 화장묘는 후대의 교란으로 남쪽부분이 결실되어 정확한 규모와 평면형태는 알 수 없다. 내부에는 10㎝내외의 깊이에서 목탄이 동-서향으로 확인되었고, 벽면에서 적갈색으로 소결된 흔적이 확인되었다. 목탄 상면에는 산화가 심한 인골편들이 확인되었다. 인골분석 결과 피장된 인골은 3개체로 2개체는 두향을 동쪽으로 신전장을 취하고 있고 1개체는 2개체의 발치부분에서 두향을 북쪽으로 두고 신전장을 취하고 있다. 인골의 배치상태를 보면 북쪽을 위쪽으로 하여 판단했을때 주검은 'L'자 모양으로 안치하여 화장하고 바로 매장한 것으로 추정하고 있다.

석축형 석관묘는 유적의 서편 경계지점에 걸쳐서 일부만 확인되었다. 석관의 벽석은 30~50㎝정도의 할석을 이용하여 세로 쌓기로 내면을 반듯하게 맞추었으며, 2단가량 남아있다. 바닥면은 굴착면을 그대로 사용하였다. 석관의 규모는 잔존길이 150㎝, 잔존너비 110㎝, 깊이 33㎝이다. 출토유물은 내부에서 무문토기편 1점이 확인되었다.

석관묘 2호는 상석 및 개석은 확인되지 않았다. 유구는 대부분이 결실된 상태였으며, 석관의 규모는 길이 140㎝, 너비 32㎝, 깊이 20㎝로 소형에 해당된다. 벽석은 후대교란 및 삭평으로 인해 최하단 1단만 남아있다. 바닥은 자연퇴적층을 그대로 사용하였으며, 출토된 유물은 없다.

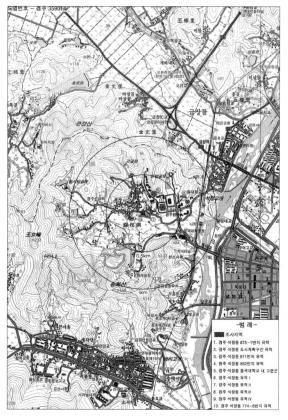

그림 1. 유적위치도 1

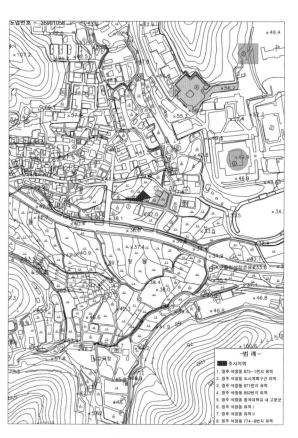

그림 2. 유적위치도 2

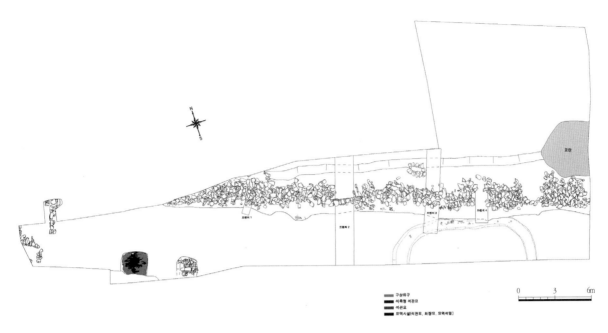

그림 3. 유구배치도

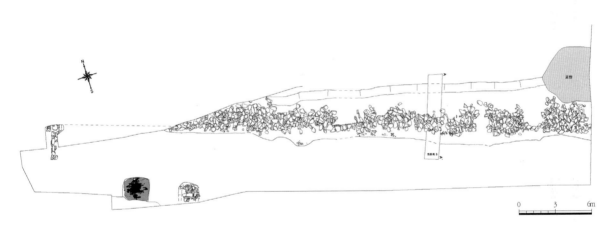

그림 4. 묘역시설 1차 평면도

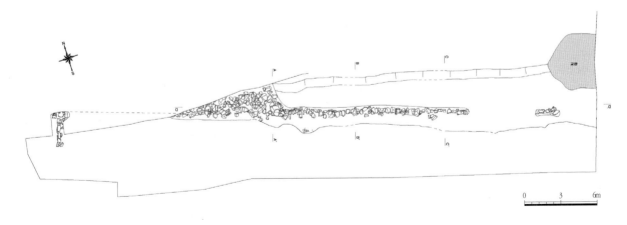

그림 5. 묘역시설 2차 평면도

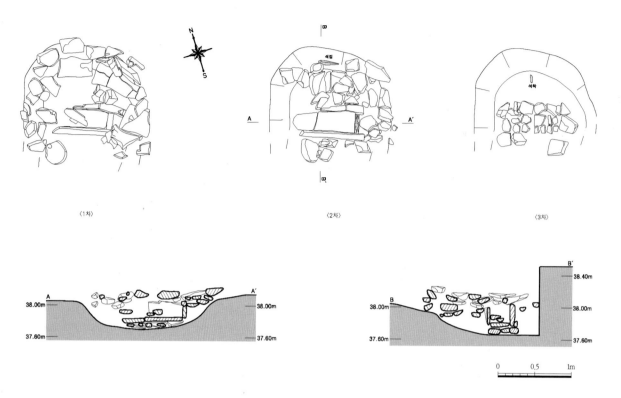

〈1차〉　　　　　　　〈2차〉　　　　　　　〈3차〉

그림 6. 묘역시설 내 석관묘 1호

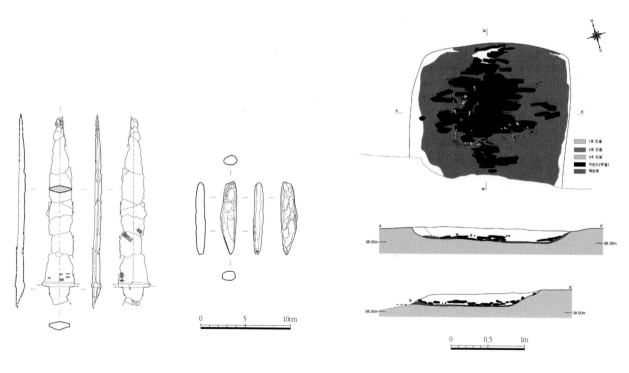

그림 7. 묘역시설 내 석관묘 1호 출토유물　　　　　　그림 8. 묘역시설 내 화장묘

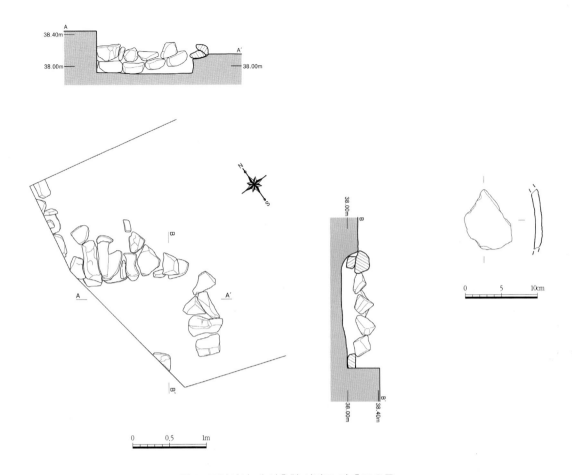

그림 9. 묘역시설 내 석축형 석관묘 및 출토유물

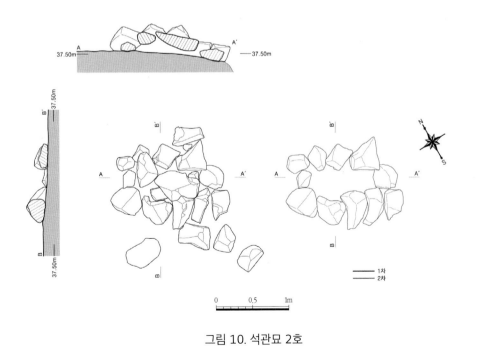

그림 10. 석관묘 2호

39 경주 덕천리 유적

유적위치 경주시 내남면 덕천2리 484-2번지 일원

유구 석관묘 1기

유물 적색마연토기, 석검, 석촉

참고문헌 영남문화재연구원, 2008, 『경부고속철도 건설공사구간내 慶州 德泉里遺蹟 I -青銅器時代-』

유적의 입지는 북쪽의 벽도산(해발 423m)에서 여러 갈래로 뻗어내린 나지막한 구릉지대가 형성되어 있고, 동쪽은 이조천이 굽이쳐 형산강 본류와 합류하면서 넓은 충적평야인 덕천들의 가운데에 위치한다. 공반유구로는 주거지 26동, 수혈유구 3기, 집석유구 2기, 구 1기 등이 확인된다.

석관묘는 주거지군 북편에 치우쳐 위치하고 있으며, 지석묘의 하부구조일 가능성도 배제할 수 없다. 석관묘의 규모는 동단벽과 북장벽의 벽석 일부가 유실되어 정확히는 알 수 없지만, 판석 1매를 서단벽에 세우고 이 판석을 기준으로 3~4매의 판석을 세워 남·북의 장벽을 축조하였다. 바닥은 비교적 편평한 천석을 이용하여 1겹으로 3~4열 깔았다. 묘광과 벽석 사이에는 10~15㎝의 천석과 흙으로 충전하였다. 석관의 벽석과 바닥석에는 불 맞은 흔적이 관찰되며, 바닥에 다량의 목탄과 함께 인골의 흔적이 확인되어 석관내에서 시신을 화장한 것으로 보고 있다. 개석은 남아있지 않으며 벽석은 1·2단 정도만 잔존하기 때문에 지석묘의 하부구조일 가능성도 배제할 수 없다고 보고자는 판단하고 있다.

유적의 조성시기는 주거지 및 석관묘 출토 목탄의 방사성탄소연대측정이 보증연대 BC. 1,240년~BC. 640년으로 도출되었다.

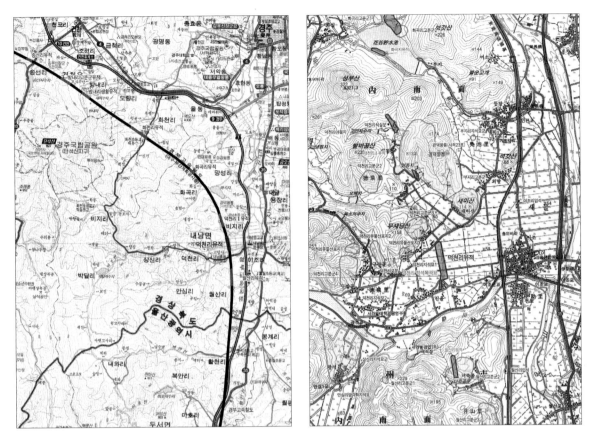

그림 1. 유적위치도 1　　　　　　　　　　　　그림 2. 유적위치도 2

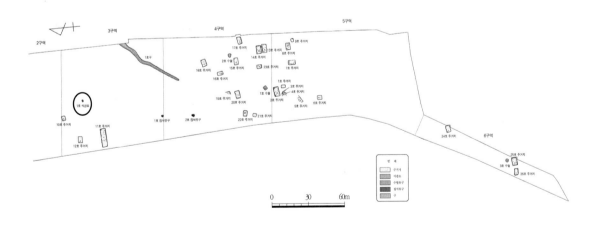

그림 3. 유구배치도

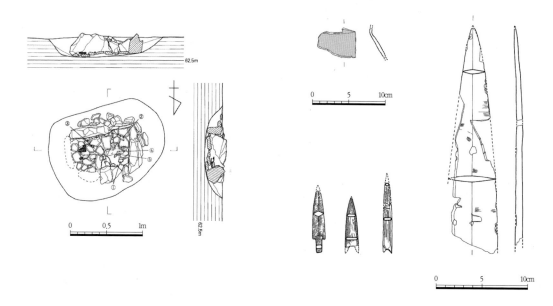

그림 4. 석관묘 1호 및 출토유물

40 경주 월산리 유적

유적위치	경주시 내남면 산 137번지 일원
유구	석관묘 1기
유물	석검, 석촉, 환옥
참고문헌	영남문화재연구원, 2006,『국도35호선 도계-경주간 확장공사구간내 慶州 月山里 山137-2番地遺蹟』

유적의 입지는 월산리 재량마을의 북서쪽에 위치하고 있는 능선의 하나로 구릉의 사면 정상부에 위치하고 있다. 공반유구로는 주거지, 주혈군, 구상유구 등이 확인된다. 구릉 전체에 청동기시대 취락이 광범위하게 분포하는 것으로 파악되고 조사지는 이 일대 취락의 외곽(끝부분)으로 추정된다.

석관묘의 평면형태는 장방형이며, 개석과 상부시설은 후대 교란으로 알 수 없다. 축조양상은 벽석이 2~3단 정도 남아있는데, 판상의 할석을 이용하여 수적과 평적으로 혼용하여 벽석을 축조하였다. 바닥에는 판상의 할석 1매를 깔았다. 유물은 모두 상면보다 5㎝정도 높은 위치에서 출토되었다. 유물이 바닥보다 높게 출토된 것으로 보아 시신을 안치한 이후에 유물을 매납한 것으로 보고자는 판단하고 있다.

석관묘 주변에서 확인되는 주혈군은 석관묘를 중심으로 동-서 10m, 남-북 10m정도의 방형의 형태이며, 주축방향이 석관묘의 주축방향과 동일한 것으로 보아 석관묘와 관련되는 시설로 파악된다. 이들 주혈들은 평지에서 확인되는 지석묘와 석관묘의 묘역시설과 유사한 용도로 추정된다. 또한 석관묘의 규모가 소형인데 비해 부장유물이 많고, 무덤의 위치가 구릉 정상부의 전망이 용이한 곳인 점, 무덤 주위를 둘러싸고 주혈군과 같은 시설이 위치하는 점 등으로 볼 때, 석관묘는 묘의 기능 이외에도 의례 또는 제의적인 행위와 관련되었을 것으로 보고자는 판단하였다.

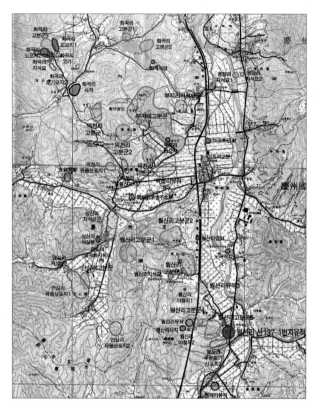

그림 1. 유적위치도 1

그림 2. 유적위치도 2

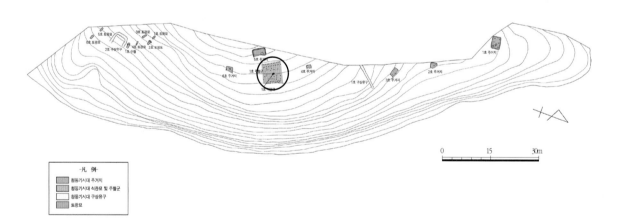

凡 例

청동기시대 주거지
청동기시대 석관묘 및 주혈군
청동기시대 구상유구
토광묘

그림 3. 유구배치도

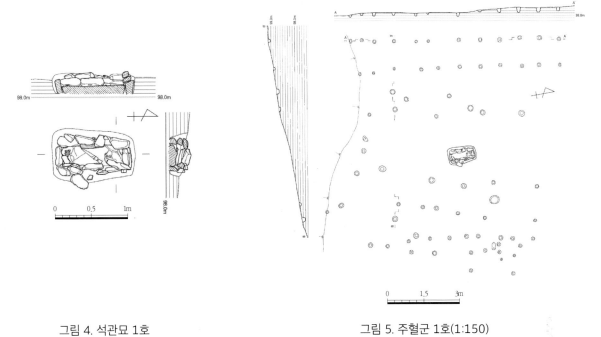

그림 4. 석관묘 1호   그림 5. 주혈군 1호(1:150)

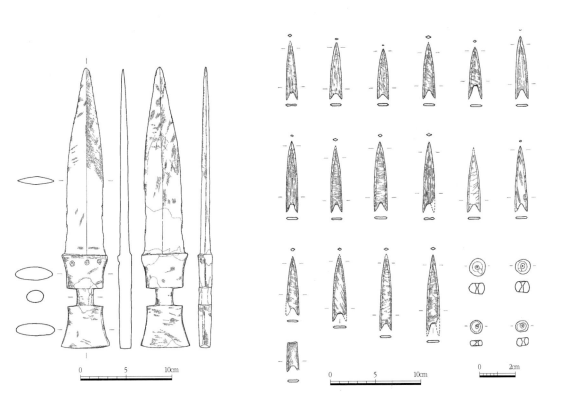

그림 6. 석관묘 1호 출토유물

IV. 태화강 및 동해안 유역

41 경주 문산리 유적

유적위치 경주시 외동읍 문산리 산75 일원

유구 석관묘 8기, 석곽묘 5기, 지석묘 1기

유물 적색마연토기, 무문토기 고배, 석촉, 환옥, 주조철부, 철촉

참고문헌 신라문화유산연구원, 2009,『경주 문산리 유적Ⅰ』, 2011,『경주 문산리 유적Ⅱ』
성림문화재연구원, 2010,『경주 문산리 청동기시대유적 -Ⅱ구역-』, 2012,『경주 문산리 청동기시대유적 -Ⅲ·Ⅳ구역-』

유적의 입지는 천마산에서 북동쪽으로 뻗어내리면서 동천의 배후 습지인 넓은 들을 감싸는 독립구릉 (75~135m) 및 주변구릉의 정상부와 사면에 위치하고 있다. 이 일대는 청동기시대 방형의 주거지 200여기가 분포된 주거지군이 중심을 이루고 있는 곳이다.

구릉의 정상부와 사면에 해당하며 가장 넓은 면적을 차지하고 있는 유적은 경주 문산리유적Ⅱ에 해당하며, A~E구역으로 나누어져 있다. 문산리유적Ⅱ의 북동쪽에 위치하고 있는 문산리유적Ⅰ은 Ⅰ-가와 Ⅰ-나의 2개 구역으로 나뉘져 있으며, 북쪽에 위치하고 있는 문산리 청동기시대유적은 총 4개의 구역으로 나뉘어져 Ⅱ가·Ⅱ나·Ⅲ·Ⅳ구역으로 구분된다.

석관묘는 Ⅱ가구역에서 4기, Ⅱ나구역에서 2기, Ⅲ구역에서 1기, D구역에서 1기가 조사되어 총 8기가 조사되었다. Ⅱ가구역의 4기는 동일 선상에 위치하고 있으며, 석관의 축조양상은 벽석은 판석형의 할석을 사용하여 수적과 평적을 혼용하여 1단으로 축조하였고, 바닥은 소형 할석을 1벌 깔거나 판석을 깔아서 마련하였다.

Ⅱ가구역의 3기는 서로 인접해 나란히 조성되고, 길이가 1m미만의 소형으로 시신을 매장하지 않았거나 소아묘로 추정된다. Ⅱ나구역의 석관묘는 장방형으로 판석과 할석을 사용하여 횡평적과 평적을 혼용하였다. Ⅱ나 구역의 석관묘 1호는 인접한 지석묘 상석이 사면에 밀려있는 것을 볼 때 지석묘의 하부구조일 가능성이 있다. Ⅱ나구역에서 조사된 지석묘의 경우 상석이 비교적 작고 사면 경사로 인해 남쪽으로 밀려 있으며, 장방형 석관의 하부구조를 가지는 형태이다. 보고자는 Ⅱ가구역 석관묘 2호에서 출토된 적색마연토기에 부착된 환상파수편으로 청동기 중기로 편년하고, Ⅱ나구역 석관묘 2호에서는 삼각만입의 무경식석촉과 공반하는 적색마연토기를 통해 청동기 전기중반으로 편년하였다.

D구역에서 확인된 석관은 벽석이 1단만 잔존하고 횡수적과 평적을 혼용하여 조성하였다. 개석과 벽석 사이에서 출토된 적색마연토기는 이화영의 분류에 의거하여 청동기시대 전기의 늦은 시기~후기전반으로 편년하고 있다.

Ⅲ구역에서 석관묘는 1기가 확인되었는데, 평면형태는 방형이며 길이가 60㎝, 너비가 36㎝로 소형이다. 벽석은 할석을 사용하여 와수적하였고, 바닥은 편평한 할석 3매를 사용하여 시상을 마련하였다. 개석은 할석 1매를 사용하였고, 유물은 출토되지 않았다.

석곽묘는 Ⅱ가구역에서 5기가 확인되었다. 석곽의 축조양상은 Ⅱ가-3·4·5호는 입수적하여 1단으로 축조되었고, 벽석 축조 후 나머지 부분은 흙으로 메웠다. 1·2호는 횡평적과 종평적을 혼용하여 최소 2단으로 적석하였다. 1·3·5호는 개석을 사용하였다. 바닥은 10㎝내외의 할석을 사용하여 시상을 만든 것도 있고 시상이 없는 것도 있다.

석곽묘의 벽석이 거의 1단만 잔존하고 있고, 벽의 잔존상태로 보아 개석이 유실된 석곽묘이거나 지석묘의 하부구조일 가능성이 있다.

Ⅱ가구역의 석곽묘 3호에서 출토된 마제석검이 일단병식으로 청동기 후반으로 편년되고 있으며, 석곽묘가 파괴한 선축된 청동기주거지에서 청동기 전기 후반으로 편년되는 이중구연, 공열문, 단사선문의 무문토기가 출토되어 후반으로 보고자는 편년하고 있다.

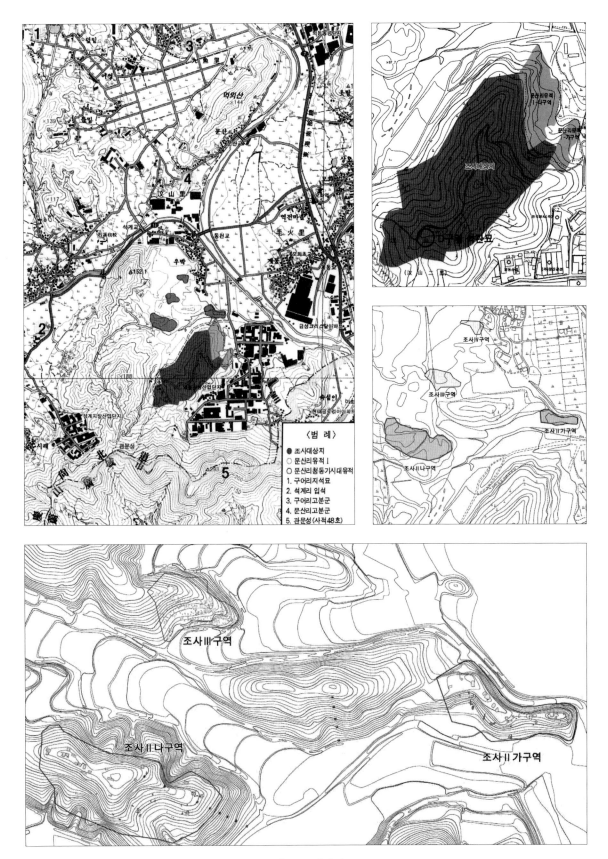

그림 1. 유적위치도

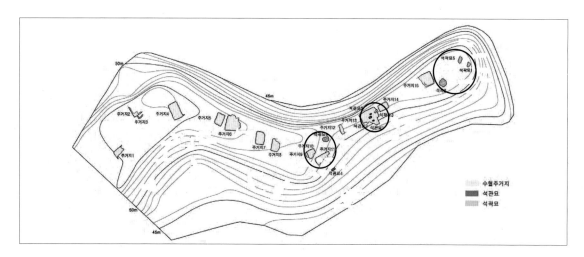

그림 2. Ⅱ가구역 유구배치도

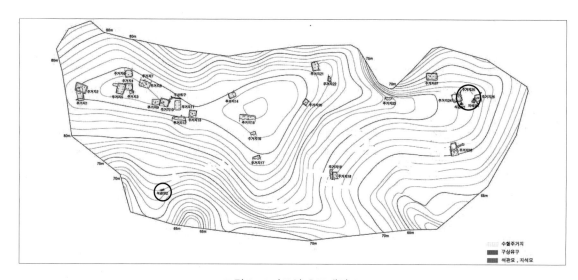

그림 3. Ⅱ나구역 유구배치도

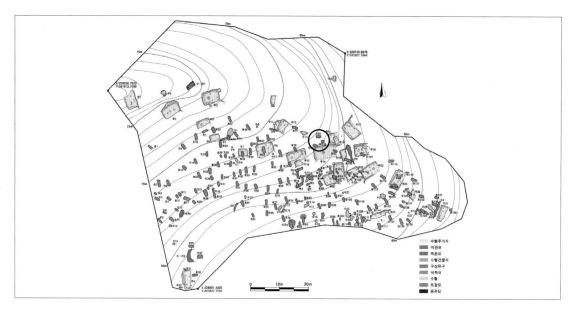

그림 4. Ⅲ구역 유구배치도

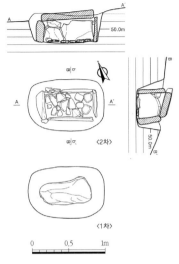

그림 5. II가구역 석관묘 1호

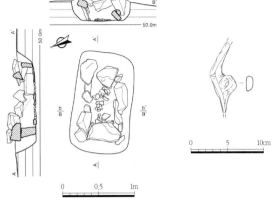

그림 6. II가구역 석관묘 2호 및 출토유물

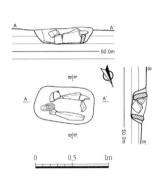

그림 7. II가구역 석관묘 3호

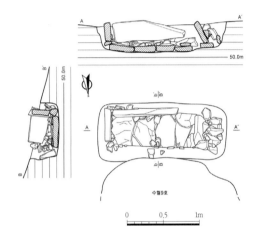

그림 8. II가구역 석관묘 4호

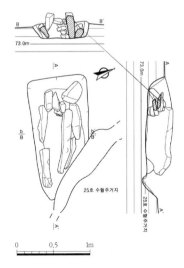

그림 9. II나구역 석관묘 1호

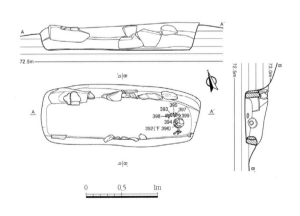

그림 10. II나구역 석관묘 2호

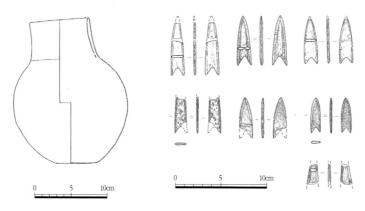

그림 11. Ⅱ나구역 석관묘 2호 및 출토유물

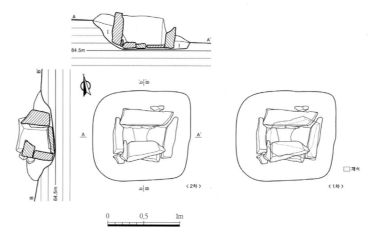

그림 12. Ⅲ구역 석관묘

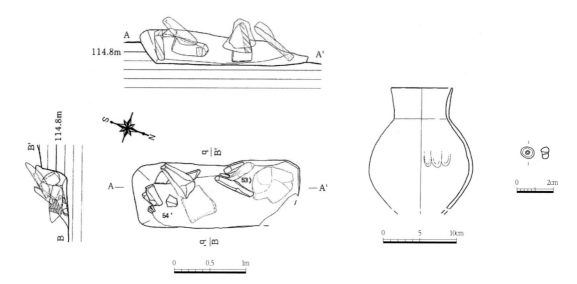

그림 13. D구역 석관묘 및 출토유물(신라문화유산연구원)

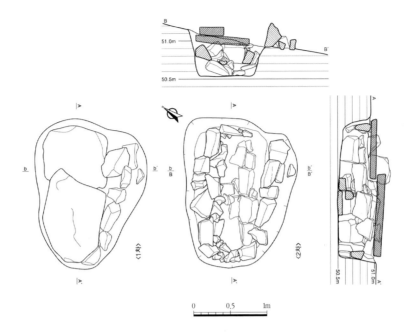

그림 14. Ⅱ가구역 석곽묘 1호

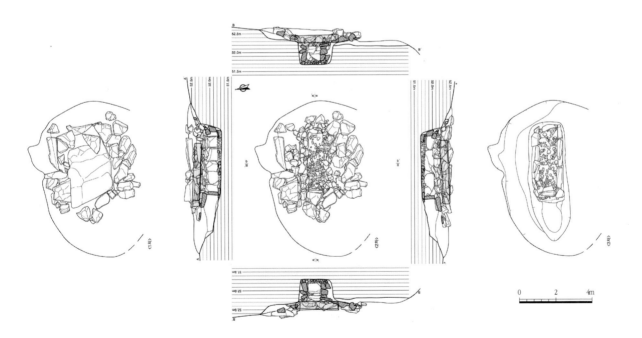

그림 15. Ⅱ가구역 석곽묘 2호(1:200)

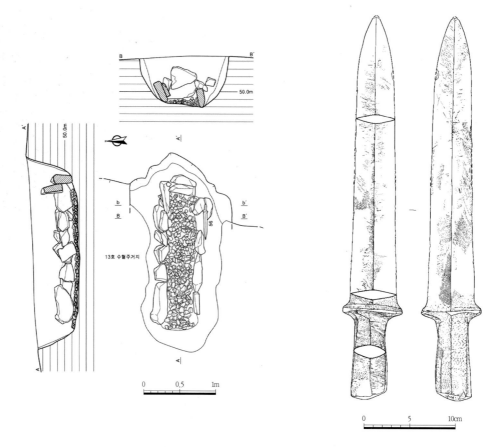

그림 16. Ⅱ가구역 석곽묘 3호 및 출토유물

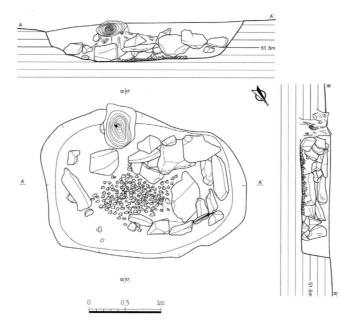

그림 17. Ⅱ가구역 석곽묘 4호

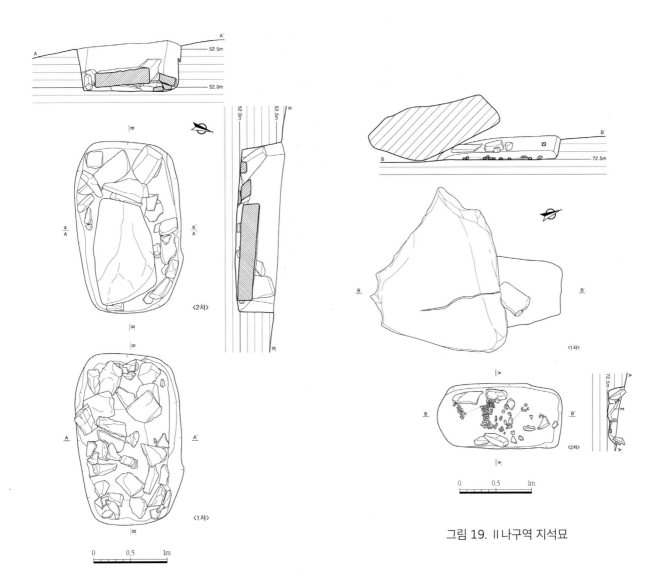

그림 18. II가구역 석곽묘 5호

그림 19. II나구역 지석묘

42 경주 봉길리 유적

유적위치 경주시 양북면 봉길리 산373, 182번지 일원
유구 석관형유구 1기
유물 미완성석기
참고문헌 영남문화재연구원, 2005, 『慶州 奉吉里遺蹟』

유적의 입지는 서쪽으로 험준한 산지인 토함산-조항산-우산과 연결되고, 동쪽은 동해와 접하고 있다. 해발 35~55m내의 완만한 구릉지대와, 구릉에서 아래쪽으로 흘러 내려온 토양이 퇴적되어 형성된 충적지로 이루어져 있다. 공반유구로는 주거지 14동, 경작유구 2기, 주혈군 등이 있다.

유구는 구릉의 정상부에 위치하며, 상부는 대부분 유실되었다. 평면형태는 장방형이며, 기반층인 황갈색 풍화암반층을 굴착하여 축조되었다. 등고방향과 직교하게 축조되었으며, 규모는 길이 141㎝, 폭 68㎝이다. 유구 내부에는 길이 30~50㎝ 정도의 할석들이 채워져 있으며, 동에서 서로 정연하게 축조되어 있다. 할석과 묘광 사이에는 황갈색사질점토로 채워져 있다. 유물은 상부에서 미완성석기 1점이 출토되었다.

유적의 연대는 공반유구인 주거지의 내부에서 출토된 토기의 기형과 문양구성이 검단리 Ⅰ기, 천상리 Ⅱ기에 해당하는 유물과 같은 시기로 보고자는 편년하였다.

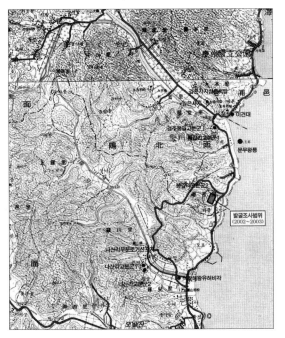

그림 1. 유적위치도 1

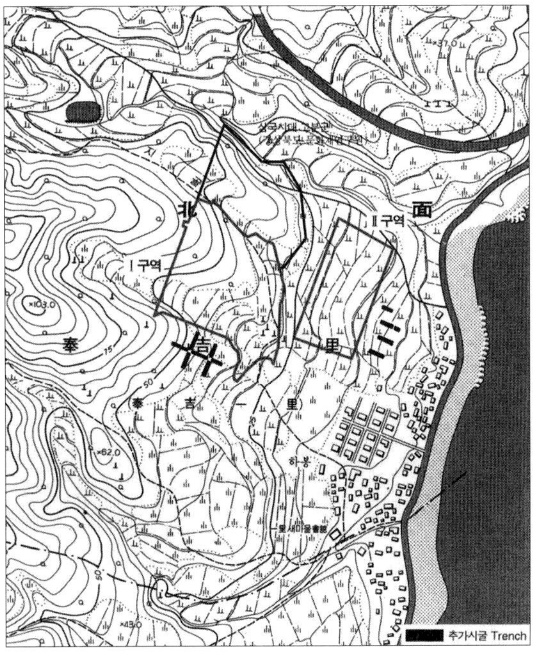

그림 2. 유적위치도 2

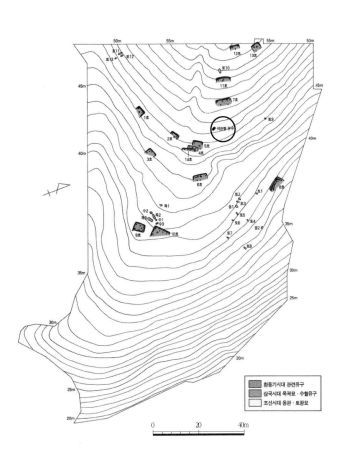

그림 3. 유구배치도

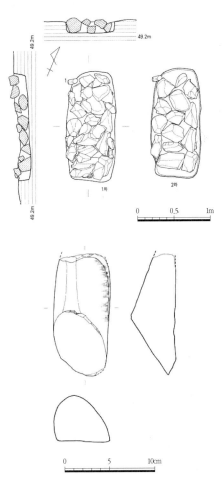

그림 4. 석관형유구 및 출토유물

43 포항 삼정리 유적

유적위치 포항시 구룡포읍 삼정1리 519-1번지 일원

유구 토광묘 1기

유물 적색마연토기, 방추차

참고문헌 경상북도문화재연구원, 2007, 『포항 삼정1리 유적(Ⅰ)』

유적의 입지는 동해안에 인접한 해안가 구릉 사면에 해당하며, 공반유구는 장방형주거지 59기, 토광묘 1기, 수혈유구 7기, 구상유구 3기, 집석유구 1기가 확인되었다.

토광묘는 등고방향과 직교하며, 묘광을 수직으로 굴착하여 조성하였다. 묘광의 규모는 잔존길이 185㎝, 너비 103㎝, 깊이 40㎝이다. 남장벽에 3매의 할석이 바닥에서 뜬 상태로 뉘어진 채 확인되었다. 바닥은 생토면을 그대로 사용하였으며 목관흔은 확인되지 않았다. 유물은 북장벽에서 적색마연토기 장경호 2점, 중앙에서 방추차 1점이 출토되었다.

보고자는 주거지에서 출토된 유물들을 통해 삼정리유적의 조성 시기를 청동기시대 전기~전기후반의 늦은 시기로 편년하고 있다.

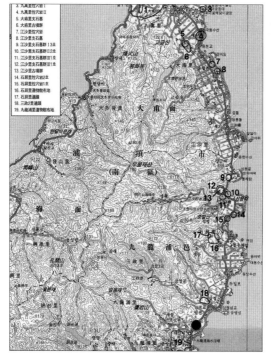

그림 1. 유적위치도 1

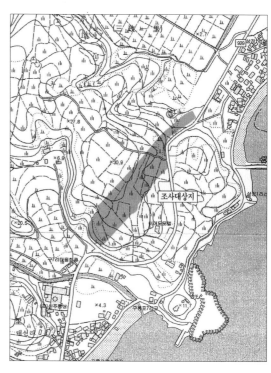

그림 2. 유적위치도 2

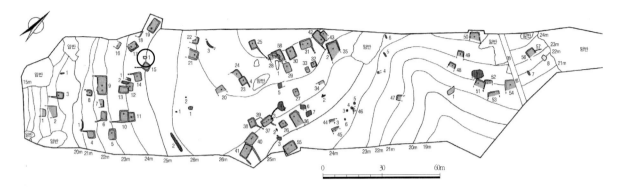

그림 3. 유구배치도

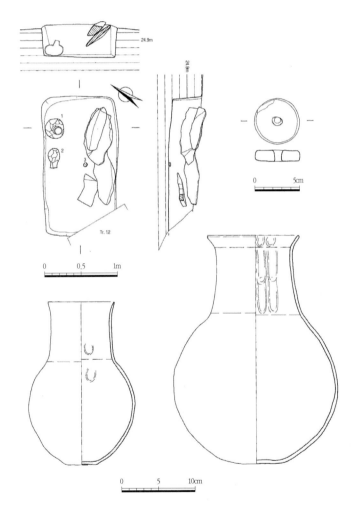

그림 4. 토광묘 1호 및 출토유물

44 포항 대곡리 유적

유적위치 포항시 북구 기북면 대곡리 210번지

유구 옹관묘 1기

유물 파수부발

참고문헌 성림문화재연구원, 2011, 『浦項 大谷里 靑銅器時代 聚落遺蹟』

유적의 입지는 포항시 기북면의 인비리 사거리에서 기북면 소재지가 위치하는 용기리 앞까지로 기존 도로(지방도 921호선)에 해당한다. 이 곳은 북동쪽의 비학산과 북서쪽의 침곡산이 남북으로 능선이 이어지며, 이들 산지에서 동쪽과 서쪽으로 뻗어 내린 능선 말단부 사이로 기계천이 흐르는 곳이다. 이 기계천의 양쪽으로 바둑판식으로 넓은 경작지가 펼쳐져 있는 곳에 유적이 위치하고 있다. 공반유구로는 주거지 5기, 소토유구 1기가 확인되었다.

옹관묘의 축조방법은 청동기시대 후기에 주로 나타나는 횡치식의 단옹식 옹관묘로 옹관의 입구에서 30㎝ 내의 막음석이 확인되었다. 옹관 내부에서 유기물은 확인되지 않았다.

유물은 옹관 내부에서 무문토기파수부발이 출토되었는데 관의 역할을 하였던 것으로 보고자는 보고 있다. 무문토기파수부발의 구연단에 낟알문이 시문되어 있다.

옹관묘의 조성시기는 공반유구인 주거지의 평면 형태와 내부시설, 출토유물 등을 통해 청동기시대 전기후반으로 추정하고 있다. 이에 주거지 5호의 상층에서 옹관묘가 확인되었기 때문에 층위상으로 늦게 형성되었고, 관으로 사용된 무문토기파수부발의 토기 문양을 토대로 주거지와 동일한 시기이거나 늦은 후기에 조성된 유구로 편년하고 있다.

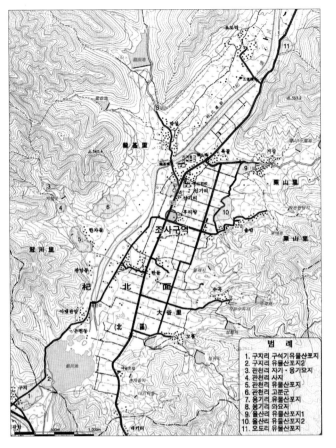

그림 1. 유적위치도

그림 2. 유구배치도

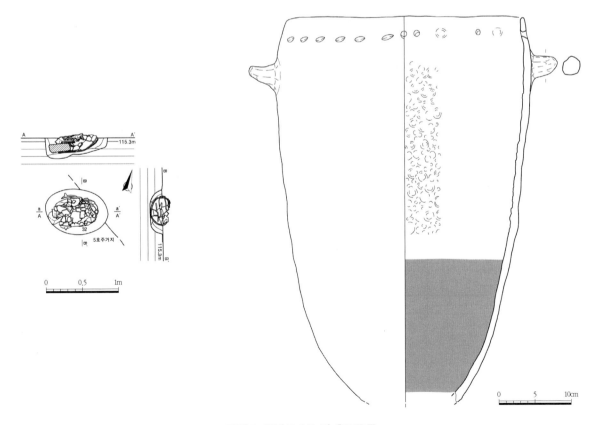

그림 3. 옹관묘 1호 및 출토유물

45 포항 신계리 유적

유적위치 포항시 남구 장기면 정천리 151-3번지 일원

유구 상석 1기

유물 없음

참고문헌 세종문화재연구원, 2015, 『포항 오천-장기간 도로 4차로 확장공사(1·2공구)구간내 浦項 井泉里·新溪里 遺蹟』

유적의 입지는 성적산(해발 251m)의 북동쪽 능선 말단부에 위치하는데 정천교를 사이에 두고 북서쪽에 Ⅰ구역이 위치하고, 남동쪽에 Ⅱ구역이 위치하고 있다. Ⅳ구역은 Ⅱ구역의 남동쪽으로 2.5㎞ 떨어진 나지막한 구릉의 능선 말단부에 해당하며, 지루골의 끝자락 북쪽에 위치하는 신계리 마을 일부와 밭이 해당 지역이다. 공반유구로는 수혈 1기가 확인되었다.

상석의 평면형태는 아래가 좁고 위가 약간 넓은 장방형이고, 단면형태는 제형에 가깝다. 석질은 화강암이고, 규모는 길이 287㎝, 너비 166㎝, 두께 88㎝이다.

상석 상면에는 성혈 25개가 확인되며, 좌우 양 측면에서 각각 3개의 성혈이 확인되어 총 31개만 남아 있다. 각 성혈의 크기는 지름 6~15㎝이다.

본 유적과 같이 포항지역에서는 성혈이 새겨진 고인돌이 다수 확인되고 있으며, 무게는 보통 10톤 미만이지만 기반식으로는 50톤에서 100톤 이상의 초대형도 있다. 성혈이 새겨진 포항지역의 고인돌은 대표적으로 인비리 고인돌, 칠포리 고인돌, 구룡포읍 구평리 고인돌, 연일읍 학전리 고인돌, 연일읍 중명리 고인돌, 동해면 상정리 고인돌, 대보면 대보리 고인돌, 흥해읍 용천리 임천마을 고인돌, 기계면 성계리 고인돌 등이 있다.

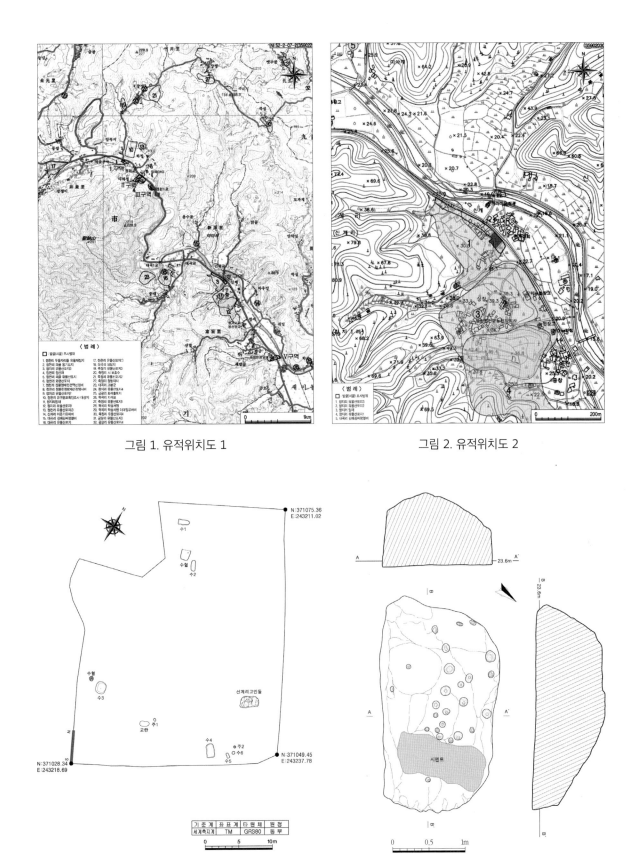

그림 1. 유적위치도 1

그림 2. 유적위치도 2

그림 3. 유구배치도

그림 4. 상석

46 포항 원동 유적

유적위치 포항시 남구 오천읍 원동 산46번지 일원
유구 석관묘 1기
유물 석검
참고문헌 한국문화재보호재단, 2008,『포항 원동 2지구 유적』

유적의 입지는 냉천이 흘러 자연경계를 만든 구릉의 말단부와 평탄지에 해당하는데 석관묘의 입지는 전체 조사지역의 남서쪽 독립 구릉 정상부에 단독으로 위치한다. 동쪽에 낮은 평탄면에 조성된 주거지군과 입지적인 차이를 보이고 있다. 공반유구로는 주거지 59동, 수혈유구 5기가 확인되었다.

석관묘의 평면형태는 타원형이며, 규모는 길이 190㎝, 너비 70㎝, 폭 80㎝이다. 석관 내부로 할석들이 함몰된 양상으로 보아 목개나 목관을 사용한 위석식일 가능성이 있다. 벽석의 축조양상은 할석을 사용하여 1~2단 정도를 평적하고 상단은 할석을 무질서하게 놓아 벽석을 쌓았으며, 북단벽의 최하단석만 수적한 상태로 보아 횡구식일 가능성도 있다고 추정하고 있다.

시상은 일부 판석을 깔고 전면에 작은 역석을 혼용하였다. 석관묘의 구조는 지석묘의 상석이 없는 구조로서 개석을 가지는 지하식의 석곽형으로 청도 진라리, 대구 시지나 매호동유적, 경산 삼성리유적과 유사하다.

유물은 서장벽 아래에 마제석검편이 봉부가 남쪽을 향해 출토되었다. 이러한 부장형태는 진주 남강유역과 대구, 경산지역의 지석묘에서 나타나고 있다. 석관묘의 조성시기는 인접한 주거지의 조성시기인 청동기시대 전기 후반으로 보고자는 추정하고 있다.

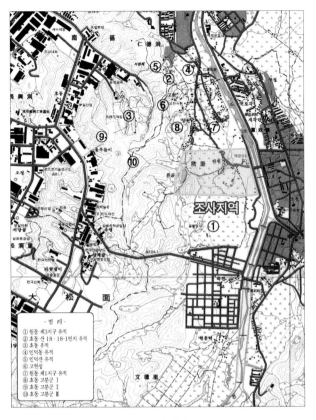

그림 1. 유적위치도 1

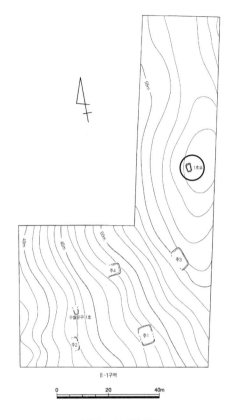

그림 3. 유구배치도

그림 2. 유적위치도 2

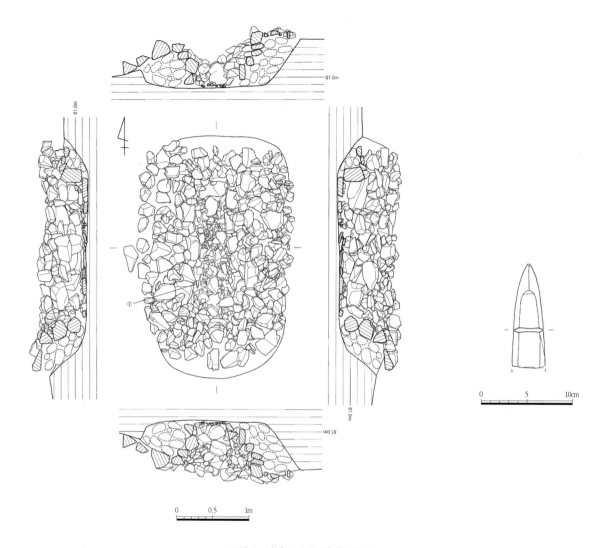

그림 4. 석관묘 1호 및 출토유물

47 포항 마산리 유적

유적위치 포항시 북구 흥해읍 마산리 149번지 일원
유구 석관묘 1기
유물 석검, 석촉
참고문헌 경상북도문화재연구원, 2005, 『포항 마산리고분군』

유적의 입지는 포항시 흥해읍 마산사거리로 동쪽에서 서쪽으로 뻗어 내린 능선의 서쪽 가장자리에 해당하며, 현재는 국도 7호선에 의해 양분되어 있다. 공반유구로는 삼국시대 목곽묘가 10기, 옹관묘 3기가 조사되었다.

석관묘의 장축방향은 등고선과 평행하며, 평면형태는 장방형이다. 묘광은 암반층을 수직으로 굴착하여 조성하였다. 규모는 길이 128㎝, 너비 55㎝, 깊이 17㎝이다.

석관묘의 축조양상을 살펴보면 판석과 할석을 사용하여 수적과 평적을 혼용하여 축조하였다. 벽석의 모서리 부분은 소형 할석으로 채웠다. 묘광과 벽석의 사이에는 니암편이 다량 혼입된 사질점토로 채웠다. 바닥은 5㎝미만의 니암편이 다량 혼입된 사질점토를 깔아서 정지한 후 사용하였다. 유물은 석관 내부의 서장벽에서 석검 1점과 석촉 1점이 출토되었다.

석관묘의 조성연대는 발굴조사된 인접유적과 연계하여 살펴보면 유구는 포항 학천리유적에서 조사된 석관묘와 유사하며, 유물은 포항 남송리유적 3호·5호 주거지에서 출토된 석촉과 동일한 형식으로 판단하고 보고자는 석관의 편년을 청동기시대 전기 후반으로 편년하고 있다.

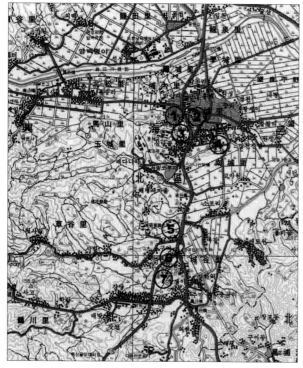

그림 1. 유적위치도 1

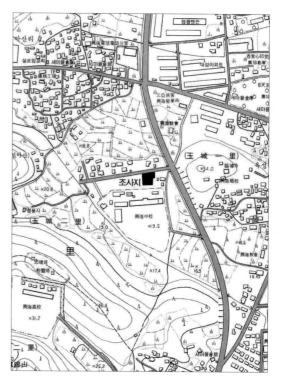

그림 2. 유적위치도 2

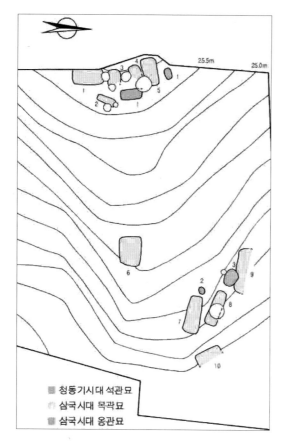

■ 청동기시대 석관묘
◎ 삼국시대 목곽묘
▨ 삼국시대 옹관묘

그림 3. 유구배치도

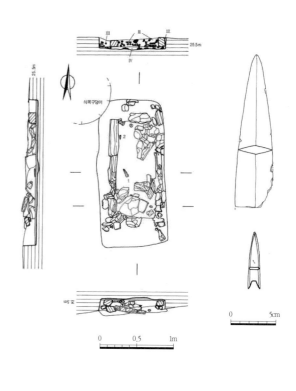

그림 4. 석관묘 1호 및 출토유물

48 포항 초곡리 유적

유적위치 포항시 북구 흥해읍 초곡리 산38-9번지 일원

유구 석관묘 1기, 주구형 유구 1기

유물 석촉

참고문헌 영남문화재연구원, 2014, 『포항 초곡리 취락유적』

유적의 입지는 북쪽의 매산(191.3m)에서 남북으로 뻗은 주맥이 도음산(383.2m) 형산과 제산으로 이어져 있고 동서로 오봉산(178.5m)·양백산(203.9m)이 매산으로 연결되어 있으며, 계곡과 능선이 동으로는 해안을 따라 구곡산(163m)·곤륜산(176.4m)·오봉산이 청하와 경계하고 있는 곳에 해당하는 곳으로 초곡천을 중심으로 서쪽에 형성되어 있는 얕은 구릉이다. 공반유구로는 주거지 55기, 주구형유구 1기, 목책열 1기, 수혈 3기, 구 5기, 구상유구 1기가 확인된다.

석관묘 묘광의 평면형태는 장방형이고, 등고선방향과 평행하게 축조되었다. 규모는 길이 137cm, 너비 81cm, 최대깊이 17cm이다. 바닥은 점토를 깔아서 정지한 후 판석 1매를 깔아 시상으로 사용하였고, 벽에는 판석 4매를 사용하여 'ㅍ'자상으로 수적하였다. 남장벽에는 판석을 고정하기 위해 3cm정도의 홈을 굴착하였다.

주구형유구의 평면형태는 북서-남동방향으로 연결된 'ㄷ'자상이다. 규모는 길이 17m, 너비 8.6m, 최대깊이 45cm이며, 바닥은 생토면을 그대로 이용하였다. 내부에서 확인되는 시설은 없고, 출입시설로 추정되는 단절된 공간이 확인된다. 주구형유구를 중심으로 인접해 있는 주거지들이 감싸듯이 배치된 양상을 보이고 있다.

유물은 주구형유구에서는 출토되지 않았고, 석관묘에서 석촉 20점이 남장벽에 치우쳐서 출토되었다.

유적의 남쪽 구릉의 경우 중대형의 장방형주거지, 중소형의 주거지가 군집을 이루는 양상을 보이고 있고, 북쪽 구릉에는 소형의 주거지군이 중심을 이루고 있다. 또한 주거와 분묘공간이 구역을 달리하여 위치하고 있는데 취락 조성시 계획하에 공간구분한 것으로 보인다.

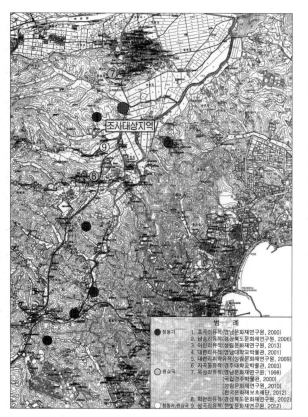

그림 1. 유적위치도 1

그림 2. 유적위치도 2

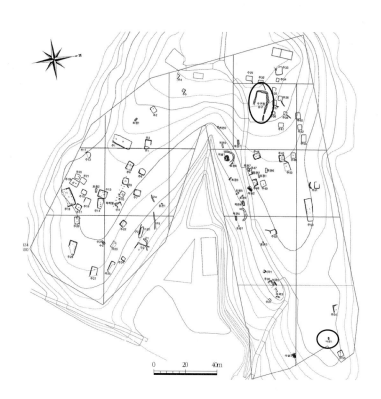

그림 3. 유구배치도

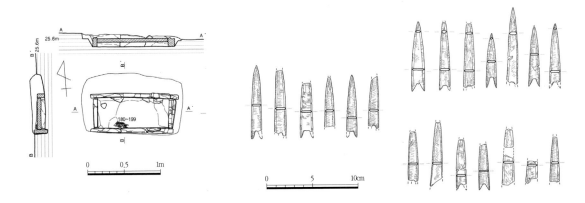

그림 4. 석관묘 1호 및 출토유물

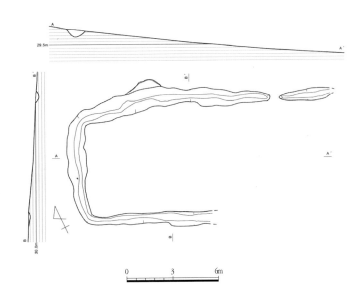

그림 5. 주구형유구(1:240)

49 포항 학천리 유적

유적위치 포항시 북구 흥해읍 학천리 산 112-4번지 일원

유구 석관묘 5기

유물 석검, 석착, 검파두식

참고문헌 경상북도문화재연구원, 2002, 『浦項 鶴川里遺蹟發掘調査報告書Ⅰ-石棺墓·木槨墓·積石木槨墓(本文1)』

유적의 입지는 흥해와 포항의 중간지점으로 도움산(384.6m)에서 동쪽으로 뻗어 내린 중간 가지 능선의 말단부이며 7번 국도와 접하고 있는 동쪽 구릉 전체에 해당한다.

석관묘는 등고선과 평행하게 조성되어 있으며, 평면형태는 장방형이나 타원형이다. 생토층을 2단으로 굴착하여 조성하였으며, 석재는 니암판석이나 니암할석을 사용하였다. 석관묘 4호의 개석은 상부 적석시 천석을 일부 사용하였다.

석관의 축조양상을 살펴보면 니암판석을 잇대어 수적하여 장벽을 만들고, 단벽은 판석을 1매씩 세워서 조성하였다. 묘광과 벽석 사이에는 점토나 니암할석을 사용하여 채워넣었다. 바닥은 5cm미만의 니암할석을 깔거나 굴착면을 그대로 정지하여 시상으로 사용하였다. 개석은 니암판석을 2~3매 사용하여 덮고, 개석 상부나 사이에 니암할석으로 적석하였다. 석관묘 4호의 경우는 판석을 2중으로 덮었다.

유물은 석관묘 4호에서 검파두식, 석검, 석착이 각 1점씩, 석관묘 5호에서 검파두식 1점이 출토되었다. 석관묘가 조사된 주변 지표상에서 마제석부, 마제석검, 검파두식 등이 수습된 것으로 보아 석관묘가 위치하고 있는 남사면 8부 능선이나 북사면 5부 능선 사이에는 다수의 석관묘가 축조되었을 것으로 판단되며, 이 후에 삼국시대 유구들이 집중적으로 조성되었기 때문에 파괴·유실된 것으로 보고자는 추정한다.

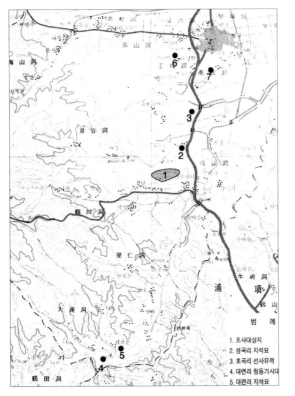

그림 1. 유적위치도 1

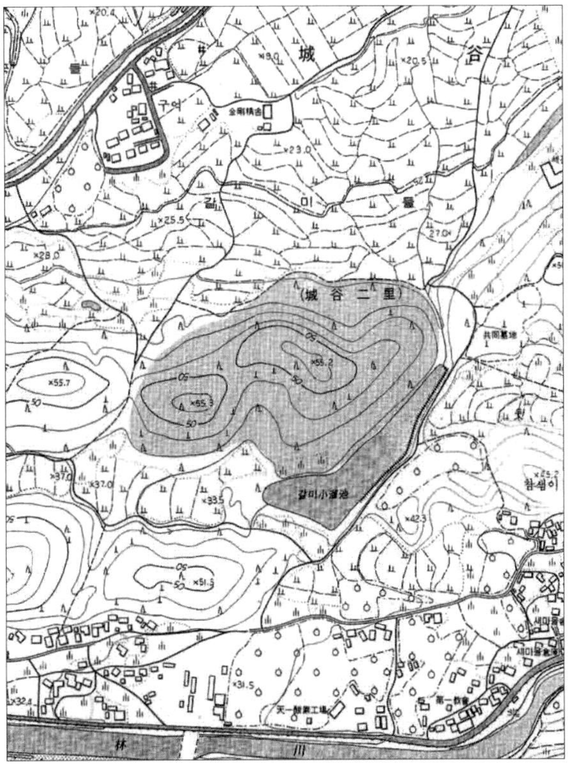

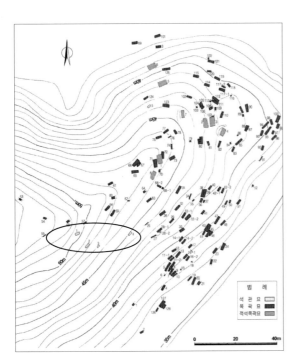

그림 2. 유적위치도 2

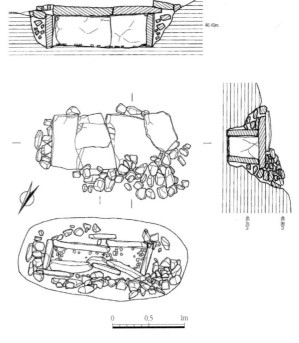

그림 3. 유구배치도

그림 4. 석관묘 3호

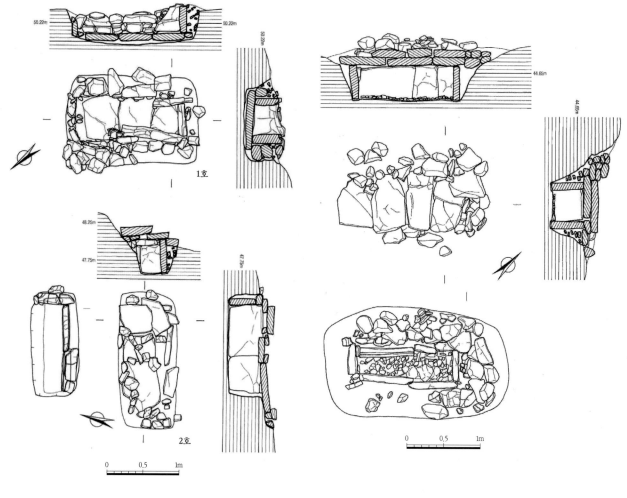

그림 5. 석관묘 1·2호

그림 6. 석관묘 4호

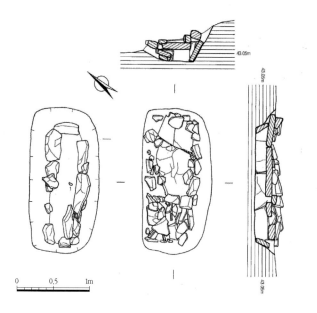

그림 7. 석관묘 5호

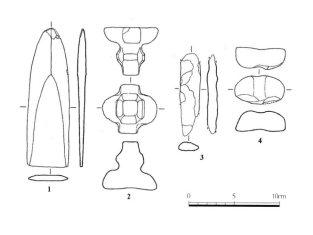

그림 8. 석관묘 4호(1~3)·석관묘 5호(4) 출토유물

50 영덕 우곡리 유적

유적위치 영덕군 영덕읍 우곡리 213-3번지 일원

유구 거석 11기

유물 무문토기

참고문헌 삼한문화재연구원, 2012, 『영덕 우곡지구 도시개발사업부지 내 영덕 우곡리 유적』

유적의 동쪽에 위치하고 있는 삿갓봉에서 서쪽으로 뻗은 지맥들의 말단부로 4~6m지점의 구릉 끝자락에 해당하며, 오십천의 동안에 접해있다.

조사전 우곡리 지석묘로 명명하였으나 조사 결과 매장유구로 보이는 하부구조는 확인되지 않아 제의와 관련된 것으로 판단하였다. Ⅰ구역에서는 덕곡천의 범람 경계인 서쪽 해발 4.5m 선상에서 2기, Ⅱ구역 중앙 해발 6m 지점의 미고지상에서 2~5m 간격을 두고 8기가 군을 이루며 분포하고 있으며, Ⅲ구역 북동쪽 경계인 해발 6.5m 선상에서 1기가 조사되었다. 거석은 하부에 천석과 할석을 사용하여 고임돌을 여러 매 놓은 구조와 무시설에 상석만 놓인 구조가 확인되었다.

거석의 평면형태는 장방형, 삼각형에 가까운 제(梯)형, 부정형으로 나누어지며, 장방형이 주를 이루고 단면형태는 장방형, 방형, 부정형으로 나뉘어지며, 역시 장방형이 다수를 차지하고 있다.

평면형태는 대부분 정형성이 없으며, 1기만 말각장방형을 띠고 있다. 말각장방형의 경우 영덕 남산리 지석묘와 영산강유역의 나주 송학리 유적의 지석묘와 같이 지상식과 유사한 형식으로 판단하고 있다.

고임돌은 거석을 받치고 있을 뿐 묘의 기능 또는 주검의 훼손을 방지해 주는 역할을 할 만큼 견고함과 높이를 가지고 있지 않은 것으로 보고하고 있다.

거석군은 하천 범람 경계를 따라 열상으로 분포하며 주변으로 동시기 생활유적은 확인되지 않는다는 점과 하부는 기반토에 홈을 내어 수평을 맞춘 경우와 고임돌을 받친 경우 등으로 볼 때 지석묘와 유사한 구조도 있으나 지석묘라 판단하기는 부적합하며, 청동기시대부터 통일신라시대에 이르기까지 유적 일대에 정주한 집단의 상징적인 기념물로 보고자는 판단하고 있다.

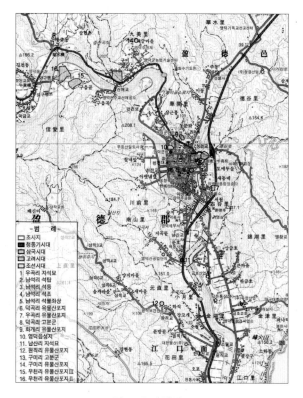

그림 1. 유적위치도 1

그림 2. 유적위치도 2

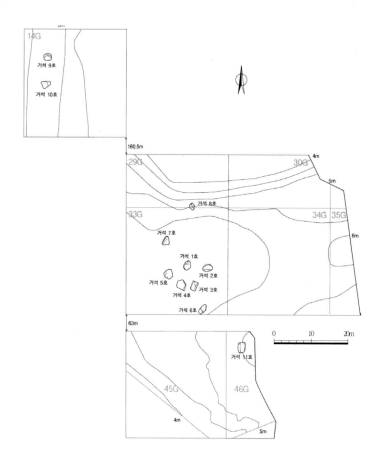

그림 3. 유구배치도

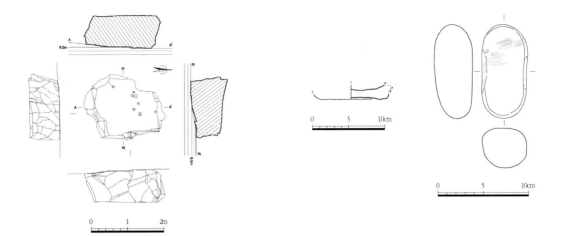

그림 4. 거석 1호(1:100) 및 주변수습유물

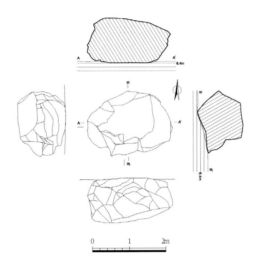

그림 5. 거석 2호(1:100)

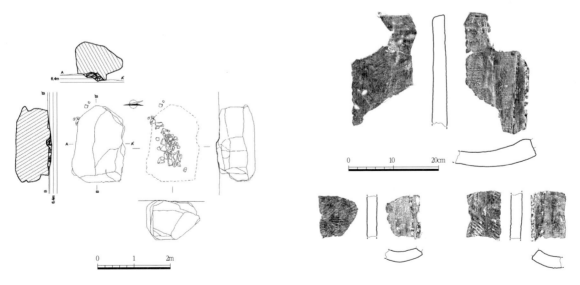

그림 6. 거석 3호(1:100) 및 유입유물

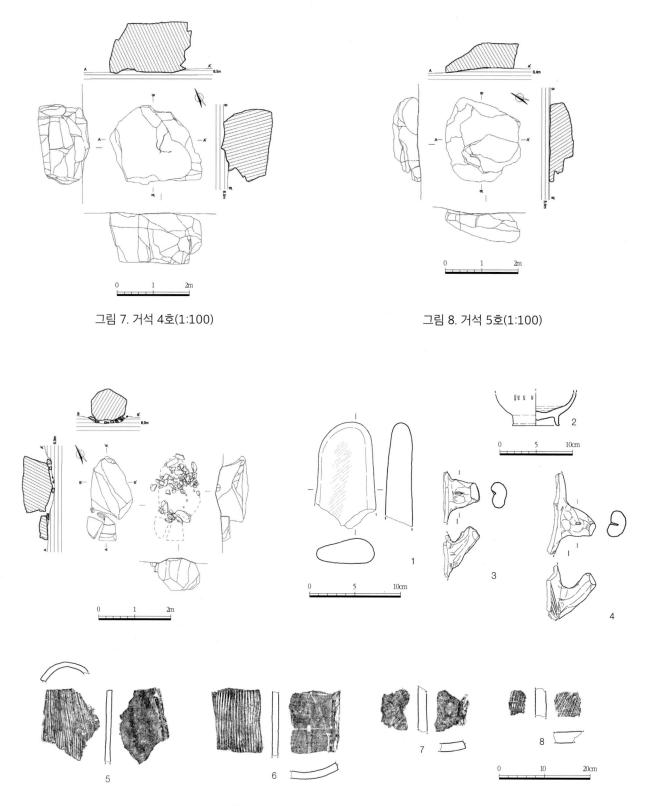

그림 7. 거석 4호(1:100)

그림 8. 거석 5호(1:100)

그림 9. 거석 6호(1:100)·주변수습유물(1)·유입유물(2~8)

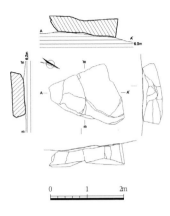

그림 10. 거석 7호(1:100)

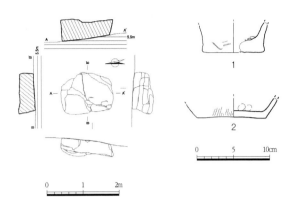

그림 11. 거석 8호(1:100)·주변수습유물(1)·유입유물(2)

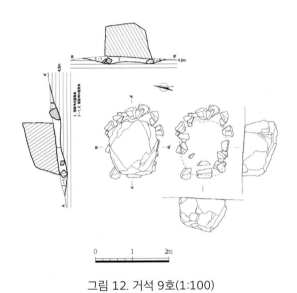

그림 12. 거석 9호(1:100)

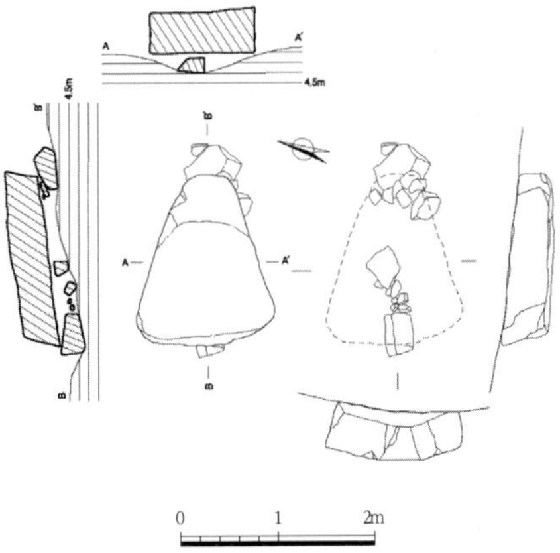

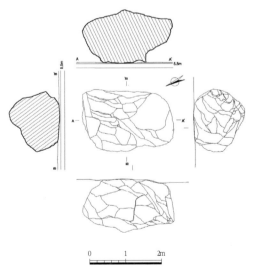

그림 13. 거석 10호(1:100)

그림 14. 거석 11호(1:100)

V. 밀양강 상류역

51 청도 송읍리 유적

유적위치 청도군 청도읍 송읍리 33번지 일원

유구 석관묘 1기, 상석 5기

유물 없음

참고문헌 세종문화재연구원, 2012, 『청도-남천간 국도 25호선 건설부지내 淸道 松邑里 33番地 遺蹟』

유적의 입지는 용각산(해발 693m)에서 남쪽으로 뻗은 능선과 유적 서쪽에 자리한 다로천 사이에 위치하는데, 이 곳은 용각산과 그 능선의 곡부에서 흘러들어오는 퇴적물과 다로천의 범람에 의해 형성된 충적지이다. 시굴조사 당시 총 3개의 구간 중 Ⅰ·Ⅱ구간에서 유구가 확인되어 발굴조사를 실시하게 되었다. 공반유구로는 수혈주거지 22동, 수혈 16기, 야외노지 8기, 집석 1기, 구 1기가 조사되었다.

석관묘는 2구역의 북동쪽에 치우쳐 위치하고 있으며, 조사지역의 동쪽으로 무등리 지석묘군이 위치하고 있어 지석묘나 석관묘의 범위는 동쪽으로 확대될 가능성이 있다. 평면형태는 말각장방형으로 장축방향은 남-북으로 구하도와 평행하다. 시상은 총 11매의 판석으로 마련하였고, 그 위에 동·서장벽을 쌓고 남·북단벽을 쌓았다. 동장벽은 2단, 서장벽은 1단만 잔존한다. 북단벽은 할석 2개를 종평적으로 쌓았고, 남단벽은 판석 1매를 세워서 축조하였다. 유물은 출토되지 않았다.

석관묘의 북쪽으로 지석묘의 상석으로 추정되는 거석 5기가 확인되었다. 상석 1호는 구하도 방향으로 기울어진 채 확인되었고, 그 주변으로 30~50㎝정도의 할석들이 무질서하게 군집을 이루며 확인되었다. 5기의 상석 모두 하부시설은 확인되지 않았다.

따라서 상석들은 지석묘의 상석으로 쓰였다가 후대의 교란으로 인해 원위치에서 이탈하여 구하도 쪽으로 옮겨진 경우이거나, 상석 1호와 주변의 할석들을 보아 '수변제사유구'로 볼 수 있다. 구를 기준으로 주거공간과 매장공간으로 구분되며 석관묘와 상석들은 분묘공간으로 구별되며, 상석 1호와 할석들은 수변제사유구로 상석 1호는 제단의 용도로 사용한 것으로 보고자는 추정하고 있다.

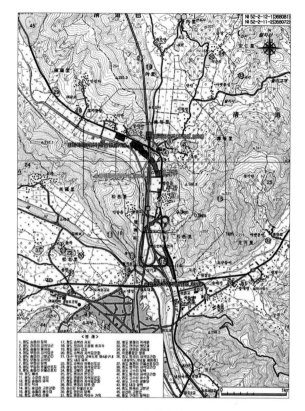

그림 1. 유적위치도 1

그림 2. 유적위치도 2

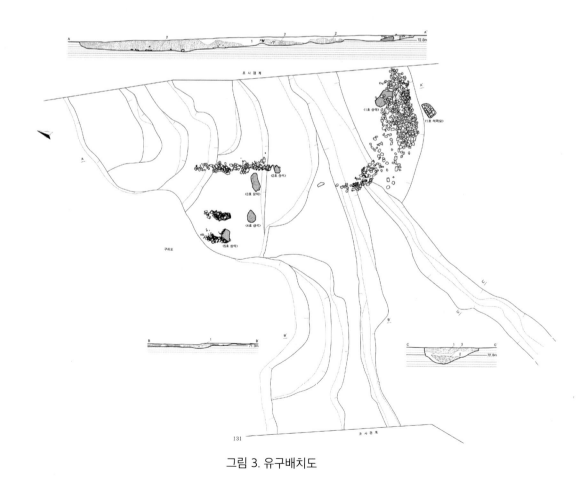

그림 3. 유구배치도

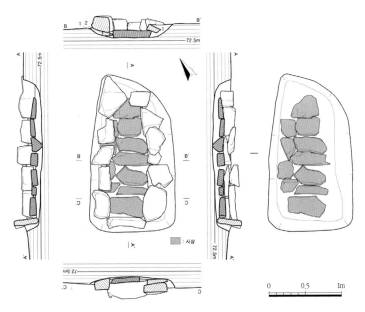

그림 4. II구간 석관묘 1호

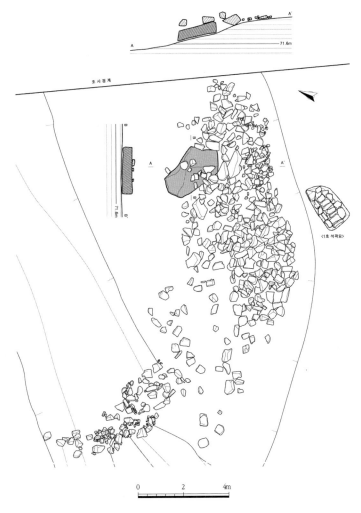

그림 5. II구간 상석 1호(1:160)

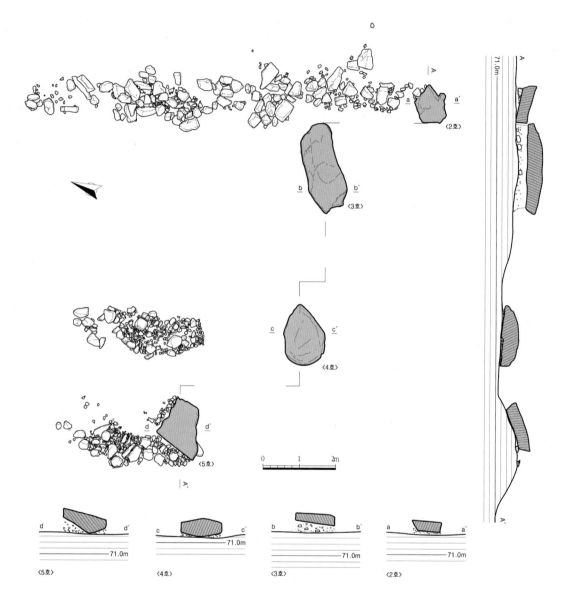

그림 6. II구간 상석 2~5호(1:100)

52 청도 화리 유적

유적위치 청도군 각남면 칠성리·구곡리·화리 일원

유구 석관묘 28기, 지석묘 4기, 묘역식 지석묘 4기, 상석 3기

유물 적색마연토기, 채문토기, 석검, 석촉, 식옥

참고문헌 한국문화재보호재단, 2013, 『-청도 풍각~화양간 국도건설구간(칠성-구곡)내 문화유적 발굴조사- 淸道 華里 遺蹟』

유적의 입지는 청도천의 남편에 위치하며, 유적의 북쪽에는 청도천이 동류하고 있고 남쪽에는 해발고도 852m의 남산이 위치한다. 지형상으로는 남산에서 청도천을 향해 이어지는 북고남저형의 선상지에 해당한다. 공반유구로는 주거지 15동과 수혈유구, 야외노지, 구상유구 등이 확인되었다.

무덤군은 각각의 군집양상과 배치상황으로 총 4개군으로 나뉘며, Ⅰ구역에 A·B·C군 3개소, Ⅱ구역에 1개소로 구분하고 있다. 상석과 묘역식 지석묘 등이 지표상에 노출되어 가시적인 효과를 나타내는 양상과 매장주체부가 군집을 이루면서 군집 내에서 열상으로 배치되는 양상이 확인되었고, 묘역식 지석묘도 열상으로 배치된 것으로 확인되었다.

묘역식 지석묘는 평면형태가 원형과 장방형으로, 할석을 쌓거나 깔아 구획조성하였다. Ⅰ구역 B군 1·2호는 평면 원형이며, Ⅰ구역 B군 3호와 Ⅱ구역 1호는 평면 (장)방형이다. Ⅰ구역 B군에서 극대화된 원형의 묘역 중앙에서는 매장주체부 시설이 확인되지 않았고, 가장자리에서만 확인되었다. 확인된 매장주체부는 지표상에 노출된 지상화된 묘역 내부를 굴착하고 조성되었다. (장)방형의 묘역은 2기가 모두 구획석렬이 유실되었고, Ⅰ구역 B군 3호 묘역식 지석묘는 매장주체부와 구획석렬이 주축방향과 동일하고, 북쪽과 동쪽으로 방형의 돌출된 의례공간이 확인되었다. Ⅱ구역에서는 상석 하부에 지석으로 추정되는 할석만이 확인되고 매장주체부는 확인되지 않았다. 북쪽 구획석렬 끝자락에서 석관묘 1기가 확인되었으며, 묘역의 일부를 굴착하여 조성된 것으로 보아 묘역 조성 이후에 석관묘가 조성된 것으로 판단하고 있다.

지석묘는 총 4기로 Ⅰ구역 A군에서 3기, Ⅱ구역에서 1기가 확인되었다. 상석과 하부에 매장주체부를 갖추고 있으며, A군 지석묘 2호에서만 개석 3매가 확인되었다.

석관묘의 축조양상은 판석형, 할석형, 혼합형으로 구분된다. Ⅰ구역 A군에서는 판석형의 비중이 높고, 지석묘의 매장주체부는 모두 혼합형의 구조를 하고 있다. B군 묘역식 지석묘의 매장주체부는 2호를 제외하고 주검칸과 부장칸으로 구분되는 구조를 가지며, 주검칸은 판석형이나 부장칸은 할석형 또는 혼합형의 구조를 가지고 있다. C군에서는 판석형과 할석형이 확인되는데 특히 3호의 경우는 묘광이 거대화(이단굴광)되고

단독으로 분포하는 양상을 보이고 있다. Ⅱ구역에서는 판석형, 할석형, 혼합형이 모두 확인된다. 판석형의 경우 시상석과 벽석이 맞물리는 곳에 소할석을 끼워넣은 것들이 확인되며, 이는 벽석이 관 내부로 함몰되는 것을 방지하기 위한 것으로 판단된다. 할석형의 경우는 시상석을 설치한 후 벽석을 설치하였는데 주로 묘역식 지석묘 매장주체부에서 확인된다. 혼합형의 경우는 단벽에 비해 양장벽은 매우 성글게 쌓거나 석관의 규모가 매우 큰 구조로 확인되었다.

유물은 석검, 석촉, 채문토기, 적색마연토기가 다수 출토되었으며 적색마연토기는 단벽에 치우쳐 출토되었으며, 부장칸이 있는 경우에는 모두 적색마연토기가 확인되었다. 석검과 석촉의 시기적 특징과 변화상을 토대로 살펴보면, 청동기시대 전기에서 후기에 걸쳐 제작된 것들이 모두 확인되고 있다고 보고자는 판단하고 있다.

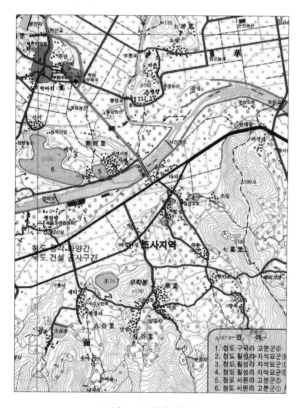

그림 1. 유적위치도 1

그림 2. 유적위치도 2

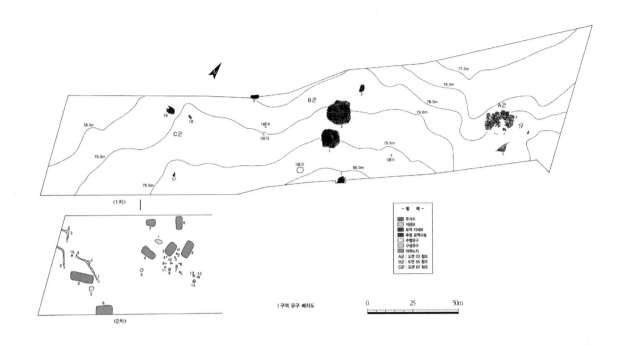

그림 3. Ⅰ구역 유구배치도

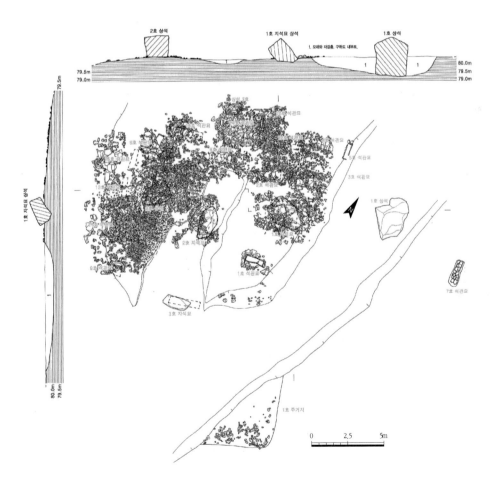

그림 4. Ⅰ구역 A군 무덤군 배치도

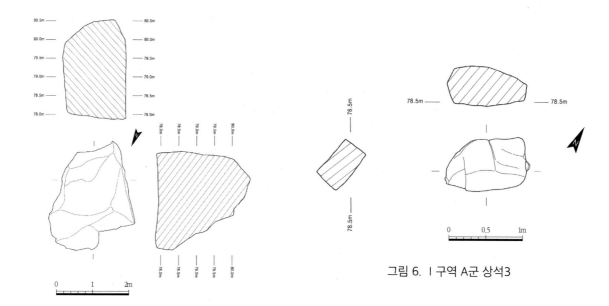

그림 5. Ⅰ구역 A군 상석1(1/100)

그림 6. Ⅰ구역 A군 상석3

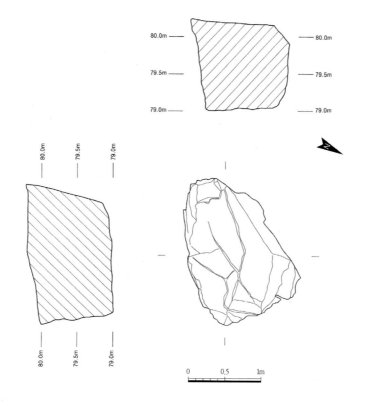

그림 7. Ⅰ구역 A군 상석2

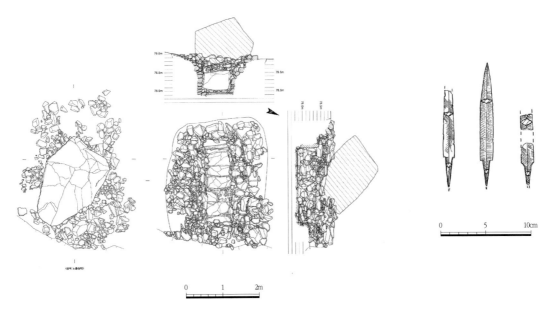

그림 8. Ⅰ구역 A군 지석묘 1호(1:100) 및 출토유물

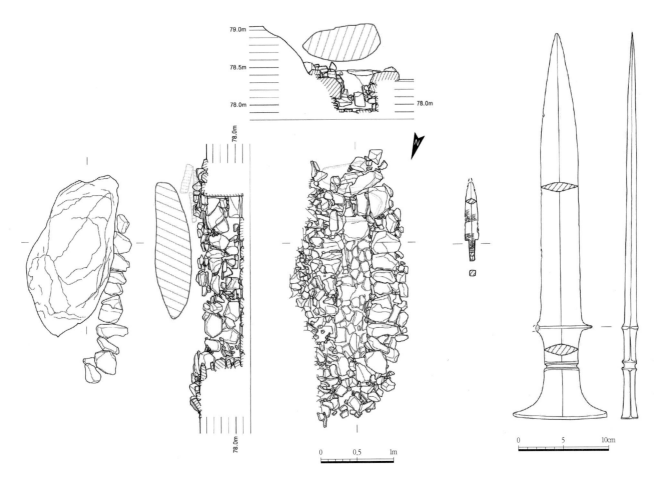

그림 9. Ⅰ구역 A군 지석묘 2호 및 출토유물

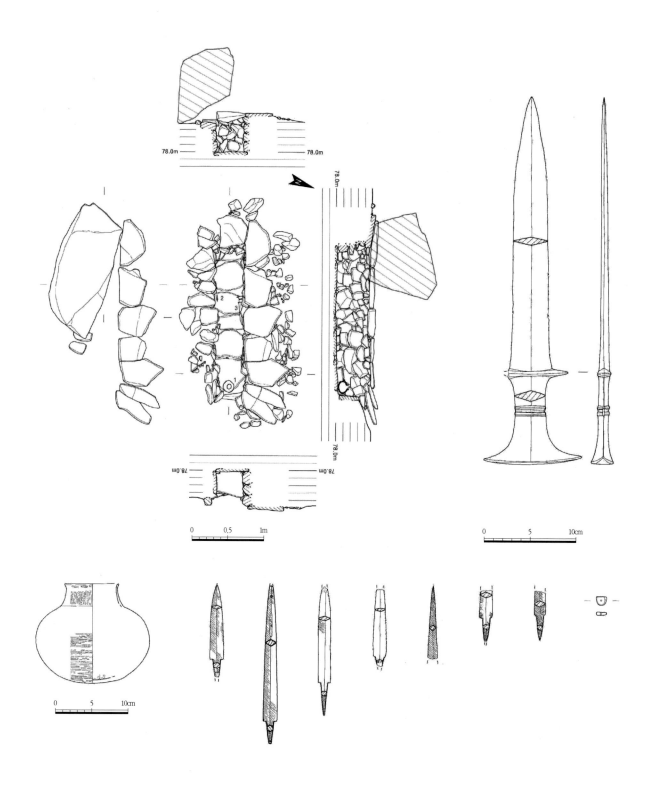

그림 10. Ⅰ구역 A군 지석묘 3호 및 출토유물

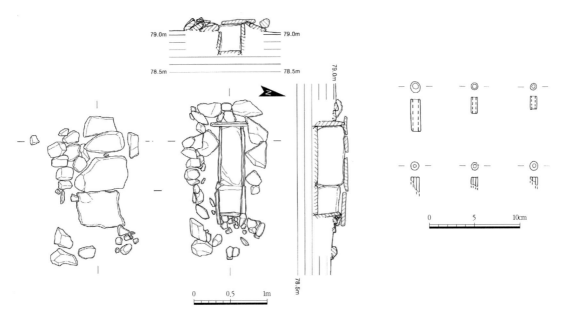

그림 11. I 구역 A군 석관묘 1호 및 출토유물

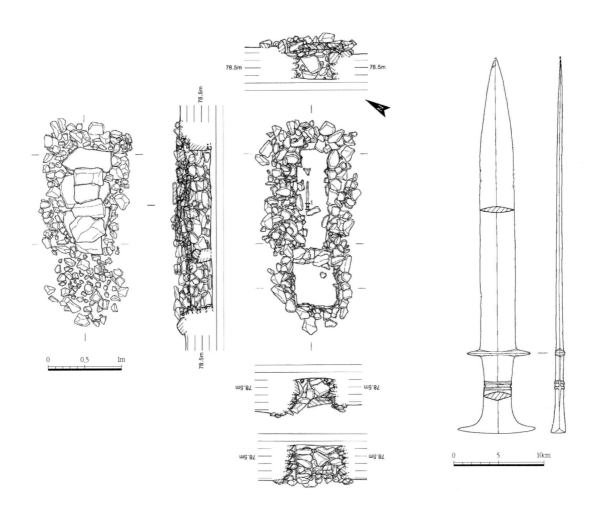

그림 12. I 구역 A군 석관묘 2호 및 출토유물

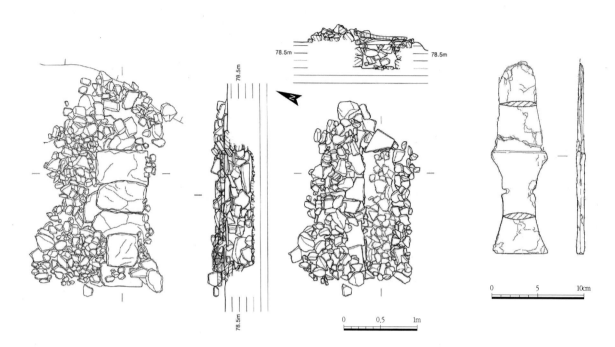

그림 13. Ⅰ구역 A군 석관묘 3호 및 출토유물

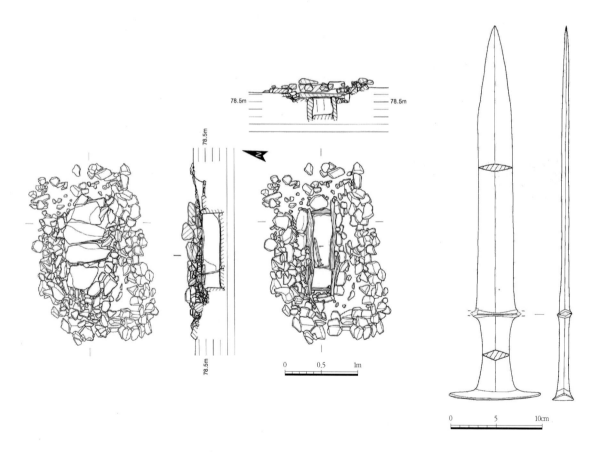

그림 14. Ⅰ구역 A군 석관묘 4호 및 출토유물

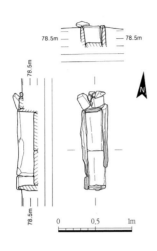

그림 15. Ⅰ구역 A군 석관묘 5호

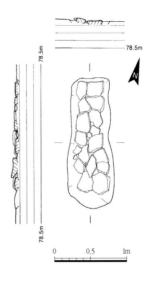

그림 16. Ⅰ구역 A군 석관묘 7호

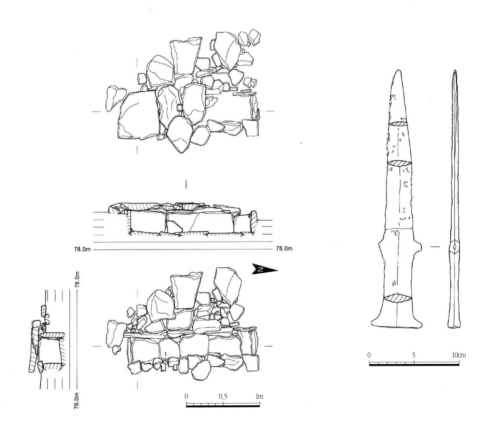

그림 17. Ⅰ구역 A군 석관묘 6호 및 출토유물

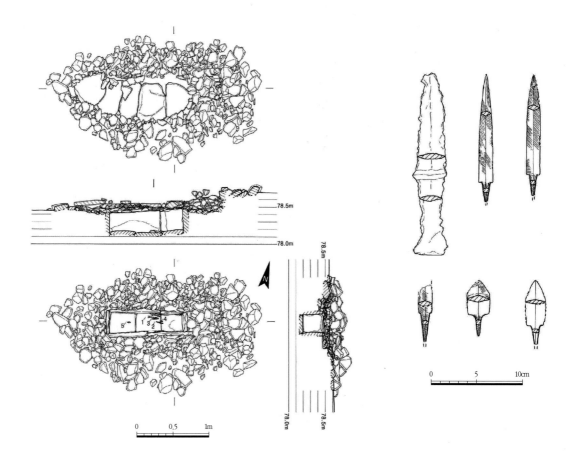

그림 18. Ⅰ구역 A군 석관묘 8호 및 출토유물

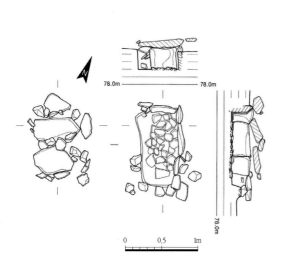

그림 19. Ⅰ구역 A군 석관묘 9호

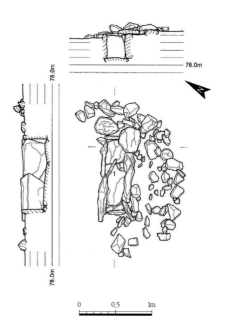

그림 20. Ⅰ구역 A군 석관묘 10호

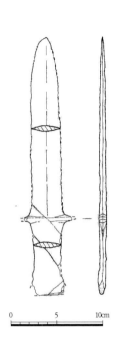

그림 21. Ⅰ구역 A군 석관묘 10호 출토유물

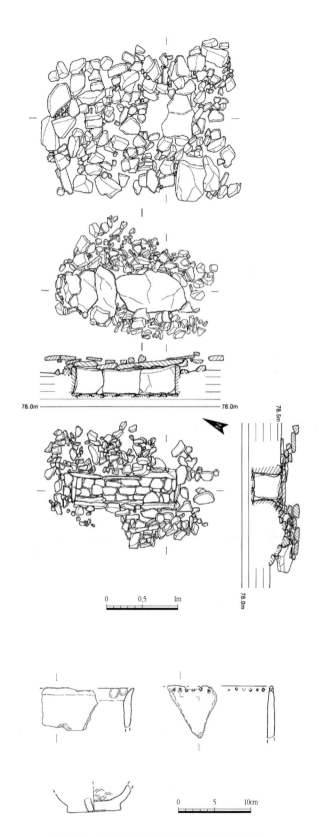

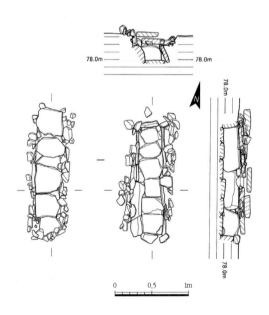

그림 22. Ⅰ구역 A군 석관묘 13호

그림 23. Ⅰ구역 A군 석관묘 11호 및 출토유물

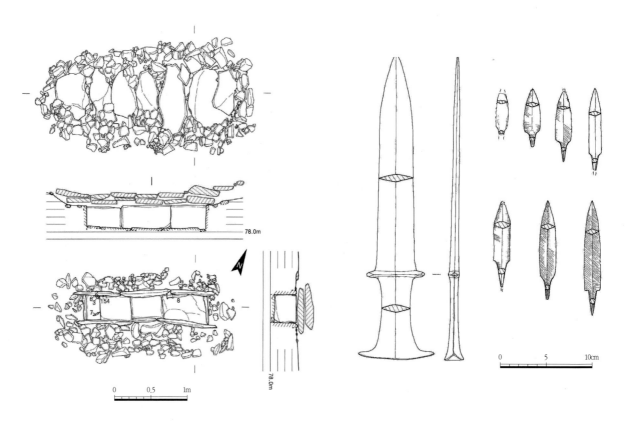

그림 24. Ⅰ구역 A군 석관묘 12호 출토유물

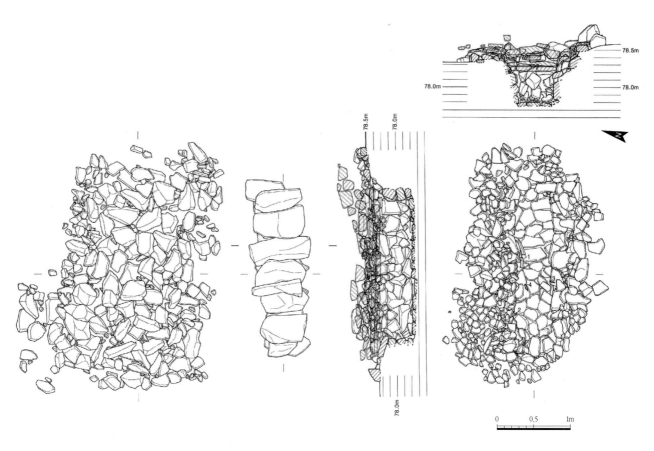

그림 25. Ⅰ구역 A군 석관묘 14호

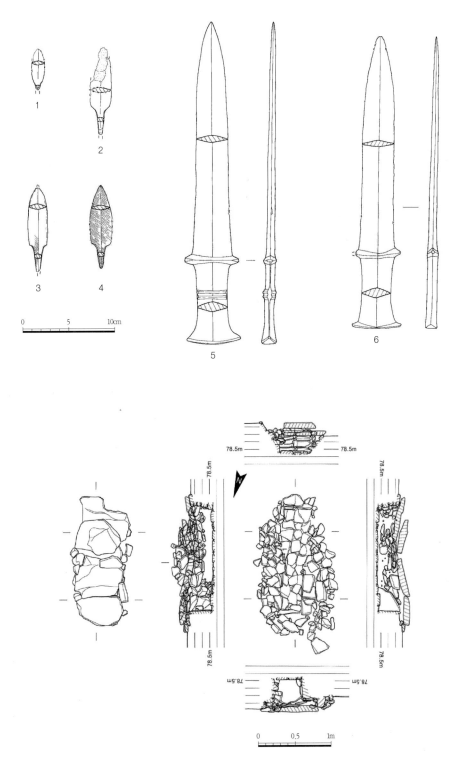

그림 26. Ⅰ구역 A군 석관묘 14호 출토유물(1~5), 석관묘 15호 및 출토유물(6)

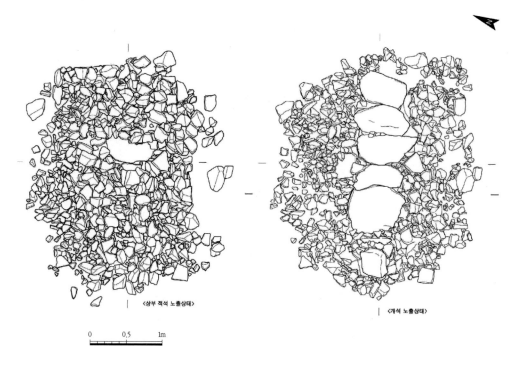

〈상부 적석 노출상태〉 〈개석 노출상태〉

0 0.5 1m

그림 27. Ⅰ구역 A군 석관묘 16호 상부 적석

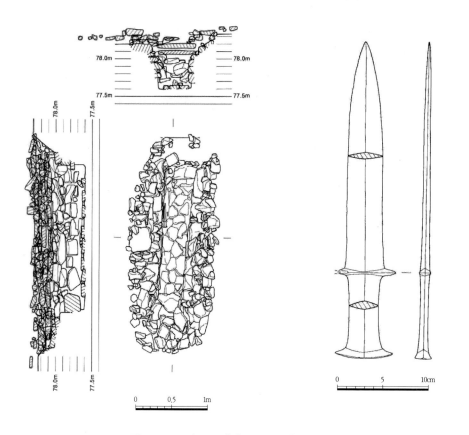

78.0m 78.0m

77.5m 77.5m

0 0.5 1m

0 5 10cm

그림 28. Ⅰ구역 A군 석관묘 16호 및 출토유물

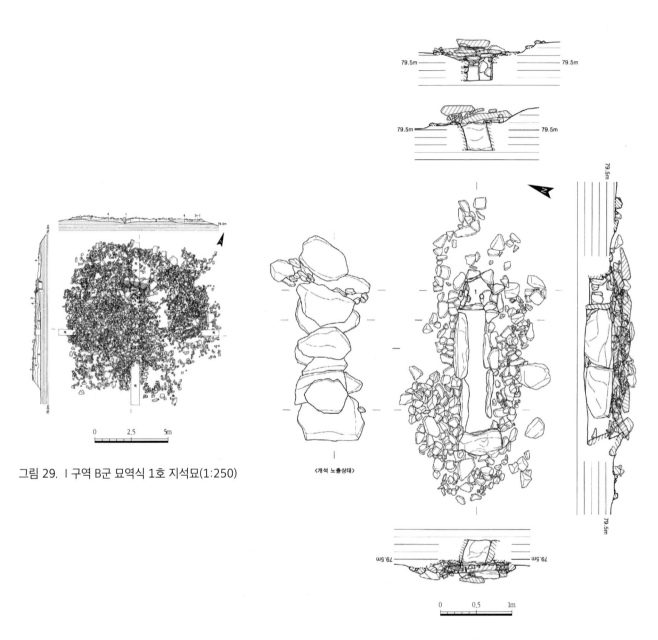

그림 29. Ⅰ구역 B군 묘역식 1호 지석묘(1:250)

〈개석 노출상태〉

그림 30. Ⅰ구역 B군 묘역식 지석묘 1호 매장주체부

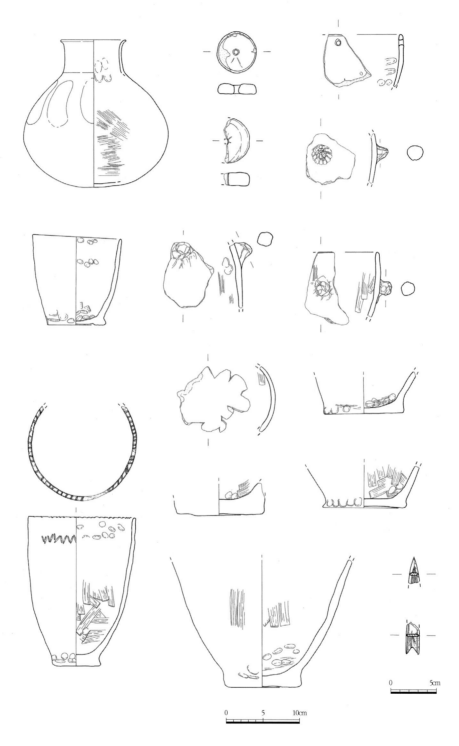

그림 31. Ⅰ구역 B군 묘역식 지석묘 1호 출토유물

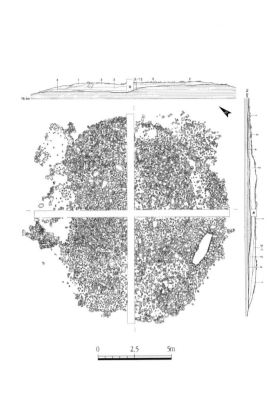

그림 32. I 구역 B군 묘역식 지석묘 2호(1:250)

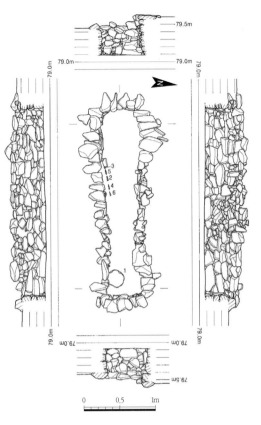

그림 33. I 구역 B군 묘역식 지석묘 2호 매장주체부

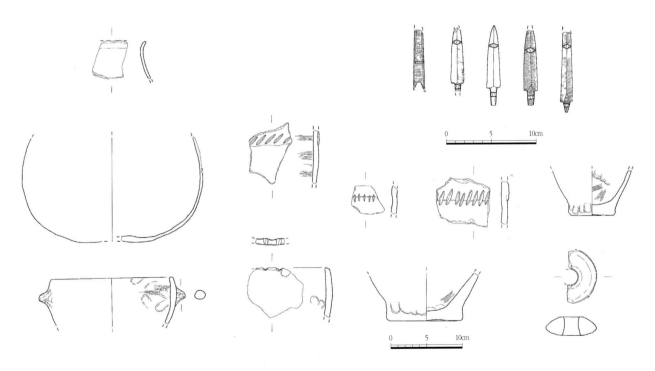

그림 34. I 구역 B군 묘역식 지석묘 2호 출토유물

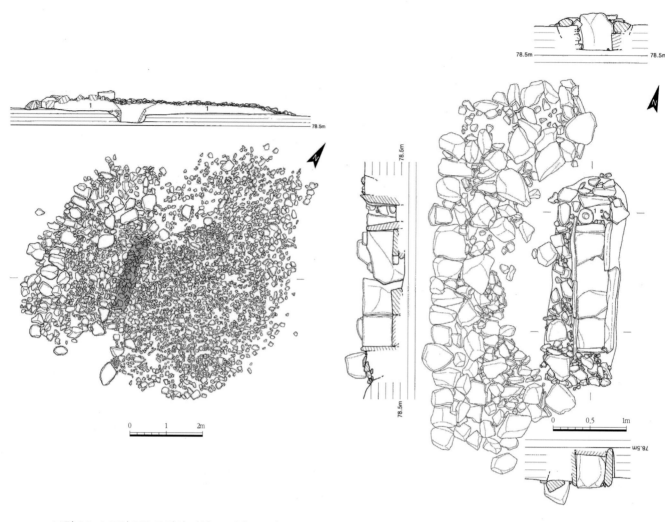

그림 35. I 구역 B군 묘역식 지석묘 3호(1:100)

그림 36. I 구역 B군 묘역식 지석묘 3호 매장주체부

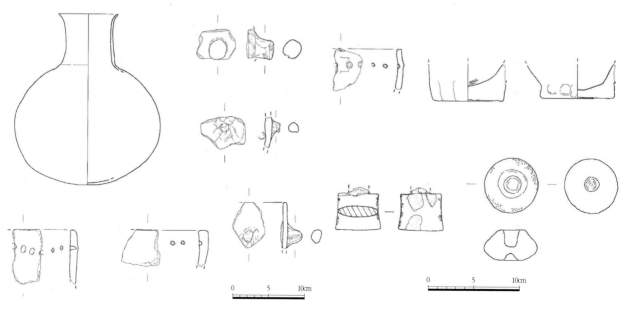

그림 37. I 구역 B군 묘역식 지석묘 3호 출토유물

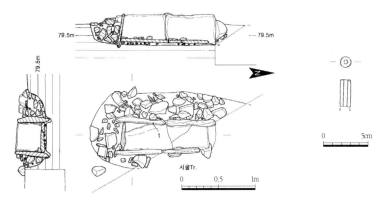

그림 38. Ⅰ구역 C군 석관묘 1호 및 출토유물

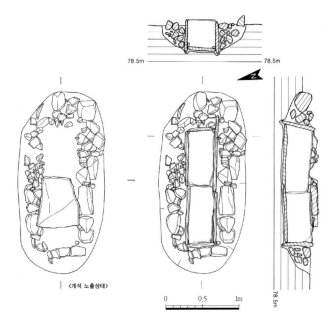

그림 39. Ⅰ구역 C군 석관묘 2호

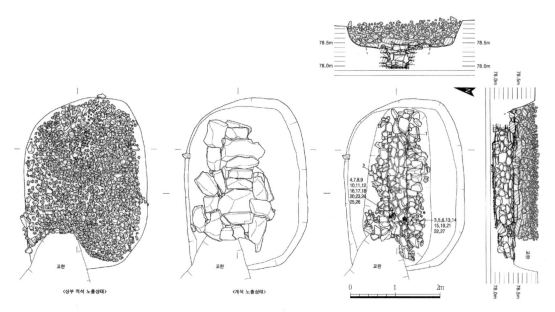

그림 40. Ⅰ구역 C군 석관묘 3호(1:80)

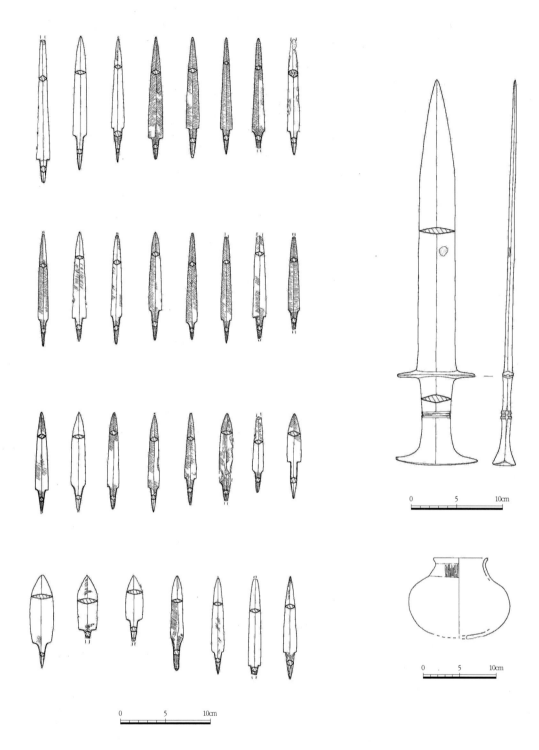

그림 41. Ⅰ구역 C군 석관묘 3호 출토유물

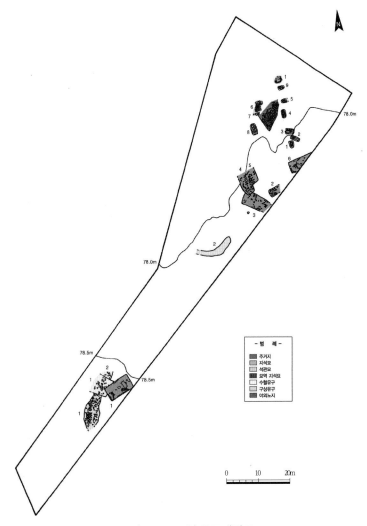

그림 42. II구역 유구배치도

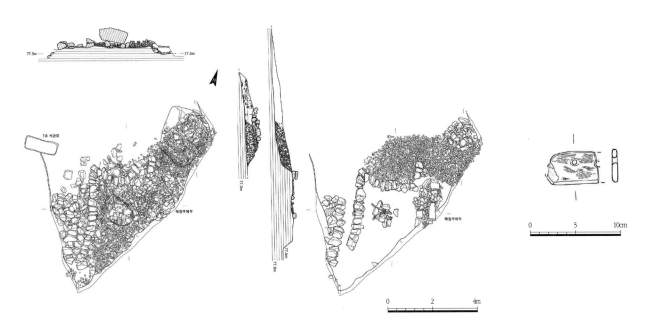

그림 43. II구역 묘역식 지석묘 1호(1:160) 및 출토유물

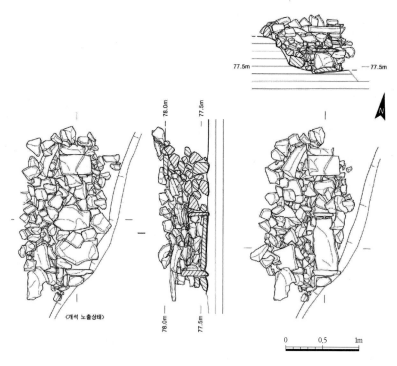

77.5m

77.5m

78.0m

77.5m

78.0m

77.5m

〈개석 노출상태〉

0   0.5   1m

그림 44. II구역 묘역식 지석묘 1호 매장주체부

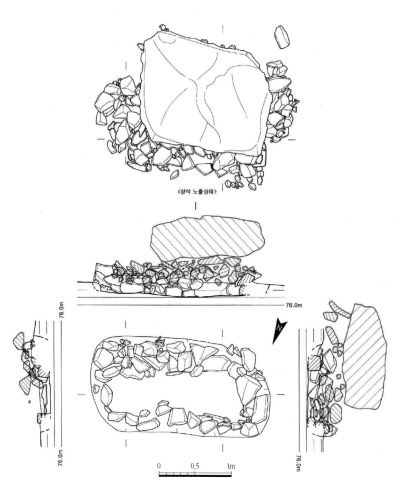

〈상석 노출상태〉

76.0m

76.0m

76.0m

0   0.5   1m

그림 45. II구역 지석묘 1호

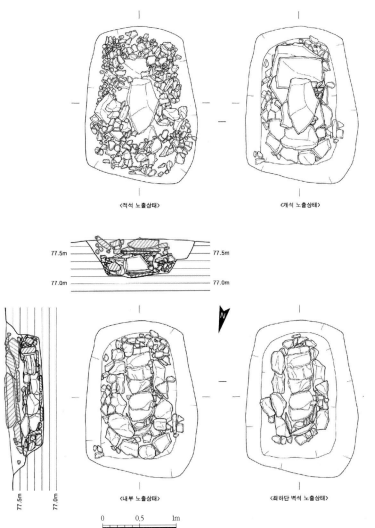

〈적석 노출상태〉　　　　　〈개석 노출상태〉

〈내부 노출상태〉　　　　　〈최하단 벽석 노출상태〉

0　　0.5　　1m

그림 46. Ⅱ구역 석관묘 1호

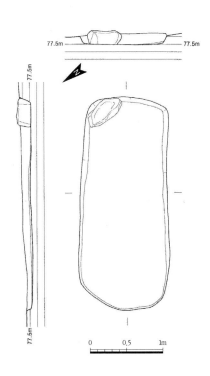

그림 47. Ⅱ구역 석관묘 2호

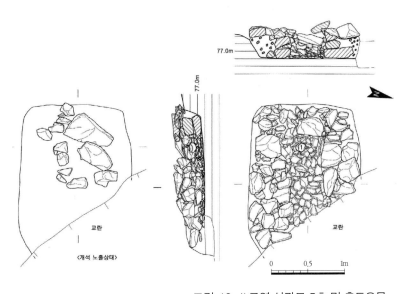

교란　　　　　　　　　　　교란

〈개석 노출상태〉

0　　0.5　　1m

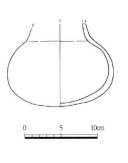

0　　5　　10cm

그림 48. Ⅱ구역 석관묘 5호 및 출토유물

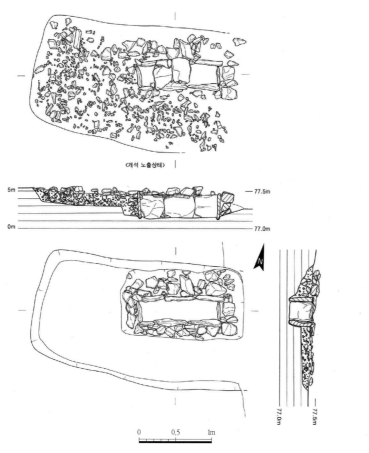

그림 49. Ⅱ구역 석관묘 3호

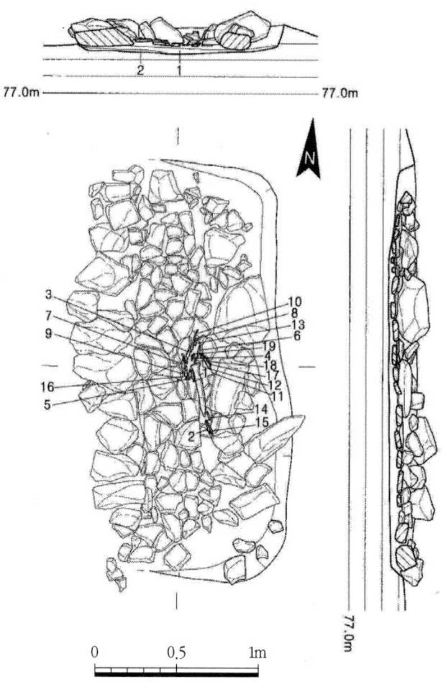

그림 50. Ⅱ구역 석관묘 4호

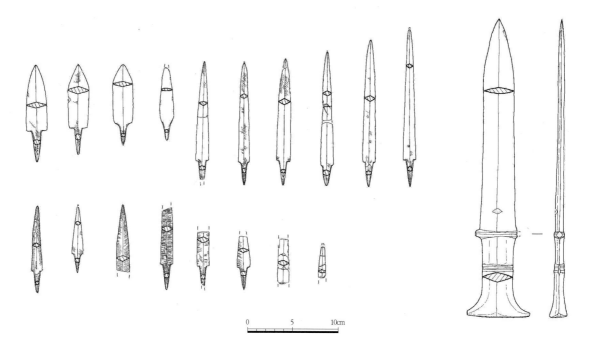

그림 51. Ⅱ구역 석관묘 4호 출토유물

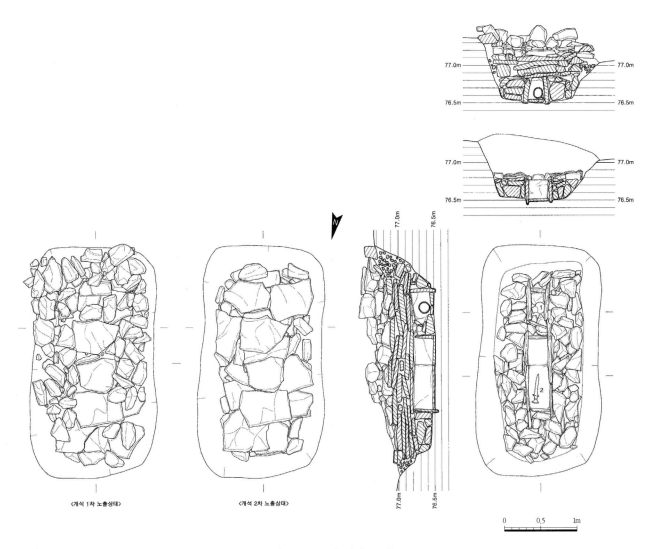

<개석 1차 노출상태>

<개석 2차 노출상태>

그림 52. Ⅱ구역 석관묘 6호

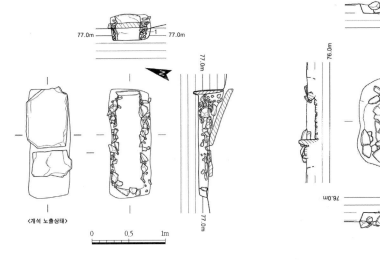

<개석 노출상태>

그림 53. Ⅱ구역 석관묘 7호

그림 54. Ⅱ구역 석관묘 9호

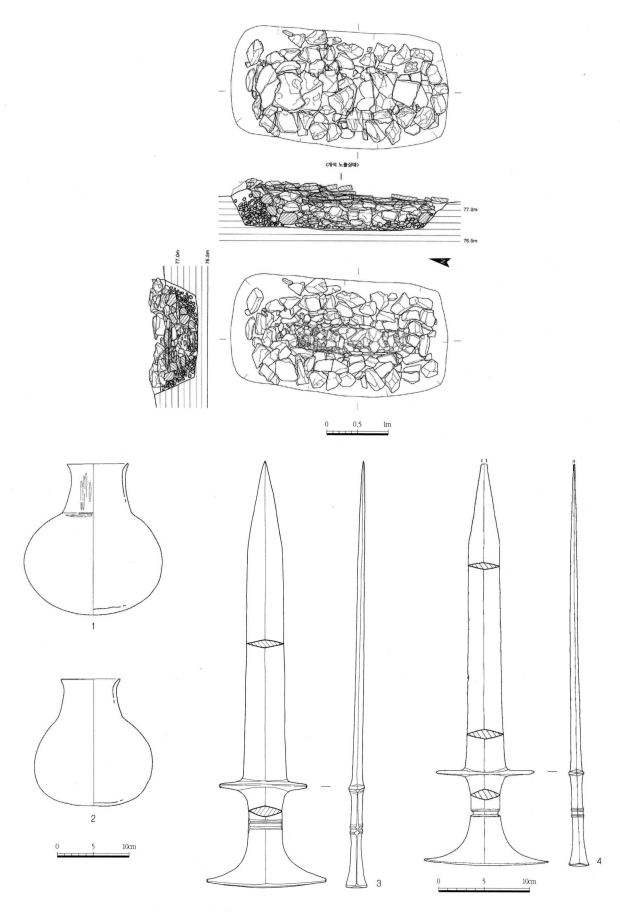

그림 55. II구역 석관묘 8호(1:60), 석관묘 6호(1·3)·8호(2·4) 출토유물

53 청도 신당리 489-3번지 유적

유적위치   청도군 각남면 신당리 489-3번지 일원

유구   토광묘 1기, 지석묘 1기, 석관묘 5기, 묘역식 지석묘 7기

유물   채문토기, 석검, 석촉

참고문헌   삼한문화재연구원, 2014, 『청도 풍각-화양간 국도건설공사구간 내 청도 신당리·칠성리·서상리 유적- 청도 신당리 963-1번지 유적』

유적의 입지는 청도지역의 서편, 청도천 중상류 우안의 충적대지에 형성되었으며, 청도군과 창녕군의 도계에 솟아 있는 남산(南山) 배후에 해당한다. 유적 일원의 충적평야(신당들)에는 지석묘가 곳곳에서 분포하고 있다.

공반유구로는 1구역에서 수혈주거지 44동, 지상건물지 3동, 야외노지 7기, 수혈유구 24기, 구 9기, 석렬 1기, 주혈군 8기, 2구역에서는 수혈주거지 7동, 토기요, 구, 주혈군 등이 확인되었다.

토광묘는 신당리 1구역에서 1기가 조사되었다. 목관의 사용흔적은 확인되지 않았으나, 석검과 채문토기의 출토양상으로 볼 때 목관이 사용되었을 가능성이 높다. 출토유물은 이단병식석검, 석촉 등 석기류 9점, 채문토기 등 토기류 4점이 출토되었다. 진주 이곡리유적 29호, 사천 이금동 유적 48호와 같이 채문토기의 출토양상으로 보아 목관을 사용하였을 가능성이 동일하게 나타나며, 채문토기와 석촉의 출토위치 등이 유사하여 비슷한 시기에 축조된 것으로 보고자는 판단하고 있다.

석관묘는 신당리 2구역에서 5기가 조사되었다. 축조형식을 보면 판석만을 사용하여 조립한 형, 할석만을 사용하여 조립한 형, 할석과 판석을 혼용하여 조립한 형으로 구분된다. 침향은 석검의 병부 방향으로 보아 북쪽으로 판단된다. 축조양상을 살펴보면 판석을 사용하여 'ㅍ'자형의 석관을 수적하여 만들고 주변으로 할석을 채운 방식, 할석으로 벽석을 수적하고 개석 상면에 할석을 쌓은 방식, 양장벽은 천·할석으로 평적하고 양단벽과 바닥은 판석으로 수적하였다. 바닥에 판석을 한 벌 깔고난 뒤 그 위에 벽석을 축조하였다.

신당리 2구역에서 조사된 지석묘 및 하부구조는 북쪽열에 3기, 남쪽열에 4기가 청도천의 유로방향으로 배열되어 있다. 묘역식 지석묘는 상석이 있는 것 4기와 없는 것 3기로 구분된다. 묘역의 평면형태는 원형(4호), (장)방형(1호, 하부구조 3호)이며, 나머지는 후대교란으로 알 수 없다.

묘역식 지석묘는 축조 재료의 크기에서도 구분이 된다. 지석묘 1호·3호, 하부구조 3호는 거력(256cm 이상)을 사용하여 축조하였는데, 평면형태 (장)방형이 많다. 지석묘 2호, 하부구조 1호는 대력(64~256cm미만)을 사용하여 축조하였고 평면형태는 (장)방형이다. 지석묘 4호는 주로 중력과 대력을 사용하여 분구형으로 축조하였다.

신당리 1구역의 토광묘는 출토유물과 유구를 기존 자료와 비교 분석하여 청동기시대 전기말에, 신당리 2구역의 묘역지석묘와 석관묘는 청동기시대 후기에 조성된 것으로 보고자는 판단하고 있다. 묘역식 지석묘와 석관묘는 중복상태, 구조, 출토유물을 통해 상대적 축조시기를 파악하였다. 유적에서 출토된 유절병식석검은 신부의 형태, 심부와 병두부의 형태 및 돌출 정도, 절대의 형태 등이 화리 유적 1구역 A군에서 출토된 석검과 거의 유사하여 동일한 편년내에 있다고 보고 있다.

또한 묘역식 지석묘는 묘역 내 혹은 주변의 지하에 조성되어 있는 석관묘들을 시각적으로 나타내는 표지의 기능과 피장자를 대신하는 상징적 기능을 함께 가졌을 것으로 판단하고 있다. 상석은 다른 유적과 비교했을때 무게가 14~25톤으로 대형에 속하는 것들이다. 기존의 연구 성과를 바탕으로 지석묘 축조와 관련하여 상석 운반에 필요한 인력과 시간에 대해 연구한 자료를 참고하여 유적 주변에 다수의 주거지가 분포할 가능성이 있을 것이며, 또한 20동 내외의 소규모 취락이 인근에 흩어져 주거 및 생산공간을 따로 갖으면서, 지석묘 무덤 조성 시는 주변에 지석묘군을 중심으로 열거된 촌락에서 협동으로 작업을 추진하였을 가능성을 보고자는 제시하고 있다.

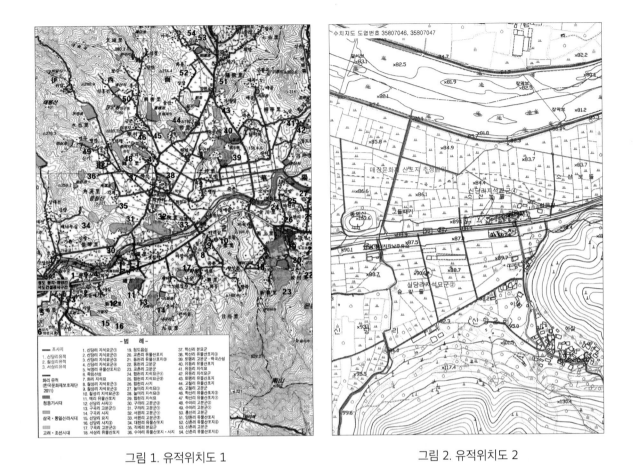

그림 1. 유적위치도 1

그림 2. 유적위치도 2

그림 3. Ⅰ구역 유구배치도

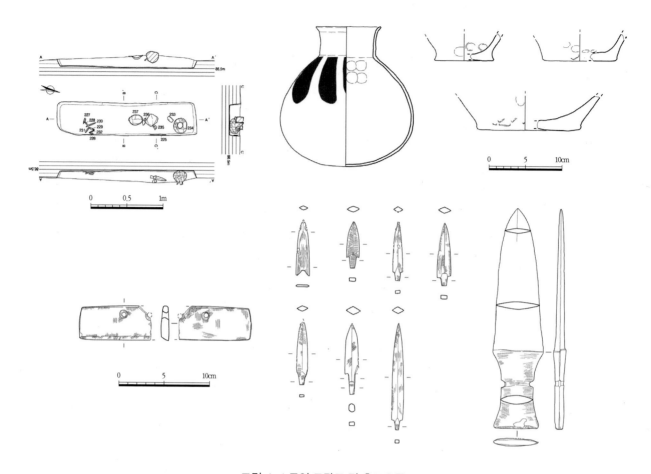

그림 4. Ⅰ구역 토광묘 및 출토유물

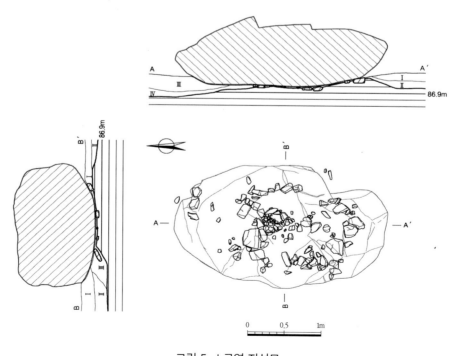

그림 5. Ⅰ구역 지석묘

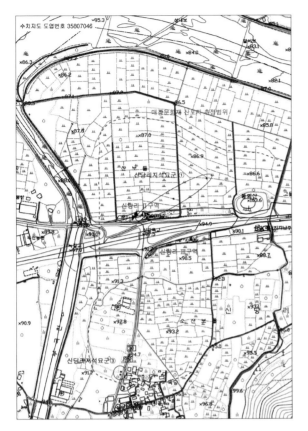

그림 6. Ⅱ·Ⅲ구역 위치도

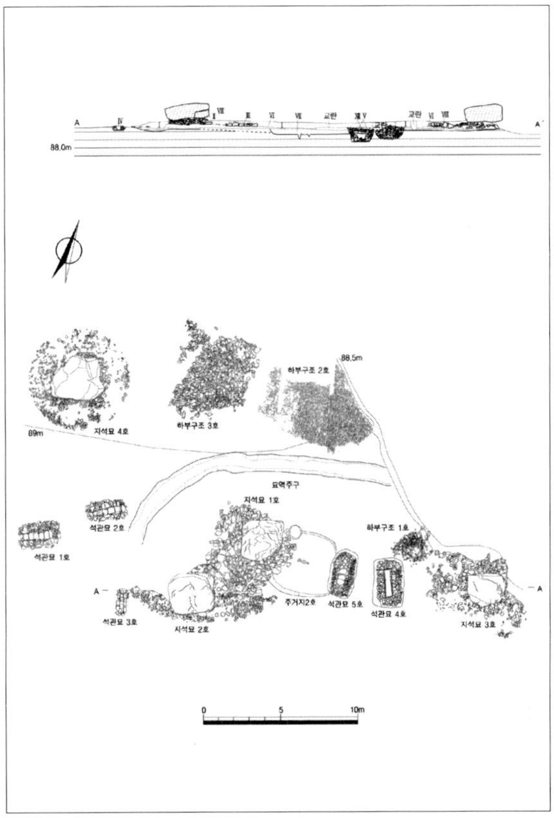

그림 7. Ⅱ구역 분묘배치도

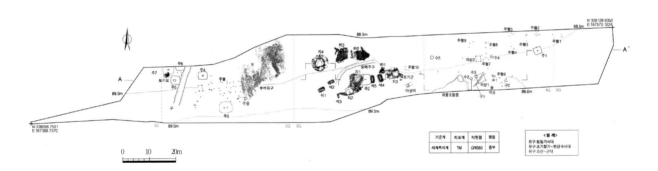

그림 8. Ⅱ구역 유구배치도

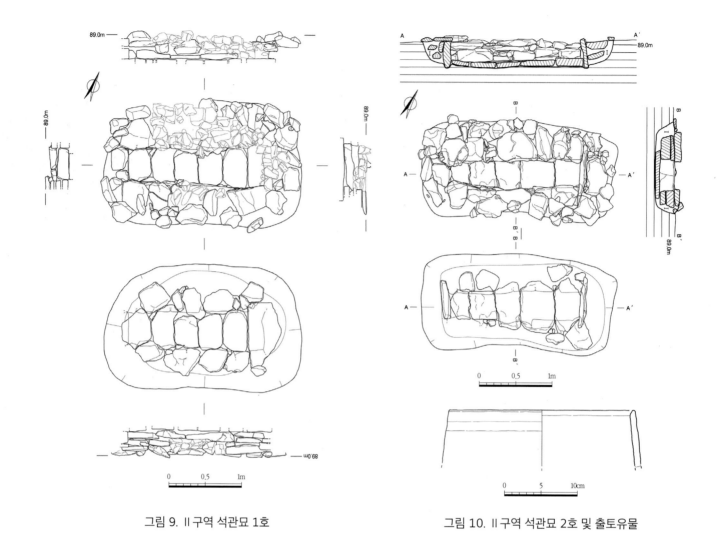

그림 9. Ⅱ구역 석관묘 1호

그림 10. Ⅱ구역 석관묘 2호 및 출토유물

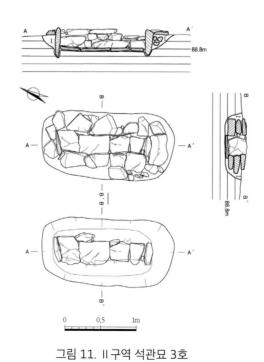

그림 11. Ⅱ구역 석관묘 3호

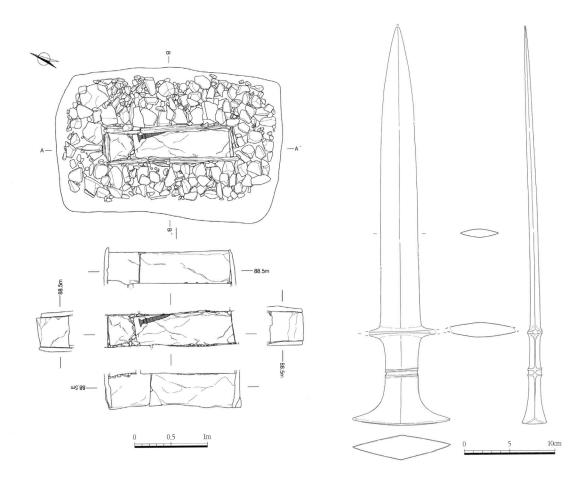

그림 12. Ⅱ구역 석관묘 4호 및 출토유물

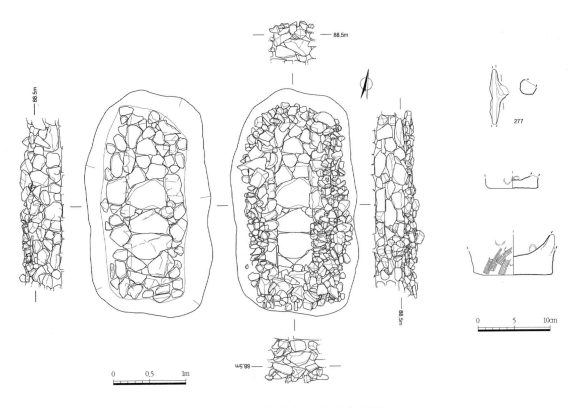

그림 13. Ⅱ구역 석관묘 5호 및 출토유물

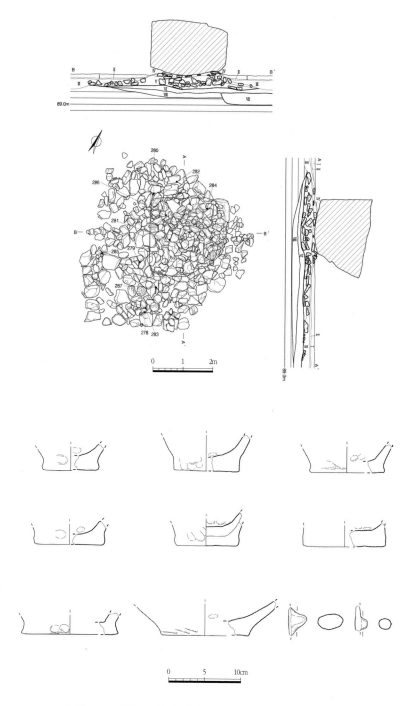

그림 14. Ⅱ구역 묘석식 지석묘 1호(1:120) 및 출토유물

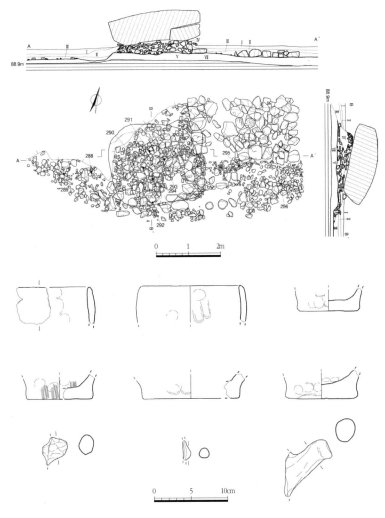

그림 15. II구역 묘역식 지석묘 2호(1:120) 및 출토유물

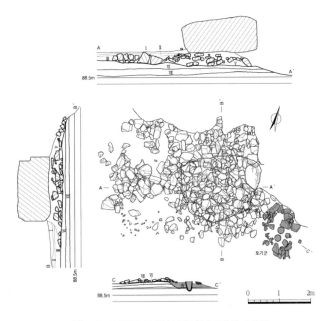

그림 16. II구역 묘역식 지석묘 3호(1:120)

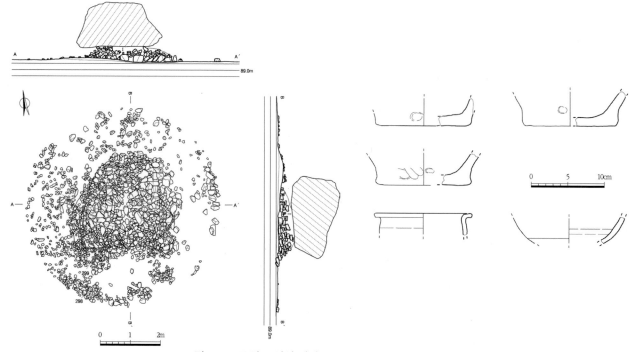

그림 17. Ⅱ구역 묘역식 지석묘 4호(1:120) 및 출토유물

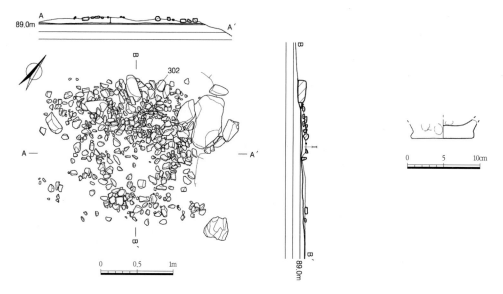

그림 18. Ⅱ구역 하부구조 1호 및 출토유물

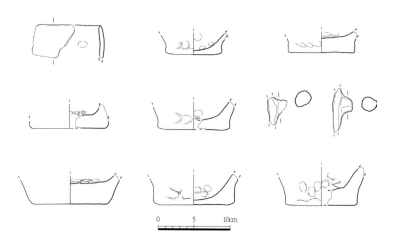

그림 19. Ⅱ구역 하부구조 2호 출토유물

그림 20. II구역 하부구조 2호

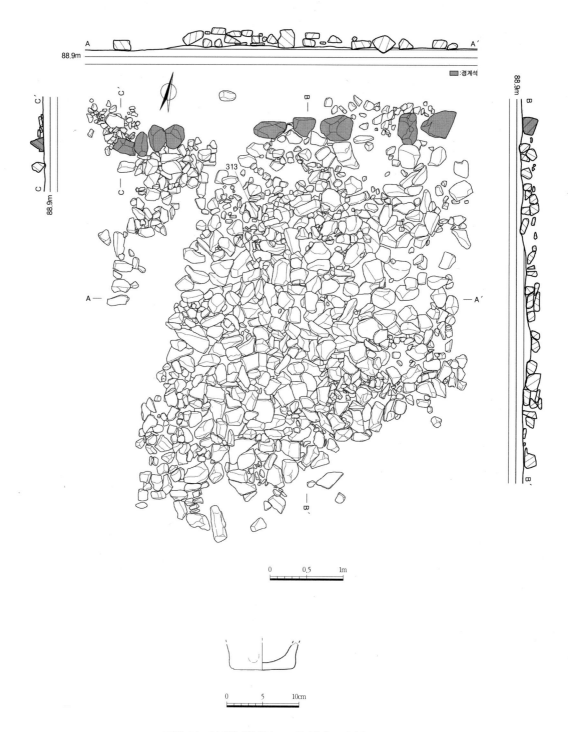

A — 88.9m — A'

88.9m

88.9m

313

■ :경계석

0 0.5 1m

0 5 10cm

그림 21. Ⅱ구역 하부구조 3호 및 출토유물

54 청도 신당리 694-2번지 유적

유적위치 청도군 각남면 신당 1리 694-2번지 일원

유구 석관묘 1기

유물 석검, 석촉

참고문헌 國立慶州博物館, 2010,『淸道 新堂里 支石墓 下部構造』

유적의 입지는 각북천과 풍각천이 만나는 곳에 위치하고 있는 구릉의 말단에서 하안으로 연결되는 해발 94m 선상지 위에 해당된다. 이 유적은 신당리지석묘③으로 알려져 있다.

상석은 남아있지 않지만 주민들에 의하면 주변에 다섯 개의 고인돌이 있었다고 한다. 개석은 경작의 위해 땅을 파면서 일부가 파손되었다. 남아있는 것을 바탕으로 추측하면 가장 하단에 6매, 그 상단에 4매, 최상단에 3매의 개석을 덮었던 것으로 추정하고 있다. 총 3단으로 쌓아 올린 다중개석식이다.

석관의 규모는 길이 177㎝, 폭 50㎝, 깊이 30㎝내외이며, 평면형태는 장방형이다. 벽석은 판석을 수적하고, 바닥은 판석 3매를 깔았다. 각 바닥 석과 벽석 사이에 화살촉을 박아 넣었다.

유물은 석관 내부에서 석검과 석촉이 출토되었다. 석검은 피장자의 왼쪽 허리에 부장된 것으로 보이며, 석촉은 피장자의 머리 부분에 1점과 나머지 4점은 오른쪽 허리 부근에서 출토되었다. 석촉은 또한 석관을 만들면서 판석과 판석이 접하는 부분에 잔돌을 끼워 넣어 보강을 하면서 잔돌들 사이에 석촉을 박아 넣었다. 석촉을 박아 넣은 위치가 머리 위, 가슴과 무릎의 오른쪽 벽석 사이로 구분하고 있다. 이는 지관석이 세 부분으로 나뉘어 있는 것과도 무관하지 않다고 판단하고 있다. 또한 박혀 있는 석촉의 형태가 석관 내외에서 출토된 장신촉과는 다른 형태이며 어두운 색을 띄는 장신촉과 달리 밝은 색조의 석질이기에 특별한 의미를 가지고 행해진 의례 행위의 산물인 것으로 보고자는 판단하고 있다.

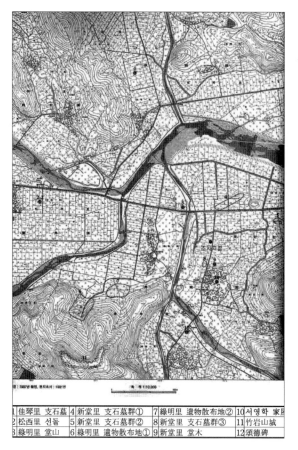

1	佳琴里 支石墓	4	新堂里 支石墓群①	7	綠明里 遺物散布地②	10	서영학 家屋
2	松西里 선돌	5	新堂里 支石墓群②	8	新堂里 支石墓群③	11	竹岩山城
3	綠明里 堂山	6	綠明里 遺物散布地①	9	新堂里 堂木	12	頌德碑

그림 1. 유적위치도

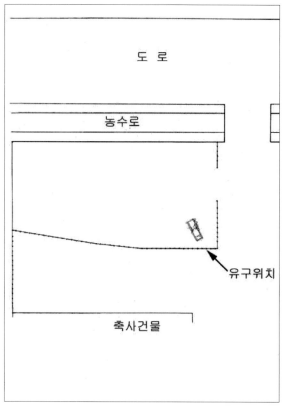

그림 2. 유구배치도

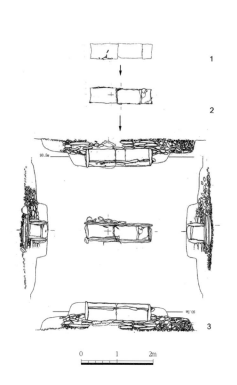

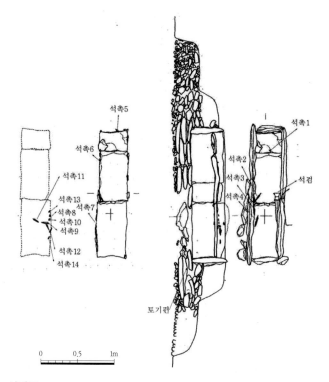

그림 3. 석관묘

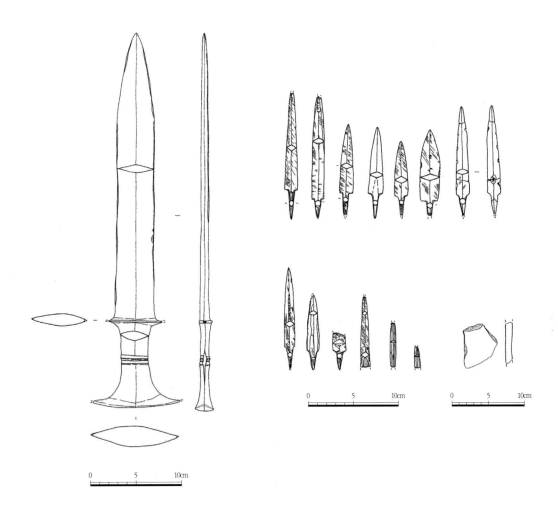

그림 4. 석관묘 출토유물

55 청도 대전리 유적

유적위치 청도군 이서면 대전리 산1번지 일원
유구 목관묘 3기
유물 흑도옹, 두형토기, 점토대옹
참고문헌 성림문화재연구원, 2008, 『淸道 大田里 高麗·朝鮮墓群Ⅲ』

유적의 입지는 북쪽에 위치한 중칭산(해발220m)으로부터 남쪽으로 뻗어 내리는 능선의 말단부에 해당하는 해발 95~145m 일대에 위치한다. 유구는 사면 말단부 등 특정지역에 군집을 이루어 밀집된 상태로 확인된다.

대체적으로 목관묘는 수계를 따라 위치하며, 넓은 벌판이나 얕은 능선상에 위치하나 본 유적의 목관묘는 해발 126m가량의 비교적 높은 능선상에 위치하는 특징이 있다.

목관묘 3기는 등고선과 평행하며, 동일한 선상에 조성되어 있다. 묘광의 면적이 3기 모두 1.6㎡이하의 소형묘에 해당한다.

목관묘 1호는 통나무관을 사용하였으며, 인근의 밀양 교동유적에서 목관흔이 확인된 목관묘는 모두 통나무관을 사용한 것으로 볼 때 교동유적 목관묘와 일정 부분 연계성을 보이고 있으나 조성시기는 교동유적에 비해 이른 것으로 보고 있다.

유물은 목관묘 1호에서만 출토되었으며, 와질토기 전 단계에 해당한다. 유물은 서단벽 충전토 상부에서 옹 1점과 호 1점이 출토되었다. 서단벽에 가까운 남장벽 충전토 상부에서 개 1점이 출토되었다. 남동쪽 모서리 충전토 내에서 호 1점과 동장벽에 가까운 북장벽 보강토 내에서 두형토기 신부편이 출토되었다. 서단벽에 가까운 북장벽 앞에서 두형토기 1점과 남장벽 충전토 내에서 호 1점이 완파되어 출토되었다.

보고자는 목관묘가 조성된 시기를 목관묘 내에서 출토된 두형토기와 주머니호의 형식분류를 통해 기원전 2세기 후반~기원전 1세기 전반으로 편년하고 있다. 목관묘 2·3호는 유물이 출토되지 않아 정확한 시기는 알 수 없으나 목관묘 1호와 연접해 있고 동일선상에 위치하는 것으로 볼 때 동시기로 판단하고 있다.

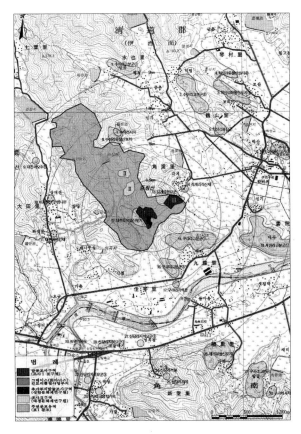

그림 1. 유적위치도 1 　　　　　　　　　　　　　그림 2. 유적위치도 2

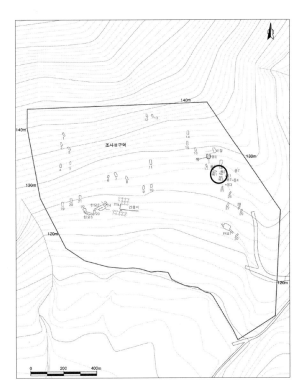

그림 3. 유구배치도

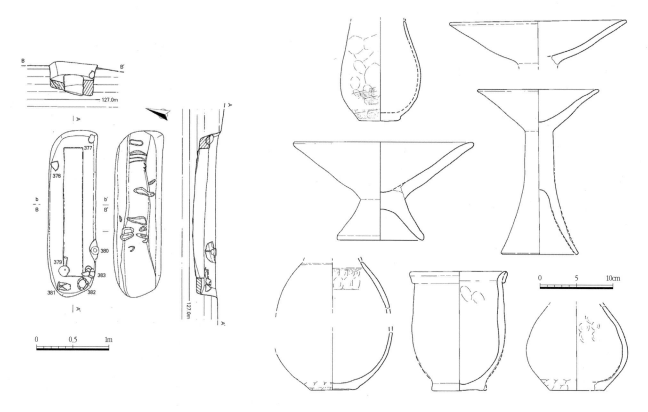

그림 4. III구역 목관묘 1호 및 출토유물

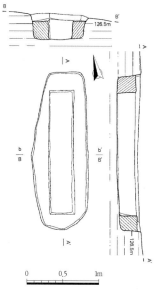

그림 5. III구역 목관묘 2호

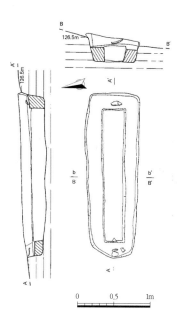

그림 6. III구역 목관묘 3호

56 청도 송서리 유적

유적위치 청도군 풍각면 송서리 617-13번지

유구 석관묘 1기

유물 적색마연토기

참고문헌 경상북도문화재연구원, 2014, 『청도 송서리유적』

    유적의 입지는 청도군의 동쪽 끝자락에 있는 붕어산(해발 144m)의 남사면과 하천변의 평탄대지에 위치하고 있다. 이 일대는 삼국시대 석곽묘가 중심이며, 유적 내에서 석관묘 외에 청동기시대 유구로는 주거지 3기가 확인되었다.

    석관은 묘광을 상광하협식으로 굴착한 후 크기와 형태가 다양한 할석과 천석을 혼용하여 석관을 축조하였다. 벽석은 2~5단 가량이 잔존해 있으며, 석관의 규모는 길이 184㎝, 너비 48㎝, 깊이 52㎝이다.

    벽석의 축조양상을 살펴보면 양장벽은 평적하였고, 단벽은 판석조 할석 1매는 수적하고 그 상단에 작은 할석을 1단 종평적하였다. 한쪽 장벽의 경우 최상단석 바깥으로 2열로 확인된다. 묘광과 벽석 사이는 빈 공간이 없이 충전석이 채워져 있다. 모서리는 각지게 처리하여 전체적으로 벽석의 평면구조는 'ㅁ'자형을 이루고 있다. 바닥은 생토면을 정지하여 그대로 사용하였다. 유물은 적색마연토기 1점이 바닥에서 약간 뜬 상태로 출토되었다.

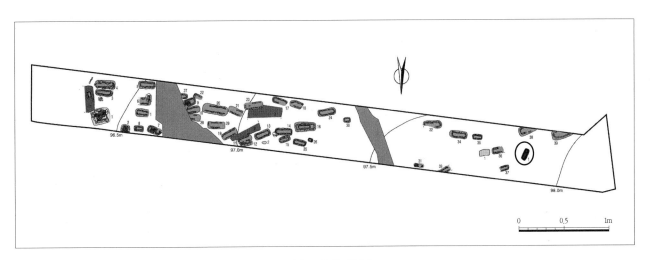

그림 1. 유구배치도

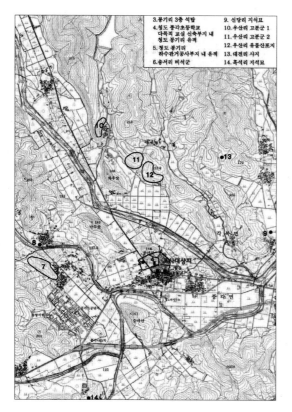

3.봉기리 3층 석탑	9. 신당리 지석묘
4.청도 풍각초등학교 다목적 교실 신축부지 내 청도 봉기리 유적	10.우산리 고분군 1
	11.우산리 고분군 2
5.청도 봉기리 하수관거공사부지 내 유적	12.우산리 유물산포지
6.송서리 비석군	13.대전리 사지
	14.흑석리 지석묘

그림 2. 유적위치도 1   그림 3. 유적위치도 2

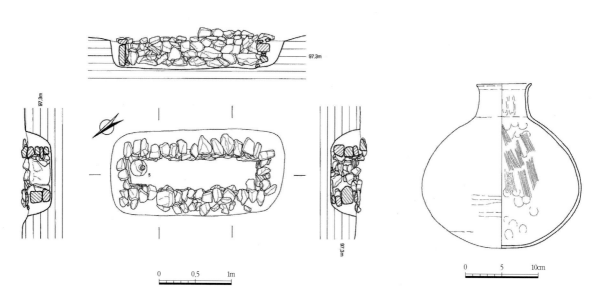

그림 4. 석관묘 1호 및 출토유물

VI. 낙동강 중류역

57 달성 예현리 유적

유적위치 대구광역시 달성군 구지면 예현리 일원
유구 석관묘 3기
유물 없음
참고문헌 경상북도문화재연구원, 2010, 『달성 평촌리·예현리 유적』

유적의 입지를 살펴보면 북서쪽에 대니산이 위치하고 있고, 낙동강의 지류인 차천의 양안으로 낮은 구릉지와 좁은 평야가 복잡하게 교차하고 있는 지형의 한가운데 해발 36m 내외의 낮은 구릉 하단부 퇴적층에 위치하고 있다.

석관묘 3기는 서로 인접해 확인되는데 남북으로 일직선상에 위치하고 있다.

석관묘는 회청색 점판암과 천석을 사용하여 수적과 평적을 혼용하여 축조하였다. 수적의 경우 묘광을 파고난 다음 홈을 파서 판석을 세웠다. 벽석 뒤로는 황갈색점질토 위주로 벽석 상면 높이만큼 또는 벽석 상면보다 조금 낮게 뒷채움해 보강하였다. 벽석 단 사이에는 점질성이 강한 회황갈색점질토를 2㎝ 정도로 사춤하듯 깐 뒤 그 윗단 벽석을 눌러 축조하였다. 각 벽석의 이음부는 거의 빈틈없이 물려 쌓았다. 시상은 점판암을 바닥 전체에 편평하게 1단 깔아서 마련하였다. 보강토는 벽석과 개석 상면까지 채워져 있고, 개석은 벽석 및 시상시설과 동일한 점판암재를 이용하여 1매 가량 덮었다.

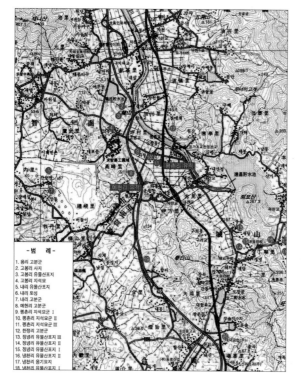

범 례
1. 용리 고분군
2. 고봉리 사지
3. 고봉리 유물산포지
4. 고봉리 지석묘
5. 내리 유물산포지
6. 내리 토성
7. 내리 고분군
8. 예현리 고분군
9. 평촌리 지석묘군 Ⅰ
10. 평촌리 지석묘군 Ⅱ
11. 평촌리 지석묘군 Ⅲ
12. 한정리 고분군
13. 정녕리 유물산포지 Ⅲ
14. 정녕리 유물산포지 Ⅱ
15. 정녕리 유물산포지 Ⅰ
16. 냉천리 유물산포지 Ⅱ
17. 냉천리 옹기요지
18. 냉천리 유물산포지 Ⅰ

그림 1. 유적위치도 1

그림 2. 유적위치도 2

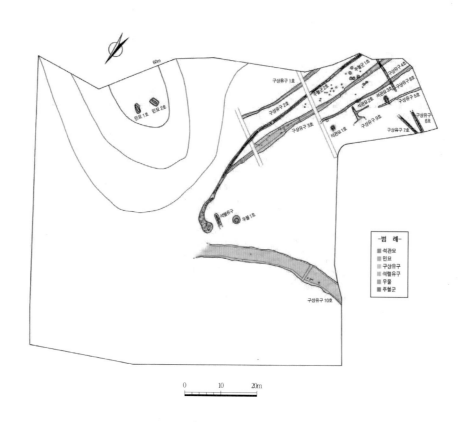

범 례
▪ 석관묘
▪ 민묘
▪ 구상유구
▪ 석렬유구
▪ 우물
▪ 주혈군

0   10   20m

그림 3. 유구배치도

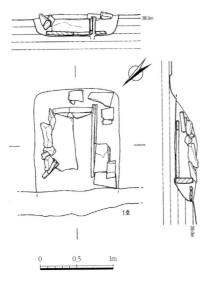

그림 4. 석관묘 1호

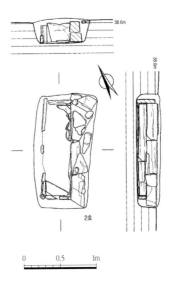

그림 5. 석관묘 2호

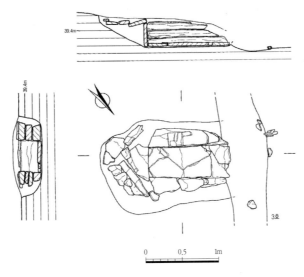

그림 6. 석관묘 3호

58 달성 평촌리 유적

유적위치 대구광역시 달성군 구지면 평촌리 일원

유구 석관묘 28기, 옹관묘 3기

유물 파수, 석검, 석촉

참고문헌 경상북도문화재연구원, 2010, 『달성 평촌리·예현리 유적』

유적의 입지는 북서쪽에 비교적 높은 대니산이 위치하고, 그 밖의 지역은 낙동강의 지류인 차천과 그 양안으로 낮은 구릉지와 좁은 평야가 복잡하게 교차하고 있는 가운데, 유적은 차천변 충적지상의 경작지에 조성되어 있다.

공반유구로는 장방형 주거지 2기, 수혈유구 14기, 상석 2기, 옹관묘 3기, 집석유구 1기이다.

석관묘 28기는 동-서방향으로 열을 지어 밀집분포하고 있으며, 차천 방향을 따라 5~7m 간격을 두고 4열로 진행하며 일부 석관묘는 산발적으로 분포한다. 4열 중 중앙 2열이 다른 열과 비교해 석관의 규모와 출토유물에서 우위를 보여 중심군으로 추정된다. 열 내에서는 1기 혹은 2~3기가 소군집을 이루어 3m 내외의 간격을 두고 분포하는데 이 간격은 묘역 범위와 관련이 있을 것으로 판단된다.

석관묘의 축조양상을 살펴보면 기반층에 장방형 묘광을 굴착하고 판석이나 천석을 이용해 평면형태 'ㅍ', 'ㅁ', 'ㅂ'자형 등으로 석관을 축조한 후 묘광과 석관 사이를 흙이나 천석으로 보강하였다. 시신안치와 유물부장 후 판석 수매의 개석을 1~2겹 덮고 흙을 채워 넣거나, 천석을 적석하여 상석이나 외부로부터 석관을 보호했던 것으로 추정된다.

묘광은 개석이 놓이는 위치에 따라 묘광의 어깨선이 개석 높이와 같게 굴착한 것과 개석이 묘광 내에 위치하도록 심광으로 굴착한 것으로 나뉜다. 개석이 묘광 내에 위치하는 석관묘는 어깨선 높이에 위치하는 것과 비교해 상대적으로 묘광 규모가 크고 석관 규모는 작아 묘광과 석관 사이 간격이 넓다.

바닥에는 대부분 점판암재 판석을 깔았으며, 28호만 바닥석 대신 목판을 간 것으로 추정된다. 판석을 놓는 방법으로는 두향 쪽부터 큰 판석을 놓고 발치쪽으로 가면서 다소 작은 판석으로 마무리하였다. 벽은 점판암재 판석을 세우거나 판석과 천석을 평적하여 일반적인 장방형 형태와 두광족협 형태로 축조하였다.

개석은 점판암재 판석을 사용하여 1~2겹 덮었는데 1차 개석은 대형 2매로, 2차 개석은 5~6매정도 잇대어 놓은 것이 일반적이다. 개석이 놓이는 위치는 지상, 지면, 지하로 구분되며, 지하에 놓이는 경우는 지면까지 흙을 채워 넣었다.

석관묘는 벽 축조방식과 재료에 따라 크게 3가지 유형으로 분류된다. 점판암재 판석으로 세운 상형, 판석을 세우고 천석을 평적한 혼축형, 판석만으로 평적하거나 천석만으로 평적한 석축형이다. 세 유형의 비율은 비슷하다. 세 유형 중 석축형이 가장 견고하고, 규모도 크며 장축방향도 전체 석관묘군 배치방향과 나란하다. 아울러 대부분 유물을 부장하고 있다.

석관묘 18기에서 인골이 확인되었는데, 이는 빈틈없이 견고하게 축조된 석관과 그 내부에 니질토 퇴적으로 완전히 밀봉되었기 때문으로 보고자는 추정하고 있다. 인골(흔)의 두향은 강 상류인 동향과 강을 바라보는 북향이 주를 이룬다. 장축이 동서방향인 석관묘는 동향, 장축이 남북방향인 석관묘는 북향을 주로 하고 있으며, 남향도 확인되고 있다. 시신안치방법은 무릎을 바로 편 신전장과 팔굽 및 무릎관절을 굽힌 굴장이 확인된다. 얼굴은 주로 측면을 향하는데 무릎을 굽힌 방향과 머리 방향은 대부분 우측(출토 인골의 시점)이다.

청동기시대 지석묘와 석관묘가 중복조성된 예는 드문데 석관묘 14호는 석관묘 26호를 파괴하고 조성되어 있다. 지석묘의 하부구조라면 상석이나 지석, 묘역시설들의 구조적인 특성으로 인해 중복조성될 가능성은 희박하며, 선행분묘를 분명히 인지하고 있었을 것이었으므로 14호와 26호의 중복양상은 의도적인 중복조성이라고 보고자는 파악하고 있다.

청동기시대 옹관묘 3기는 석개직치옹관묘(石蓋直置甕棺墓), 석개사치옹관묘(石蓋斜置甕棺墓), 횡치옹관묘(橫置甕棺墓)로 모두 단옹식이며, 석관묘군 내에서 6~8m 간격을 두고 분포하고 있다. 옹관으로 사용된 토기는 구순각목문토기와 야요이계 호형토기, 파수부발형토기가 사용되었다. 구순각목문토기는 저부를 결실시켜서 사용하였으며, 호형토기는 바닥에 구멍을 뚫어 사용하였는데 이것은 배수나 방습을 위한 것으로 추정하고 있다.

무덤의 조성시기는 지하 심광의 석관묘와 송국리문화의 확산과 관련있는 옹관묘가 확인된 점, 의기화된 석검과 세장한 석촉이 출토되는 것으로 볼 때 청동기시대 후기에 조성된 것으로 보고자는 추정하고 있다.

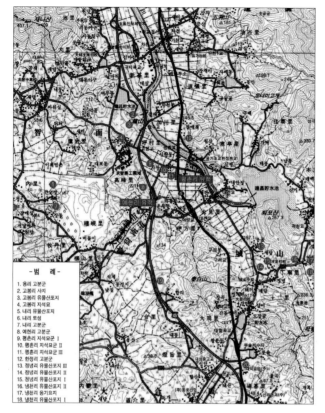

그림 1. 유적위치도 1

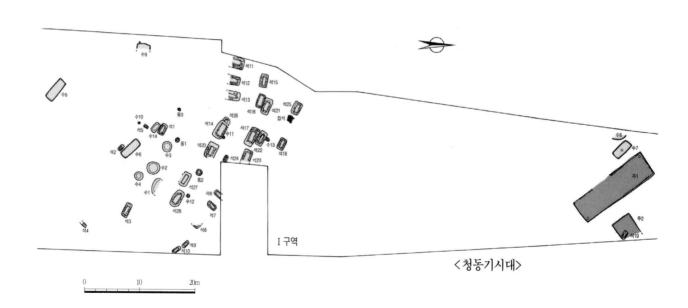

그림 2. 유적위치도 2

- 범 례 -
1. 용리 고분군
2. 고봉리 사지
3. 고봉리 유물산포지
4. 고봉리 지석묘
5. 내리 유물산포지
6. 내리 토성
7. 내리 고분군
8. 예현리 고분군
9. 평촌리 지석묘군 I
10. 평촌리 지석묘군 II
11. 평촌리 지석묘군 III
12. 한정리 고분군
13. 정녕리 유물산포지 III
14. 정녕리 유물산포지 II
15. 정녕리 유물산포지 I
16. 냉천리 유물산포지 II
17. 냉천리 옹기요지
18. 냉천리 유물산포지 I

<청동기시대>

I구역

0   10   20m

그림 3. 유구배치도

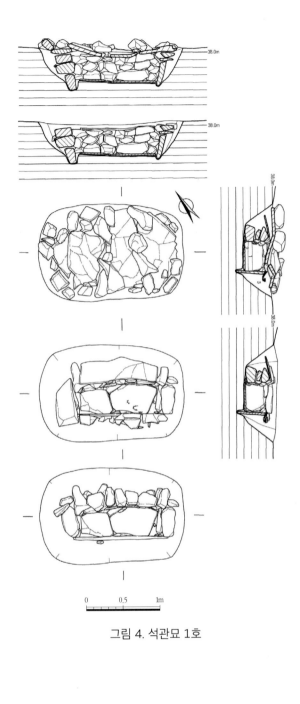

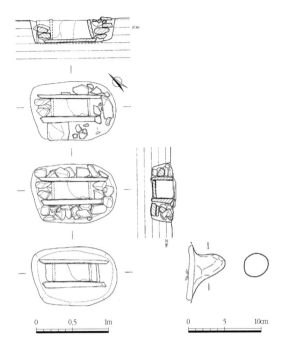

그림 5. 석관묘 2호

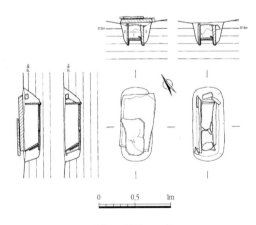

그림 6. 석관묘 5호

그림 4. 석관묘 1호

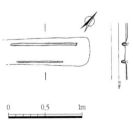

그림 7. 석관묘 4호

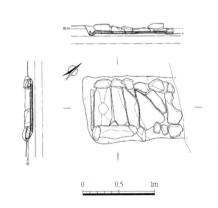

그림 8. 석관묘 6호

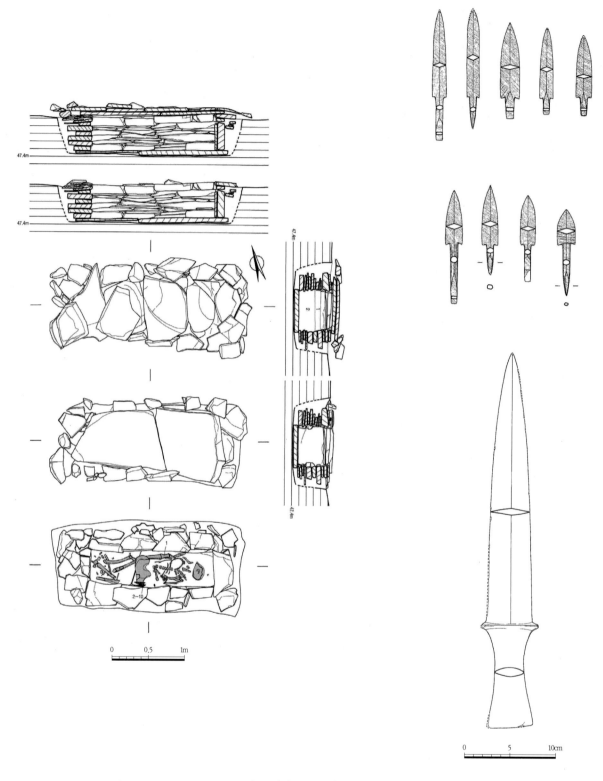

그림 9. 석관묘 3호 및 출토유물

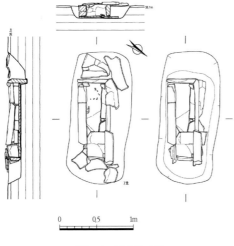

그림 10. 석관묘 7호

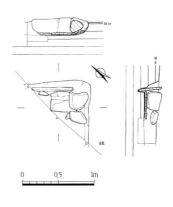

그림 11. 석관묘 8호

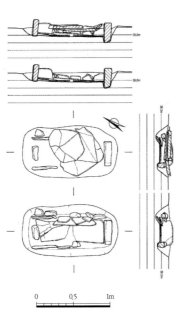

그림 12. 석관묘 9호

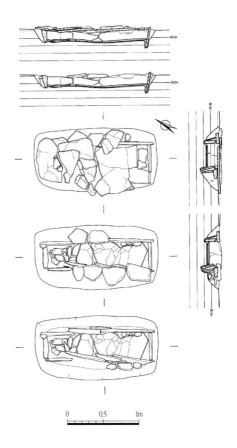

그림 13. 석관묘 10호

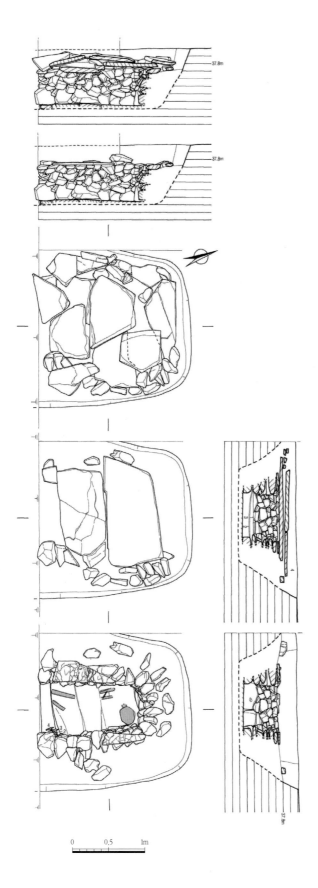

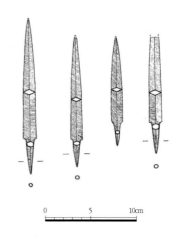

그림 15. 석관묘 11호 출토유물

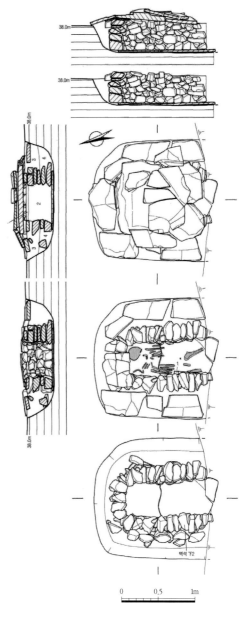

그림 14. 석관묘 11호

그림 16. 석관묘 12호

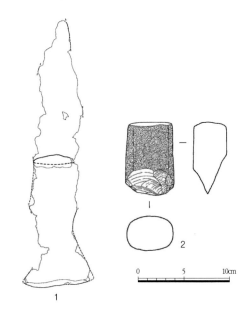

그림 17. 석관묘 12호 출토유물(1:내부, 2:보강토)

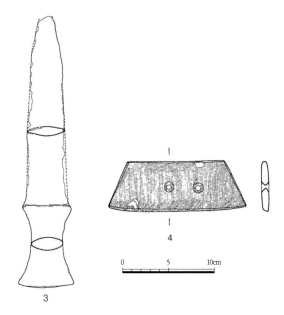

그림 18. 석관묘 13호 출토유물(3:내부, 4:보강토)

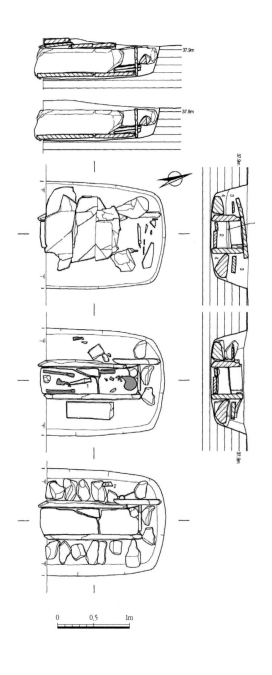

그림 19. 석관묘 13호

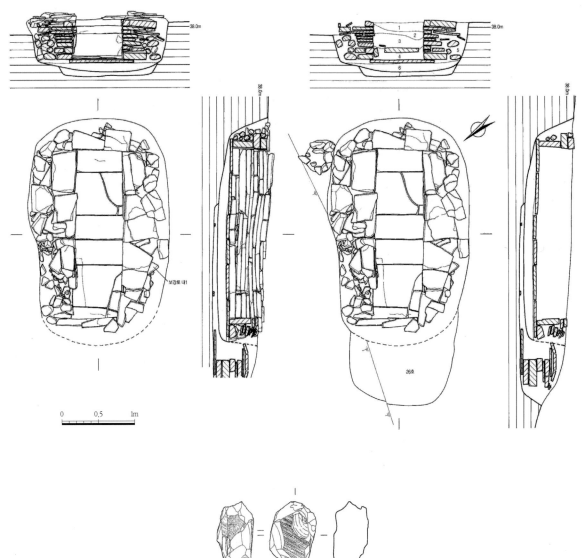

그림 20. 석관묘 14호 및 보강토 출토유물

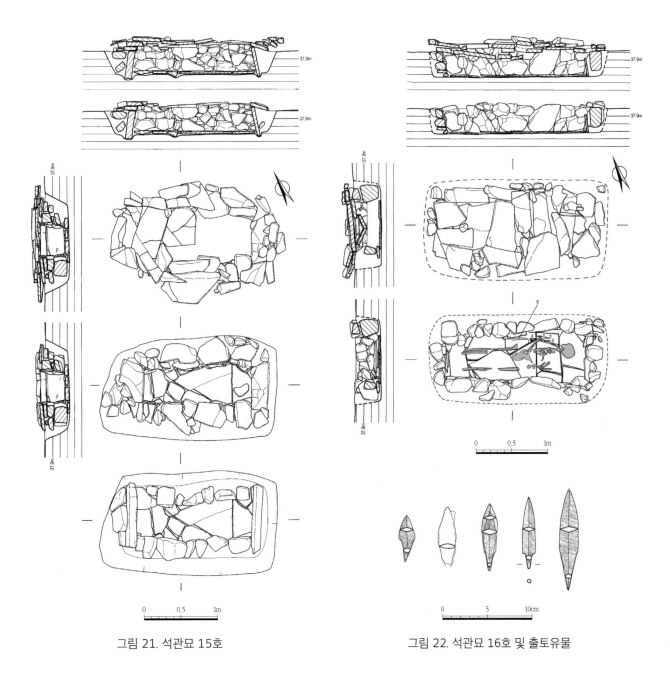

그림 21. 석관묘 15호　　　　　　　　그림 22. 석관묘 16호 및 출토유물

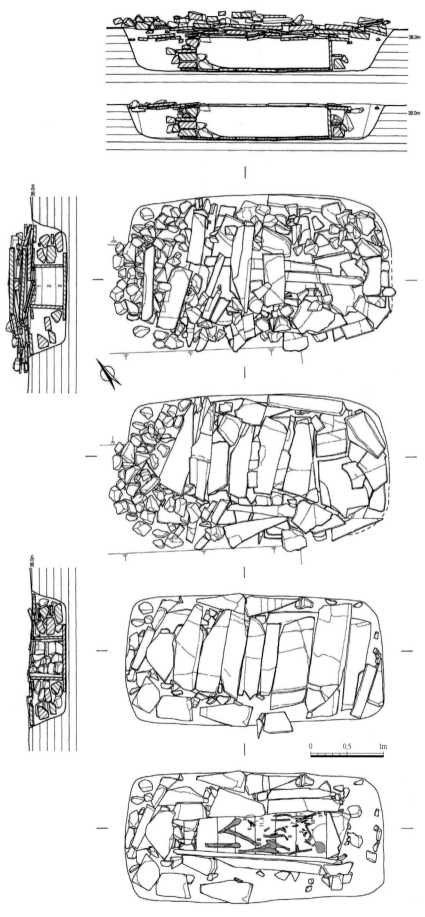

그림 23. 석관묘 17호

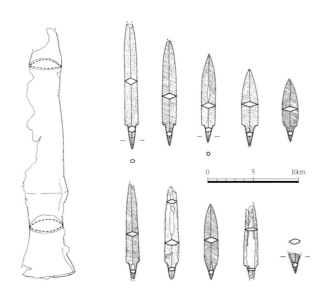

그림 24. 석관묘 17호 출토유물

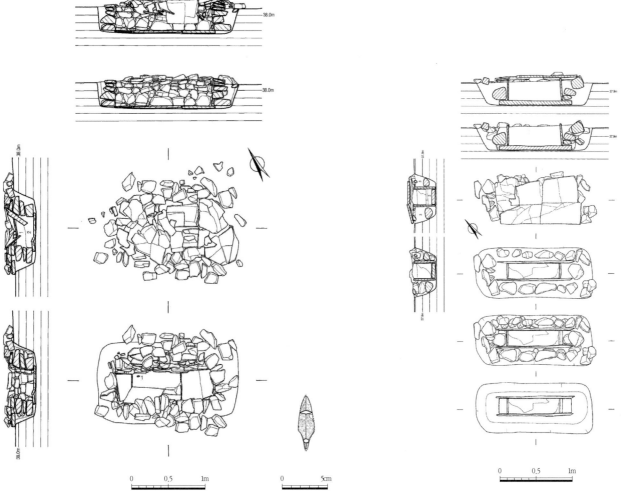

그림 25. 석관묘 18호 및 출토유물

그림 26. 석관묘 19호

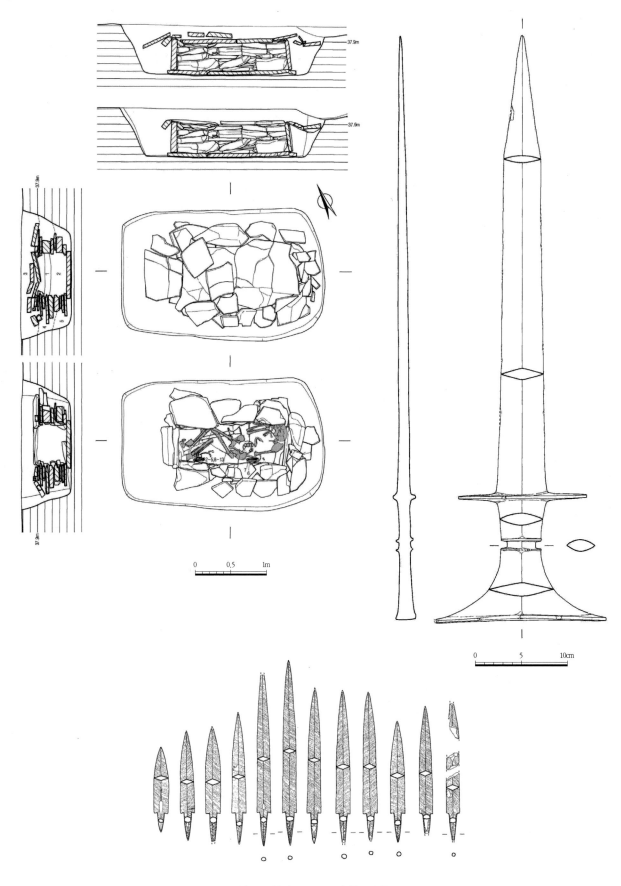

그림 27. 석관묘 20호 및 출토유물

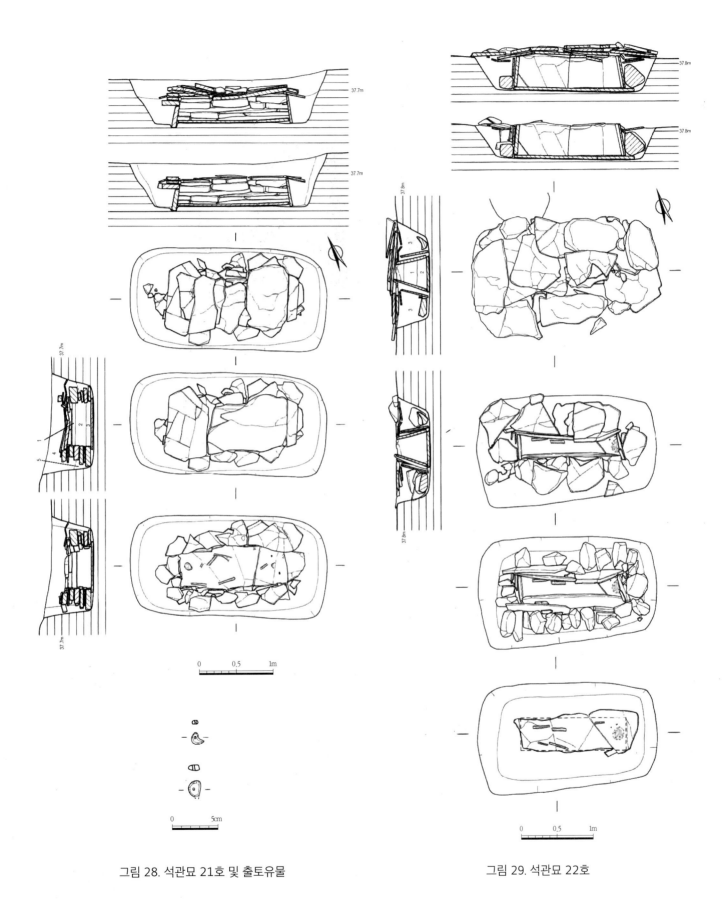

그림 28. 석관묘 21호 및 출토유물

그림 29. 석관묘 22호

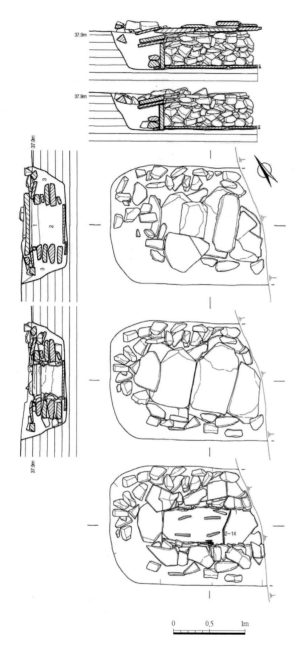

그림 30. 석관묘 23호

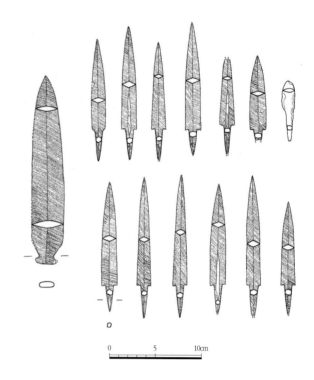

그림 31. 석관묘 23호 출토유물

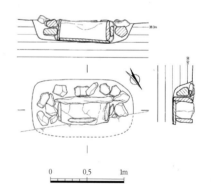

그림 32. 석관묘 24호

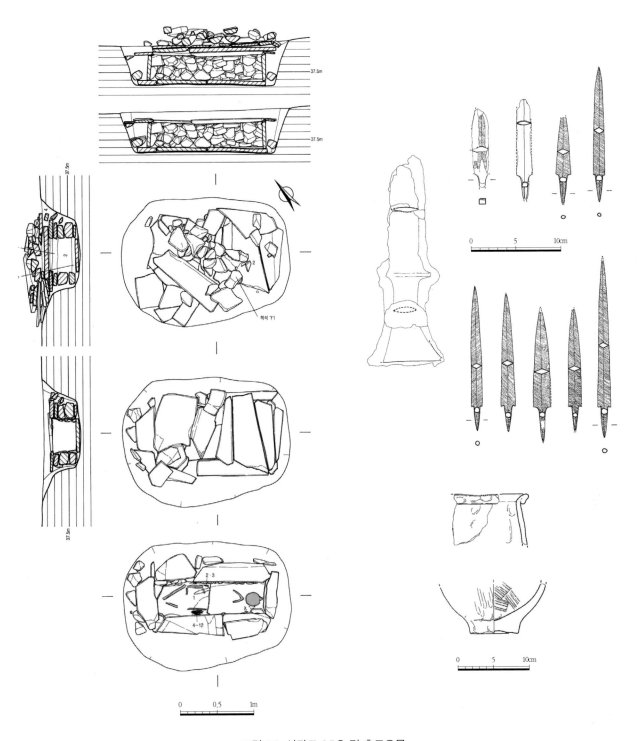

그림 33. 석관묘 25호 및 출토유물

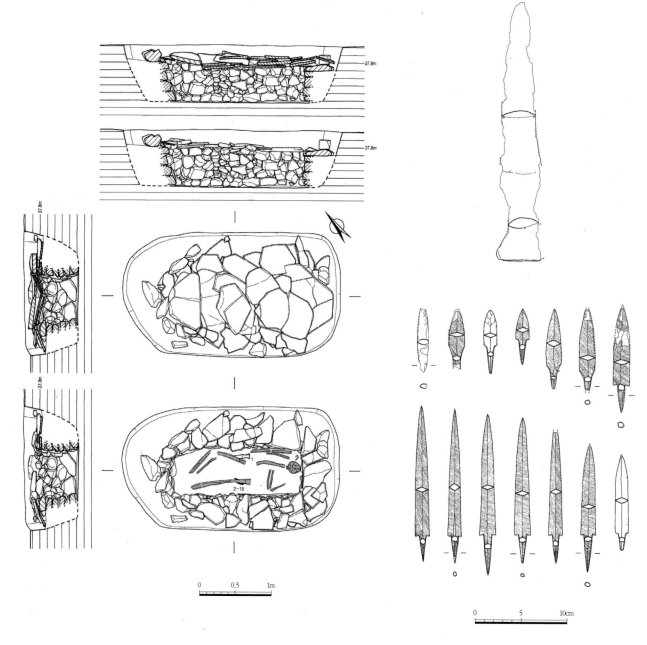

그림 34. 석관묘 28호 및 출토유물

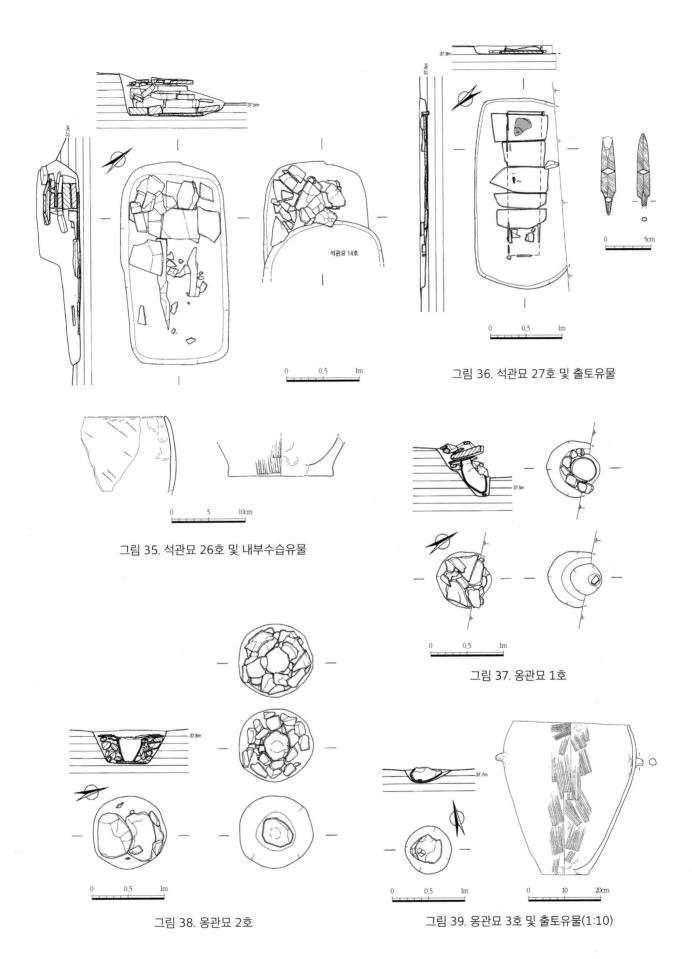

석관묘 14호

그림 36. 석관묘 27호 및 출토유물

그림 35. 석관묘 26호 및 내부수습유물

그림 37. 옹관묘 1호

그림 38. 옹관묘 2호

그림 39. 옹관묘 3호 및 출토유물(1:10)

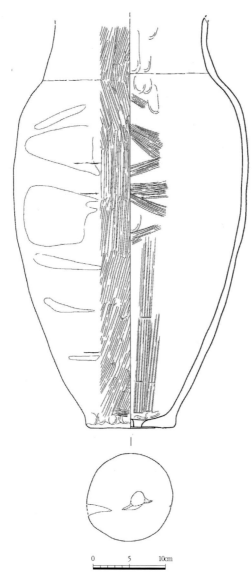

그림 40. 옹관묘 1호 출토유물

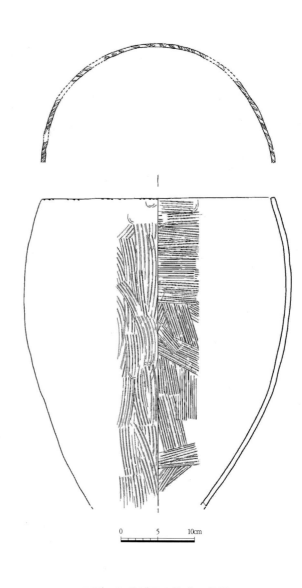

그림 41. 옹관묘 2호 출토유물

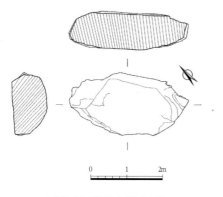

그림 42. 상석 1 (1:100)

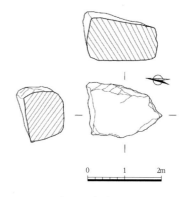

그림 43. 상석 2 (1:100)

59 달성 금리 유적

유적위치 대구시 달성군 현풍면 일원

유구 석관묘 7기, 석개토광묘 1기

유물 흑도, 석촉

참고문헌 경상문화재연구원, 2013, 『대구 테크노폴리스 조성부지 내 유적-Ⅰ:시굴조사 4구역-』
경상문화재연구원, 2013, 『대구 테크노폴리스 조성부지 내 유적-Ⅲ:5·7·9구역-』

    유적의 입지는 동쪽으로 비슬산이 길게 뻗어 완만하고 낮은 구릉이 형성되어 있고, 서쪽으로는 낙동강의 지류인 현풍천과 차천의 상류유역으로 강안을 따라 소규모의 평야가 형성된 곳이다. 공반유구로는 수혈주거지 8동, 수혈 10기, 함정유구 3기, 구획구 1기, 구 5기 등이 함께 조성되어 있다.

    석관묘는 4구역-1기, 6구역-1기, 7구역-5기가 확인되었다. 6구역에서 석관묘 주변으로 괴석 4기가 흩어져 있는 것이 확인되었는데, 이 괴석들은 지석묘의 상석으로 사용된 것으로 후대에 이동된 것으로 추정하고 있다. 단 괴석 2호 아래에서는 석관묘 1기가 확인되었다.

    벽석의 재료와 축조방법에 따라 판석으로 관을 설치한 상형석관묘, 할석으로 평적한 석곽형석관묘, 판석으로 평적한 석곽형석관묘로 구분된다. 석관묘는 상형석관묘가 5기로 다수를 차지하고 있다.

    상형석관묘는 7구역의 1·3·4·5호, 6구역의 1호로 규모는 대부분 소형으로 기반층을 굴착하여 바닥에 홈을 파서 판석을 끼워 넣었다. 이 가운데 7구역의 3호는 대형에 속하는 석관묘로 묘광과 석관 사이를 흙과 소형할석을 혼입하여 채우고 석관 상부는 흙으로 충전하였으며, 그 상부에 천석 3매를 놓았다. 이러한 형태는 산청 매촌리유적, 진주 평거동유적, 진주 가호동유적 등 묘역식 지석묘가 확인되는 유적이다.

    석곽형석관묘는 7구역의 2호로 기반층을 굴착하여 서단벽을 세워서 설치한 후 점판암재 판석으로 시상을 깔았다. 벽석은 서단벽에서 시계 반대방향으로 할석을 세로눕혀쌓기 하였다. 4구역의 석곽형석관묘 1호는 기반층을 굴착하여 점판암재 판석을 가로눕혀쌓기하였고, 남동편 벽석 주변 묘광 바닥에서 석촉 8점이 출토되었다. 이러한 유형으로는 인근의 달성 평촌리·예현리유적이 있으며, 출토된 석촉 역시 비슷한 시기로 추정하고 있다.

    석개토광묘는 개석이 매장주체부 중앙으로 함몰된 양상을 띤다. 관재혼은 확인되지 않았지만 보강토가 확인되는 것으로 보아 목관을 안치한 것으로 판단되고, 목관 내에서 흑도 옹 1점이 출토되었다. 석개토광묘는 목관 안치 후 묘광과 목관 사이를 점질토와 할석으로 보강하였고, 목관 상부를 충전한 후 개석을 설치하였다. 이는 매장주체부가 석관 또는 목관인 점을 제외하고는 7구역의 석관묘 3호와 유사한 방법으로 만들었다.

그림 1. 유적위치도 1

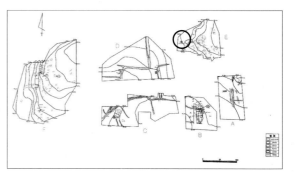

그림 2. 유적위치도 2

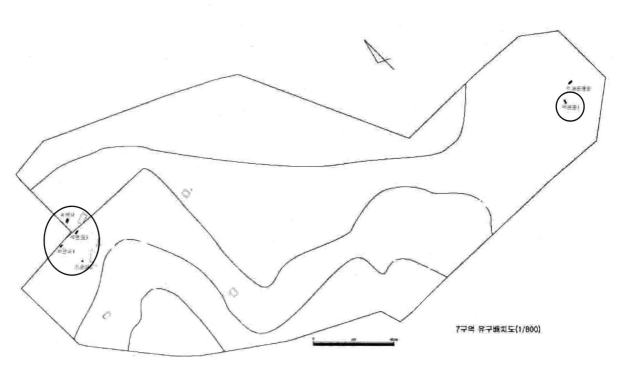

그림 3. 유구배치도

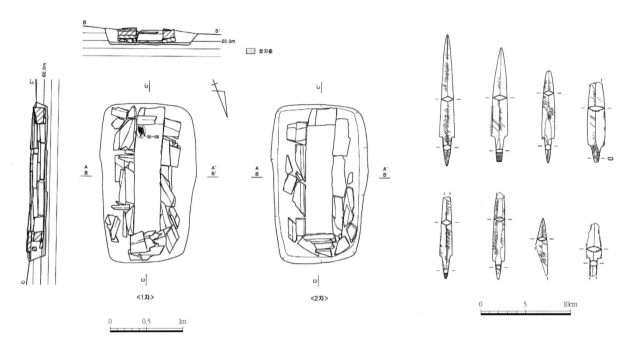

그림 4. 4구역 석관묘 1호 및 출토유물

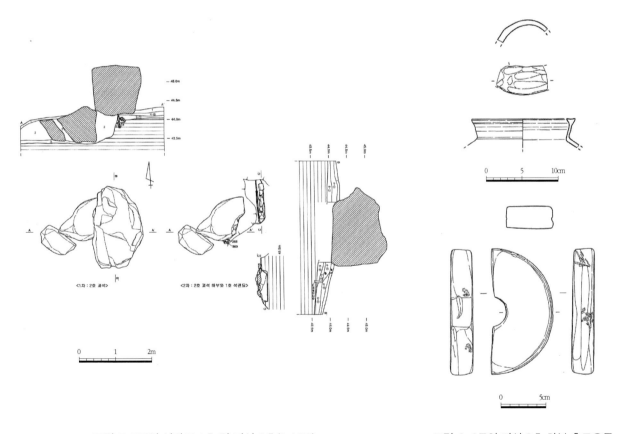

그림 5. 6구역 석관묘 1호 및 괴석 2호(1:100)

그림 6. 6구역 괴석 2호 하부 출토유물

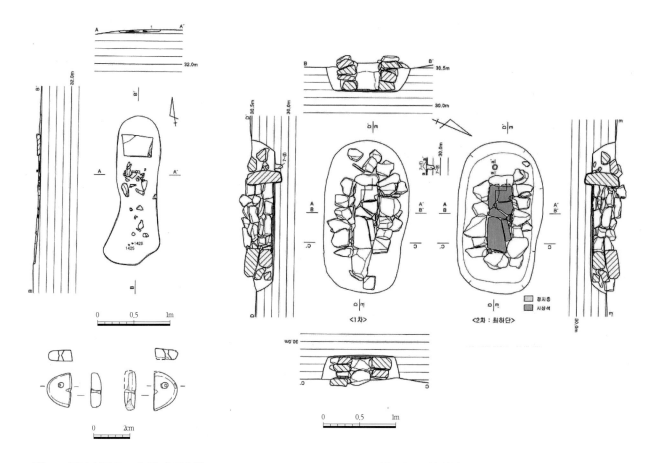

그림 7. 7구역 석관묘 1호 및 출토유물　　　　　　　　　　그림 8. 7구역 석관묘 2호

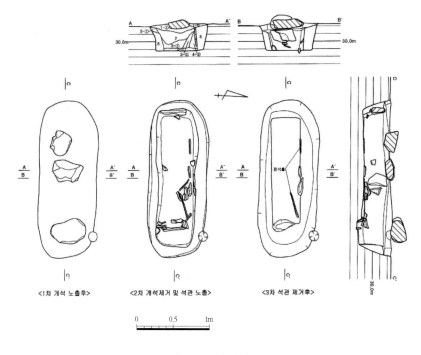

<1차 개석 노출후>　　　　<2차 개석제거 및 석관 노출>　　　　<3차 석관 제거후>

그림 9. 7구역 석관묘 3호

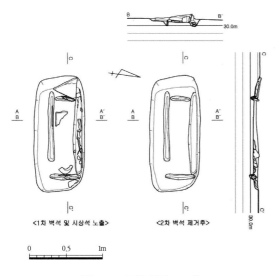

그림 10. 7구역 석관묘 4호

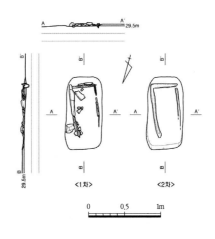

그림 11. 7구역 석관묘 5호

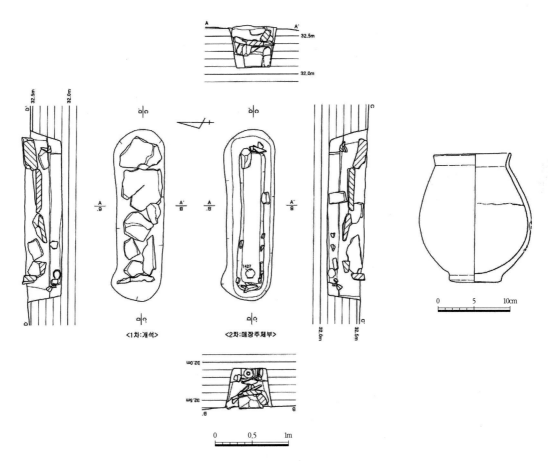

그림 12. 7구역 석개토광묘 1호 및 출토유물

60 달성 상리 유적

유적위치 대구광역시 달성군 상리 94번지, 142전 일원

유구 석관묘 1기, 석곽묘 1기

유물 석검, 석촉

참고문헌 영남문화재연구원, 2013, 『대구경북과학기술원 학위과정부지내 達城 上里 94遺蹟』
성림문화재연구원, 2013, 『대구경북과학기술원 학위과정부지내 達城 上里 Ⅰ區域 遺蹟-청동기·삼국·조선시대 생활 및 분묘』

　　유적의 입지는 비슬산에서 남서방향으로 내려오는 주능선의 말단부에 다시 여러 갈래로 갈라지는 가지능선의 정상부 일부분과 능선에서 남쪽으로 이어져 내려오는 능선 말단부의 계단식 경작지 일원에 해당하는 곳으로 구릉 사면부의 침식지형에 해당한다. 구릉말단부에 2-가·나구역이 위치하고, 남동쪽으로 떨어진 계단식 경작지에 1-가·나구역이 위치한다.

　　2-나구역에서는 석관묘 1기가 확인되었으며, 같은 구릉상에 인접하여 주거지 4기가 공반되어 위치하고 있다. 석관묘의 묘광 규모는 잔존길이 180㎝, 너비 145㎝이며, 매장주체부의 규모는 잔존길이 50㎝, 너비 57㎝, 잔존깊이 22㎝이다. 개석은 확인되지 않으며, 매장주체부의 벽석은 북단벽과 서장벽에서 1단만 확인된다. 바닥에서 시상은 확인되지 않는다. 석관묘 내부에서 출토된 유경식석검의 경우가 대구지역의 상동 지석묘군 석곽묘 6호에서 출토된 유경식석검과 거의 유사한 형태를 띠고 있어 청동기시대 후기의 유물로 보고자는 판단하고 있다.

　　1-가구역에서는 석곽묘가 1기 출토되었으며, 공반유구로 수혈주거지 1기가 조사되었다. 석곽묘 묘광의 규모는 길이 246㎝, 너비 115㎝, 깊이 28㎝이며, 내부 규모는 길이 161㎝, 너비 44㎝, 깊이 34㎝로 3단 정도의 벽석이 잔존한다. 벽석의 축조양상은 수적과 평적을 혼용하여 축조하였으며, 30㎝내외의 할석을 사용하여 뒷채움하였다. 바닥은 기반층을 정지하고 편평한 할석을 사용하여 부분적으로만 시상을 마련하였다. 유물은 석촉 6점만 출토되었는데 보고자는 석촉만으로는 석곽의 시기편년을 가늠하기 어려워 석촉과 공반되는 토기나 석검을 통해서 편년을 검토하고, 안재호의 삼분기법을 적용하여 청동기시대 후기 전반 정도로 추정하였다.

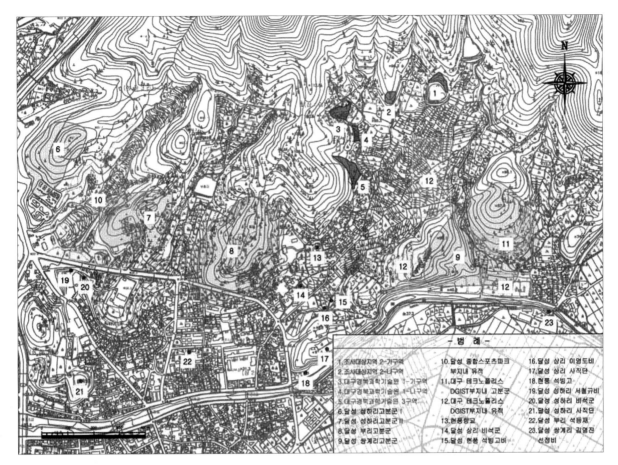

그림 1. 유적위치도

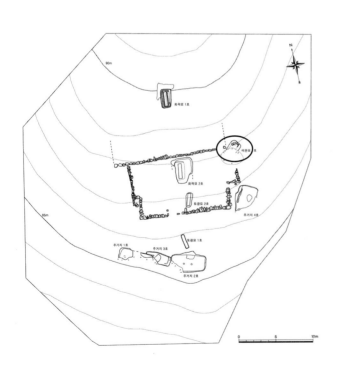

그림 2. 2-나구역 유구배치도(영문연)

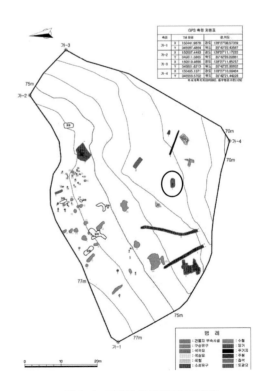

그림 3. 1-가구역 유구배치도(성림)

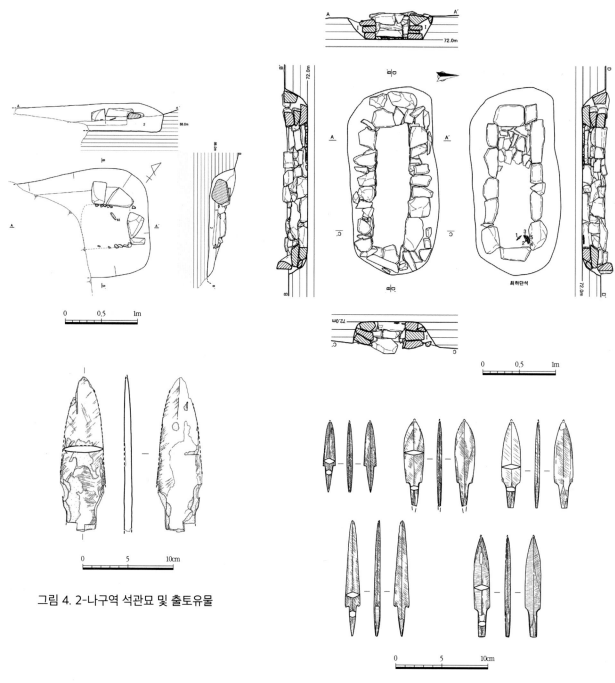

그림 4. 2-나구역 석관묘 및 출토유물

그림 5. 1-가구역 석곽묘 및 출토유물

61 달성 본리리 유적

유적위치 대구광역시 달성군 옥포면 본리리 1267번지 일원

유구 석관묘 1기

유물 없음

참고문헌 삼한문화재연구원, 2012, 『4대강 살리기 농경지리모델링 사업부지 내 達城 道同里·城下里·上下里·本里里·東谷里 遺蹟』

유적의 입지는 낙동강 중류에서 동안으로 930m 떨어져 있는 본리들에 해당하며, 대방산(해발 377m)에서 북쪽으로 뻗어내린 능선이 얕은 구릉의 능선 말단부 사면에 해당한다. 공반유구는 장방형 주거지 1기와 수혈 1기이다.

석관묘의 장축은 등고선과 평행한다. 묘광의 규모는 길이 167㎝, 너비 103㎝이고, 평면형태는 방형에 가깝다. 석관의 규모는 길이 68㎝, 너비 20㎝, 잔존깊이 15㎝이다.

벽석 축조양상은 묘광 바닥에 깊이 10㎝이상으로 홈을 낸 후 두께 5㎝ 전후의 장방형과 방형 판석을 사용하여 'ㅍ'자형으로 축조하였다. 부석(보강석)은 대부분 파손되어 확인되었다. 석관을 설치한 후 남편과 서편에 갈색사질점토를 10㎝ 정도 채우고 그 위에 길이 110㎝, 너비 83㎝ 크기의 석판을 얹어 보강하였다. 시상은 길이 57㎝, 너비 22㎝, 두께 4㎝ 크기의 판석 1매를 놓았다.

석관묘에서 유물은 출토되지 않았다. 인접한 주거지에서 출토된 무문토기 발은 무문이고 구연이 내만하며, 석촉은 일단경식으로 청동기시대 전기 후엽에 축조되었다고 보고자는 판단하고 있다. 이를 근거로 석관묘 역시 비슷한 시기에 축조되었을 것으로 추정하고 있다.

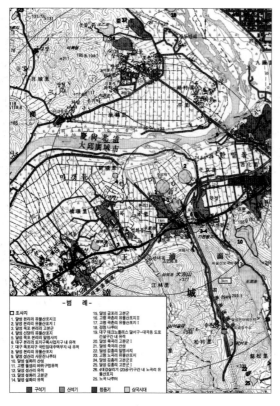

그림 1. 유적위치도 1

그림 2. 유적위치도 2

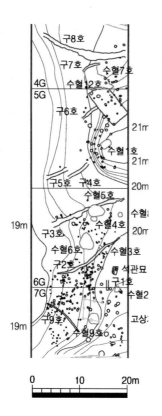

0   10   20m

그림 3. 유구배치도

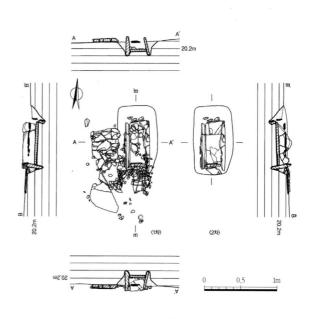

그림 4. Ⅰ-2구역 석관묘

62 달성 설화리 유적

유적위치 대구광역시 달성군 화원읍 설화리 556-5번지 일원

유구 석관묘 1기

유물 관옥

참고문헌 영남문화재연구원, 2014, 『달성 설화리고분군Ⅱ』

유적의 동남쪽으로 비슬산맥의 주봉인 비슬산과 청룡산, 상성산 등의 높은 산지가 위치하며, 북쪽으로 길게 이어지는 구릉부에 해당한다. 구릉의 동편에는 명곡천이 구릉 기저부를 따라 북쪽으로 굽이쳐 천내천과 합류하여 낙동강에 유입되고 있다.

이 일대는 삼국시대 고분군이 위치하고 있는 곳으로 7차례에 걸쳐 시·발굴 조사가 이루어진 곳이다. 삼국시대 중소형의 봉토분과 석실, 석곽묘가 조성되어 있으며, 청동기시대 유구는 유일하게 석관묘 1기만이 확인된 유적이다.

석관묘는 등고선과 평행하게 축조되었다. 개석은 남아있지 않으며, 묘광의 규모는 길이 152㎝, 너비 98㎝, 깊이 36㎝이다. 석관의 규모는 길이 59㎝, 너비 20㎝, 높이 28㎝이다. 석관의 축조양상은 바닥에 판석을 깔고 그 위에 판석 4매를 사용하여 'ㅍ'자형으로 네 벽을 세우고, 묘광과 석관 사이를 소형 천석으로 채웠다. 유물은 바닥에서 관옥 1점이 출토되었다.

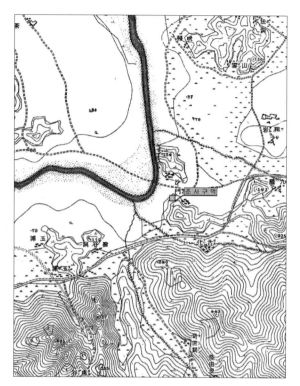

그림 1. 유적위치도 1

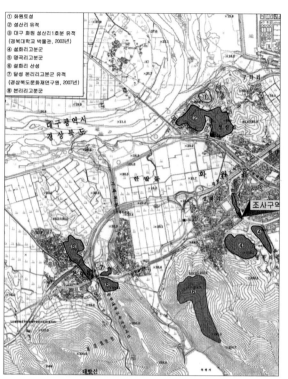

그림 2. 유적위치도 2

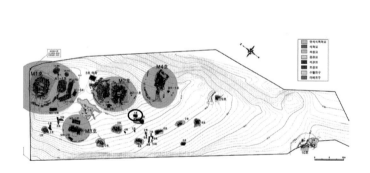

그림 3. 유구배치도

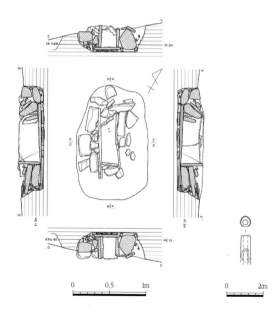

그림 4. 석관묘 1호 및 출토유물

63 고령 어곡리 유적

유적위치 고령군 성산면 어곡리 225-2번지

유구 석관묘 3기

유물 없음

참고문헌 大東文化財研究院, 2007,『高嶺 於谷里 225-2遺蹟-高靈 星山面 保健支所 建立敷地內 遺蹟 試·發掘調査報告書-』

유적은 고령군 성산면사무소의 북쪽 담장과 접한 경작지에 위치한다. 성산면사무소 주변의 지형을 보면 유적은 제석산(387m)의 주능선이 북쪽으로 진행하면서 형성한 급격한 골짜기의 개구부에 해당하며, 이 계곡부의 유수작용으로 인해 자갈과 모래로 형성된 작은 선상지의 선앙부에 해당한다.

석관묘는 유적의 남쪽 해발 22m에서 3기가 확인되었는데 대략 2.5~3m 정도 서로 이격되어 분포하고 있다. 석관묘는 구의 안쪽에 해당하는 유적의 남서편에 모두 조성되어 있는데 구의 진행방향과 나란하게 남북방향으로 분포하고 있다.

석관묘 3기 모두 개석이 덮힌 양호한 상태로 확인되었다. 축조방법을 보면 묘광을 굴착한 후 판석을 수적하여 벽석을 축조한 경우와 할석과 천석을 혼용하여 평적 또는 수적을 한 경우로 나누어 볼 수 있다. 1·2호는 판석을 세운 상형에 해당하고, 3호는 할석과 천석을 혼용한 석축형으로 볼 수 있다. 바닥은 별다른 시설없이 기반층을 그대로 이용하였다.

1호의 경우 석관묘를 중심으로 환형의 석렬이 확인되었고, 2호에서는 남단벽의 보강석과 맞물려 구획시설로 추정되는 석렬이 확인되었다.

3기의 석관묘에서 출토된 유물은 없다.

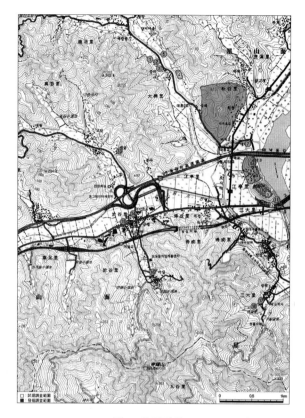

그림 1. 유적위치도 1

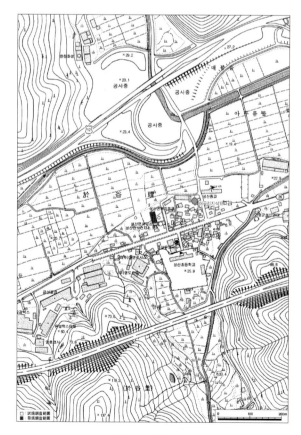

그림 2. 유적위치도 2

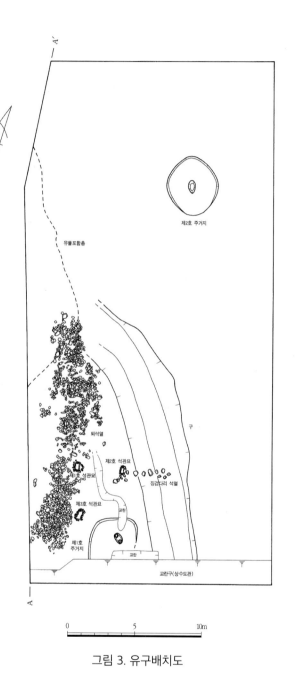

그림 3. 유구배치도

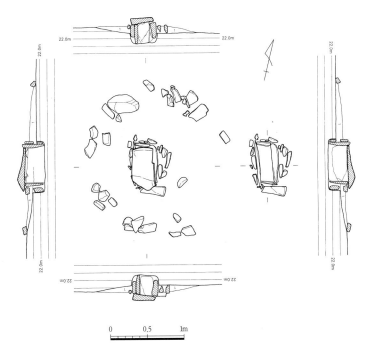

그림 4. 석관묘 1호

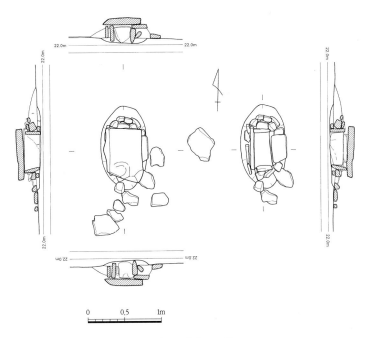

그림 5. 석관묘 2호

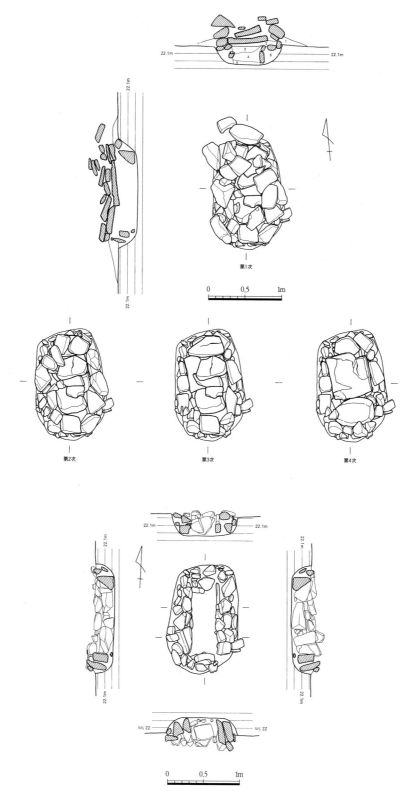

第1次

0   0.5   1m

第2次   第3次   第4次

그림 6. 석관묘 3호

0   0.5   1m

64 고령 대흥리 유적

유적위치 고령군 성산면 대흥리 191-1전 일원
유구 석관묘 1기
유물 없음
참고문헌 경상북도문화재연구원, 2007, 『高嶺 大興里遺蹟』

고령군 다산면 방면으로 이어지는 905번 지방도를 타고 가다보면 박곡리 고분군이 위치하는 원동마을에 이르게 되는데 유적은 원동마을의 서편으로 흐르는 용소천의 중상류에 위치하는 박곡리 중리마을의 맞은편 속칭 새방골에 위치한다. 유적의 입지는 낙동강의 지류인 용소천 주변의 배후습지와 산사면 하단부에 해당한다.

석관묘는 구릉의 서사면 말단부 해발 42.0m 지점에서 등고선과 나란하게 1기가 확인되었다. 청동기시대 유구 중 수혈유구·집석유구·구상유구 등은 주로 조사대상지의 서쪽 사면에 밀집되어 분포하고 있는 반면 석관묘는 이와 동떨어져 북쪽에 위치한다.

석관묘는 대부분 유실되어 동장벽만 남아 있는 상태로 할석과 판석을 세워서 축조하였다. 판석재 바닥석이 부분적으로 확인된다. 석관묘의 상부에는 길이 3m 규모의 역암괴석이 확인되었는데 지표조사 시 박곡리 지석묘로 알려진 것이다. 보고자는 암괴의 경도가 무르며 암괴 옆에 석관묘가 축조된 것으로 보아 지석묘의 상석보다는 지석묘의 효과를 나타내기 위해 설치한 것으로 보았다.

석관묘 내부에서 출토된 유물은 없으나 구 및 집석 등에서 무문토기저부, 홍도, 석도, 박편 등이 다량 확인되었다.

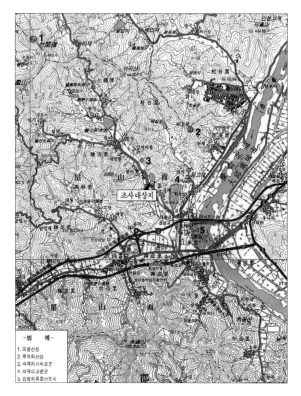

그림 1. 유적위치도 1

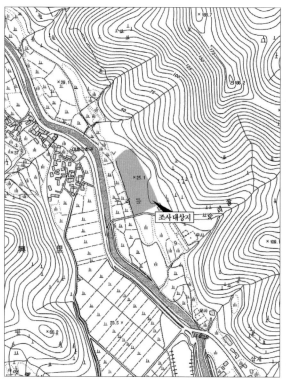

그림 2. 유적위치도 2

그림 3. 유구배치도

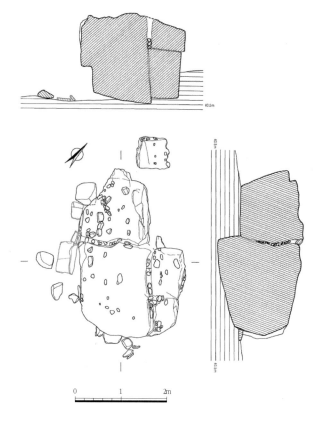

그림 4. 석관묘(1:80)

65 고령 봉평리 601-3번지 유적

유적위치   고령군 운수면 봉평리 601-3번지

유구   석관묘 3기

유물   방추차

참고문헌   大東文化財研究院, 2007, 『高嶺 鳳坪里 601-3遺蹟-高靈 雲水面 保健支所 移轉 新築敷地內 遺蹟 試·發掘調査報告書-』

유적은 운수면소재지 내에 위치한 운수초등학교 남쪽에 자리한 충적대지에 입지하고 있다. 대가천의 하류지역에 속하는 운수면 일대의 하천은 자연제방이 잘 발달되어 있고, 완만한 경사에 유속이 느리며 하천의 폭이 넓어져 홍수 등 범람으로부터 상대적으로 안정적인 지점에 해당한다. 유적이 위치하는 순평들은 운수면 일대에서 가장 넓은 농경지를 형성하고 있다. 이러한 충적지 주변 및 낮은 구릉을 중심으로 선사시대 유적이 다수 확인되고 있는데 인근 유적으로 봉평리 석기제작장, 봉평리 지석묘 I·II가 위치한다. 특히 조사대상지 북쪽으로 인접해 유존하는 봉평리 지석묘II의 경우 1999년 경상북도문화재연구원에서 발굴조사한 결과 청동기시대 지석묘 상석 1기, 석관묘 4기, 수혈, 구상유구가 확인되었고 석검, 석촉, 미완석기, 무문토기편 등이 출토되었다.

석관묘는 유적의 북동쪽에서 3기가 확인되었는데 봉평리 지석묘II에서 확인된 지석묘 및 석곽묘군과 동일한 군을 이루며 위치하고 있다. 3기의 장축방향은 서로 직교하고 해발 38m 지점에서 확인되었다.

석관묘는 3호가 가장 잔존상태가 양호하고 평면형태는 말각장방형이다. 축조방법을 보면 묘광을 굴착한 후 묘광의 가장자리를 따라 홈을 파고 판상석을 세워 벽석을 축조하였으며, 바닥에는 판석을 깔아 시상을 마련하였다. 벽석의 홈은 내부에 기반층의 흙을 다져 넣어 홈의 윤곽선은 잘 확인되지 않는다. 동단벽은 축조 시 의도적으로 비스듬하게 설치한 것으로 생각된다. 묘광과 벽석 사이에는 작은 할석을 채워 넣어 보강하였다. 상부에는 개석이 6매 확인되었는데 5매를 잇대어 전면을 덮은 후 1매는 개석의 상면을 맞추고자 의도적으로 놓은 것으로 보인다.

석관묘 내부에서 출토된 유물은 없으나 북동모서리 부분의 보강토에서 석제방추차 1점이 출토되었다. 석곽묘의 내부에서 확인된 목탄의 연대측정 결과 방사성탄소연대는 2830±50BP로 측정되었다.

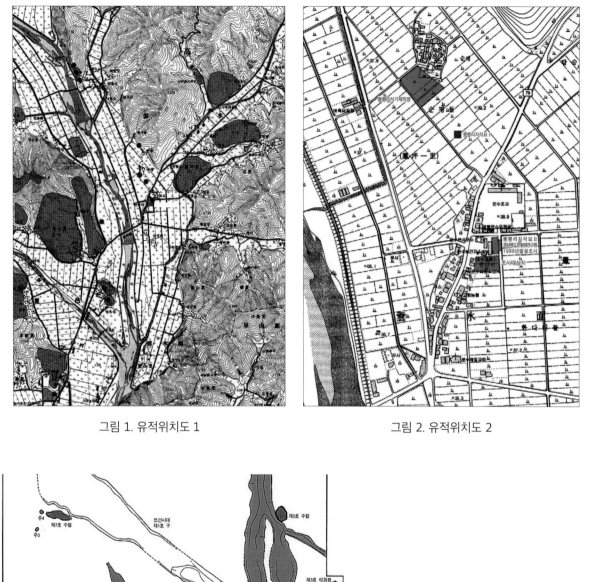

그림 1. 유적위치도 1

그림 2. 유적위치도 2

그림 3. 유구배치도1(1: 고령 봉평리 601-3번지 유적, 2: 고령 봉평리 지석묘Ⅱ)

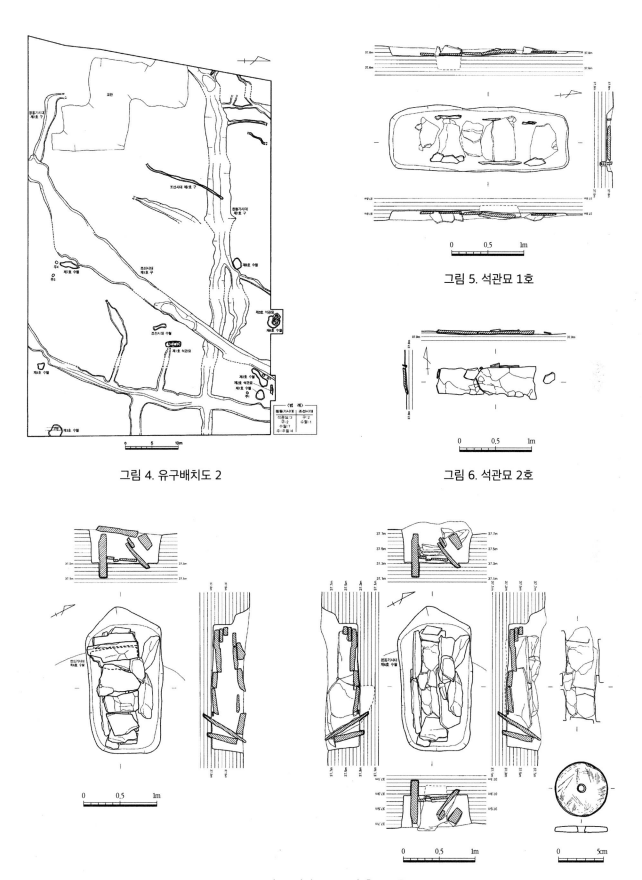

그림 4. 유구배치도 2

그림 5. 석관묘 1호

그림 6. 석관묘 2호

그림 7. 석관묘 3호 및 출토유물

66 칠곡 심천리 유적

유적위치 칠곡군 지천면 창평리 산100-2번지 일원

유구 석관묘 1기, 목관묘 2기

유물 점토대토기, 흑도장경호, 석검, 석촉, 세형동검, 검파두식

참고문헌 慶尙北道文化財研究院, 2004,『漆谷 京釜高速鐵道 建設區間 漆谷 深川里遺蹟發掘調査報告書-木槨墓 外(本文)-』
경상북도문화재연구원, 2013,『경부고속철도 대구도심 변경구간 내 칠곡 심천리유적 II -목관·목곽묘-』

유적은 칠곡군 지천면사무소에서 북동쪽으로 약 1㎞ 떨어진 해발 80m 내외의 남북으로 길게 뻗은 구릉 상에 위치한다. 유적의 서쪽과 동쪽에는 이언천과 소하천이 'U'자 형태로 합류하여 낙동강으로 남류한다. 특히 유적이 확인된 구릉의 남서단과 인접하여 경상북도 기념물 제29호인 신동입석이 남아 있으며, 이언천 건너편 충적대지에는 신리 지석묘군이 위치하고 있다.

유적이 위치한 구릉사면에는 삼국시대 고분군이 대규모로 조영되어 있으며, 1차 발굴조사 시 석관묘와 목관묘 각 1기가, 2차 조사 시 목관묘 1기가 확인되었다.

석관묘는 해발 67m 정도 구릉의 서사면에서 등고선과 나란하게 1기가 확인되었다. 후대에 조성된 목곽묘와 석곽묘로 인해 대부분 유실되어 바닥에서 묘광의 흔적만 확인되었고, 벽석으로 보이는 판석 1매가 확인되어 석관묘로 추정된다. 유물은 중복조성된 목곽묘의 단면조사 중 북단벽쪽 하부에서 마제석검 1점이 확인되었고, 석검에서 남쪽으로 60㎝ 떨어져 마제석촉 12점이 군을 이루어 출토되었다. 출토유물로 보아 석관묘의 조성 시기는 청동기시대 전기로 추정된다.

1차 발굴조사 시 확인된 목관묘 1호는 구릉의 남쪽 말단부와 인접해 해발 59.4m 선상에서 확인되었다. 등고선과 거의 직교되게 설치되었고, 석관묘가 확인된 위치에서 남동쪽으로 직선거리 상 약 198m 정도 떨어져 위치한다. 목관의 흔적은 확인되지 않으며, 북서단벽쪽에서 원형점토대토기와 흑도장경호가 각 1점 씩 나란히 출토되었다. 보고자는 목관묘의 연대를 B.C. 3~2C대로 보고 있다.

2차 발굴조사 시 확인된 목관묘 1호는 구릉의 남쪽 능선 중앙의 남동사면 해발 74m 선상에서 확인되었다. 유구는 등고선과 거의 직교되게 설치되었고, 인접하여 삼국시대 목곽·석곽묘가 확인되었다. 목관의 흔적은 확인되지 않으며, 유물은 유구의 남동쪽에서 세형동검 및 검파두식이 각 1점씩 확인되었다.

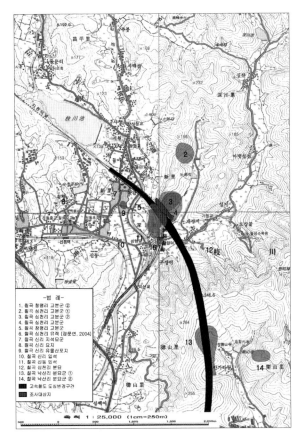

그림 1. 유적위치도 1

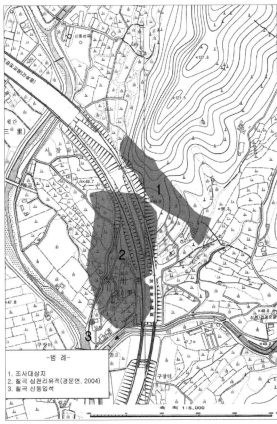

그림 2. 유적위치도 2

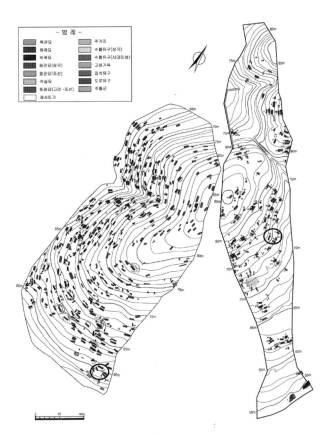

그림 3. 유구배치도

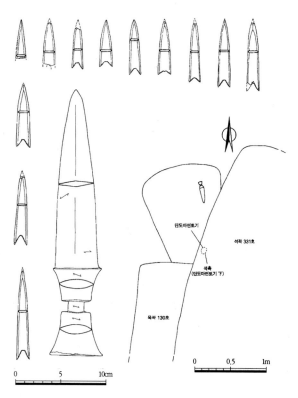

그림 4. 1차 석관묘 1호

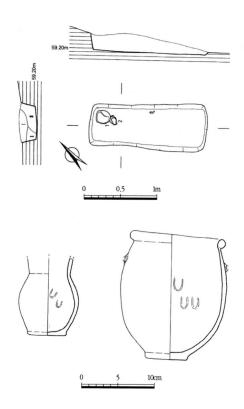

그림 5. 1차 목관묘 및 출토유물

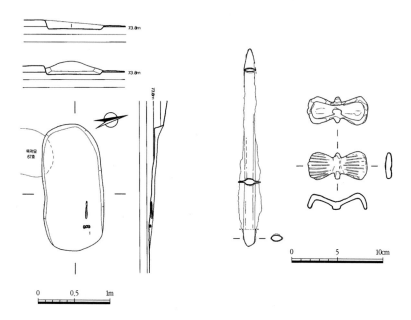

그림 6. 2차 목관묘 및 출토유물

67 칠곡 낙산리 유적

유적위치	칠곡군 왜관읍 낙산리 361번지 일원
유구	석관묘 3기
유물	적색마연토기, 석촉
참고문헌	韓國文化財保護財團, 2007,『倭館 洛山里遺蹟Ⅰ-倭館 一般地方産業2團地 建設敷地內 發掘調査-』

칠곡 낙산리 유적은 2003~2004년 왜관 일반지방산업2단지 건설공사에 따라 한국문화재보호재단에 의해 발굴조사 되었다. 유적은 왜관읍 낙산리 가실마을의 북동쪽 구릉사면에 위치하며 금무산(268.4m)의 지맥 중 낙동강변과 인접하여 위치하는 무덤산(146m)의 남쪽 말단에서 확인되었다.

석관묘는 Ⅰ지구 해발 41~48m 정도의 완만한 구릉의 서사면에서 등고선과 나란하게 3기가 확인되었다. 1·2호는 청동기시대 주거지 1동과 함께 각각 2m 가량 떨어져 밀집분포하지만 3호는 남쪽으로 대략 47m 떨어져 위치한다. 이외 Ⅰ지구 발굴조사 결과 주변에는 삼국~통일신라시대 석실묘와 조선시대 토광묘가 다수 분포한다.

석관묘의 평면형태는 장방형으로 판석재를 이용해 벽석을 축조하였고, 바닥에는 시상석이 일부 확인되었다. 3기 모두 잔존상태가 양호하지 못하다.

유물은 2·3호에서 총 34점이 출토되었다. 2호에서는 북단벽쪽 바닥과 상부에서 무경식석촉 17점이 출토되었고, 3호에서는 바닥 중앙의 서쪽에서 유경식석촉 2점과 무경식석촉 11점, 상부에서 적색마연토기 구연부편 1점과 무경식석촉 3점으로 총 17점이 출토되었다. 출토유물로 보아 석관묘의 조성 시기는 청동기시대 전기로 추정된다.

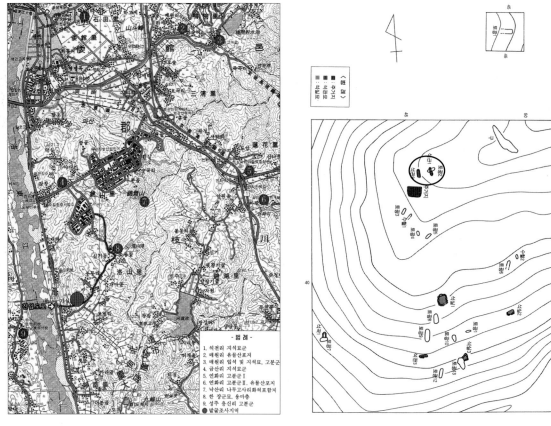

그림 1. 유적위치도

그림 2. 유구배치도

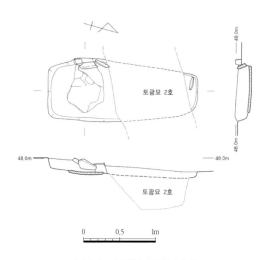

그림 3. Ⅰ지구 석관묘 1호

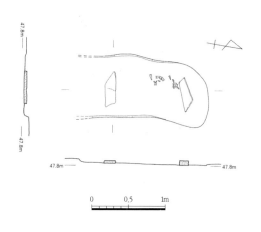

그림 4. Ⅰ지구 석관묘 2호

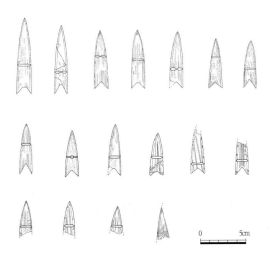

그림 5. Ⅰ지구 석관묘 2호 출토유물

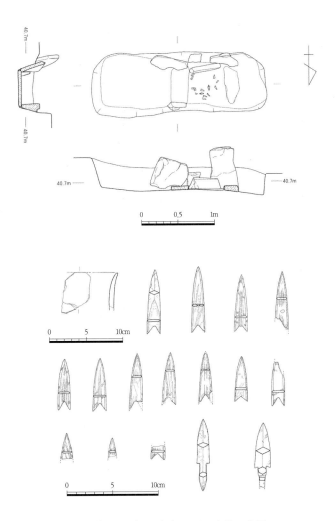

그림 6. Ⅰ지구 석관묘 3호 및 출토유물

68 칠곡 남율리 유적

유적위치 칠곡군 석적읍 남율리 3-2번지 일원

유구 석관묘 1기

유물 없음

참고문헌 慶北科學大學博物館, 2009, 『漆谷 南栗里 2宅地 開發地區內 文化遺蹟 發掘調査 報告書』

유적은 석적읍 사무소에서 북쪽의 구미방향으로 대략 1.5km 떨어진 해발 300m 전후의 낮은 산지로 둘러싸여 있는 곡간분지에 위치하고 있다. 유적의 서편에는 약 700m 떨어져 낙동강이 남류하고, 강변을 따라 경부고속도로와 왜관과 구미를 연결하는 67번 지방도가 위치한다.

시굴조사 시 청동기시대 추정지석묘 12기가 확인되었고, 당초 이 일대는 문화유적 분포지도상의 남율리 지석묘군①·②가 유적 내 분포하고 있는 것으로 확인된 바 있다.

2개소를 발굴조사한 결과 석관묘는 남율교회 북쪽 독립구릉의 남사면인 Ⅰ구역에서 확인되었다. Ⅰ구역은 남율리 지석묘군①이 위치하던 곳으로 당초 확인되었던 청동기시대 추정지석묘 2기는 조사결과 제 위치에서 이동된 것으로 판명되었고, 인접 조성된 석관묘의 상석일 가능성이 높으나 단언하기 어렵다고 보고자는 보았다.

석관묘는 해발 43.2m 정도 구릉의 정부를 약간 벗어난 남서사면에서 등고선과 나란하게 1기가 축조되었다. 석관묘의 평면형태는 말각장방형으로 묘광을 판 후 판석재를 이용해 벽석을 축조하였고, 묘광과 벽석 사이에는 할석을 이용하여 채워 넣었다. 시상은 판석과 역석을 이용하여 조성하였다. 시상 아래 바닥에는 별다른 시설이 확인되지 않았다.

남율리 지석묘군②에 해당하는 Ⅱ구역을 발굴조사한 결과 청동기시대 지석묘 상석으로 추정되었던 10기는 제 위치에서 이동된 것으로 확인되었다.

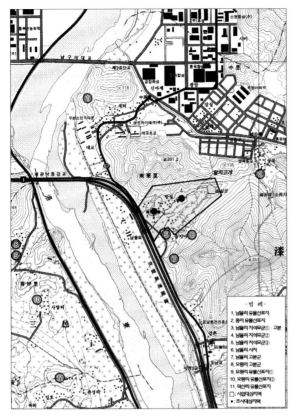

그림 1. 유적위치도 1

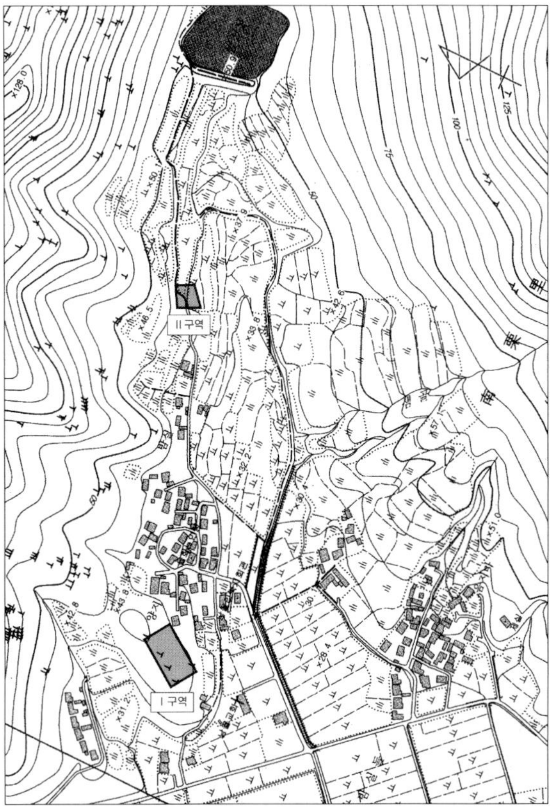

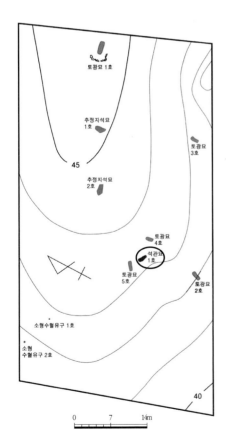

그림 3. Ⅰ구역 유구배치도

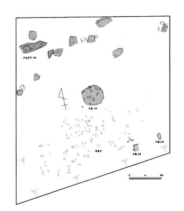

그림 2. 유적위치도 2

그림 4. Ⅱ구역 유구배치도

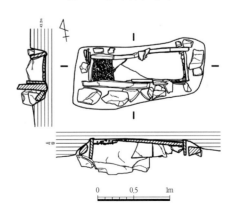

그림 5. Ⅰ구역 석관묘 1호

69 구미 봉산리 유적

유적위치 구미시 산동면 봉산리 917-6번지 일원

유구 석관묘 4기

유물 미완성석검, 방추차

참고문헌 嶺南文化財研究院, 2004,『龜尾國家産業團地 第4團地 造成事業敷地內 龜尾 鳳山里 1遺蹟』

구미국가산업단지 제4단지 조성에 따라 발굴조사된 유적으로 총 3개 구역을 발굴조사한 결과 Ⅱ구역에서 청동기시대 석관묘 4기가 확인되었다.

유적은 구미시 산동면 봉산 2리 조사마을과 봉림마을 사이에 형성된 야트막한 구릉의 산정부 및 동쪽 경사면, 구릉 하단의 경작지에 조성되어 있다. 유적의 남쪽에는 한천이 동쪽에서 서쪽으로 흐르고 그 양안에 곡간평야가 넓게 펼쳐져 있다.

Ⅱ구역은 조사마을과 봉림마을 사이에 북서쪽에서 남동쪽으로 돌출한 능선의 정선부와 동쪽 사면에 위치한다. 석관묘는 모두 등고선과 나란하게 조성되었고, 벽석은 할석을 이용하여 수적 또는 수적과 평적을 혼용하여 축조하였다. 바닥은 자갈 또는 편평할석을 이용하여 시상을 마련하였다. 14호의 경우 동단벽쪽 바닥을 약간 높이 축조하여 두침의 역할을 하도록 시상을 조성하였다.

유물은 14호에서 미완성석검 1점이 남장벽쪽에서 확인되었고, 20호에서 방추차 1점이 남동모서리에서 출토되었다.

그림 1. 유적위치도 1

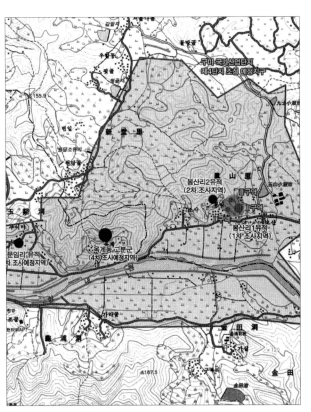

그림 2. 유적위치도 2

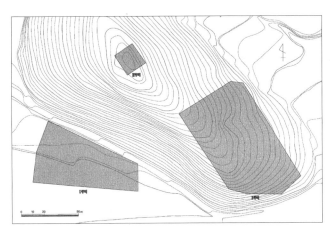

그림 3. 조사구역도

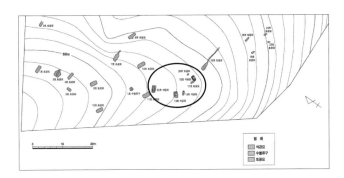

그림 4. Ⅱ구역 유구배치도

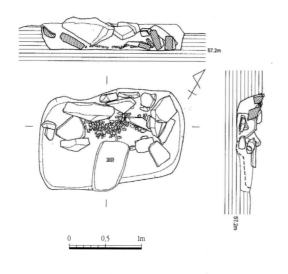

그림 5. Ⅱ구역 석관묘 13호

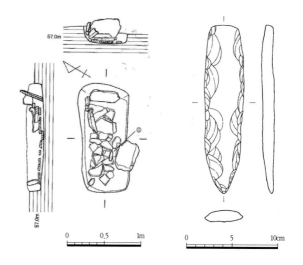

그림 6. Ⅱ구역 석관묘 14호 및 출토유물

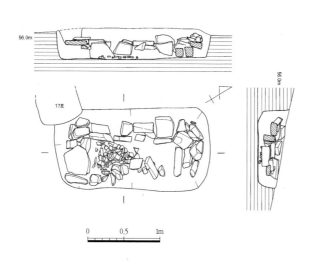

그림 7. Ⅱ구역 석관묘 15호

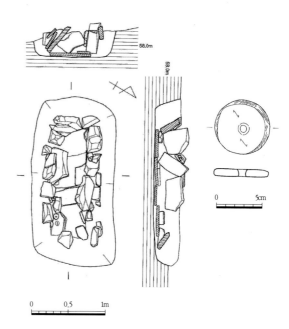

그림 8. Ⅱ구역 석관묘 20호 및 출토유물

70 구미 월곡리 유적

유적위치 구미시 해평면 월곡리 산 47-2번지 일원

유구 토광묘 2기

유물 적색마연토기, 석검, 석촉

참고문헌 慶尙北道文化財硏究院, 2004,『海平-桃開間 國道25號線 擴·鋪張工事區間內 海平 月谷里遺蹟』

유적은 조명산(145.1m) 남쪽 능선 최말단부로 조명산 일대는 월곡리 고분군으로 알려져 있다. 유적이 위치하는 월곡리 주변은 남류하는 낙동강의 동안에 접하고 있으며, 동편에 위치하는 냉산의 가지 능선들이 서쪽으로 흘러 능선의 말단부는 낙동강과 접하고 있다. 낙동강의 동안에는 낙동강의 범람으로 형성된 넓은 경작지가 형성되어 있고, 냉산의 가지 능선 사이의 곡간지에는 곡간평야가 형성되어 있다.

청동기시대 토광묘는 구릉의 말단부에 조영되어 있는 삼국시대 석실묘의 봉토 아래 해발 59m 정도의 생토면에서 확인되었다. 2기는 49㎝ 정도 떨어져 등고선과 직교되게 나란히 조성되었다.

토광묘의 축조방식을 살펴보면 기반층인 풍화토를 굴착하여 묘광을 조성한 후 바닥에는 할석을 이용하여 시상을 마련하였고 벽석을 쌓기보다는 세우거나 가로로 놓아 채워 넣은 것으로 보인다.

1호에서 확인된 유물은 북단벽쪽 시상 주변에서 마제석검 1점과 마제석촉 6점, 남동모서리 부분에서 적색마연토기 1점이 출토되었다. 2호에서는 남동모서리에서 적색마연토기 1점, 유구의 중앙에서 마제석촉 6점이 출토되었다.

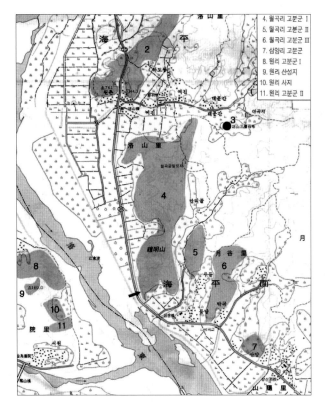

그림 1. 유적위치도 1

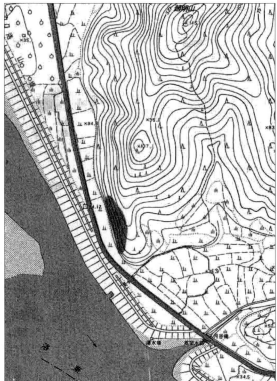

그림 2. 유적위치도 2

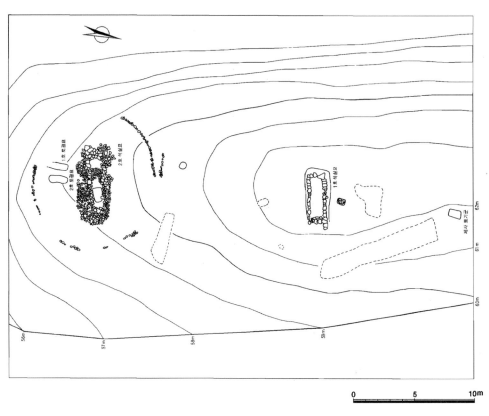

그림 3. 유구배치도

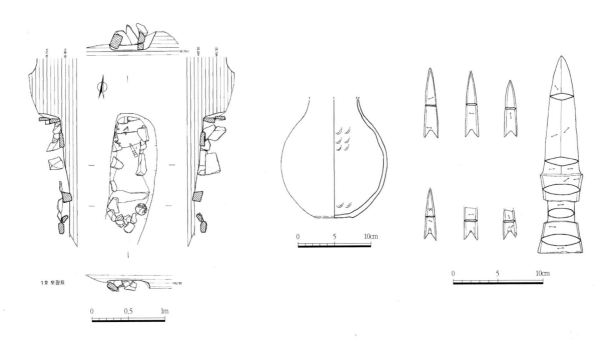

그림 4. 토광묘 1호 및 출토유물

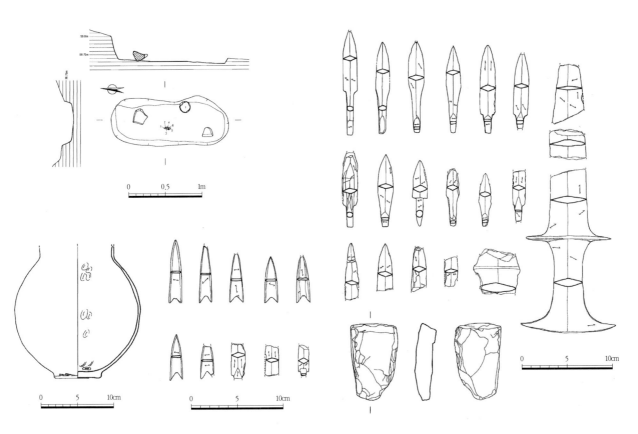

그림 5. 토광묘 2호 및 출토·채집유물

VII. 낙동강 상류역

71 김천 신촌리 유적

유적위치 김천시 농소면 신촌리 산9번지 일원

유구 토광묘 2기

유물 적색마연토기, 석검, 석촉, 석부, 석창

참고문헌 中央文化財研究院, 2008, 『京釜高速道路 金泉休憩所 建立敷地內 金泉 新村里 遺蹟』

유적은 동쪽으로 율곡천이 남쪽에서 북쪽으로 흐르다 북쪽에서 동류하는 감천과 합류하는 지점의 남쪽에 형성되어 있는 가지능선에 해당한다. 남쪽에는 경부선 철도가 지나가고 있다.

총 4개소를 발굴조사한 결과 신촌리유적 I 에서 청동기시대 토광묘 2기가 확인되었다. 신촌리유적 I 은 북쪽의 무명산에서 남쪽과 서쪽으로 뻗어 내린 3개의 가지능선 중에서 가장 동쪽에 위치한 능선에 해당한다.

토광묘는 남쪽으로 뻗어 내린 능선의 평탄면에서 확인되고, 해발 99m에 등고선 방향과 나란하게 조성되었다. 2기는 대략 10m 정도 떨어져 확인되고, 내부에서 소량의 할석이 확인되나 정연한 벽석이 확인되지 않아 토광묘로 명명되었다.

1호는 남장벽의 중앙에서 편평한 할석이 1매 세워진 상태로 확인되었고, 양단벽 바닥에는 편평한 할석이 각 1매씩 놓인 상태로 확인되었다. 유물은 남동모서리에서 호형토기 1점, 서단벽쪽에서 석부 1점, 남동쪽에서 석촉 1점과 서단벽쪽에서 석촉 2점, 중앙부에서 약간 동쪽으로 치우쳐 석검편 1점이 출토되었다.

2호는 경사면 아래쪽이 유실된 상태로 확인되었고, 남장벽의 중앙에는 판석 1매가 세워진 상태로 확인되었다. 바닥에는 양단벽쪽에 편평한 할석이 각 1매씩 확인되었다. 유물은 북장벽 중앙부에서 서쪽으로 치우쳐 석창 1점과 남장벽 중앙부에서 서쪽으로 치우쳐 석부 1점이 출토되었다.

그림 1. 유적위치도 1

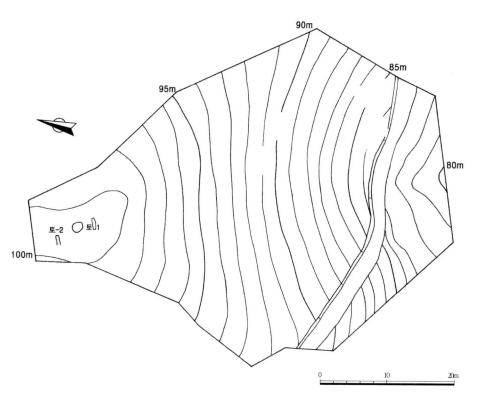

그림 2. 유적위치도 2

범 례
① 도감정운현 불망비
② 덕촌리 고분군
③ 감문산성지·봉수지
④ 광천리 고분군
⑤ 계림사
⑥ 동부리 고분군
⑦ 양천리 유물산포지
⑧ 계림향교 대성전
⑨ 동부리 유물산포지 Ⅰ
⑩ 동부리 유물산포지 Ⅱ
⑪ 동부리 마애석불입상
⑫ 서부리 3층석탑
⑬ 서부리 유물산포지 Ⅰ
⑭ 서부리 유물산포지 Ⅱ
⑮ 대신리 유적 Ⅰ
⑯ 초곡리 고분군 Ⅰ
⑰ 초곡리 고분군 Ⅱ
⑱ 대광동 고분군 Ⅰ
⑲ 대광동 고분군 Ⅱ
⑳ 초곡리 유적
㉑ 용전리 유적 가
㉒ 용전리 유적 나

그림 3. Ⅰ구역 유구배치도

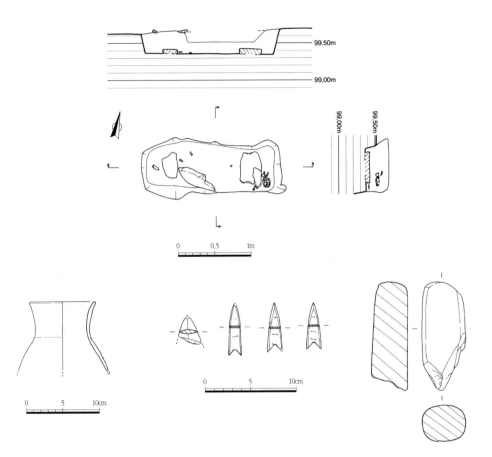

그림 4. Ⅰ구역 토광묘 1호 및 출토유물

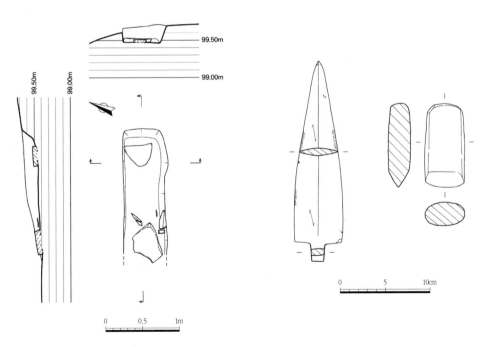

그림 5. Ⅰ구역 토광묘 2호 및 출토유물

72 김천 옥율리 유적

유적위치 김천시 어모면 옥율리 일원

유구 토광묘 1기

유물 석검, 석촉

참고문헌 中央文化財研究院, 2008,『金泉-禦侮間 國道擴張工事區間內 金泉 玉栗里·南山里遺蹟』

유적이 위치하는 김천시 어모면 옥율리 일원은 동쪽에 국도 3호선과 경부선 철도가 남북방향으로 지나가고 서쪽에 문암봉(589.7m)이 솟아 있으며, 옥율리유적 주변에는 경작지인 갯들이, 남쪽에는 오파지가 위치하고 있다.

옥율리유적은 총 3개의 구역이 발굴조사되었고, 그 중 다지구에서 청동기시대 토광묘 1기가 확인되었다.

토광묘는 능선의 중앙 해발 122~123m 사이에 등고선 방향과 직교되게 조성되었다. 평면은 북단벽쪽이 유실되었으나 장방형으로 추정된다. 유구의 바닥 중앙에는 할석 3매가 무질서하게 확인되었고, 남서모서리 부분에는 소토가 일부 확인되었다.

유물은 남동모서리 주변에서 석검편 1점, 북장벽 서쪽에서 석촉편 1점이 출토되었다.

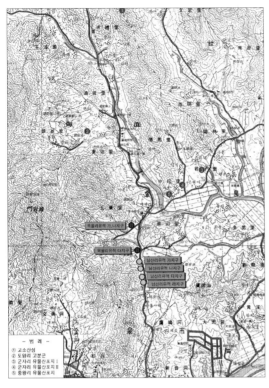

그림 1. 유적위치도 1

그림 2. 유적위치도 2

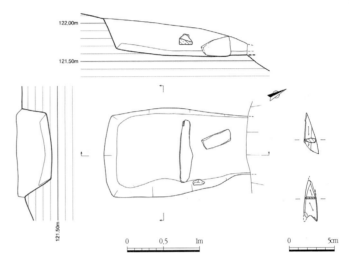

그림 3. 다지구 토광묘 1호 및 출토유물

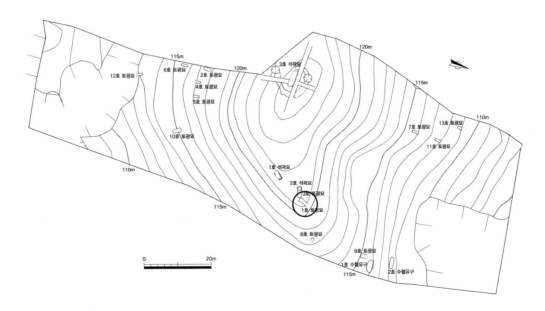

그림 4. 다지구 유구배치도

73 김천 문당동 유적

유적위치 경상북도 김천시 문당동 266번지 일대
유구 목관묘 1기
유물 흑도장경호, 주머니옹, 석검, 지석, 용도미상석기, 천하석제소옥, 요령식동검
참고문헌 경상북도문화재연구원, 2008, 『김천 문당동 유적』

유적은 구릉성 산지와 평야, 하천이 있어 생활하기 적합한 지형으로 원지형 훼손이 심하다. 조사지 주변으로는 삼락동 지석묘, 문당동 지석묘, 예지리 지석묘 등이 있다.

유구는 구릉의 말단부에 위치한다. 목관묘는 II지구에서 확인되었으며, 동시기의 유구가 유존할 가능성이 있어 현상보존지구로 설정되었다. 목관묘는 묘광을 굴착 후 목관을 안치하고 상부에 목개를 덮은 후 봉토를 쌓은 것으로 추정한다.

청동기시대 후기에 조영된 목개목관묘는 서단벽과 남장벽에 목개편이 'V'자상으로 함몰된 상태로 목관에 걸쳐있다가 2차에 걸쳐 함몰된 것으로 추정된다. 묘광과 목관 사이에 목개편이 확인되는 것으로 보아 묘광과 목관 사이에 빈공간이 있었고, 함몰되면서 편들이 빈 공간에 떨어진 것으로 본다. 목관의 부식토인 회백 색의 니질점토가 평면과 단면에서 확인된다. 단면상으로 보면 함몰토의 토압에 의해 밀려든 것을 볼 수 있다.

유물은 흑도장경호와 주머니옹은 북장벽 부근 목개 상부 봉토, 석검과 석제품은 서단벽쪽 모서리 부근의 목개 상면에서 출토되었다. 천하석제소옥은 서단벽 아래쪽 목관 상면, 요령식동검은 피장자의 우측 대퇴골부쪽 부근 목관 부식흔 상면에서 출토되었다.

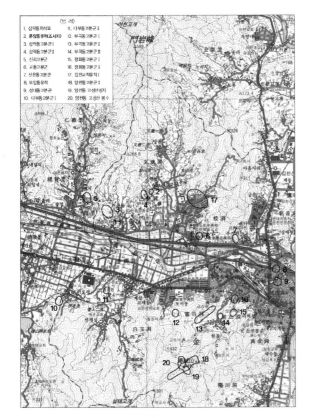

그림 1. 유적위치도 1

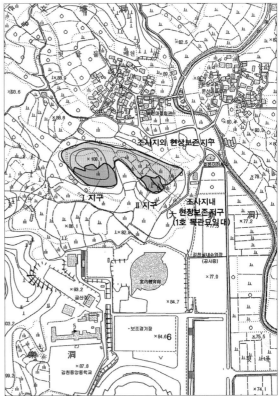

그림 2. 유적위치도 2

그림 3. Ⅱ지구 유구배치도

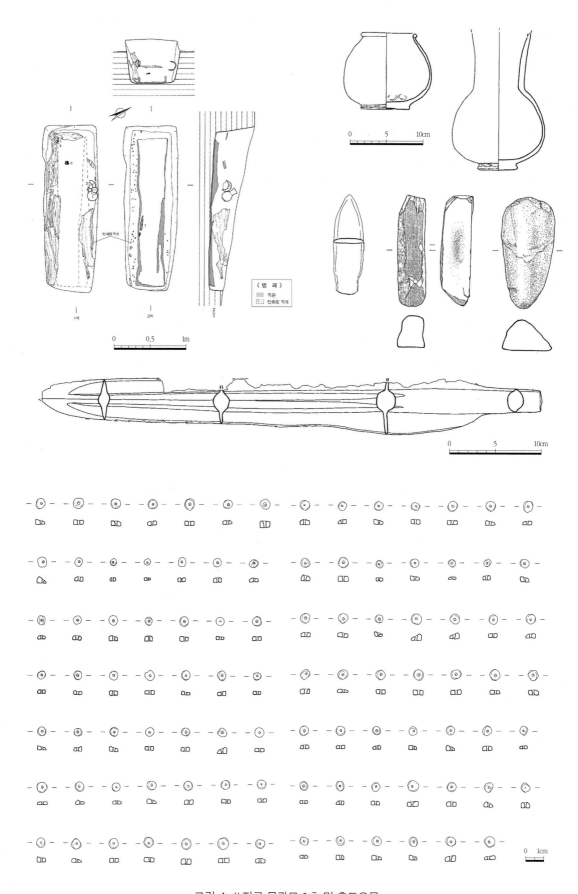

그림 4. Ⅱ지구 목관묘 1호 및 출토유물

74 김천 신옥리 유적

유적위치	김천시 부항면 신옥리 산31번지 일원
유구	지석묘 2기
유물	적색마연토기, 무문토기
참고문헌	大東文化財研究院, 2012,『金泉 新玉里支石墓-金泉 釜項多目的댐 建設敷地內 (第2-1·8區域) 遺蹟 試·發掘調查報告書(第5卷)-』

유적은 대덕면 조룡리와 지례면 신옥리의 경계를 이루는 옥소봉에서 부항천을 향해 북쪽으로 길게 뻗어 내린 능선에서 다시 북동쪽으로 뻗어 내린 능선의 나지막한 말단부인 해발 175m에 해당한다. 북쪽으로는 부항천이 지좌리를 지나 '∩'자형으로 크게 곡류하면서 안쪽 천변에 넓게 형성된 충적대지와 접해 있으며, 유촌리에서 옥소동마을로 들어가는 계곡부 초입에 해당한다.

발굴조사 결과 청동기시대 후기로 추정되는 지석묘 1기와 지석묘 하부구조 1기 등 총 2기의 유구가 조사되었다.

지석묘 1호는 구릉의 말단부인 해발 174m 지점에 위치한다. 상석은 화강암질의 편평석으로 별도의 성혈은 보이지 않는다. 하부구조는 둥근 천석을 이용하여 벽체를 2단 정도 조성하였는데 상당부분 유실된 상태로 확인되었다. 잔존상태로 보아 정형한 형태의 하부구조는 확인되지 않는다. 유물은 벽석 틈 사이에서 적색마연토기 구경부편이 1점 출토되었다.

지석묘 2호는 1호와 약 5m 정도 떨어져 위치하며, 상석은 확인되지 않고 하부구조인 부정형의 수혈 1기가 확인되었다. 수혈의 장축방향은 등고선방향과 직교되게 조성되었고, 기반층을 굴착한 후 내부에 천·할석이 채워져 있는 상태로 확인되었다. 유물은 원형 수혈 바닥에서 무문토기 동체편 1점과 중앙의 천석 사이에서 적색마연토기 구경부편 1점이 출토되었다.

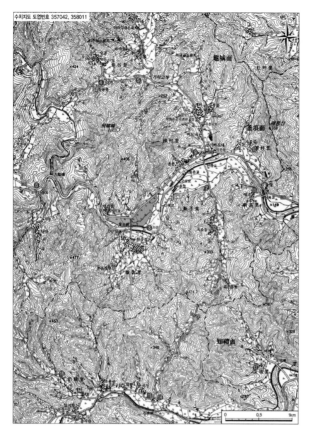

그림 1. 유적위치도 1

그림 2. 유적위치도 2

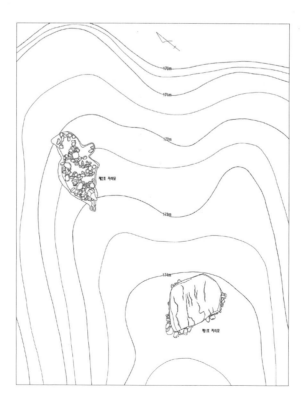

그림 3. 유구배치도

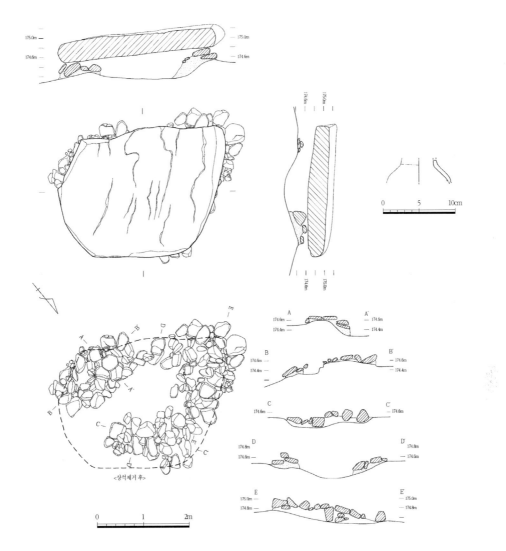

그림 4. 지석묘 1호(1:80) 및 출토유물

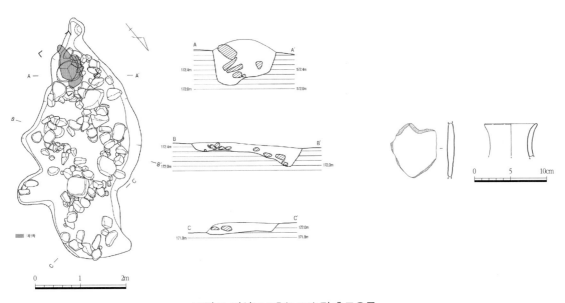

그림 5. 지석묘 2호(1:80) 및 출토유물

75 김천 지좌리 유적

유적위치 김천시 부항면 지좌리 633번지 일원

유구 토석관묘 1기

유물 석검, 석촉

참고문헌 三江文化財硏究院, 2012,『金泉 智佐里 無文時代 集落-김천 부항다목적댐 건설지역 내 유적(2-2구역) 발굴조사-』

유적은 남쪽의 대덕면 조룡리와 경계를 이루는 언두봉 아래 감천의 지류인 부항천변에 위치한다. 이곳은 동쪽으로 흐르는 부항천 중하류에서 북쪽의 돌출된 비룡봉(460m)으로 인해 'U'자형으로 크게 곡류하여 안쪽 천변에 형성된 충적지이다. 그리고 부항천의 북서향인 상류쪽으로 야산을 등지고 곡류하는 하천의 안쪽에 위치하는 입지조건으로 인해 자연제방이 잘 발달되어 있다.

유적 내 청동기시대 유구는 주거지와 수혈유구 등이 다수 확인된 반면 분묘유구는 토석관묘 1기만 확인되었다. 평면형태는 장방형으로 축조방식을 보면 우선 이단으로 굴광을 조성한 후 판석재의 바닥석을 4매 깔아 시상을 마련하였다. 바닥석 위에는 관을 안치한 후 묘광과 목관 사이에 할석을 넣어 고정하였다. 그 후 개석을 5매 깔았다.

유물은 서장벽 중앙과 북단에서 출토되었다. 서장벽 중앙에는 석촉 6점이 확인되었고, 북단벽에는 마제석검 1점이 장축방향과 나란하게 확인되었다. 석검은 바닥에서 확인되어 바닥석을 놓기 전에 매납한 것으로 판단되며, 석촉은 바닥석 위에서 노출되어 부장시점이 다른 것으로 판단된다.

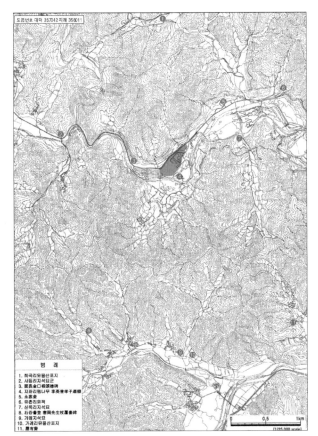

그림 1. 유적위치도 1

그림 2. 유적위치도 2

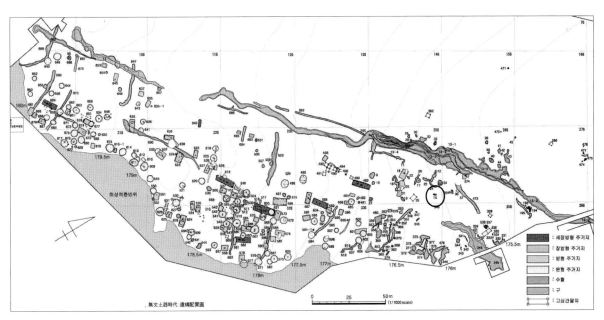

그림 3. 유구배치도

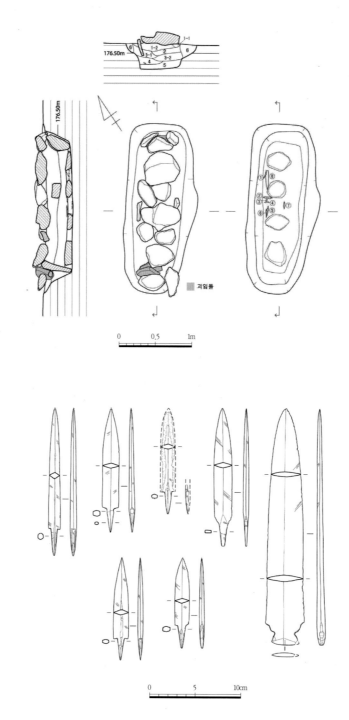

그림 4. 토석관묘 15호 및 출토유물

76 상주 분황리 유적

유적위치 상주시 분황리 458-1번지 일원

유구 지석묘 1기, 추정지석묘 상석 11기

유물 무문토기, 석부

참고문헌 계림문화재연구원, 2012, 「상주 분황리 458-1번지유적-상주분황1지구농경지 리모델링사업」, 『대구·경북지역 소규모 발굴조사 보고서』

유적은 낙동면에서 상주로 연결되는 25호선 국도의 북동쪽에 있는 낮은 구릉과 서쪽의 장천 사이에 자리한 앞잔들 일대로 장천과 낙동강에 의해 형성된 충적지에 위치하고 있다. 이 지역은 넓게 형성되어 있는 앞잔들에 위치하는 미고지에 해당한다.

발굴조사 결과 지석묘 1기가 확인되었고, 이외 지석묘의 남동쪽에서 지석묘 상석으로 추정되는 암석 11기가 확인되었으나 조사 결과 별다른 시설은 확인되지 않았다고 한다.

지석묘는 조사지의 중앙부에 위치하며, 화강암재로 상석 하부에서는 지석이 확인되었다. 지석은 상석의 남쪽 모서리와 중단부에 각각 2기씩 총 4기를 배치하였고, 30~50㎝ 크기의 할석을 이용하였다. 상석 아래에 별다른 시설은 확인되지 않는다.

유물은 상석 아래 4개의 지석으로 이루어진 내부 공간의 상단에서 석부와 무문토기편이 파손된 형태로 출토되었다.

지석묘의 상석으로 추정되는 암석은 총 11기로 재질은 화강암제이다. 상석의 형태는 방형, 장방형, 제형 등 다양하며, 1호에서는 중앙부에 5개의 쐐기흔적이 확인된다. 주변에 흩어져 있던 상석이 옮겨진 것으로 파악된다.

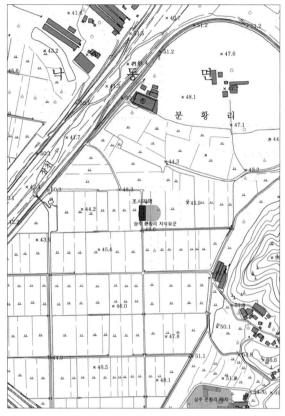

그림 1. 유적위치도 1

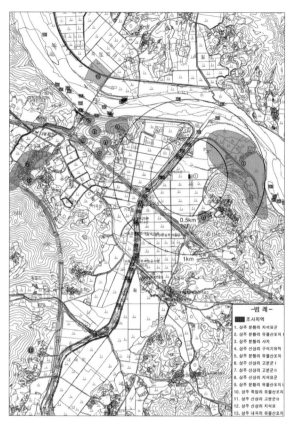

그림 2. 유적위치도 2

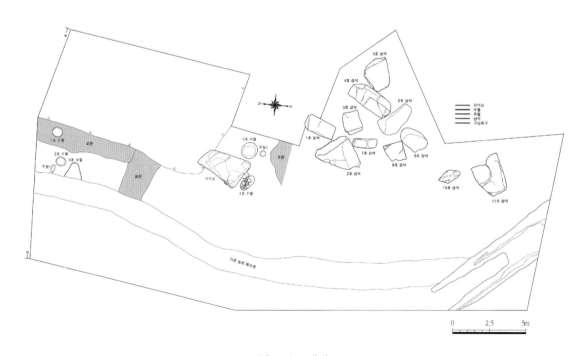

그림 3. 유구배치도

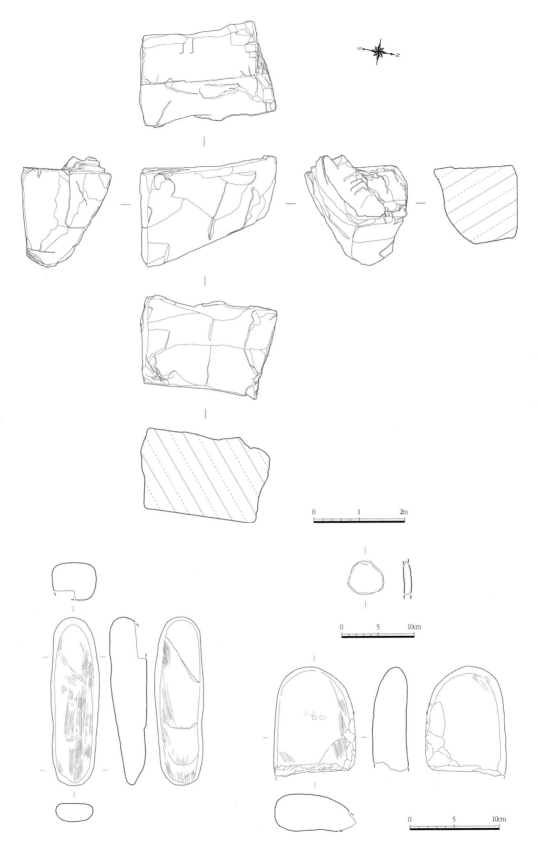

그림 4. 지석묘(1:80) 및 출토유물

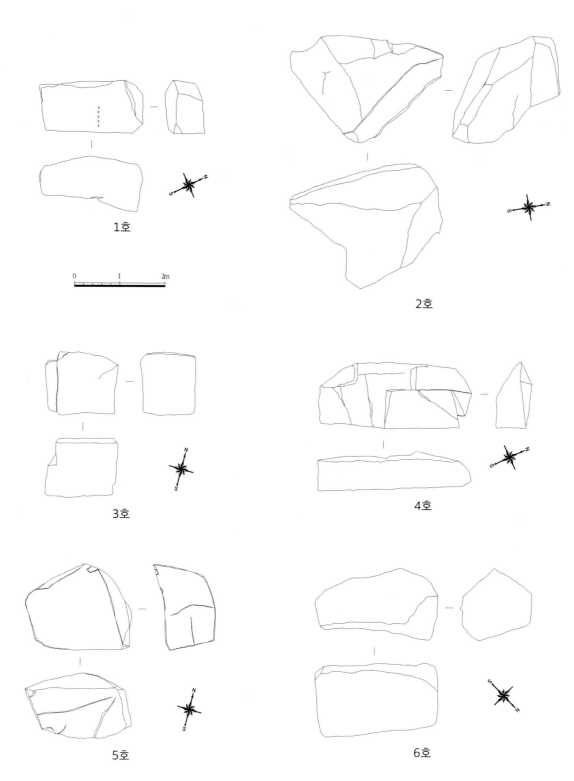

1호

2호

3호

4호

5호

6호

그림 5. 추정 지석묘 상석 1~6호(1:80)

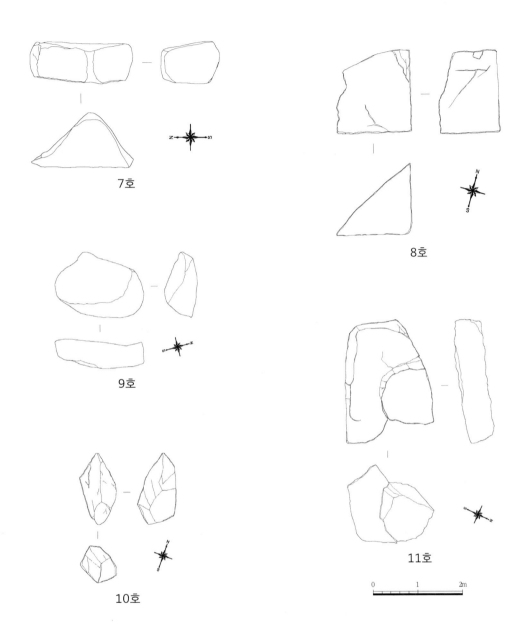

7호

8호

9호

10호

11호

그림 6. 추정 지석묘 상석 7~11호(1:80)

77 의성 초전리 유적

유적위치 의성군 금성면 초전리 223-5번지 일원
유구 지석묘 1기
유물 무문토기, 두형토기, 파수, 석부
참고문헌 경상북도문화재연구원, 2012,『義城 草田里 支石墓』

유적이 위치하는 금성면은 군의 남단부에 위치하며 금성산(530m), 비봉산(671m), 오토산(400m)을 주봉으로 여러 지맥이 솟아 있다. 그 중 유적은 초전 1리 마을 동쪽 끝자락에 위치하며 폐교된 금성초교 조문분교의 교정 뒤편으로 구릉 말단부와 평지가 만나는 지점에서 확인되었다.

지석묘 상석의 규모는 272×168×160㎝이며 무게는 11톤 정도이다. 상석의 상면에는 성혈이 9개 확인되며 일정한 정형성은 확인되지 않는다. 상석의 하부 중앙부분에는 지석으로 추정되는 70×41㎝ 크기의 할석이 확인되었다. 상석 하단에는 10㎝ 내외의 할석을 사용하여 30㎝ 높이로 부석되어 있다. 매장시설은 확인되지 않는다.

유물은 상석 아래에서 무문토기 저부, 두형토기 대각, 파수편, 석부 등이 출토되었고, 제의적인 행위와 관련된 것으로 추정된다.

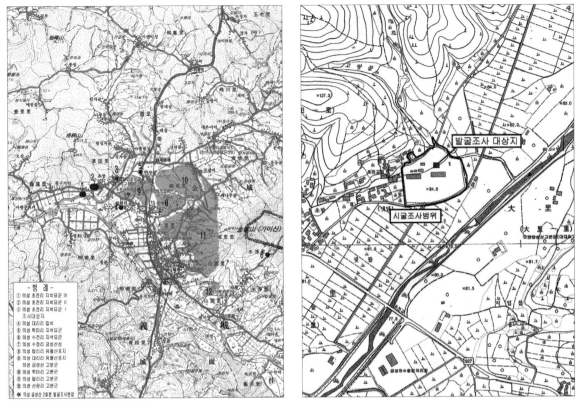

그림 1. 유적위치도 1

그림 2. 유적위치도 2

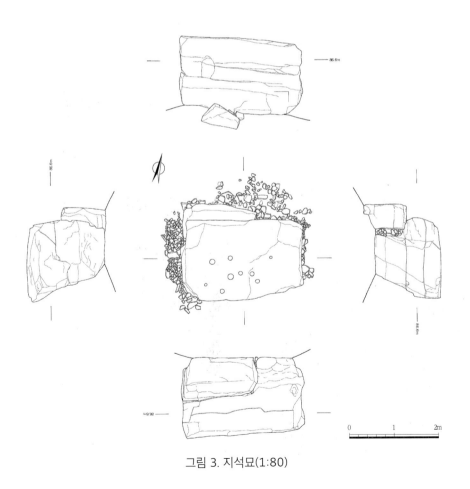

그림 3. 지석묘(1:80)

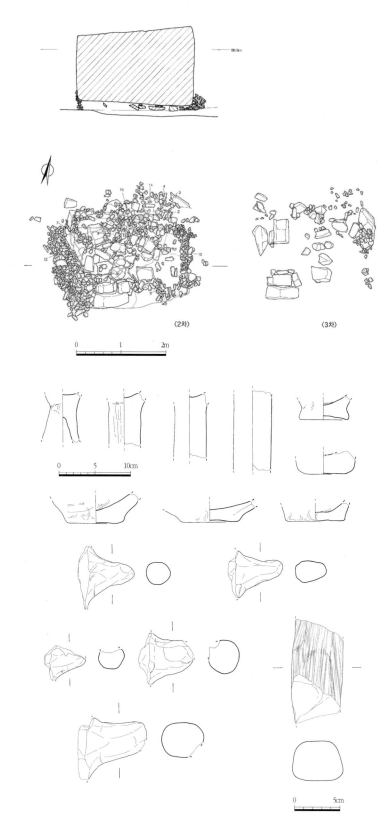

〈2차〉　　　　　　〈3차〉

0　　1　　2m

0　　5　　10cm

0　　5cm

그림 4. 지석묘(1:80) 및 출토유물

유리건판

■ 유리건판 목록

연번	내용	소재	목록집 번호	건판 번호
1	대구역 구내의 지석묘군	대구시(현 북구 칠성동)	170140	004866
2	대구 재판소 앞의 지석묘	대구시(현 중구 공평동 58번지 앞)	170138	004864
3	대구월건산제1,2,4호지석묘전경	대구중구봉산동(현 대구제일중학교 일대)	243-10	020479
4	대구월건산제1호지석묘	대구중구봉산동	199-16	020007
5	대구월건산제1호지석묘	대구중구봉산동	243-12	020481
6	대구월건산제2호지석묘	대구중구봉산동	243-5	020474
7	대구월건산제2호지석묘와제3호지석묘	대구중구봉산동	243-13	020482
8	대구월건산제2호지석묘개석주위적석노출상태	대구중구봉산동	243-9	020478
9	대구월건산제2호지석묘	대구중구봉산동	199-11	020002
10	대구월건산제2호지석묘적석동측	대구중구봉산동	199-14	020005
11	대구월건산제3호지석묘	대구중구봉산동	199-12	020003
12	대구월건산제4호지석묘	대구중구봉산동	243-6	020475
13	대구월건산제4호지석묘	대구중구봉산동	245-13	020516
14	대구신천유역지석묘군	대구	245-17	020520
15	대구신천유역지석묘군	대구	245-16	020519
16	대구대봉동지석묘제2구,제3구지석묘개석	대구남구이천동	205-14	020090
17	대구대봉동지석묘제2구,제3구지석묘개석	대구남구이천동	205-15	020091
18	대구대봉동지석묘제4구제3호지석묘	대구남구이천동	245-2	020505
19	대구중학교 앞 지석묘	대구광역시 남구 이천동 미군부대 내	M857-1	026913
20	대구대봉정대구중학교앞지석묘	대구남구이천동	242-1	020456
21	대구대봉정대구중학교앞지석묘	대구남구이천동	237-4	020393
22	대구대봉정대구중학교앞지석묘석곽내석축출토상태	대구남구이천동	242-7	020462
23	경북 대구공립중학교앞지석묘출토 마제석검	조선총독부박물관소장	370259	013313
24	경북 대구공립중학교앞지석묘출토 마제석촉	조선총독부박물관소장	370260	013314
25	대구상동지석묘	대구수성구	245-19	020522
26	대구상동지석묘	대구수성구	245-18	020521
27	진천동 지석묘군 전경	대구시달서구	170136	004862
28	사문진의 지석묘군 전경	대구시달성군화원면	170135	004861
29	사문진의 지석묘	대구시달성군화원면	170134	004860
30	경주 와룡동 지석묘	경북경주시	248-14	020561
31	서쪽에서 본 오야리지석묘군 전경(2-1)	경북경주시천북면	260354	007815
32	서쪽에서 본 오야리지석묘군(2-2)	경북경주시천북면	260355	007816
33	경주동방동지석묘	경북경주시	248-4	020551
34	경주동방동지석묘	경북경주시	248-5	020552
35	경주동방동지석묘	경북경주시	248-9	020556
36	경주동방동지석묘발굴광경	경북경주시	248-8	020555
37	남쪽에서 본 강사리지석묘군 전경(5-1)	경북포항시남구대보면	260356	007817
38	서쪽에서 본 강사리지석묘군(5-2)	경북포항시남구대보면	260357	007818
39	서쪽에서 본 강사리지석묘군 중 최대의일기	경북포항시남구대보면	260359	007820
40	강사리의 지석묘군 중 최대의일기(5-5)	경북포항시남구대보면	260360	007821
41	경북칠곡지석묘출토마제석검과마제석촉	경상북도칠곡군	290019	015105
42	경북칠곡지석묘출토마제석검과마제석촉	경상북도칠곡군	290020	015106

* 자료 제공 : 국립중앙박물관

그림 1. 대구 역 구내 지석묘군(건판 004866, 현 대구 북구 칠성동)

그림 2. 대구 재판소 앞 지석묘(건판 004864, 현 대구 공평동)

그림 3. 대구 중구 월견산 제1호,2호,4호 지석묘(건판 020479)

그림 4. 대구 중구 월견산 제1호 지석묘(건판 020007)

428

그림 5. 대구 중구 월견산 제1호지석묘(건판 020481)

그림 6. 대구 중구 월견산 제2호 지석묘(건판 020474)

그림 7. 대구 중구 월견산 제2호, 3호 지석묘(건판 020482)

그림 8. 대구 중구 월견산 제2호 지석묘 개석 주위 적석(건판 020478)

그림 9. 대구 중구 월견산 제2호 지석묘(건판 020002)

그림 10. 대구 중구 월견산 제2호 지석묘 적석 동측(건판 020005)

그림 11. 대구 중구 월견산 제3호 지석묘(건판 020003)

그림 12. 대구 중구 월견산 제4호 지석묘(건판 020475)

그림 13. 대구 중구 월견산 제4호 지석묘(건판 020516)

그림 14. 대구 신천 유역 지석묘군(건판 020520)

그림 15. 대구 신천 유역 지석묘군(건판 020519)

그림 16. 대구 남구 대봉동 지석묘 제2구,3구 지석묘 개석(건판 020090)

그림 17. 대구 남구 대봉동 지석묘 제2구,3구 지석묘 개석(건판 020091)

그림 18. 대구 남구 대봉동 지석묘 제4구, 제3호 지석묘(건판 020505)

그림 19. 대구 중학교 앞 지석묘(건판 026913)

그림 20. 대구 남구 대봉정 대구 중학교 앞 지석묘(건판 020456)

그림 21. 대구 남구 대봉정 대구 중학교 앞 지석묘(건판 020393)

그림 22. 대구 남구 대구중학교 앞 지석묘 석곽 내 석촉(건판 020462)

그림 23. 대구 공립중학교 앞 지석묘 출토 마제석검(건판 013313)

그림 24. 대구 공립중학교 앞 지석묘 출토 마제석촉(건판 013314)

438

그림 25. 대구 수성 상동 지석묘(건판 020522)

그림 26. 대구 수성 상동 지석묘(건판 020521)

그림 27. 대구 달서 진천동 지석묘군 전경(건판 004862)

그림 28. 대구 달성 사문진 지석묘군 전경(건판 004861)

그림 29. 대구 달성 사문진 지석묘(건판 004860)

그림 30. 경북 경주 와룡동 지석묘(건판 020561)

그림 31. 경북 경주 서쪽에서 본 오야리 지석묘군(건판 007815)

그림 32. 경북 경주 서쪽에서 본 오야리 지석묘군(건판 007816)

그림 33. 경북 경주 동방동 지석묘(건판 020551)

그림 34. 경북 경주 동방동 지석묘(건판 020552)

그림 35. 경북 경주 동방동 지석묘(건판 020556)

그림 36. 경북 경주 동방동 지석묘 발굴 광경(건판 020555)

그림 37. 경북 포항 남쪽에서 본 강사리 지석묘군(건판 007817)

그림 38. 경북 포항 서쪽에서 본 강사리 지석묘군(건판 007818)

그림 39. 경북 포항 강사리 최대 지석묘(건판 007820)

그림 40. 경북 포항 강사리 최대 지석묘(건판 007821)

그림 41. 경북 칠곡 지석묘 출토 마제석검과 마제석촉(건판 015105)

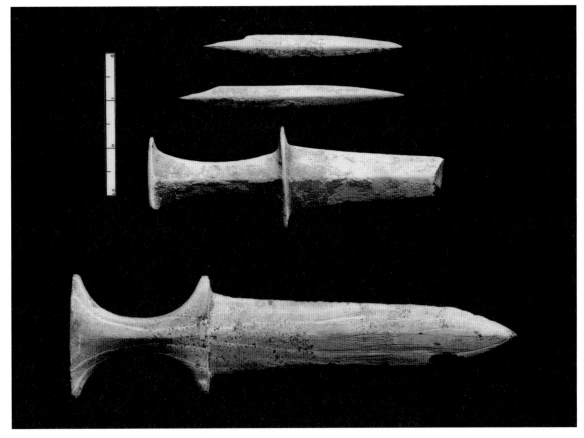

그림 42. 경북 칠곡 지석묘 출토 마제석검과 마제석촉(건판 015106)

경북지역 청동기시대 무덤 유구현황표

분묘번호	유적	묘제	호수	상석 크기 (장축×단축×두께)	상석 형태 평면	상석 형태 단면	상석 장축방향	지석 요역	매장시설 크기 (장축×단축×깊이)	매장시설 장축방향	개석	장벽	단벽	바닥	묘향	매장시설내	매장시설외	비고
1	대구 읍내동 유적	석관묘	1						묘광:(98)×(69)×27	N-69°-W		판석	판석	판석	상향			
2	대구 서변동 유적		1						묘광:82×41×15	N-S		판석	판석		상향	적색마연토기1		적벽
		석관묘	2						묘광:100×59×28	N-16°-E		판석	판석	판석+합석	상향		적색마연토기1	
			3						70×25×18	N-80°-W	○	판석	판석	판석+합석	상향			
			4						46×24×17	N-63°-E	○	판석	판석	판석+합석	상향			
			5						52×23×20	E-W	○	판석	판석	판석	상향			
			6						102×25×15	N-41°-W		판석	판석	판석+합석	상향	적색마연토기1		주검칸, 부장칸
3	대구 연경동 유적	석관묘	1						176×44×35	N-1°-E	○	판석	판석	판석	상향			
			2						바닥석:(106)×(50)	N-4°-W		판석	판석	판석	상향			
			3						176×34×32	N-80°-E		판석	판석	판석	상향			
			4						90×25×30	N-88°-E		판석	판석	판석	상향			
			5						175×57×36	N-74°-W		판석	판석	판석	상향			
			6						167×52×34	N-39°-W		판석	판석	판석	상향	석촉1		
4	대구 신서동 유적 (B-1구역)	지석묘	1	171×168×116~121	방형	방형			206×106×75	N-74°-W	○	천석+합석	천석+합석	판석	혼축형			성형4
			2	176×171×110~119	방형	방형		○	174×48×44	N-20°-E	○	판석	판석	판석	상향			
			3	214×113×111~145	장방형	장방형		○	57×25×18	N-38°-E	○	판석	판석	판석	상향			
			4	143×141×32~40	방형	장방형		○	200×85×70	N-16°-E	○	천석+합석	천석+합석	판석	석곽형			보강석
		상석	1	147×133×122~129	방형		N-20°-E											
			2	251×125×110~124	장방형		N-2°-W											성형5

본문번호	유적	묘제	호수	상석 크기(장축×단축×두께)	상석 평면	상석 단면	상석 장축방향	지석	묘역	매장시설 크기(장축×단축×길이)	매장시설 장축방향	개석	장벽	단벽	바닥	묘향	매장시설내	매장시설외	비고
4	대구 신서동 유적 (B-1구역)	상석	3	162×141×73	방형		N-20°-W												성형4
			4	112×92×89~99	장방형		N-18°-W												
		석관묘	1							154×41×33	N-9°-E		판석	판석	판석	상향	석촉3		
			2							145×39×20	N-14°-E		판석	판석	판석	상향			
			3							145×42×34	N-8°-E	○	판석	판석	판석	상향	석촉1		
			4							59×25×22	N-43°-E		판석	판석	판석	상향			
			5							69×25×20	N-40°-E		판석	판석	판석	상향			
			6							88×30×17	N-40°-E		판석	판석	판석	상향	발1		
			7							113×27×22	N-19°-E		판석	판석	판석	상향			
			8							117×35×32	N-20°-E		판석	판석	판석	상향	석촉1		
			9							150×44×30	N-7°-E		판석	판석	판석	상향			
			10							131×31×40	N-1°-E		판석	판석	판석	상향			
			11							152×55×34	N-10°-E		판석	판석	판석	상향			
			12							160×50×18	N-12°-E		판석	판석	판석	상향			
			13							147×48×29	N-75°-W		판석	판석	판석	상향			
			14							148×35×41	N-75°-W		판석	판석	판석	상향			
			15							136×3×31	N-68°-W		판석	판석	판석	상향	석촉2		
			16							115×26×20	N-65°-W		판석	판석	판석	상향			
			17							136×35×20	N-88°-E		판석	판석	판석	상향	석촉2		
			18							158×38×33	N-80°-W	○	판석	판석	판석	상향	석촉1		
			19							170×101×30	N-41°-E	○	판석	판석	판석	상향	석검1		

본문번호	유적	묘제	호수	상석 크기(장축×단축×두께)	상석 평면	상석 단면	상석 장축방향	지석	묘역	매장시설 크기(장축×단축×깊이)	장축방향	개석	장벽	단벽	바닥	묘향	매장시설내	매장시설외	비고
4	대구 신서동 유적 (B-1구역)	석관묘	20							201×63×62	N-70°-W	○	합석	합석	판석	석축형			
			21							211×66×73	N-72°-W	○	천석합석	천석합석	판석	석축형	석촉10		
			22							200×60×65	N-79°-W	○	천석합석	천석합석	판석	석축형	석촉1		
			23							184×78×31	N-73°-W		천석합석	천석합석	판석	석축형			
			24							160×62×34	N-14°-E	○	천석합석	천석합석	판석	석축형	석검1		
			25							132×75×63	N-83°-W		천석합석	천석합석	자갈	석축형	적색마연호1, 석촉8		
			26							100×50×30	N-80°-W		판석	판석	판석	상형	발1		보강석
			27							120×60×20	N-14°-E		판석	판석		상형			
			28							96×30×10	N-77°-W		판석	판석	판석	상형			
			29							102×32×8	N-35°-E		판석	판석	판석	상형			
			30							75×23×4	N-79°-E		판석	판석	판석	상형			보강석
			31							54×34×14	N-27°-E		판석	판석	판석	상형			
			32							70×18×18	N-3°-W	○	판석	판석	판석	상형			보강석
			33							120×27×29	N-20°-E		판석	판석	판석	상형			보강석
			34							165×48×48	N-81°-W		판석	판석	판석	상형			보강석
			35							150×35×30	N-5°-E		판석	판석	판석	상형			보강석
			36							141×37×20	N-5°-E		판석	판석	판석	상형			
			37							165×50×20	N-18°-E		판석	판석	판석	상형			보강석
			38							67×30×4	N-55°-E	○	판석	판석	판석	상형			보강석
			39							95×22×28	N-5°-E		판석	판석	판석	상형			보강석

450

분묘번호	유적	묘제	호수	상석 크기(장축×단축×두께)	상석 평면	상석 단면	상석 장축방향	지석	묘역	매장시설 크기(장축×단축×길이)	매장시설 장축방향	개석	정벽	단벽	바닥	묘형	매장시설내	매장시설외	비고
4	대구 신서동 유적 (B-1구역)	석판묘	40							88×31×9	N-60°-W		판석	판석	판석	상형			
			41							150×55×33	N-13°-E		판석	판석		상형			
			42							114×24×27	N-31°-E		판석	판석	판석	상형			보강석
			43							137×40×43	N-65°-W	○	판석	판석	판석	상형	이맥주1		
			44							72×32×10	N-8°-E		판석	판석	판석	상형			
	대구 신서동 유적 (B-3구역)	석판묘	1							190×66×15	N-87°-W		판석	판석	판석	상형			
			2							197×52×5	N-8°-E		판석	판석	판석	상형			
			3								N-84°-W		판석	판석		상형			
	대구 신서동 유적 (B-4구역)	석판묘	1							107×53×8	N-82°-E		판석	판석	판석	상형	석촉7, 석검1		인골흔, 두향·동
			2							140×102	N-88°-E		판석	판석		상형		경식3	
		지석묘	1	327×221×118	장방형	방형	N-5°-W			120×65×75	N-85°-W	○	할석	할석	판석	석축형		자기완1	보강석, 구획석
	대구 신서동 유적 (B-5구역)	석판묘	1							83×20×22	N-5°-W	○	판석	판석	판석	상형			
			2							75×43×36	N-5°-W	○	판석	판석	판석	상형	석검편2		
			3							71×25×33	N-3°-W	○	판석	판석	판석	상형			
			4							65×50×6	N-68°-W	○	판석	판석	판석	상형			호석, 목탄
			5							50×8×8	N-64°-W		판석	판석	판석	상형			소토흔입
			6							53×27×4	N-68°-W		판석	판석	판석	상형			
			7							34×20×13	N-65°-W		판석	판석	판석	상형			목탄혼입
			8							135×95×18	N-17°-E		할석	할석	판석	석축형			
	대구 신서동 유적 (B-6구역)	지석묘	1	205×129×62	부정형	방형		○		194×47×58	N-66°-W	○	판석	할석	판석	상형	방추차2		
		상석	1	377×264×153	부정형	방형	N-62°-W	○											성형

분묘번호	유적	묘제	호수	상석 크기 (장축×단축×두께)	상석 평면	상석 단면	상석 장축방향	지석	묘역	매장시설 크기 (장축×단축×깊이)	장축방향	개석	장벽	단벽	바다	묘형	매장시설내	매장시설외	비고
4	대구 신서동 유적 (B-6구역)	석관묘	1							95×32×11	N-75°-E		판석	판석	판석	상형			
			2							159×45×29	N-66°-W		판석	판석	판석	상형	적색마연호1		
			3							83×31×18	N-55°-W		판석	판석	판석	상형			
			4							110×38×13	N-17°-E		판석	판석	판석	상형			
			5							83×29×33	N-52°-W		판석	판석	판석	상형	구옥1		보강석
			6							154×29×25	N-78°-W		판석	판석	판석	상형			격벽, 인골흔, 두향:서
			7							59×29×10	N-66°-W		판석	판석	판석	상형			
			8							156×39×28	N-63°-W		할석	합석		석축형	적색마연호1 석검1, 석촉3		보강석, 인골흔
			9							159×29×10	N-81°-W		판석	판석	판석	상형			
			10							90×39×12	N-13°-E		판석	판석	판석	상형			
			11							114×37×10	N-66°-W		판석	판석	판석	상형			
			12							137×32×30	N-31°-E		판석	판석	판석	상형			
			13							124×29×12	N-42°-E		판석	판석	판석	상형			
			14							102×51×34	N-11°-E		판석	판석	판석	상형			인골흔, 두향:남
			15							97×49×16	N-63°-W		판석	판석	판석	상형			
			16							71×20×20	N-54°-W		판석	판석	판석	상형			
			17							76×29×12	N-57°-W		판석	판석	판석	상형	석촉1		
			18							163×39×13	N-65°-W		판석	판석	판석	상형			
			19							134×40×48	N-70°-W	○	판석	판석	판석	상형	적색마연호1, 적색마연호1, 석검1	적색마연호1, 무문토기1	
	대구 신서동 유적 (B-7구역)	석관묘	1							145×50×20	N-53°-W		판석	판석	판석	상형	석검1, 석촉8		

본문번호	유적	묘제	호수	상석 크기(장축×단축×두께)	상석 평면	상석 단면	상석 장축방향	지석	묘역	매장시설 크기(장축×단축×깊이)	장축방향	개석	장벽	단벽	바닥	묘향	매장시설내	매장시설외	비고
5	대구 동내동 유적	지석묘	1	156×125×77	장방형	장방형	N-71°-W	○											
		석관묘	1							178×65×33	N-10°-E		판석	판석	판석	석축형			
			2							108×40×33	N-70°-W		판석	판석	판석	석축형			
			3							97×32×16	N-70°-W		판석	판석	판석	석축형	적색마연토기1		
			4							(70)×50×3	N-68°-E		판석	판석	판석	석축형			
6	대구 진천동 558-3 유적	석관묘	1							214×(45)×70	N-37°-E		합석	합석	합석	석축형	석촉2		
			2							153×45×46	N-50°-E	○	합석	판석 합석	판석	혼축형			부석
			3							208×52×45	N-61°-E	○	합석	합석		석축형		석촉3	
			4							120×27×35	N-46°-E	○	합성	판석		혼축형			기단석, 부석
			5							(110)×35×50	N-60°-E		판석	판석		상형			
		석개토광묘	1							묘광: 150×100×32	N-35°-W	○	천석 합석	천석 합석	천석				
7	대구 유천동 유적(C구역)	석관묘	1							73×25×4	N-13°-E		판석	판석	판석	상형			
	대구 유천동 유적 (H구역)	석관묘	1							131×36×33	N-50°-E	○	천석	천석	판석	혼축형			
			2							(202)×38×32	N-45°-W		천석	천석	판석	석축형			
			3							141×42×30	N-65°-E	○	판석	판석	판석	상형			
			4							242×64×54	N-22°-W		천석 합석	천석 합석	천석	석축형			목관사용 가능성
			5							197×51×18	N-22°-W		천석	천석	천석	석축형			
8	대구 대천동 467 유적 (Ⅰ구역)	석관묘	1							165×40×38	N-41°-E	○	판석	판석	천석	상형	석검1		바닥정지
		주정용관묘	1							묘광: (53)×(31)×11	N-5°-E						적색마연토기1	적색마연토기1	

본문번호	유적	묘제	호수	상석 크기 (장축×단축×두께)	상석 형태 평면	상석 형태 단면	상석 장축방향	지석	묘역	매장시설 크기 (장축×단축×깊이)	장축방향	개석	장벽	단벽	바닥	묘향	출토유물 매장시설내	출토유물 매장시설외	비고
9	대구 매천동 511-2 유적 (A군)	석관묘	1							175×50×74	N-21°-E	○	천석·할석	천석·할석	천석	석축형			
			2							65×16×18	N-7°-E	○	판석	판석	판석	상형			
			3							165×40×35	N-30°-E		판석	판석	판석	상형	석촉5		
			4							80×27×12	N-58°-E		천석·판석	판석	판석	혼축형			
			5							62×14×10	N-80°-E		판석	천석·판석	판석	혼축형		지석2	
			6							70×56×43	N-66°-W		괴석	천석	천석	석축형		적색마연토기1	
			7							215×55×38	N-75°-W		천석	천석	천석	석축형			
			8							147×40×28	N-61°-W		판석	판석	판석	상형			
			9							192×60×52	N-79°-W		천석	천석	천석	석축형	석촉1		
			10							175×35×30	N-34°-E	○	천석·판석	천석·판석	판석	혼축형	석촉6		인골흔
			11							(23)×(17)×10			판석	판석		상형			
			12							116×25×25	N-19°-E		천석	천석·판석	천석·판석	혼축형			
			13							180×60×63	N-78°-W		천석	천석	판석	석축형	석검1, 석촉7		
			14							137×50×50	N-65°-W	○	천석	판석	판석	혼축형			인골흔
			15							50×23×20	N-73°-W	○	판석	판석	판석	상형			
			16							75×30×10	N-83°-E		판석	판석	판석	상형			
			17							150×35×40	N-77°-W	○	천석·판석	천석	판석	혼축형			
			18							156×70×75	N-76°-W	○	천석	천석	천석	석축형	석검1, 석촉8, 마연석부1		두향:서
			19							138×43×40	N-80°-W	○	천석	천석	판석	석축형			

454

본문번호	유적	묘제	호수	상석 크기 (장축×단축×두께)	상석 형태 평면	상석 형태 단면	상석 장축방향	지석	묘역	매장시설 크기 (장축×단축×깊이)	장축방향	개석	장벽	단벽	바닥	묘형	출토유물 매장시설내	출토유물 매장시설외	비고
9	대구 매천동 511-2 유적 (A구)	석관묘	20							170×50×75	N-77°-W	○	천석	천석	편평석	석축형			적석
			21							120×25×20	N-64°-W		천석	천석		석축형			
			22							157×35×50	N-56°-W	○	천석	천석	판석	석축형			
			23						○	120×30×27	N-S	○	판석	판석	판석	상형	무문토기1		구획석, 두침석
			24							190×55×75	N-97°-W	○	천석	천석/판석	판석	혼축형			두침석
			25							210×47×60	N-80°-W	○	천석	천석	판석	혼축형		석축8	
			26							205×53×90	N-89°-W	○	천석	천석	천석	석축형			관대
			27							105×53×90	E-W	○	천석	판석	천석	혼축형		석검1, 석촉3	
		석개토광묘	28							60×60×10		○					무문토기3, 지석1		전폐
		석관묘	29							97×35×28	N-24°-W		천석	천석	천석	석축형			
			30							(120)×(25)×15	N-79°-W		천석	천석		석축형			
			31							(95)×66×20	N-81°-W		천석	판석	판석	석축형	지석3		
			32							205×45×50	N-53°-W		천석	천석	천석	혼축형	지석2	석축10	
			33							175×42×45	N-36°E		천석	천석	천석	석축형			
			34							150×40×30	E-W	○	천석	천석/판석	판석	석축형	지석1		
			35							100×35×28	N-67°-W		천석	천석	천석/판석	혼축형			
			36							(104)×22×30	N-68°E	○	천석/합석/판석	판석	판석	혼축형	지석2		
			37							165×32×40	N-79°-W		천석/합석/판석	천석/판석	판석	혼축형			
			38							35×30×20	N-79°-W		천석/판석	천석/판석	판석	상형			

분류번호	유적	묘제	호수	상석 크기(장축×단축×두께)	상석 평면	상석 단면	장축방향	지석	묘역	매장시설 크기(장축×단축×깊이)	장축방향	개석	장벽	단벽	바닥	묘형	매장시설내	매장시설외	비고
9	대구 대천동 511-2 유적 (A군)	석관묘	39							170×35×40	N-S	○	천석	천석		석축형	석검1, 석촉13	석도1, 미완성석도1	
			40							190×50×80	N-8°-E	○	천석/할석	천석/할석	천석	석축형	석검1, 석촉12		
			41							38×16×30	N-14°-E	○	판석	판석	판석	상형			
			42							62×30×10	N-86°-E	○	판석	판석	판석	상형			
			43							170×43×48	E-W	○	천석/할석	천석		석축형	석검1, 석촉1	지석1	구획석
			44							115×30×35	N-53°-W	○	천석	천석/판석	판석	석축형			부석, 경계석
			45							92×25×30	E-W	○	천석	천석	판석	석축형			구획석
			46							(149)×(64)×(10)	N-26°-E			판석	판석			무문토기2	
			47							140×40×40	N-S	○	천석/할석	판석	천석/할석	혼축형			
			48							122×36×35	N-52°-E	○	천석	천석	천석	석축형		바닥1, 지석1	
			49							160×46×20	N-78°-E	○	천석	천석	편평석	석축형		지석1	
			50							132×42×32	N-79°-E	○	천석	천석	천석	석축형	적색마연토기2, 석검1, 석촉6	석촉1	
			51							133×38×20	N-94°-E	○	천석	천석	판석	석축형			
			52							70×40×20	N-74°-E	○	천석	천석	판석	혼축형			
			53							38×18×5	N-77°-E		판석	판석	판석	상형			
	대구 대천동 511-2 유적 (B군)	석관묘	1							50×10×23	N-40°-E		천석	천석	천석	상형		무문토기1	
			2							178×55×25	N-16°-E		천석/할석	천석	판석	석축형			
			3							55×13×25	N-15°-E	○	판석	판석	천석	상형			
			4							164×49×57	N-11°-E	○	천석	판석	천석	혼축형	석촉6	지석1	

456

분묘번호	유적	묘제	호수	상석				지석	묘역	매장시설							출토유물		비고
				크기 장축×단축×두께	형태 평면	형태 단면	장축방향			크기 장축×단축×깊이	장축방향	개석	장벽	단벽	바닥	묘형	매장시설내	매장시설외	
9	대구 매천동 511-2 유적 (B군)	석관묘	5							80×33×10	N-35°-E		판석	판석	판석	상형			
			6							48×23×14	N-62°-E		판석	판석	판석	상형			
			7							131×30×40	N-16°-E		천석	천석	판석	석축형			인골흔
			8							64×16×27	N-80°-W		판석	판석	판석	상형			
			9							178×33×35	N-67°-W		천석 합석	판석		혼축형		지석1	
			10							170×55×46	N-83°-W		천석	천석 합석 판석	천석	석축형	적색마연 토기, 석검, 석촉6		
			11							173×60×40	N-83°-W	○	천석	천석	천석	석축형	적색마연 토기, 석검, 석촉15		
			12							185×42×60	N-78°-W		천석	천석	천석	석축형	적색마연토 기, 무문토 기, 석검, 석촉2	석촉3	
	대구 매천동 511-2 유적 (단독)	석관묘	1							165×60×50	N-32°-E	○	천석 판석	천석	판석	혼축형			
			2							68×20×22	N-56°-W		판석	판석	판석	상형			
			3							46×26×18	N-76°-W		천석	천석		석축형			
10	대구 월성동 1412 유적	석관묘	1							96×25×30	N-69°-E	○	판석	판석	판석	상형			
11	대구 월성동 1150-1 유적	석관묘	1							(270)×42×31	N-30°-E		합석	합석	합석	석축형	석촉9		
			2							(150)×(40)	N-35°-E		합석		합석	상형			
			3							(100)×(95)×31	N-23°-E		합석		판석	상형			
			4							(170)×(60)×40	N-29°-E	○	판석 합석	판석 합석	판석	혼축형			인골
			5							(192)×29×57	N-19°-E		합석	합석	합석	석축형			
			6							(46)×(37)×21	N-80°-E		판석	판석	판석	상형			

분류번호	유적유적명	묘제	호수	상석 크기(장축×단축×두께)	상석 평면	상석 단면	상석 장축방향	지석	묘역	매장시설 크기(장축×단축×길이)	매장시설 장축방향	개석	장벽	단벽	바닥	묘향	출토유물 매장시설내	출토유물 매장시설외	비고
12	대구 월성동 777-2 유적	석관묘	1							144×30×30	N-50°-E		천석	판석	천석	혼축형	석촉1		
			2							(180)×(61)	N-42°-E				천석	석축형			
13	대구 월성동 585 유적	석관묘	1							178×43×12	N-25°-W		천석	천석	천석	석축형	석촉3		
			2							180×46×47	N-29°-W		천석합석	천석합석	천석	석축형	석검1, 석촉6		
			3							(77)×(75)×47	N-83°-E		천석		천석판석		석검1, 석촉9		
			4							140×40×18	N-83°-E		천석합석	천석합석	천석	석축형	석검1, 석촉8		
14	대구 월성동 498 유적 (II구역)	석관묘	1							52×22×20	N-47°-E	○	판석	판석	판석	상형			
			2							52×20×20	N-47°-E		판석	판석	판석	상형			
	대구 월성동 498 유적 (III구역)	석관묘	1							53×17×22	N-50°-E	○	판석	판석	판석	상형			
15	대구 상인동 119-20 유적	석관묘	1							(51)×50×15	N-40°-E		천석	천석	판석	석축형	석촉8		
			2							231×75×23	N-56°-W		천석	천석	천석합석	석축형	석촉8		이단굴광
		지석묘	1	417×172×144	말각장방형	(장)방형				188×58×70	N-42°-E	○	천석합석	천석합석	천석	석축형	석촉8	석기편1, 석검1, 미완성석도1, 박편2	부석, 성혈
			2	270×150×105	부정형	방형				270×64×62	N-39°-W		천석	천석	천석	석축형	석촉1		
16	대구 상인동 128-8 유적	상석	1	149×114×67	방형	방형													위치이동
			2	178×147×43	부정형	방형													위치이동
			3	204×141×71	부정형	방형													위치이동
		석관묘	1							115×45×37	N-43°-E		판석	판석합석	판석	혼축형	석검1, 석촉2		
			2							170×45×40	N-42°-E		천석합석	판석	천석판석	혼축형	석검1, 석촉3		
			3							(170)×44×25	N-55°-E		천석합석	천석	천석판석	석축형	석검1, 석촉4		석기완석

유구현황표

분묘번호	유적	묘제	호수	상석 크기(장축×단축×두께)	상석 형태 평면	상석 형태 단면	상석 장축방향	지석	묘역	매장시설 크기(장축×단축×길이)	매장시설 장축방향	개석	장벽	단벽	바닥	묘형	출토유물 매장시설내	출토유물 매장시설외	비고
16	대구 상인동 128-8 유적	석관묘	4							159×40×39	N-53°-E	○	판석합석	판석	판석	혼축형			
			5							(105)×(50)×10	N-43°-E		천석		천석	혼축형			
			6							(151)×49×38	N-49°-E		천석합석	판석	천석	혼축형	석검1, 석촉5		
			7							180×62×69	N-47°-E		천석	천석	천석	석축형	적색마연토기1, 석검1, 구옥2		
17	대구 상인동 98-1 유적	석관묘	1							193×63×37	N-40°-W		천석	천석	천석	석축형	석촉2		
			2							(136)×37×18	N-40°-W		천석	천석	천석	석축형			
			3							(95)×37×28	N-40°-W		천석	천석	천석	석축형	석촉10	무문토기2	
			4							(128)×35×37	N-40°-W	○	천석	천석	천석	석축형			
			5							124×23×30	N-58°-E		천석	천석	천석	석축형			
			6							166×41×50	N-39°-W		천석	천석	천석	석축형	석촉9		
			7							162×49×50	N-50°-E		천석	천석	편평합석	석축형		무문토기2	
			8							149×59×46	N-38°-W	○	천석	천석판석	천석	혼축형	석촉13		개석상면 부석
			9							179×58×47	N-44°-W	○	천석	천석	천석	석축형	석촉1		부석
			10							124×41×46	N-37°-W		천석	천석	천석	석축형	석촉4		부석
			11							152×20×48	N-63°-E	○	천석합석	천석	천석	석축형	석촉2		부석
			12							(193)×31×29	N-48°-E	○	천석	천석	천석	혼축형	석촉2		
18	대구 상인동 171-1 유적	석관묘	1							169×41×15	N-74°-E			천석	천석	석축형	석촉2		
			2							52×40×33	N-46°-E			파석	편평식				
			3							115×45×35	N-19°-W	○	합석천석		천석	혼축형	석검1		

분류번호	유적	묘제	호수	상석 크기(장축×단축×두께)	상석 평면	상석 단면	상석 장축방향	지석	묘역	매장시설 크기(장축×단축×길이)	매장시설 장축방향	개석	장벽	단벽	바닥	묘형	매장시설내	매장시설외	비고
18	대구 상인동 171-1 유적	석관묘	4							95×40×15	N-4°-W	○			판석				
			5							57×18×35	N-S	○	천석	천석	천석	석축형			
19	대구 상인동 87 유적 (I구역)	지석묘	6	176×65×50	부정형	부정형	N-19°-W			70×25×16	N-66°-E		천석	천석	천석	석축형			부석
		석관묘	1							220×110×15	N-19°-W			천석	천석				부석
			2							200×110×30	N-18°-W		천석	천석	천석	석축형			부석
			3							330×130×50	N-42°-W		천석	천석	천석	석축형		무문토기 저부2, 석촉편1	부석
	대구 상인동 87 유적 (II구역)	석관묘	1							162×45×32	N-72°-E	○	천석/합석	합석	천석	석축형	석검1, 석촉11, 방추차1		
			2							143×44×16	N-20°-W		합석	합석	천석	석축형			
20	대구 동문동 유적	석관묘	1							(83)×(50)×26	N-13°-E	○	천석	천석	판석	석축형	석촉1		
			2							(110)×(46)×(28)	N-354°-E		천석	천석	천석	석축형		석촉6	
21	대구 상동동 유적	석관묘	1							165×41×24	N-120°-E		천석	판석		혼축형	적색마연토기1, 석촉1		
			2							172×38×25	N-104°-E		천석	천석	천석	혼축형	발1, 저부2, 파수1		
			3							150×38×26	N-66°-E		천석	천석	판석	석축형	파수1, 저부1		
22	대구 이천동 308-10 유적	석관묘	1							205×43×40	N-13°-W	○	합석	판석	판석	혼축형		석촉6	
			2							205×54×60	N-18°-W	○	합석	판석	합석	혼축형		석촉11	
			3							183×37×40	N-12°-W	○	합석	판석	천석/합석	혼축형			
23	대구 상동 1-64 유적	석관묘	1							(210)×(50)×33	N-8°-E		천석	천석	천석	석축형		무문토기편1	
			2							195×55×39	N-10°-E		천석	천석	천석	석축형		석촉3	
			3							(184)×35×20	N-10°-E		천석	판석	천석	혼축형		석촉2	

본문번호	유적	묘제형태	호수	상석 크기 (장축×단축×두께)	상석 형태 평면	상석 형태 단면	상석 장축방향	지석	묘역	매장시설 크기 (장축×단축×두께)	매장시설 장축방향	개석	장벽	단벽	바닥	묘향	출토유물 매장시설내	출토유물 매장시설외	비고
23	대구 상동 1-64 유적	석관묘	4							171×36×26	N-7°-W		천석	판석	판석	혼축형			
			5							(85)×65					천석				
			6							(186)×46×27	N-8°-W		천석	천석	천석	석축형	석검1, 석촉4		
			7							156×43×25	N-2°-W		천석	천석	천석	석축형	무문 토기편1		
			8							214×63×25	N-3°-E		천석	천석	천석	석축형			
			9							(148)×33×16	N-86°-E		판석	판석	판석	상형			
			10							228×50×13	N-1°-E		천석	천석	천석	석축형	석촉7		
			11							165×57×30	N-1°-E		천석	천석	천석	석축형	석촉10		
			12							154×50×13	N-90°-E		천석	천석		석축형			
			13							190×40×15	N-80°-E		천석	천석	천석	석축형			
			14							165×42×36	N-78°-E		천석	천석	판석	석축형			
			15							164×44×15	N-90°-E		천석	천석	천석	석축형			
			16							(120)×78			천석	천석	천석	석축형			
			17							(74)×58×15	N-80°-E		천석	천석	천석	석축형			
			18							(100)×42×25	N-65°-E		천석	천석	천석	석축형			
			19							163×42×54	N-9°-E		천석	천석	천석	석축형	석촉9		
			20							164×47×37	N-10°-E		천석	판석	천석	혼축형			
			21							181×62×42	N-8°-E	○	천석	천석	천석	석축형	석검1, 석촉7		
			22							194×47×18	N-7°-E		천석	천석	천석	석축형			
			23							(130)×10	N-S		천석	천석	천석	석축형			
			24							165×35×40	N-S	○	판석	판석	판석	상형			

분묘번호	유적	묘제형태	호수	상석 크기(장축×단축×두께)	상석 형태(평면)	상석 형태(단면)	상석 장축방향	지석	묘역	매장시설 크기(장축×단축×두께)	장축방향	개석	장벽	단벽	바닥	묘향	출토유물 매장시설내	출토유물 매장시설외	비고
23	대구 상동 1-64 유적	석관묘	25							153×35×38	N-10°-W		천석	천석	천석	석축형	석촉1		
			26							171×45×20	N-3°-W		천석	천석	천석	석축형	석촉2, 무문토기편2		
			27							180×43×40	N-83°-W		판석	판석	판석	혼축형	석촉3		
			28							193×42×39	N-82°-W		천석	천석	천석	석축형			
			29							(56)×20×63	N-83°-W		판석	판석	판석				
			30							(161)×28×15	N-9°-E		판석	판석	판석	상형			
24	대구 상동 63-13 유적	석관묘	1							202×50×21	N-4°-E		천석	천석	천석	석축형	석촉4, 저부1		
			2							(60)×45×17	N-94°-E		천석	천석	천석	석축형			
			3							185×55×5	N-3°-E		천석	천석	천석	석축형			
			4							137×55×19	N-11°-E		천석	천석	천석	석축형			
			5							160×45×16	N-32°-W		천석	천석	천석	석축형			
25	대구 매호동 1008 유적	석관묘	1							55×23×36	N-7°-E	○	판석	판석	판석	상형			경벽
			2							202×102×55	N-87°-E	○	판석	판석	판석	상형			
26	대구 신매동 유적	석관묘	24							164×53×32	N-23°-E		천석	천석		석축형	적새마연호1		
27	경산 옥산동 유적	석관묘	1							105×28×30	N-62°-W	○	판석	판석	판석	상형	석짐1, 석촉1		
28	경산 옥곡동 유적	지석묘	1	325×240×92-108	타원	방향				208×55×7	N-13°-E		합석	합석	합석	석축형	무문토기1, 석촉4		
		석관묘	1							70×5×38	N-89°-W		판석	판석	판석	상형			합석보강
			2							70×19×28	N-80°-E		판석	판석	판석	상형			
			3							68×23×30	N-82°-W	○	판석	판석	판석	상형			합석보강
			4							135×35-42×42	N-3°-E	○	판석	판석	판석	상형	석검1		

462

분류번호	유구	묘제형태	호수	상석 크기(장축×단축×두께)	상석 평면	상석 단면	상석 장축방향	지석	묘역	매장시설 크기(장축×단축×두께)	매장시설 장축방향	개석	장벽	단벽	바닥	묘향	출토유물 매장시설내	출토유물 매장시설외	비고
28	경산 옥곡동 유적	석관묘	5							155×43×49	N-88°-W	○	판석	판석	판석	상형	석검1		
			6							135×30×40	N-4°-W	○	판석	판석	판석	상형	석검1		
			7							150×28-40×50	N-85°-W	○	합석	합석	판석	석축형			함석보강
			8							150×28-40×50	N-88°-E	○	판석	판석	판석	상형			함석보강
			9							105×40×25	N-80°-W		판석	판석	판석	상형	석촉6		함석보강
29	경산 가야리 유적	석관묘	1							182×42×4	N-76°-E		판석	판석	판석	상형			
30	경산 신양리 유적	석관묘	1						원형	(160)×40×23	N-46°-E		판석	판석	판석	상형	석검편1, 석촉7	무문토기편2	
31	경산 정리 유적	석관묘	1						타원형	68×37×10	N-53°-E		천석	천석	판석	석축형		무문토기편1	
			2							155×50×10	N-6°-W		판석	판석	판석	상형	관옥1		
32	경산 광기리 유적	지석묘	1	210×207×172	부정형	부정형	N-84°-E	○											
		지석묘	2	273×318×118	부정형	장방형	N-26°-W												
		상석	1	169×117×100	부정형	부정형	N-6°-W												원위치이탈
33	경산 내리리 유적	석관묘	1							111×43×3	N-23°-W		합석	합석	판석	석축형		정절편1, 옹기편2	
34	경주 갑산리 유적	석관묘	1							190×60×80		○	판석	판석	자갈판석	상형			
35	경주 동산리 유적	토광묘	1							(185)×106×17	N-70°-E					상형	관옥1, 방추차1, 석세마연 토기1		목관흔
36	경주 황성동 575 유적	석관묘	1							100×56×18	N-20°-W		천석	천석	판석	석축형	발1		
37	경주 황성동 537-2 유적	석관묘	1							75×37×40	N-53°-E		판석	판석	판석	상형	석촉6		
38	경주 석장동 유적	석관묘	2							140×32×20	N-16°-W		합석	합석	판석	석축형		석침1, 석차1	

분묘번호	유적	묘제형태	호수	상석 크기(장축×단축×두께)	상석 형태(평면/단면)	상석 장축방향	매장시설 크기(장축×단축×두께)	장축방향	개석	장벽	단벽	바닥	묘형	출토유물 매장시설내	출토유물 매장시설외	비고
38	경주 석장동 유적	석관묘	1				(150)×(110)×23			합석	합석	합석	석축형	무문토기편1		
39	경주 덕천리 유적	화장묘	1				(216)×(175)									인공3
40	경주 월산리 유적	석관묘	1				(80)×40			판석	판석	천석	석축형	적색마연토기편1, 석촉3, 석검1		
41	경주 문산리 유적 (II가구역)	석관묘	1				83×25×19	N-4°-E		합석	합석	합석	혼용			주혈군
		석곽묘	1				68×32×37	N-64°-W	○	판석	판석	합석	상형			
			2				78×42×37	N-68°-W		합석	합석	합석	석축형	파수1		
			3				42×10×20	N-66°-W		판석	합석		혼축형			
			4				128×43×34	N-83°-W		판석	판석/합석	판석	혼축형			
		석과묘	1				160×40×47	N-55°-E	○	합석	합석	합석	석축형			
			2				148×41×48	N-80°-W	○	합석	합석	합석	석축형			
			3				194×44×48	N-86°-W		합석	합석	합석	석축형	석검1		
			4				170×84×32	N-52°-W		합석	합석	합석	석축형			
			5				144×62×34	N-74°-E	○	합석	합석	합석	석축형			
	경주 문산리 유적 (II나구역)	지석묘	1	218×180×21-30	심각형 / 장방형		169×87×32	N-28°-E	○	합석	합석/천석	합석	석축형			
		석관묘	1				96×24×37	N-68°-W		판석	천석	합석	혼축형			
			2				202×51×50	N-75°-W		합석		합석	석축형	석촉7, 적색마연토기1		
	경주 문산리 유적 (III구역)	석관묘	1				60×36×41	N-80°-W		판석	판석	판석	상형			
	경주 문산리 유적 (D구역)	석관묘	1				190×80×43	N-23°-W		합석	합석	판석		적색마연토기1, 환옥1		

464

본문번호	유적	묘제형태	호수	상석 크기(장축×단축×두께)	상석 평면	상석 단면	상석 장축방향	지석	묘역	매장시설 크기(장축×단축×두께)	매장시설 장축방향	개석	장벽	단벽	바닥	묘향	출토유물 매장시설내	출토유물 매장시설외	비고
42	경주 봉길리 유적	석관형유구	1							141×68	N-28°-W		합석	합석	합석		석기1		
43	포항 삼정리 유적	토광묘	1							64×48×20	E-33°-N						적색마연토기2, 방추차1		
44	포항 매곡리 유적	옹관묘	1							64×48×20	N-75°-E						파수부발1		단옹식
45	포항 신계리 유적	상석	1	287×166×88	장방형	제형	N-52°-E												성혈31
46	포항 원동 유적(Ⅳ-1구역)	석관묘	1							190×70×80	N-3°-E		합석	합석	판석합석	석축형	석검1		
47	포항 마산리 유적	석관묘	1							128×55×17	N-2°-W		판석	합석	점토정지	혼축형	석검, 석촉1		
48	포항 초곡리 유적(C구역)	석관묘	1							137×55×17	N-75°-E		판석	판석	판석	상형	석촉20		
49	포항 학천리 유적	석관묘	1							154×39×45	N-30°-E	○	판석	판석	판석	상형			합석보강
			2							120×33×45	N-60°-E	○	판석	판석	판석	상형			
			3							130×30×45	N-74°-E	○	판석	판석	판석	상형			
			4							129×42×45	N-60°-E	○	판석	판석	판석	상형	석검1, 석부1, 검파두식		
			5							135×30×25	N-70°-E	○	판석	판석	판석	상형	검파두식		
50	영덕 우곡리 유적	거석	1	212×164×84	장방형	장방형	N-358°-W												성혈7, 채석흔
			2	224×168×116	타원형	말각방형	N-79°-E										발1, 지석1		
			3	204×132×96	긴제형	장방형, 제형	N-85°-W	○										암기와2	
			4	228×204×128	제형	방형	N-113°-E												
			5	216×200×64	말각방형	장타원형	N-145°-E												
			6	164×100×84	부정형	타원형, 장방형	N-8°-E	○									매부와1,과수2, 수가와1, 암기와3	석부1	

분묘번호	유적	묘제형태	호수	상석 크기 (장축×단축×두께)	상석 형태 평면	상석 형태 단면	상석 장축방향	지석	묘역	매장시설 크기 (장축×단축×두께)	매장시설 장축방향	개석	장벽	단벽	바닥	묘형	출토유물 매장시설내	출토유물 매장시설외	비고
50	영덕 우구리 유적	거석	7	184×120×36	삼각형	장방형	N-153°-E												
			8	140×104×44	말각 장방형	장방형	N-3°-E											발1, 연질저부1	
			9	140×128×88	제형	제형	N-80°-E	○											
			10	172×112×40	삼각형	장방형	N-70°-E	○											
			11	252×160×140	말각 장방형	제형, 말각장방형	N-26°-E												
51	청도 송읍리 유적	상석	1	250×230×31	부정형	장방형													
			2	100×82×17	부정형	제형													
			3	240×104×36	장타원형	장방형													
			4	162×110×32	삼각형	장타원형													
			5	164×110×34	제형	제형													
		석권묘	1							147×51×22	N-33°-E		할석	할석 판석		혼축형			
52	청도 화리 유적 (1구역 A군)	상석	1	264×176×268	부정형	삼각형, 부정형	N-29°-E												
			2	188×136×124	부정형	제형													
			3	109×68×54	부정형	제형													
		지석묘	1	230×160×130	부정형	부정형			○	195×75×95	N-69°-E	○	할석 판석	할석 판석	판석	혼축형	석촉3		
			2	185×109×50	장타원형	장타원형				220×50×50	N-20°-W	○	할석	할석 판석	할석	혼축형	석검1, 석촉1		
			3	157×79×95	장방형	제형				194×37×50	N-70°-E		할석	판석	판석	혼축형	적색마연 토기, 석검1, 석촉7, 우1		

분묘번호	유적	묘제형태	호수	상석 크기(장축×단축×두께)	상석 형태 평면	상석 형태 단면	상석 장축방향	지석	묘역	매장시설 크기(장축×단축×두께)	장축방향	개석	장벽	단벽	바닥	묘형	출토유물 매장시설내	출토유물 매장시설외	비고
52	청도 화리 유적 (1구역 A군)	석관묘	1						○	115×34×37	N-7°-E	○	판석	판석	판석	상형	관옥6		
			2						○	주검칸:135×45×36 부장칸:50×59×36	N-61°-E	○	합석	합석	합석	석축형	석검1		
			3						○	152×45×40	N-72°-E	○	합석	합석	합석	상형		석검1	
			4						○	100×28×26	N-76°-E	○	판석	판석	판석	상형	석검1		
			5						○	96×24×24	N-5°-W	○	판석	판석	판석	상형			
			6						○	165×36×32	N-4°-W	○	판석	판석	판석	상형	석검1		
			7						○		N-4°-W		합석		합석				
			8						○	101×24×30	N-76°-E	○	판석	판석	판석	상형	석검1, 석촉5		
			9						○	100×52×30	N-23°-E	○	판석	판석	합석	혼축형			
			10						○	95×25×32	N-59°-E	○	판석	판석	합석	상형	석검1		
			11						○	140×37×37	N-25°-E	○	판석	판석	판석	상형		무문토기편3	
			12						○	164×38×31	N-59°-E	○	판석	판석	판석	상형	석검1, 석촉7		
			13						○	142×28×22	N-12°-W	○	판석	판석	판석	상형			
			14						○	184×47×40	N-75°-E	○	합석	합석	합석	석축형	석검1, 석촉4		
			15						○	135×40×35	N-17°-W	○	합석	합석	합석	혼축형	석검1		
			16						○	197×40×35	N-75°-E	○	합석	합석	합석	혼축형	석검1		
	청도 화리 유적 (1구역 B군)	묘역식 지석묘	1	1,000×990×52					○	주검칸:175×33×33 부장칸:34×33×27	N-71°-E	○	합석 판석	판석	합석 판석	석축형	발3, 석촉2, 무문토기3, 채문토기1, 방추차1, 적색마연토기, 구연부편1, 과수3		

분묘번호	유적	묘제형태	호수	상석 크기 (장축×단축×두께)	상석 형태 평면	상석 형태 단면	상석 장축방향	지석	묘역	매장시설 크기 (장축×단축×두께)	장축방향	개석	장벽	단벽	바닥	묘향	출토유물 매장시설내	출토유물 매장시설외	비고
52	청도 화리 유적 (Ⅰ구역 B군)	묘역식 지석묘	2	1,382×1,340×50					○	250×60×46	N-84°-E		합석	합석		석축형	적색마연토기, 석촉5, 구연부편4, 파수1, 석부1, 무문토기편2		
	청도 화리 유적 (Ⅰ구역 C군)	석관묘	3	660×660×30					○	주검관:157×41×46 부장관:30×41×46	N-16°-E		판석 합석	판석	판석	혼축형	적색마연토기, 파수3, 석검편1, 구연부3, 석부1, 무문토기편3		
			1						○	(130)×40×32	N-59°-E	○	판석	판석	판석	상형	관옥1		
			2						○	158×38×32	N-73°-E	○	판석	판석	판석	석축형			
			3						○	202×47×50	N-78°-E	○	합석	합석	합석	석축형	적색마연토기1, 석검1, 석촉31		
	청도 화리 유적 (Ⅱ구역)	지석묘	1	180×140×58	장방형	장방형			○	179×62×24	N-70°-E		합석	합석	합석	석축형			
		묘역식 지석묘	1	상석1 220×194×92 상석2 145×97×55	부정형 타원형	장방형 제형	남-북향 동-서향			85×45×25	N-10°-W		합석	합석	판석	혼축형			
			1							122×47×29	N-15°-W	○	합석	판석	판석	혼축형			
			2								N-82°-E		판석	판석	판석	혼축형			
		석관묘	3						○	118×38×32	N-82°-E	○	판석	판석		석축형	석검1, 석촉18	석도1	
			4							175×43×(14)	N-4°-W	○	합석	합석	합석	석축형	적색마연토기1		
			5							(120)×47×40	N-75°-E		합석	합석	합석	석축형	주검관:석검1, 부장관:적색마연토기1		
			6							주검관:130×36×30 부장관:60×30×30	N-16°-W	○	판석	판석	판석	상형			
			7							140×48×34	N-76°-E	○	합석	판석	판석	혼축형			

본문번호	유적	묘제형태	호수	상석 크기(장축×단축×두께)	상석 평면	상석 단면	상석 장축방향	지석	묘역	매장시설 크기(장축×단축×두께)	장축방향	개석	장벽	단벽	바닥	묘향	매장시설내	매장시설외	비고
52	청도 화리 유적 (II구역)	석관묘	8							294×140	N-11°-W	○	합석	합석	합석	석축형	석검1, 적색마연토기1		
53	청도 신당리 489-3 유적 (I구역)	지석묘	9							172×55×25	N-70°-E		합석	판석	합석	횡축형			
		토광묘	1	294×186×111	타원형	장방형	N-1°-W	○		묘광:192×43×14 목관:160×38	N-168°-E							재문토기, 석검, 석촉7	무문토기, 저부3, 석도1	
		석관묘	1							195×47×24	N-64°-E		합석	합석	합석	석축형		밭1	
			2							178×33×28	N-60°-E		합석	판석	합석	석축형			
			3							125×32×23	N-156°-E		합석	판석	판석	횡축형			
			4						○	170×40×23	N-168°-E		판석	판석	판석	상형	석검1	무문토기2, 과수1	
			5						○	191×47×42	N-171°-E	○	합석	합석	판석	횡축형		무문토기가저부8, 과수2	
	청도 신당리 489-3 유적 (II구역)	묘역식 지석묘	1	191×47×42	장방형	제형			○									밭2, 무문토기가저부4, 과수3	
			2	290×240×80	장방형	장방형			○										
			3	260×200×110	타원형	장방형			○										
		묘역식 지석묘 하부구조	4	317×301×168	부정형	제형			○									무문토기가저부3, 와질옹2	성형2
			1	275×205×15	부정형													저부1	
			2	746×555×15	부정형													무문토기가저부7, 과수2, 밭1	
			3	574×500×20	방형													저부1	
54	청도 신당리 694-2 유적	석관묘	1						○	177×50×30		○	판석	판석	판석	상형	석검1, 석촉4	석촉10, 동체편	
55	청도 매전리 유적 (III구역)	목관묘	1							묘광:243×65×47 목관:170×30	N-72°-E								목도용1,두형토기3, 개, 주머니호2, 점토대옹1

분묘번호	유적	묘제형태	호수	상석 크기(장축×단축×두께)	평면	단면	장축방향	지석	묘역	매장시설 크기(장축×단축×두께)	장축방향	개석	장벽	단벽	바닥	묘향	매장시설내	매장시설외	비고
55	청도 대전리 유적 (Ⅲ구역)	목관묘	2							외관:208×78×32 목관:163×34	N-108°-E								
56	청도 송서리 유적	석관묘	3							외관:218×70×35	N-102°-E								
57	달성 예현리 유적	석관묘	1							184×48×52	N-52°-W		할석	할석 천석	판석	석축형	적색마연토기1		
			1							120×52×21	N-52°-E		판석	판석	판석	혼축형			
			2							134×59×20	N-28°-E		판석	판석	판석	상형			
			3							195×37~39×28.5	N-50°-W	○	판석	판석	판석	석축형			
58	달성 평촌리 유적	석관묘	1							110×40×38	N-54°-W	○	판석 천석	천석	판석	혼축형			치아
			2							54×24×25	N-42°-W		판석	판석	판석	상형		판수1	인골
			3							167×49×43	N-72°-W	○	판석	판석	판석	석축형	석검1, 석촉9		
			4							(90)×20×5	N-51°-E		판석	판석	판석				
			5							55×20×20	N-31°-E		판석	판석	판석	상형			
			6							(120)×52×(10)	N-40°-E	○	판석 천석	판석	판석	혼축형			인골흔
			7							97×26×(15)	N-53°-E		천석	판석	판석	상형			치아
			8							(40)×(40)×(20)	N-38°-E	○	천석	판석	판석	혼축형			
			9							90×35×20	N-27°-E		판석	할석	판석	혼축형			
			10							140×30~35×15	N-30°-E	○	판석	판석 할석	판석	상형			
			11							(140)×58×50	N-20°-E	○	할석	할석	판석	석축형	석촉4		인골흔
			12							(125)×45×38	N-17°-E	○	할석	할석	판석	석축형	석검1, 석부1		인골흔
			13							(135)×35×35	N-17°-E	○	판석	판석	판석	석축형	석검1, 석도1		인골흔
			14							232×70×53	N-52°-W		판석	판석	판석	상형	마연석기1		

분묘번호	유적	묘제형태	호수	상석 크기 (장축×단축×두께)	상석 형태 평면	상석 형태 단면	상석 장축방향	지석	묘역	매장시설 크기 (장축×단축×두께)	매장시설 장축방향	개석	장벽	단벽	바닥	묘향	출토유물 매장시설내	출토유물 매장시설외	비고
58	달성 평촌리 유적	석관묘	15							165×35~50×35	N-64°-W	○	천석/합석	판석	판석	혼축형			치아
			16							192×55~70×33	N-64°-W	○	합석/천석/판석	합석/천석	판석	석축형	석촉5		인골흔
			17							180×53~63×46	N-49°-W	○	판석/천석	판석	판석	혼축형	석검1, 석촉10		인골흔
			18							132×40×35	N-60°-W	○	천석	판석	판석	석축형	석촉1		
			19							72×21×31	N-49°-W	○	판석	판석	판석	상형			치아흔
			20							150×52×45	N-60°-W	○	판석	판석	판석	석축형	석검1, 석촉12		인골
			21							152×58×35	N-64°-W	○	판석	판석	판석	석축형	우2		인골흔
			22							145×42×43	N-42°-W	○	판석	판석	판석	상형			인골흔
			23							(133)×45×45	N-55°-W	○	판석/천석	판석	판석	혼축형	석검1, 석촉13		인골흔
			24							62×23×25	N-52°-W		판석	판석	판석	상형			인골흔
			25							155×45×38	N-70°-W	○	판석/천석	판석	판석	혼축형	석검1, 석촉11	옹구연부, 무문토기	인골흔
			26							(165)×47×40	N-45°-W		판석	판석	판석	석축형	발1, 무문토기		
			27							185×40~45×5	N-52°-W			판석	판석	혼축형	석촉2		치아흔
			28							175×60×50	N-39°-W	○	천석	천석/판석		혼축형	석검1, 석촉14		인골흔
		옹관묘	1														호형토기		
			2														발1		
			3														발1		
		상석	1	303×115×68	장타원형	원형													
			2	185×102×111	부정형	장방형													성혈2

분묘번호	유적	묘제형태	호수	상석 크기(장축×단축×두께)	상석 평면	상석 단면	상석 장축방향	지석	묘역	매장시설 크기(장축×단축×두께)	장축방향	개석	장벽	단벽	바닥	묘향	매장시설내	매장시설외	비고
59	달성 금리 유적(4구역)	석관묘	1							142×36×22	남-북향		판석	판석		석축형	석축8		
	달성 금리 유적(6구역)	괴석	2	118×50×15	오각형	방형, 부정형												파수편, 옹기편, 석기편1	
		석관묘	1							113×25×34			판석	판석	판석	상향			
	달성 금리 유적(7구역)	석관묘	1							묘광: 196×59×3	북-남향		판석	판석	판석		석옥2		
			2							83×30×35	동-서향		천석	천석	판석	석축형			
			3							150×40×32	동-서향		판석	판석	판석				
			4							96×35	동-서향		판석	판석		상향			
			5							(70)×29	북-남향		판석	판석		상향			
		석개토광묘	1							225×52×45	동-서향	○		합석			측도옹1		
60	달성 상리 유적(1-가구역)	석관묘	1							161×44×34	N-87°-W		합석	합석	합석	석축형	석축5		
	달성 상리 유적(2-나구역)	석관묘	1							50×57×22			합석	합석	합석	석축형	석창1		
61	달성 분디리 유적(1-2구역)	석관묘	1							68×20×15	N-5°-W		판석	판석	판석	상향			
62	달성 설화리 유적	석관묘	1							59×20×28	N-32°-W		판석	판석	판석	상향	판옥1		
63	고령 어곡리 유적	석관묘	1							48×17×27	N-12°-W	○	판석	판석	판석	상향			석렬
		석관묘	2							44×22×22	N-3°-W	○	판석	판석	판석	상향			석렬(구획시설)
		석관묘	3							90×37×28	N-3°-W	○	천석 합석	천석 합석	판석	석축형			
64	고령 대흥리 유적	석관묘	1	330×270×170	제형					(154)×(40)×26	N-31°-W		판석 합석	판석	판석				지석묘 효과
65	고령 봉평리 601-3 유적	석관묘	1							(210)×(55)×12	N-4°-E		판석	판석	판석				
		석관묘	2							(160)×(35)×4	N-86°-E		판석	판석	판석				
			3							122×45×30	N-66°-W		판석	판석	판석	상향			석재방추차

본문번호	유적	묘제	호수	상석 크기(장축×단축×두께)	매장시설 크기(장축×단축×깊이)	장축방향	개석	장벽	단벽	바닥	묘향	매장시설내	매장시설외	비고
66	칠곡 심천리 유적	석관묘	1		(153)×(110)							석검1, 석촉12		
		목관묘	1		묘광: 161×69×24	N-43°-W						점토대토기, 흑도장경호1		
67	칠곡 낙산리 유적 (I지구)	목관묘	2		묘광: 164×80×13	N-73°-W						세형동검, 검파두식		
		석관묘	1		208×83×17	N-14°-W		판석	판석	판석	상향	석촉17		
		석관묘	2		(160)×82×3	N-10°-W		주정 판석	주정 판석	판석	주정 상향			
		석관묘	3		(44)×60×59	동-서				판석 역석	상향	적색마연 토기, 석촉16		
68	칠곡 남율리 유적	석관묘	1		129×30×40	N-81°-W		판석	판석	판석 역석	상향			
69	구미 봉산리 유적 (II구역)	석관묘	13		185×80×20	N-60°-E		할석	할석	천석	혼축형			
		석관묘	14		(125)×46×10	N-62°-E		할석	할석	할석	석축형	미완성석검		
		석관묘	15		190×80×30	N-28°-E		할석	할석	천석	혼축형			
		석관묘	20		180×80×20	N-65°-E		판석 할석	판석 할석	판석	석축형	석제방추차1		
70	구미 월곡리 유적	토광묘	1		(170)×63×30	N-5°-W				할석		적색마연 토기, 석검1, 석촉6		
71	김천 신촌리 유적	토광묘	2		160×61×33	N-5°-W				할석		적색마연 토기, 석촉6		
		토광묘	1		191×82×34	N-77°-E		할석		할석		적색마연 토기, 석부, 석촉3, 석검편1		
72	김천 옥율리 유적 (다지구)	토광묘	2		(166)×61×32	N-67°-E			판석	할석		석창1, 석부1		
		토광묘	1		(200)×115×48	N-26°-E			판석	할석		석검편1, 석촉편1		

분묘번호	유적	묘제	호수	상석 크기(장축×단축×두께)	상석 형태 평면	상석 형태 단면	상석 장축방향	지석	묘역	매장시설 크기(장축×단축×길이)	매장시설 장축방향	개석	장벽	단벽	바닥	요형	출토유물 매장시설내	출토유물 매장시설외	비고
73	김천 문당동 유적(II지구)	목관묘	1							215×70×55	N-63°-W					목관묘	요령식동검1, 천하석제 소옥97	호도장경호1, 주머니옹1, 석검,석부, 용도미상 석기1	
74	김천 신옥리 유적	지석묘	1	360×280×40	장방형	장방형	N-50°-W			(420)×(320)×40	북동-남서		천석	천석			적색마연토기1, 무문토기1	적색마연 토기1	
			2	510×270×95							북동-남서								수혈
75	김천 지좌리 유적	토석관묘	15							30×30×10	북동-남서	○			판석		석검, 석촉6		묘관
76	상주 분황리 유적	지석묘	1	290×210×210	제형	(장) 방형	N-10°-W	○									무문토기편1, 유구석부, 석부편1		묘표석 또는 제단
		상석	1	210×110×95	장방형														
			2	320×210×170	제형														
			3	150×125×115	방형														
			4	310×135×70	장방형														
			5	220×170×130	장방형														
			6	250×130×140	장방형														
			7	170×65×95	제형														
			8	130×125×100	방형														
			9	195×135×70	장방형														
			10	155×80×80	제형														
			11	250×190×165	장방형														
77	의성 초전리 유적	지석묘	1	272×168×160	장방형	(장) 방형	N-57°-E	○									무문토기5, 두형토기4, 파수5, 석부1	무문토기1, 우각형파수부, 석부편1	성혈, 부석

474

▌참고문헌 목록

◎ 보고서 목록

慶北科學大學博物館, 2009,『漆谷 南栗里 2宅地 開發地區內 文化遺蹟 發掘調査 報告書』.

경상문화재연구원, 2013,『대구 테크노폴리스 조성부지 내 유적 - Ⅰ·Ⅱ·Ⅲ:시굴조사·4구역-』.

경상북도문화재연구원, 2002,『浦項 鶴川里遺蹟發掘調査報告書Ⅰ-石棺墓·木槨墓·積石木槨墓-』.

_____, 2004,『漆谷 京釜高速鐵道 建設區間 漆谷 審川里遺蹟 發掘調査報告書-木槨墓 外(本文)-』.

_____, 2004,『海平-桃開間 國道25號線 擴·鋪張工事區間內 海平 月谷里遺蹟』.

_____, 2005,『홍해 소망교회 신축부지 내 浦項 馬山里古墳群』.

_____, 2006,『安康-靑令間 道路擴·鋪裝工事區間 內 慶州 甲山里遺蹟』.

_____, 2007,『浦項 三政1里 遺蹟Ⅰ·Ⅱ』.

_____, 2008,『高靈 大興里遺蹟』.

_____, 2008,『김천 문당동 유적』.

_____, 2008,『大邱 月城洞 777-2番地 遺蹟(Ⅱ)-靑銅器~近代-』.

_____, 2009,『慶山 山陽里遺蹟』.

_____, 2009,『大邱 月城洞 498番地 遺蹟(Ⅱ·Ⅲ구역)』.

_____, 2010,『달성 평촌리·예현리 유적』.

_____, 2011,『대구 신서혁신도시 B-1 3북구역 유적-본문-』.

_____, 2012,『義城 草田里 支石墓』.

_____, 2014,『대구 읍내동 산76번지 유적』.

_____, 2014,『청도 송서리유적』.

_____, 2015,『대구 월성동 공동주택신축부지내 대구 월성동 1412번지 유적』.

계림문화재연구원, 2012,『경주지역 소규모 발굴조사 보고서Ⅱ』.

_____, 2012,『대구·경북지역 소규모 발굴조사 보고서』.

國立慶州博物館, 2010,『淸道 新堂里 支石墓 下部構造』.

大東文化財研究院, 2008,『大邱 上仁洞 98-1遺蹟-大邱 上仁洞 98-1番地 아파트新築敷地內 遺蹟 試·發掘調査報告書-』.

_____, 2009,『高靈 於谷里 225-2遺蹟 -高靈 星山面 保健支所 建立敷地內 遺蹟 試·發掘調査報告書-』.

_____, 2011,『高靈 鳳坪里 601-3遺蹟 -高靈 雲水面 保健支所 移築敷地內 遺蹟 試·發掘調査報告書-』.

_____, 2011,『大邱 上仁洞 119-20遺蹟-大邱 達西區 上仁洞 119-4 一圓 月背2區域 近生用地 都市開發 事業敷地內 遺蹟 試·發掘調査報告書-』.

_____, 2012,『金泉 新玉里支石墓-金泉 釜項多目的댐 建設敷地 內(第2-1·8區域) 遺蹟 試·發掘調査 報告書 (第5券)-』.

_____, 2013,『大邱 大泉洞 467遺蹟 -大邱 大泉洞 467番地 一圓 大邱瀚泉初等學校 設立豫定敷地內 遺蹟 發掘調査 報告書-』.

_____, 2014,『大邱 流川洞 103遺蹟-大邱 流川洞 103番地一圓 共同住宅(AKTOWN)建立敷地內遺蹟 試·發掘調査報告書-(本文, 圖版)』.

三江文化財研究院, 2012,『金泉 智佐里 無文時代 集落 -김천 부항다목적댐 건설지역 내 유적(2-2구역)발굴조사』.

삼한문화재연구원, 2010,『대구 상인동 128-8번지 도시계획도로 예정부지내 大邱 上仁洞 128-8番地 遺蹟』.

_____, 2011,『大邱 三德洞 188-1番地 遺蹟』.

_____, 2011,『대구 중구 패션주얼리 전문타운 건립예정지 내 大邱 東門洞 38-6番地 遺蹟』.

_____, 2012,『4대강 살리기 논경지리모델링사업부지 내 達城 道同里·城下里·上下里·本里里·東谷里 遺蹟』.

_____, 2012,『경산 가야리 376-1번지 일원 공장신축부지 내 慶山 街野里 376-1番地 遺蹟』.

_____, 2012,『영덕 우곡지구 도시개발사업부지 내 盈德 右谷里 遺蹟』.

_____, 2012,『청도-경산간 도로 4차로 확장공사구간 내 慶山 慶里 440-5番地 遺蹟』.

_____, 2014,『청도 풍각-화양각 국도건설공사구간 내 淸道 新堂里·七星里·西上里 遺蹟 淸道 新堂里 963-1番地 遺蹟』.

_____, 2015,『청도-경산간 도로 4차로 확포장공사(평기리지석묘Ⅱ) 내 慶山 坪基里 遺蹟』.

聖林文化財研究院, 2008,『淸道 大田里 高麗·朝鮮墓群Ⅲ』.

_____, 2010,『慶州 汶山里 靑銅器時代 遺蹟-Ⅱ구역-』.

_____, 2011,『浦項 大谷里 靑銅器時代 聚落遺跡』.

_____, 2012,『慶州 汶山里 靑銅器時代 遺蹟-Ⅲ·Ⅳ구역-』.

_____, 2013,『대구 달성군 대구경북과학기술원 학위과정 부지내 達城 上里 Ⅰ區域 遺蹟 -靑銅器·三國· 朝鮮時代 生活 및 墳墓-』.

세종문화재연구원, 2011,『大邱 辰泉洞 553·558-3番地 遺蹟』.

_____, 2012,『대구 세계육상대회 마라톤코스(수성로)확장공사(1단계) 구간내 大邱 上洞 1-64番地 遺蹟』.

_____, 2012,『청도-남천간 국도 25호선 건설부지내 淸道 松邑里 33番地 遺蹟』.

_____, 2013,『대구 세계육상대회 마라톤코스(수성로)확장공사(2단계) 구간내 大邱 上洞 63-13番地 遺蹟』.

_____, 2015,『포항 오천-장기간 도로 4차로 확장공사(1·2공구)구간내 浦項 井泉里·新溪里 遺蹟』.

_____, 2016,『대구 월성동 1150-1번지 일원 한천중학교 예정부지내 大邱 月城洞 1150-1番地 遺蹟』.

신라문화유산연구원, 2009,『경주 외동 2일반지방산업단지 조성부지내(Ⅰ구역) 慶州 汶山里遺蹟Ⅰ』.

_____, 2010,『경주 천북 동산리 401번지 일원 아파트건립부지내 慶州 東山里遺蹟Ⅰ』.

_____, 2011,『경주 외동 2일반지방산업단지 조성부지내(Ⅰ구역) 慶州 汶山里遺蹟Ⅱ』.

嶺南大學校博物館, 2007,『大邱 月城洞 585番地 遺蹟』.

嶺南文化財研究院, 2001,『大邱 時至地區 古墳群Ⅰ』.

_____, 2002,『大邱 東內洞遺蹟』.

_____, 2004,『龜尾國家産業團地 第4團地 造成事業敷地內 龜尾 鳳山里 1遺蹟』.

_____, 2005,『慶州 奉吉里遺蹟』.

_____, 2006,『국도35호선 도계-경주간 확장공사구간내 慶州 月山里 山137-1番地遺蹟』.

_____, 2006,『대구 상인동 주상복합아파트 신축부지내 大邱 上仁洞 171-1番地遺蹟』.

_____, 2008, 『경부고속철도 건설공사구간내 慶州 德泉里遺蹟 I -靑銅器時代-』.

_____, 2008, 『대구 상인동 아파트 신축부지내 大邱 上仁洞 87番地遺蹟』.

_____, 2009, 『대구 대천동 511-2번지 공동주택신축부지내 大邱 大泉洞 511-2番地遺蹟 I · II』.

_____, 2009, 『대구 매호초등학교 신축부지내 大邱 梅湖洞 1008番地遺蹟』.

_____, 2010, 『경주 황성동 공동주택건설부지내 慶州 隍城洞 575番地 古墳群』.

_____, 2011, 『경산 중산1지구 도시개발내 A지구 2,3구역 慶山 玉山洞 300番地遺蹟』.

_____, 2012, 『대구도시철도 3호선 건설부지(이천동 구간) 내 大邱 梨泉洞 308-10番地遺蹟』.

_____, 2013, 『대구 경북과학기술원 학위과정부지 내 達城 上里 94遺蹟』.

_____, 2013, 『大邱 西邊洞 聚落遺蹟 II』.

_____, 2014, 『달성 설화리 556-5번지 건물신축부지 내 達城 舌化里古墳群 II』.

_____, 2014, 『포항 초곡지구 도시개발사업부지 내 浦項 草谷里 聚落遺蹟』.

中央文化財硏究院, 2008, 『京釜高速道路 金泉休憩所 建立敷地內 金泉 新村里遺蹟』.

_____, 2008, 『金泉-禦侮間 國道擴張工事區間內 金泉 玉栗里·南山里遺蹟』.

_____, 2016, 『대구북구 대구연경 보금자리주택지구(I 구역)부지 내 大邱 硏經洞遺蹟』.

韓國文化財保護財團, 2001, 『慶州市 隍城洞 537-2 賃貸아파트 新蓄敷地 發掘調査 報告書』.

_____, 2007, 『倭館 洛山里遺蹟 I -倭館 一般地方産業2團地 建設敷地內 發掘調査-』.

_____, 2008, 『浦項 院洞 2地區 遺蹟 -浦項 院洞 2地區 土地區劃整理事業地區內 遺蹟 發掘調査 報告書-』.

_____, 2009, 『慶山 玉谷洞 遺蹟 II · IV-서부택지개발사업지구내 발굴조사 보고서-』.

_____, 2012, 『大邱 新西洞 遺蹟 I · II-대구 신서혁신도시 개발사업부지 B구역 문화유적(1차)-』.

_____, 2013, 『大邱 新西洞 遺蹟 III · V-대구 신서혁신도시 개발사업부지 B구역 문화유적(2차)-』.

_____, 2013, 『淸道 華里 遺蹟 -청도 풍각~화양간 국도건설구간(칠성-구곡)내 문화유적 발굴조사』.

한빛문화재연구원, 2011, 『慶山 內里里遺蹟(I)』.

◎ 논문 목록

강인구, 1980, 「달성진천동의 지석묘」, 『한국사연구』28.

국립나주문화재연구소, 2012, 『한국 지석묘2 : 경상남북도/제주도 편』, 라인.

권헌윤, 2011, 「대구도시철도 3호선 건설부지(이천동 구간)내 청동기시대 석관묘군(舊 大鳳洞支石墓 第 I 區)유적」, 『영남문화재연구』24, 영남문화재연구원.

김광명, 2001, 「大邱·慶山地域 支石墓 硏究」, 嶺南大學校碩士學位論文.

김광명, 2003, 「慶北地域의 支石墓」, 『지석묘 조사의 새로운 성과』, 제30회 한국상고사학회 학술발표대회, 한국상고사학회.

김광명, 2003, 「嶺南地方의 支石墓社會 豫察-大邱·慶山을 中心으로」, 『嶺南考古學報』33, 영남고고학회.

김광명, 2004, 「경북지역 고인돌과 보존현황」, 제1회 세계문화유산(고인돌) 국제심포지엄, 동북아지석묘 연구소.

김광명, 2005, 「청동기시대 영남지역의 무덤과 제사」, 『영남의 청동기시대문화』, 제14회 영남고고학회 학술발표회.

김광명, 2007, 「청동기시대 배묘에 대하여」, 『석심 정영화교수 정년퇴임 기념논총』.

김광명·서길한, 2009, 「嶺南地域의 祭壇式 支石墓 研究」, 『科技考古學』15號, 아주대학교 박물관.

김광명, 2013, 「영남지역 청동기시대 묘제(지석묘)」, 영남고고학회.

김광명, 2015, 「大邱地域 靑銅器時代 巨石記念物과 무덤」, 『청동기시대 대구지역의 취락과 사회』, 영남문화재연구원 제28회 조사연구회 발표자료집.

김광명, 2015, 「청동기시대 묘제」, 『금호강유역 초기사회의 형성』, 경상북도문화재연구원 학술총서.

김권구, 1999, 「다. 경상북도」, 『한국 지석묘(고인돌)유적 종합조사·연구(Ⅱ)-분포, 형식, 기원, 전파 및 사회 복원-』, 문화재청·서울대학교박물관.

김약수, 1985, 「琴湖江 流域의 支石墓 研究」, 영남대학교 석사학위논문.

김용우, 1989, 「영일만 주변의 고인돌문화에 대한 연구-홍환리 고인돌문화를 중심으로-」, 고려대학교 석사 학위논문.

김정현, 2012, 「영남지방 지석묘문화의 지역색에 관한 연구」, 동아대학교 석사학위논문.

김현, 2006, 「慶南地域 靑銅器時代 무덤의 展開樣相에 대한 考察」, 『嶺南考古學報』39.

김현, 2006, 「영남지역 지상식 지석묘에 대하여」, 『석헌 정징원교수 정년퇴임 기념논총』.

대구직할시·경북대학교박물관, 1990, 『대구의 문화유적-선사, 고대』.

류지환, 2015, 「취락과 무덤군의 상관관계로 본 청동기시대 대구 월배지역 취락의 전개과정」, 『청동기시대 대구지역의 취락과 사회』, 영남문화재연구원 제28회 조사연구회 발표자료집.

민선례, 2007, 「경북지역 청동기시대 묘제와 고인돌」, 『아시아 거석문화와 고인돌』, 제2회 아시아권 문화유산(고인돌) 국제심포지엄, 동북아지석묘연구소.

박달석, 2003, 「淸道 陳羅里遺蹟의 支石墓에 대하여」, 『영남문화재연구』16, 영남문화재연구원.

박영구, 2011, 「동해안지역 청동기시대 무덤의 변천」, 『한국청동기학보』9.

박영구, 2015, 「'취락과 무덤군의 상관관계로 본 청동기시대 대구 월배지역 취락의 전개과정'에 대한 토론문」, 『청동기시대 대구지역의 취락과 사회』, 영남문화재연구원 제28회 조사연구회 발표자료집.

배용일·김용우, 1994, 『迎日灣지역고인돌문화연구』, 영일문화원.

배진성, 2007, 「경북지역 청동기시대 묘제와 고인돌에 대한 소견」, 『아시아 거석문화와 고인돌』, 제2회 아시아권 문화유산(고인돌)국제심포지엄, 동북아지석묘연구소.

배진성, 2015, 「'大邱地域 靑銅器時代 巨石記念物과 무덤'에 대한 토론문」, 『청동기시대 대구지역의 취락과 사회』, 영남문화재연구원 제28회 조사연구회 발표자료집.

우명하, 2013, 「嶺南地域 墓域支石墓의 展開」, 영남대학교 석사학위논문.

윤용진, 1977, 「대구칠성동지석묘조사」, 『대구사학』12·13.

윤호필, 2010, 「영남지역 묘역지석묘의 변천 및 성격」, 『한일고고학의 신전개』, 제9회 영남·구주고고학회 합동고고학대회, 영남고고학회·구주고고학회.

李相吉, 1996, 「청동기시대 무덤에 대한 일시각」, 『碩晤尹容鎭教授停年退任紀念論叢』.

이상길, 2001, 「埋葬과 儀禮에 관한 새로운 試圖-영남지역을 중심으로-」, 『한국 청동기시대 연구의 새로운 성과와 과제』, 충남대학교박물관.

이상길, 2011, 「소위 墓域式 支石墓 검토-용어, 개념 적용과 관련하여」, 『慶北大學校 考古人類學科 30周年 紀念 考古學論叢』, 慶北大學校出版部.

이세주, 2003, 「嶺南地方의 支石墓 硏究」, 계명대학교 석사학위논문.

李秀鴻, 2006, 「嶺南地域 地上式 支石墓에 대하여」, 『石軒 鄭澄元敎授 停年退任記念論叢』, 釜山考古學硏究會.

이양수, 2010, 『淸道 新堂里 支石墓 下部構造』, 國立慶州博物館.

齊藤 忠, 1938, 「大邱大鳳町支石墓調査」, 『1937年度 朝鮮古蹟調査報告』.

齊藤 忠, 1941, 「大邱大鳳町支石墓調査」, 『1939年度 朝鮮古蹟調査報告』.

河仁秀, 1989, 「嶺南地方 丹塗磨硏土器에 대한 新考察-型式分類와 編年을 中心으로-」, 釜山大學校 碩士 學位論文.

河仁秀, 1992, 「嶺南地域 支石墓의 型式과 構造」, 『伽倻考古學論叢1』, 駕洛國史蹟開發硏究院.

河仁秀, 2000, 「嶺南地方 無文土器時代 墓制의 樣相」, 『弥生の墓制』(1), 埋藏文化財硏究會.

허정화, 2013, 「대구지역 지석묘사회 연구」, 영남대학교 석사학위논문.

종합고찰

경북지역의 청동기시대 분묘와 부장품

이성주 (경북대학교 고고인류학과)

Ⅰ. 머리말

신석기시대에도 분묘와 분묘군은 존재했다. 하지만 어떤 구조를 취한 건축물로서 무덤이 축조되기 시작한 것은 청동기시대부터이다. 그것이 지상에 위치하든 아니면 지하에 묻혀있든 시신을 담아두는 구조물이 축조되고 묘역을 표시하거나 외관을 뚜렷이 드러내는 건축물로서의 무덤은 청동기시대에 등장한다. 이와 같은 분묘가 일정한 장소에 장기간 추가 축조됨으로써 분묘군이 조성되는 것도 청동기시대에 비롯된다. 그런데 청동기시대의 시작을 알리는 조기에는 분묘나 분묘군을 찾을 수 없다. 분묘가 조성되기 시작하는 것은 청동기시대 전기의 늦은 단계로 알려져 있다(金權中 2008;裵眞晟 2011).

분묘와 분묘군의 등장을 설명하려면 그것이 축조된 시대의 경제적 혹은 사회문화적 배경에 대한 이해가 필요하다. 청동기시대가 과연 어떤 시대인가 하는 문제도 중요하지만 이 시대가 시작되고 수백 년 동안 진행된 사회문화 변동과정에서 분묘와 분묘군의 출현을 설명할 필요가 있다. 청동기시대를 처음 구분해냈던 1950년대와 1960년대만 하더라도 고고학자들은 청동기시대의 시작을 청동기의 사용에 초점을 맞추어야 한다고 생각했다. 그러나 이 시대의 유적들이 대규모 발굴을 통해 드러나면서 청동기시대의 물질적인 양상은 대규모 취락과 경작지, 넓게 조성된 분묘군, 의미 있는 장소를 구획하기 위해 토목 공사한 흔적들이었다. 이처럼 새롭게 조사된 고고학 자료를 통해 최근에는 청동기시대는 청동기의 생산과 사용이 아니라 농경에 의존도가 높은 정착집단이 등장하는 것에 초점을 맞추어 그 기원을 설명해야 한다고 지적하는 연구자가 늘어났다(安在晧 2000;崔鍾圭 2011;李盛周 2015).

과거에는 새로운 문화를 가진 주민집단이 한반도에 유입되면서 새로운 시대가 시작되고 여러 문화적 특성들에 커다란 변화가 나타났다는 설명이 학계의 대세론이었다. 그래서 특징적인 문화의 등장은 그 기원에 대한 해명에 초점이 맞추어졌다. 청동기시대 분묘의 연구도 1970년대까지 간단한 분류와 계통적인 변화의 추정 아니면 한반도 외부와 연결되는 기원의 해명에 초점이 맞추어져 왔다(신영애 2016). 하지만 우리 학계에서도 점점 어떤 문화적 특성들의 변화를 설명할 때 그것이 생업경제의 여건이나 정치사회적 조직, 세상에 대한 관념 등의 변동과 긴밀히 맞물려 있을 것이라는 생각을 폭넓게 받아들이고 있다. 청동기시대의 개시 후 상당기간이 지나고 난 뒤 등장하는 지석묘(군)를 비롯한 분묘(군)의 조성에 대해서도 이 시대의 사회문화 변동과정에서 설명하려는 노력이 이어지고 있다(신영애 2016).

요동과 한반도 일원, 그리고 일본의 구주 북부까지 분포하는 지석묘를 포함한 청동기시대 분묘와 분묘군은 이 지역 정착 농경사회의 발전의 산물이다. 광역에 걸친 청동기시대 묘제들은 폭넓은 공통성을 가지고 있기도 하지만 강한 지역성을 보이는 점도 많다. 경북지역의 청동기시대 분묘와 분묘군도 그 기본 형식과 부장유물의 종류는 주변지역과 공통된 특징을 보이기도 한다. 하지만 이 지역에서 장기적으로 발전해 온 물질적 특성도 분명 파악된다. 묘역의 설정, 매장시설의 배치, 상석의 활용, 주거역과 분묘역의 구성 등에서 이 지역의 독특한 양상을 생각해 볼 수 있다. 이 글에서는 청동기시대 분묘의 출현, 광역의 분포와 공통성, 지역적 특성을 서술하면서 경북지역의 양상에 초점을 맞추어 분묘(군)의 구조와 성격, 부장유물의 의미 등을 살펴보고자 한다.

Ⅱ. 장소와 역사

청동기시대가 되면 한반도 전역에 이전 시기에 볼 수 없던 경관이 조성된다. 우선 넓은 땅이 벌목되어 그곳에 경작지가 조성되고 먼저 하안 충적대지에 작은 마을들이 들어서기 시작한다. 청동기시대 조기에는 하안대지라는 한정된 지형만을 점유하면서 소규모 마을들이 분포해 있었지만 인구가 늘면서 취락의 점유지대는 확장된다. 청동기시대 전기가 되면 적당한 충적지는 물론이고 이웃한 나지막한 구릉들로 점유지가 확대되며 곡간 평지와 같은 지형으로 개간이 확대되어 경작지로 삼게 된다. 시간이 가면서 인구가 증가한 탓에 일정 경관 안에 마을 숫자가 늘어나는 현상은 점점 뚜렷해지는 것 같다. 그러다 청동기시대 전기 늦은 단계가 되면 하나의 마을을 이루는 주거의 수가 상당히 늘어난 대규모 취락도 나타나게 되는 것이다.

이처럼 한반도의 청동기시대는 농경 의존도가 높은 정착촌락이 경작지를 마련하기 쉬운 하안 충적지를 따라 점유해 나가면서 시작되었다(安在晧 2000;崔鍾圭 2011;李盛周 2015). 이후 인구의 증가와 함께 점유지대는 꾸준히 확장되고 경관은 꾸준히 변해 갔다. 일정한 토기를 점유한 농업공동체들은 이전 시대와는 달리 한 경관 안에 오랜 세월을 머무르게 된다. 일정 경관을 점유한 농경민들은 하안대지와 구릉지, 경사지와 습지, 하천 등과 같은 갖가지 지형과 장소를 활용하고 그들은 농경민에게 의미 있는 것이 된다. 일정한 경관은 농경민들이 생업활동과 그 밖의 일상생활을 영위하면서 이용되는 한편 각각의 장소는 생산, 노동, 그리고 일상은 물론 조상, 사건, 역사와 의례 등과 관련된 의미를 지니게 된다. 그래서 탈과정주의 이론가들은 농경의 시작은 간단히 생업경제체계의 변화를 뜻하는 것이 아니라 인간 존재의 삶과 의미의 변화를 가져온 것이라고 말한다(Hodder 1990;Barrett 1994;金鍾一 2009).

농경민의 정착과 확산, 그리고 경관의 변화는 점진적, 과정적으로 진행되었다. 경관에 대한 농업공동체의 개입이 점진적으로 진행되면서 경관에 대한 의미의 부여가 뒤따랐고 노동력을 동원하여 문화적 경관을 조성하게 된다. 농경민에 의해 경작지가 조성되고 일정 지형에 가옥이 축조되고 마을을 공간적으로 구획되기도 하면서 생산과 일상의 문화경관이 조성된다. 이후 청동기시대 전기 후반에 이르면 처음 무덤이 축조되기 시작한다. 청동기시대 농업사회가 발전하면서 일상의 취락으로부터 죽은 사람을 위한 무덤공간이나 의례의 장소가 분리되어 나오는 것은 사실인 것 같다. 취락과 무덤의 공간은 각각 일상과 의례의 공간이라고 분리된 의미로 생각하기 쉽지만 일상과 의례는 브래들리의 말처럼 쉽게 나뉘지 않는다(Bradley 2005). 가까운 전통사회만 하더라도 일상의 부엌은 竈王이 모셔진 장소이고 제사가 베풀어지기도 했으며 오늘날의 거실에도 신상이 모셔지거나 기도의 장소로 활용되는 것은 다 아는 사실이다. 무덤의 공간을 처음 마련했던 농업공동체 유적인 대전 신대동유적의 경우(成正鏞 1997) 하나의 길쭉한 구릉 한쪽 편에 마을이 들어서고 그 반대편 사면에 묘지가 조성되어 있음을 볼 수 있다. 갑천의 충적지를 끼고 있는 구릉의 한쪽 사면을 점유한 농업공동체는 주변 경지를 내려다보면서 그 뒤편 사면에 묘지공간을 마련한 것이다. 구릉을 중심으로 그들의 삶과 죽음이 반복되면서 공동체의 역사가 지속되기를 바랐을 것이다.

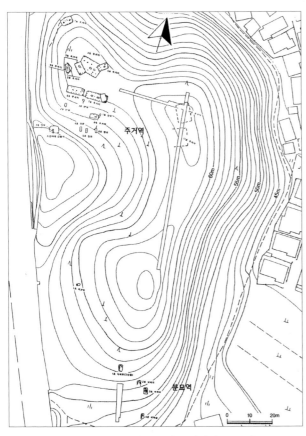

도면 1. 대전 신대동유적 주거역과 분묘역

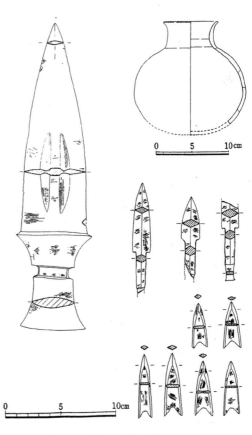

도면 2. 대전 신대동유적 부장유물

건축물로서의 무덤을 처음 축조하거나 종교활동을 위한 의례의 장소가 마련될 때 일상의 주택의 형태가 모방되고 취락을 조성하는 토목기술이 동원될 것이다. 의례의 장소와 죽은 이를 위한 건축물은 처음부터 따로 특별하지 않았을 것이다. 필자는 과거 분묘를 축조해 본적이 없는 청동기시대인이 죽은 이를 위한, 혹은 의례의 장소로 사용할 건축물을 마련하고자 했다면 과연 어떻게 했을까 하는 의문을 제기한 적이 있다(李盛周 2012). 이에 대해 필자는 청동기시대인들이 처음 무덤을 축조하려 했다면 그들에게 가장 익숙한 가옥을 모델로 하였을 것이라고 생각하였다. 그리고 죽은 이를 위한 저택, 혹은 조상의 혼령이나 신성을 가진 존재가 머무르는 건축물을 지으려 했다면 산 사람이 살아가는 가옥처럼 목재와 초본을 사용하기보다 돌과 흙을 중심으로 구축하려 했을 것이라고 보았다. 그와 같은 소재를 사용함으로써 석축 혹은 토축의 기념물은 오랫동안 그 장소에 남아 공동체의 기억을 대물림하고 역사를 증언해줄 수 있을 것이기 때문이다.

청동기시대의 석축무덤은 공동체의 기억이 물질화되어 유지되고 사회를 이끌어가는 기념물이다(李盛周 1999). 아마 요동지방의 북방식지석묘와 같이 분지를 내려다보는 구릉 말단부에 설치된 모습을 보면 석재를 사용하여 가장 단순한 기술과 아이디어로 구축한, 조상이나 신성을 가진 존재를 위한 건축물이 아닐까 하는 생각을 가지게 된다. 세장방형주거지가 유행하던 청동기시대 전기에 꼭 같은 평면형으로 주구를 구획하고 노지가 위치한 곳에 작은 箱形의 석관을 매장시설로 안치한 것은 죽은 이의 저택이 산 이의 가옥을 번안한 것임이 분명한 것 같다(李秀鴻 2010;安在晧 2012). 묘역식 지석묘도 장방형, 방형, 원형의 평면형을 기본으로 하여 산 사람의 주택이 원형이면 죽은 이는 장방형이나 방형의 묘역을 가진다거나 아니면 그 반대일 때도 있다. 혹은 같은 방형, 혹은 장방형의 평면을 기초로 죽은 이와 산 이의 집이 같은 모양으로 지어지기도 한다. 아무튼 산 사람의 집을 번안한 조상의 집은 흙과 돌로만 축조하여 기념물로서 남아 오랜 세월 경관의 역사를 유지했을 것이다.

Ⅲ. 분묘의 분류와 변천, 그리고 지역차

1. 속성과 분류

청동기시대의 분묘는 여러 가지 관점에서 분류되고 이름이 붙여졌다. 이 시대 묘제에 대한 최근의 개관을 참조하면 청동기시대 분묘는 구조 상 지석묘, 석관묘, 석곽묘, 토광묘, 옹관묘, 적석목관묘, 동굴복합묘, 적석복합묘, 주구석관묘, 석개토광묘 등으로 분류된다(金承玉 2015). 영남지역에 국한해서 보면 청동기시대 축조된 분묘의 종류에는 지석묘, 석관묘, 토광묘, 적석석관묘, 석개토광묘, 옹관묘 등이 있는 것으로 서술된다(金廣明 2005). 이처럼 대표적인 구조와 형태를 중심으로 정의된 분류법은 간결하고 논리적이라고 할 수 있다. 다른 누가 더 적절한 분류법을 찾는다 해도 쉽게 대안을 제시하기는 힘들 것이다. 최근 창원 진동과 진주 초장동에서 발견되었던 즙석분구묘와 같은 것을 청동기시대 분묘의 새로운 종으로 추가시키는 정도가 할 수 있는 일이 될 것이다.

그렇다고 이러한 범주화가 문제가 없는 것은 아니다. 첫째, 지석묘의 범주가 문제라고 할 수 있는데 발굴조사 성과가 늘어나면서 지석묘의 다양한 속성들이 파악되자 지석묘에 대한 기존의 범주와 개념에 의문이 제기되기 시작했다(李相吉 1996, 2003;盧爀眞 1999). 우선 요동과 서북한에서 볼 수 있는 탁자식 지석묘와 전남지역의 기반식 지석묘를 계열적 관계를 지닌 같은 종류의 묘제로 볼 수 있는가? 능선의 선단부 정상에 단독으로 자리 잡은 탁자식 지석묘와 여수 월내동유적의 예처럼 산자락의 완만한 사면에 적석묘역을 연접시키면서 수십 기가 밀집된 기반식 지석묘군을 상석이 지석으로 받쳐져 있다고 하여 동일한 계열, 동일한 범주로 묶는 것이 적절한가 하는 것이다. 그리고 상석이나 지석 혹은 그 둘 다 없이도 거의 관습적으로 지석묘라고 이름 붙여지는 유구 또한 헤아릴 수 없이 많다. 가령 남해안 지역의 연접된 묘역식 지석묘군에서는 상석이 얹혀 있는 무덤이 얼마 되지 않지만 지석묘로 분류되고 있다. 대구지역에서 보는 것처럼 석관묘가 밀집된 공동묘역에 상석 한두 개가 경우에 따라서는 매장시설의 위치와는 무관하게 놓여 있는 것도 석관묘가 아니라 지석묘로 범주화되는 것이다.

둘째, 매장시설과 상석 및 지석이 갖추어진 것을 지석묘로 정의하고 나머지는 매장시설의 구조를 기준으로 구분하는 것이 가장 일반적인 분류의 관점인데 논리적 분류법이라고 보기 어렵다. 필자는 건축물로서 분묘를 분류할 때 우리가 고려해야 할 속성의 범주를 세 가지 차원으로 나누어서 생각하는 것이 타당하다고 본다. 가령 埋葬施設의 형식이라는 차원에서 석관, 목관, 목곽, 석실, 토광 등으로 나눌 수 있다면 外觀을 어떻게 나타내는가에 따라 상석, 적석, 분구, 혹은 봉분 등으로 구분해 볼 수 있다. 그리고 墓域을 표시하는 방식에 따라 주구, 부석, 혹은 적석시설, 혹은 석열 등으로 구분해 볼 수 있다. 우리는 일반적으로 매장시설에 초점을 맞추어 석관묘, 석곽묘, 토광묘, 옹관묘 등으로 분류하는 것이 보통이지만 다른 차원에 초점이 맞추어진 분류법도 있다. 가령 외관에 초점을 맞추어 지석묘, 분구묘 등으로 분류되거나 묘역을 표시하는 방식에 따라 주구묘라든가 구획묘와 같은 분묘의 형식이 정의된다.

지석묘를 하나의 형식으로 정의하고 매장시설에 따라 구분된 석관묘, 석곽묘, 토광묘 등으로 분류하여 명칭부여 한다면 이는 분류단위의 상하 범주적, 혹은 계열적 관계에서 모순이 지적될 수 있다고 본다. 가령 석관묘는 그 자체만으로 단독 축조되기도 하지만 많은 수의 지석묘나 주구묘에서는 분묘 건축물의 일부분에 불과한 매장시설이기도 하다. 이럴 때 예컨대 석관묘, 개석식 지석묘, 장방형 주구묘로 구분하여 명칭을 부여했다면 이와 같은 분류법이 과연 각 형식의 계열적, 혹은 상하 범주적 관계에서 적절한지 의문스럽다. 더욱이 상석이 후대에 제거되는 경우도 있을 수 있고 주구가 삭평되는 경우도 생각해 볼 수 있다면 이러한 분류법은 자의적인 것이 되고 만다. 그렇다고 청동기시대 묘제에 대한 객관적이고 보편타당한 분류법이 따로 있다고 생각하지 않는다. 다만 지석묘와 그 밖의 매장시설 형식들, 그리고 지석묘의 일정 분류형식들은 시간-공간상의 계열적 관계가 뚜렷이 반영된 어떤 실체로 볼 수 있는 것이 아니라는 점을 제안하고 싶을 따름이다.

물론 우리가 청동기시대 분묘를 구조와 형태에 따라 분류하는 가장 큰 이유는 시간-공간상의 계열적인 변화를 파악하기 위해서일 것이다. 그러한 관점에서 분묘의 다양성을 매끄럽게 설명할 수 있는 분류의 방법을 찾는 것이 중요한 과제임은 부인할 수 없다. 흔히 우리는 분류 형식간의 유사성이 시간-공간상의 근접성에 기인한다고 전제하고 그러한 관계를 파악하기 위해 분묘의 형식을 분류하고는 한다. 하지만 청동기시대 분묘들은 매장시설이나 외관, 그리고 묘역의 차원, 입지나 경관, 또는 군집양상 등 다양한 관점에서 분류되고 형식이 정의될 수 있다. 이러한 분류형식과 그들 사이의 관계에 대한 논의는 청동기시대 매장의례 행위들을 통해 사회의 조직적 특성, 개인과 집단의 정체성, 그들을 둘러싼 경관과 역사에 대한 관념 등에 접근하는 방향으로 나아가야 한다.

2. 지역차에 대한 관점

청동기시대에 동북아지역, 그 중에도 요동과 길림, 그리고 한반도 일원은 분묘의 구조와 형태에서 광범위한 공통성이 인정될 수 있는 지역이다. 가령 이 일대에서는 매장시설로서 석관묘가 가장 폭넓게 채용되고 있다. 그리고 우리가 지석묘라고 통칭하는 제반형식의 거석무덤들도 대략 이 지리적 범위 안에 분포한다. 묘제의 공통성과 함께 이 지리적 범위는 일정 시기 동안 소박한 청동유물 조합을 보여주는 비파형동검문화가 확산되어 있었던 동북아 청동기문화의 2차 주변지대이기도 하다(李盛周 1996). 시간적으로 이 일대의 분묘문화는 정착 농경집단이 확산된 이후 일정 기간이 경과한 시점으로부터 형성되어 청동기부장묘와 철기문화가 들어오는 시점까지 지속된다.

이 권역에는 분묘의 여러 형식들이 시간과 공간의 범주를 달리하며 분포해 있었고, 일정 시-공간의 범주 안에 여러 분묘형식이 공존해 있었을 것으로 생각된다. 한편 중국 동북지역과 한반도의 청동기시대문화를 시간-공간적 변동으로 설명할 때 흔히 ○○文化, 혹은 ○○類型 등과 같은 물질문화의 범주적 개념을 이용하게 된다. 주로 토기와 주거의 형식, 그리고 특징적인 석기의 조합으로 정의된 單位를 중심으로 문화의 변동을 파악해 왔다는 것이다. 이처럼 정의된 물질문화의 조합상을 ○○文化, 혹은 ○○類型이라 했을 때 분묘형식은 이에 어떻게 대응되는가 하는 문제를 검토해 볼 필요가 있을 것이다. 사실 청동기시대 묘제의 계열적인 변화는 토기나 주거형식의 시간-공간적 변이와 명확한 대응관계를 보이지는 않는 것 같다.

동북아지역의 청동기시대 분묘의 시-공간적 변천을 설명할 때 광범위한 지역에 장기적으로 존속했던 묘제와 한정된 지역에 비교적 단기간 존속했던 분묘로 구분한 의견이 있다(金承玉 2015). 한편 중기 남한지역의 분묘를 크게 지석묘와 '송국리형 묘제', 두 가지 계열로 구분했던 의견도 있었다(金承玉 2001). 물론 큰 틀에서 분묘의 형식들의 지리적, 시간적 분포를 계열적으로 이해하는 접근도 필요하지만 그러한 관계를 넘어서 분묘를 구성하는 여러 형태적, 구조적 요소와 그 조합관계, 그리고 광범위한 공통성을 종합적으로 살펴야 할 필요가 있다고 생각된다.

주구묘, 혹은 주구석관묘의 경우 춘천 천전리유적에서 발견되었을 때 이 지역의 독특한 묘제로 인식되었지만 경남과 울산 제 지역에서 발견의 사례가 늘어나고 있다(金權中 2008, 李秀鴻 2015). 주구묘도 한정된 시기의 일정 지역에서만 유행한 분묘의 형식은 아니라는 것이다. 다만 축조가 빈번했던 지역과 그렇지 않은 지역이 있고 지역에 따라 존속 기간도 달랐다. 그리고 지리적으로 멀리 떨어진 지역에서 비슷한 시기에 발생했을 가능성이 있어서 이들이 어떤 계열적 관계를 지니고 있었는지 알 수 없다고 한다(金權中 2008).

사실 부석에 가까운 적석 묘역을 가진 지석묘 혹은 적석묘와 구획묘도 요동지역으로부터 남해안 일대까지 광범하게 분포한다. 보령 평라리 지석묘의 경우처럼 판석으로 구획하여 묘역을 표시한 것도 있고, 간단히 원형, 혹은 방형으로 부석하거나 적석하는 것도 있다. 혹은 제단처럼 가장자리를 석축하여 잘 마무리하는 것도 있고, 창원 덕천리 1호 지석묘처럼 지면을 깎고 석축하고 판석을 깔아 만든 완벽한 제단식도 있다. 요동지역에서 적석묘라고 부르는 것은 구획묘, 혹은 묘역식 지석묘와 같은 계열로 두지 않는 것이 일반적인 의견이지만 군이 분리해서 보아야 할 이유를 찾기 어렵다. 부석 묘역이 연접되어 이른바 집체형으로 파악된 서북한 지역의 분묘를 북한학계에서는 침촌리형 고인돌로 정의한 적이 있다(황기덕 1961, 1963;석광준 1979). 그리고 창원 덕천리유적의 조사 이후 주로 남부지방을 중심으로 발굴조사를 통해 확인된 적석, 혹은 석축 구획의 지석묘들은 구획묘 혹은 묘역식지석묘 등으로 포괄하자는 의견이(李相吉 1996;金承玉 2006;尹昊弼 2009) 폭넓게 받아들여지고 있다.

상석이 있든 없든, 아니면 평면이 방형, 장방형, 또는 원형이든 매장시설마다 일정 범위의 묘역을 표시하기도 하고, 요동의 적석묘처럼 전체의 묘역을 계속 확장시켜가면서 매장시설을 추가 배치해나가는 양상으로 축조된 것도 있다. 이처럼 일정 묘지공간에 매장시설과 묘역들이 장기간 추가되어 상당한 규모로 형성된 분묘군은 요동으로부터 남해안 일대까지 광범하게 분포한다. 지역에 따라 세부적인 차이가 있고 그들 사이의 계열적 관계에 대해서는 분명히 알 수 없는 점이 많다. 그럼에도 우리는 지역적 다양성에 대해 광범위한 공통성을 상정하고 접근해 볼 필요가 있다고 생각된다. 즉 광범위한 공통성과 지역적 차이를 해명한다는 관점에서 청동기시대 분묘의 형식과 그 분포에 대해 접근할 필요가 있다는 것이다. 그렇다면 분묘를 구성하는 다양한 속성들을 파악하고, 그것이 지역과 시기에 따라 어떻게 조합되는지를 검토해보는 작업이 필요할 것으로 생각된다.

3. 경북지역의 분묘와 군집의 특성

경북지역의 청동기시대 분묘는 매장시설의 종류에서는 다른 지역의 그것과 큰 차이가 없다(金權九 1999;김광명 2003, 2005;조미애 2016). 지석묘, 석관묘, 토광묘, 석개토광묘, 그리고 옹관묘 등의 분묘형식이 이 지역에서도 발견된다. 매장시설의 형태와 각각의 분묘 구조를 타 지역과 비교해 보아도 이 지역 청동기시대의 분묘에 특징적인 양상을 지적하기 어렵다. 이 지역의 청동기시대 묘제가 다른 지역과 비교해 특별한 점이 있다면 그것은 분묘군의 형성 과정의 차이에 따른 분묘군 내의 매장시설의 배치양상이 특징적인 양상을 보이고 있다. 특히 지석묘의 축조와 군집의 형성, 분묘군의 경역 표시 등에서도 타 지역과는 다른 특징이 있는 듯 하다.

이 책에서 경북지역의 청동기시대 분묘군 형성과정과 배치양상에 주목한 연구에서는 분묘군을 먼저 단독묘와 군집묘로 선 구분하고 매장시설의 배치양상에 따라 군집묘들을 다시 제 유형으로 분류하고 있다. 먼저 단독묘에 대한 검토를 살펴보자. 이 연구에서 단독묘라는 것은 군집으로부터 일정한 거리를 두고 있는 분묘를 지칭하는 개념으로 보인다. 이 분묘군 분석연구(조미애 2016)에 따르면 청동기시대 전기의 단독묘는 구릉 정상부나 사면에 석관이나 토광을 매장시설로 하여 축조된다. 이에 비해 중기의 단독묘들은 선상지나 충적지에 형성된 군집묘들과 일정한 거리를 두고 따로 떨어져서 축조된다고 한다. 단독묘가 되는 이유에 대해 필자의 의견을 추가한다면 첫째, 무덤을 축조하지 않던 공동체가 처음 분묘를 축조하고 그 이후 오랫동안 추가로 분묘를 축조하지 않았던 경우가 있을 수 있다. 둘째로는 일정한 범위의 지역공동체가 복수의 지점을 묘지로 선택하여 분묘를 조성했다가 어떤 지점은 분묘의 추가 축조를 지속하여 분묘군이 되고 다른 어떤 지점은 더 이상의 축조가 없게 되면서 단독묘로 남게 될 것이다. 그리고 셋째로는 특정한 인물의 분묘를 이미 형성되어 있는 분묘군에 추가 하지 않고 어떤 이유에서든 따로 하나의 분묘를 조성한 경우이다. 아마 피장자의 정체성이나 사회가 그를 인식하고 기억하는 바가 독특하기 때문에 그 인물을 공동묘지로부터 분리시켜 따로 분묘를 축조해 주었을 것으로 여겨진다. 대체로 전기의 단독묘들은 첫 번째의 경우에 해당할 가능성이 크고 중기의 것은 두 번째나 세 번째의 경우가 많을 것이다.

경북지역의 군집묘들은 다른 지역의 청동기시대 분묘군에 비해 다음과 같은 몇 가지 특징을 지적할 수 있다. 첫째로는 부석이든 적석이든, 아니면 주구를 돌리든 개별 분묘에 묘역을 표시하거나 분묘군 자체가 커다란 묘역으로 표시되는 군집묘의 사례가 극히 적다는 사실이다. 물론 청도 신당리유적이나 화리유적과 같은 경우, 그리고 대구 상인동유적 등은 원형, 타원형, 혹은 장방형의 적석묘역을 조성하고 연접시킨 사례도 있지만 오히려 경북지역에서는 예외적인 현상이라고 할 수 있다.

둘째로는 상석이 정해진 매장시설 위에 놓이지 않거나 상석을 가지지 않는 지석묘가 많다는 것이다. 물론 이는 경북의 지석묘에 한정된 현상은 아니고 영남 전역에서 자주 볼 수 있는 현상이긴 하다. 하지만 대구분지와 그 주변 일원에 분포하는 지석묘군 중에는 상석이 특정 매장시설과 무관한 위치에 놓일 뿐만 아니라 매장시설의 수만큼의 상석이 배치되지 않고 전체 분묘군의 범위를 표시하기 위해 이곳저곳에 놓여 있는 듯하다. 대구 이천동 4구유적, 대구 신서동 B-3호 유적과 같은 경우 매장시설의 상석이 지석묘군 내 이곳저곳에 놓여 있기는 하지만 매장시설의 직상부에 위치하여 특정 매장시설의 상석으로 인정될 수 있는 것이 하나도 없는 경우에 해당된다. 그러나 청도 화리유적과 같은 경우 지석묘군의 경역 내부 한가운데에 자리 잡은 분묘는(아마 공동체의 역사에서 가장 의미 있는 분묘로 생각됨) 그 직상부에 개석이 위치하는데 그 둘레에 배치된 상석들은 매장시설 사이의 적당한 곳에 놓여 있을 뿐 매장시설과 일체를 이루는 것은 없다.

셋째로는 지석묘군 안에 매장시설의 배치양상이 매우 다양하다는 점이다. 청동기시대 지석묘군 내에서 매장시설의 배치상은 아무래도 분묘군 형성의 시간적 과정을 반영한다고 여겨진다. 새로 사망한 사람을 위해 지석묘를 축조하여 분묘군 안에 추가할 때는 선축묘의 피장자들을 인지하고 그들과의 관계를 고려하여 새로운 매장시설을 위치시키게 될 것이기 때문에 매장시설의 배치에는 무언가 사회적 규칙이 반영되어 있을 것이라고 전제된다. 남한지역 지석묘군들을 살펴보면 매장시설의 배치가 거의 대부분 선상으로 배치되어 있음을 알 수 있다. 하나의 분묘군 내 선상으로 배치되는 매장시설의 열이 과연 몇 줄인가 하는 점에서 차이가 있을 뿐 선상배치는 분묘군 형성의 기본인 것 같다. 호남 남해안 일대의 지석묘군들처럼 지형적인 입지에 따라 선상배치가 직선형이 될 수도 있고 곡선형이 되기도 하는 등의 차이가 있고, 특히 넓은 평지에 입지할 경우 선상배치가 만나거나 꺾어지거나 하는 등의 변화를 보여 줄 뿐이다.

이에 비해 경북지역 특히 대구분지 일원의 지석묘군은 매장시설의 배치에서 다양한 변화를 보여준다. 물론 선상배치가 경북지역에서도 기본이고 다른 배치상을 보이는 지석묘군에서도 부분적으로는 선상으로 매장시설이 배치된다. 그러나 전반적으로 보면 경북지역 청동기시대 분묘군의 배치상은 다양한 편이다. 청동기시대 분묘군의 유구배치를 열상과 집괴상으로 간단히 구분한 연구도 있는데(平郡達哉 2013) 경북지역은 열상도 있지만 집괴상이 다양한 방식으로 형성된 사례가 많은 셈이다. 이 책에서 경북지역 분묘군의 배치상을 분석한 연구에서는(조미애 2016) 집괴상의 분포유형을 환상, 직렬형과 병렬형의 결합, 卍자형, ㅁ자형 등으로 구분할 수 있다고 보았고, 어디에도 속하지 않은 부정형도 있다고 제안하였다.

그런데 흥미로운 것은 선상형이든 환상형이든 모두 열상배치의 조합이라고 할 수 있다. 짧은 것이든 긴 열이든 아니면 직선이든 곡선이든, 병렬이든 직렬이든 열상으로 보이는 배치의 규칙성이 전혀 없다면 그것은 부정형으로 간주할 수밖에 없다. 매장시설이 線狀으로 배치된다는 것은 우선 매장시설의 추가 축조과정에 시간성이 반영된 것으로 해석된다. 선축묘 다음에 일정 방향으로 후축묘가 추가된다는 것은 후축묘의 축조자들이 피장자의 혈연적 관계라든가 사회적 계승관계를 표시하고자 하였기 때문일 것이다. 그러나 경북지역의 지석묘 배치양상의 분석은 선상의 축조서열에 대한 위와 같은 일반적 예상을 완벽히 뒷받침해 주고 있지는 못하다.

위의 연구에서는 부장품이 출토되어 연대를 판단할 있는 매장시설을 대상으로 3단계로 편년하고, 한 단계와 그 다음 단계에 조성된 분묘들의 축조 순서를 대비해 보는 방법을 취하였다. 그 결과 배치양상을 결정하는 분묘군 성장의 규칙성을 말하기는 아직 어려웠다. 우선 부장품이 출토된 분묘의 비율이 극히 낮기 때문에 규칙성을 밝히는데 결정적인 한계를 가지게 된다. 하지만 부장품이 출토되지 않더라도 배치의 순서와 방향성에 대한 예측 가능한 패턴을 우리는 관찰해 낼 수 있다. 그리고 여기에 축조 순서에 대한 시기차를 한정된 분묘라 하더라도 파악해 낼 수 있다. 이 양자의 정보를 결합시키면 축조순서와 성장패턴의 규칙성에 대해 우리는 좀 더 심도 있는 이해를 할 수 있을 것으로 생각된다. 현재의 분석을 통해 우리가 말할 수 있는 것은 선상의 배치유형이든 아니면 집괴상을 구성하든 하나의 묘지공간에 하나의 계열은 없다는 것이다. 처음부터 두 개 이상의 계열이 시작되고 그 다음 시기에는 계열이 더 늘어나고 얼마간 유지되다가 축조가 중단된다는 것은 경북지역 지석묘군 배치유형에서 거의 일반적으로 나타나는 현상인 듯하다.

IV. 부장품과 정체성

청동기시대에는 건축물로서의 분묘가 최초로 축조된 시기이기도 하거니와 일정한 품목으로 부장유물이 준비되고 매장의례에 봉헌되기 시작한 시기였다. 일정한 부장유물의 종류가 품목화 되었을 뿐만 아니라 매장의례에 그것을 어떻게 사용할 것인가 하는 봉헌의 방식이 제도화 되었던 시대였다. 해당 봉헌용 물품들은 부장유물로 사용하기 위해 특별히 제작되었으며 물품의 제작을 위해서 일정한 기술이 조직되고, 제작할 때 품질을 유지하기 위해 훈련된 전문장인이 생산에 참여했던 것도 사실인 것 같다. 물론 매장의례에서는 물품 봉헌과 관련된 행위들이 정교하게 짜여 있었고, 물품의 종류가 비슷하다 하더라도 그것을 봉헌·안치하는 행위는 지역에 따라 다르게 구성되기도 하였던 같다.

청동기시대 분묘에 부장되는 물품의 종과 형식은 이르면 서기전 1,000년을 전후하여 정해졌으며 그것이 늦으면 서기전 300년을 전후한 시기까지 남아 있어 약 700년 동안 변하지 않고 지속된 것 같다. 남한지역의 청동기시대 분묘의 부장유물로서 정식화된 물품은 마제석검과 석촉, 가지문토기와 적색마연토기 등이고, 여기에 곡옥 및 관옥과 같은 옥류, 방추차, 청동검, 동촉 등이 제한된 분묘에서 출토된 사례가 있다. 단 지금까지 경북지역에서는 청동제품이 분묘에 부장된 사례는 없다. 그러나 뒤에 말하겠지만 장송의례에 청동기가 사용되지 않았다는 것은 아니다.

처음부터 청동기시대 분묘 부장품 중에 하나였고 가장 특징적인 유물은 磨製石劍이다. 마제석검은 장기간 형식변화를 보이면서 어느 지역, 어느 분묘군에서도 20~30%의 빈도로 매장의례에 사용되었다. 마제석검의 기원에 대해서는 비파형동검 같은 청동제검을 모방한 것이라는 설명이 설득력이 있지만 확실하지는 않다(李淸圭 2002). 금속제 검을 보지 못한 사람들이 선대의 석재를 다루는 기술로 석검을 제작하기 시작한 사례는 얼마든지 있기 때문이다(Frieman and Eriksen 2015).

마제석검은 이단병식에 검신의 폭이 넓고 짧은 형식이 처음 제작되기 시작한다. 이 최초의 마제석검은 병부에 천이나 끈을 감아서 사용한 실용무기와 같은 인상을 준다. 마제석검과 함께 최초의 부장유물로 사용되었던 석촉 역시 촉신이 짧고 경부가 튼튼하고 짧거나 무경에 삼각만입의 형태를 취한 실용 화살촉이었던 것으로 보인다. 최초의 분묘 부장품으로 제도화된 석기는 실용적인 마제석검과 마제석촉이다. 석검과 석촉 같은 무기형 석기가 부장품으로 나타나는 것은 피장자의 정체성과 관련된다는 의견이 설득력을 가진다. 석검은 전쟁의 리더이면서 공동체의 지도자였던 인물을 기억하고 기념하기 위해 그의 매장의례에서 부장품으로 사용했으며, 그러므로 석검은 그것으로 상징되는 권력에 의해 유지되었던 사회를 나타내 준다는 것이다(裵眞晟 2006, 2011).

하지만 분묘에 부장된 마제석검의 위치를 체계적으로 분석한 연구에서는 매장의례에서 그것이 가지는 의미를 두 가지로 나누어 생각하고 있다(平郡達哉 2012: 96-98). 첫째, 마제석검이 피장자에 의해 佩用된 상태로 출토되는 경우와 단벽 가까이의 장벽이나 모서리에 위치하는 경우가 있는데 전자는 피장자의 소지품으로써 부장된 것이고 후자는 辟邪의 의미가 클 것이라 주장한 바 있다. 석검이 부장된 무덤과 부장이 이루어지지 않은 무덤, 그리고 석검의 부장위치가 패용된 것인가의 여부에 따라 매장의례에서 베풀어진 제반 행위 등은 서로 다른 의미를 가지게 될 것이다. 물론 분묘 부장품과 그 부장행위, 그리고 행위의 구성에 나타난 변이들은 물론 분묘 피장자의 사회적 정체성에 따라 서로 다르게 제도화 되어 있기도 하였겠지만 매장의례에서 행해지는 제반 의식적 요소의 의미와 그 스토리의 구성에 따라서도 큰 차이가 있었을 것으로 여겨진다.

사진 1. 달성 평촌리 20호묘 마제석검을 패용한 피장자

경북지역의 청동기시대 분묘의 부장품을 형식학적 분석을 통해 변화의 양상을 추적한 이 책의 논고에서는 청동기시대 전기부터 중기 말까지 이어지는 변화 중에 두 가지의 변화상에 무게를 둔다(방선지 2016). 첫째, 분묘를 4단계로 편년 했을 때 제1단계와 제2단계의 분묘들은 경북지역의 제 하계망을 따라 분묘의 축조가 고르게 이루어지는데 비해 제3단계와 제4단계의 분묘들은 금호강 유역에 집중되는 것으로 나타나는 양상을 보인다고 한다. 둘째로는 부장유물의 형식학적 변화로 보면 특히 마제석검과 마제석촉의 경우 최초의 실용성을 지닌 형태에서 검신, 혹은 촉신이 지나치게 장대화 되거나 석검의 병부 돌기가 엄청나게 과장되는 등의 변화를 보인다는 것이다.

사실 마제석검과 마제석촉의 형식변화에서 의기화의 경향을 보인다는 점에 대해서는 그동안 많은 연구자들에 의해 지적되어 온 바 있다. 그렇다면 왜 실용성을 잃고 의기화 되며 형태가 과장되는가? 마제석검을 위세품으로 보는 입장에서는 의기화가 석검이라는 물품에 부여된 상징적 가치를 높이기 위해서일 것이라는 의견을 제시한다. 형태가 과장되고 크기가 크고 제작이 난해할수록 더 가치 있는 석검이 된다는 것이다(裵眞晟 2007: 221-226). 가령 청도 진라리 3호묘나 달성 평촌리 20호묘에서 출토된 마제석검처럼 병부돌기가 엄청나게 과장되고 길이가 60cm가 넘는 대형의 마제석검은 상징적 가치가 더 높은 위세품으로 더 상위 신분자에게 소유될 것이라는 생각에서 나온 제안으로 여겨진다.

마제석검의 의기화와 과장된 형태로 되어 가는 것이 소유자의 사회적 계급을 차별화하기 위한 시도에서 비롯된 것이라는 해석은 다소 성급한 의견으로 받아들여진다. 우리는 아직 과장된 형태의 석검이 제작되던 당시의 실용무기로서의 석검과 같은 것에 대해 아는 바가 거의 없다. 그리고 김천 송죽리나 상주 예전동에서 비파형동검이 발견된 사례처럼 획득하기가 더욱 어려웠으리라 생각되는 청동무기가 분묘 내부나 피장자의 패용과 관련된 맥락이 아니라 의례와 관련된 맥락에서 출토된 점에 유의할 필요가 있다. 아마 어느 공동체의 전사, 혹은 지도자의 삶과 공적에 대한 기억의 매개물일 수도 있는 비파형동검이 묘지의 한쪽, 혹은 공동체적 제례 장소에 매납되거나 안치되었다면 매장의례의 결과물인 매장시설 안에서는 볼 수 없는 것이다.

단적으로 말하면 지역에 따라, 역사적 맥락에 따라 전사, 혹은 지도자가 죽었을 때 그의 기억도 다양한 방식으로 표현했을 것이다. 우리는 깊은 다단 토광 다중개석의 의례행위처럼 더욱

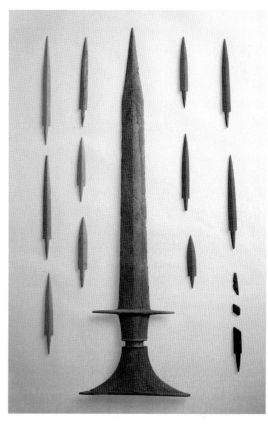

사진 2. 달성 평촌리 20호묘 출토 석촉과 검신이 장대화된 마제석검

복잡하고 정교하게 짜인 매장과정(尹昊弼 2013), 그리고 거대한 묘역과 상석은 계급의 높이와 권력의 양을 말해 준다고 생각할 수 있다. 피장자의 공동체에 대한 영향력과 그에 대한 공동체의 존경의 정도가 크기 때문에 그에 대한 역사적 기억을 더욱 공고히 하기 위해 그렇게 했을 것이다. 그러나 당시 사회에서 사람들의 영향력, 혹은 정치적 권력이 여러 등급으로 나누어지고 그러한 체계가 물질화되어 분묘 축조나 부장품 준비에도 그대로 등급으로 나뉘게끔 제도화 되어 있었다고 말하기는 힘들다. 그러므로 당시 사회에서 마제석검과 같은 무기형석제품이 지닌 상징성은 정치적 영향력이나 이념적 권력 등과 서로 비례한다거나 등가로 치환될 수 있는 것이라고 단순히 일반화 하기는 곤란하지 않을까 한다.

V. 맺음말

청동기시대 분묘와 분묘군의 형성은 정착 농경사회가 발전하는 과정의 산물이다. 청동기시대 개시기에 농업공동체들이 처음 정착한 하안대지로부터 구릉과 곡저면을 점유해 나가면서 경관에 의미를 부여하고 공동체의 이념과 역사를 물질화한 결과이다. 경북지역의 청동기시대 분묘 중 가장 이른 유구들은 능선 하단부 사면에 주로 자리 잡으며 단독으로 존재하거나 소규모 군을 이루고 있는 것이 특징이다. 그리고 매장시설로는 주로 석관이나 토광이 이용되었다.

요동과 한반도는 거의 비슷한 시기에 집약적 농경집단에 의해 점유되고 이후 사회의 발전이 비슷하게 진행된 지역이었다. 이런 연유로 이 일대에는 지석묘를 포함한 석관묘, 적석묘 등 공통성을 가진 분묘문화가 확산되어 있었다. 그럼에도 꽤 큰 지리적 영역에 따라 지석묘의 형식, 분묘군의 형성과정, 그리고 부장품의 조합 등에서 서로 뚜렷한 지역적 차이를 보이기도 했다. 경상북도 지역도 예외는 아니어서 동북아 분묘문화의 공통성과 뚜렷한 지역적 특색을 동시에 보여준다.

특히 이 지역에서는 전체 분묘군의 형성과정에서 특이성이 보여 매장시설의 배치가 다른 지역에서 보이지 않는 집괴상의 군집분포를 이룬다. 또한 상석의 배치도 이 지역의 특징을 보이는데 상석을 전체 묘지역의 위치와 범위를 나타내는데 활용하는 정도로 위치시키고 하부 매장시설과 직접 관계를 맺는 상석이 오히려 적은 분묘군도 존재한다.

경북지역의 청동기시대 분묘 부장품 중에도 가장 중요한 석제유물은 석촉과 마제석검이다. 석촉은 화살에 끼워진 채 석곽의 한쪽 벽 가까이에 다발로 놓인 것이 일반적인데 비해 마제석검은 피장자와 무관하게 출토되는 경우도 상당하지만 피장자가 허리에 찬 상태로 발견되는 경우가 많다. 피장자가 몸에 차고 스스로의 정체성을 나타내는 유물일 가능성이 크다는 것이다. 이러한 마제석검이 시간이 지나면서 변해가는 방향이 장대화 되고 형태가 과장되어 가는 쪽이라는 것은 주목할 만한 현상이다. 특히 경상북도 지역의 마제석검은 검신이 장대화되는 것이 특징인데 후기의 것은 60cm가 넘는 것이 있다. 실용무기에서 출발했지만 상징성만 남고 그것이 비현실적으로 과장된다는 것은 착용자는 더 이상 현실의 전사는 아닐 가능성이 크며 마제석검은 권력의 상징물로 변해갔을 것으로 볼 수도 있다.

참고문헌

金廣明, 2005, 「청동기시대 영남지역의 무덤과 祭祀」, 『영남의 청동기시대 문화』, 第14回 嶺南考古學會 學術發表會, pp. 47-70.

金廣明, 2003, 「慶北地域의 支石墓」, 『지석묘 조사의 새로운 성과』, 제30회 한국상고사학회 학술발표대회, pp. 125-154.

김권구, 2005, 『청동기시대 영남지역의 농경사회』, 서울: 학연문화사.

金權中, 2008, 「靑銅器時代 周溝墓의 發生과 變遷」, 『韓國靑銅器學報』3, pp. 100-127.

金承玉, 2001, 「錦江流域 松菊里型 墓制의 硏究」, 『韓國考古學報』45, pp. 45-74.

金承玉, 2007, 「墳墓자료를 통해 본 靑銅器時代 사회조직과 변천」, 한국고고학회 편 『계층 사회와 지배자의 출현』, 서울: 사회평론, pp. 61-139.

金承玉, 2015, 「묘제의 특징과 변천」, 『한국 청동기문화 개론』, 서울: 진인진, pp. 86-108.

金鍾一, 2009, 「삶과 죽음의 토포필리아(Topophilia)」, 안승모·이준정 편, 『선사 농경연구의 새로운 동향』, 서울: 사회평론, pp. 226-251.

盧爀眞, 1999, 「形式學 批判-支石墓 事例를 中心으로」, 『韓國上古史學報』31, pp. 89-114.

도유호, 1959, 「조선 거석 문화 연구」, 『문화유산』1959-2, pp. 1-35.

방선지, 2016, 「경북지역 청동기시대 무덤 부장유물 연구」, 『경북지역 청동기시대 무덤』, 서울: 학연문화사.

裴眞晟, 2006, 「석검 출현의 이데올로기」, 『石軒 鄭澄元敎授 停年退任紀念論叢』, 釜山考古研究會·論叢刊行委員會, pp. 199-217.

裴眞晟, 2011, 「墳墓 築造 社會의 開始」, 『韓國考古學報』80, pp. 5-28.

석광준, 1979, 「우리 나라 서북지방 고인돌에 관한 연구」, 『고고민속론문집』7, pp. 71-81

成正鏞, 1997, 「大田 新岱洞·比來洞 靑銅器時代遺蹟」, 『호남고고학의 제문제』, 제21회 한국고고학전국대회, pp. 205-236.

신영애, 2016, 「청동기시대 무덤 연구성과 검토」, 『경북지역 청동기시대 무덤』, 서울: 학연문화사.

安在晧, 2000, 「韓國 農耕社會의 成立」, 『韓國考古學報』43, pp. 41-66.

安在晧, 2012, 「墓域式支石墓의 出現과 社會相」, 『湖西考古學』26, pp. 38-73.

尹昊弼, 2009, 「靑銅器時代 墓域式支石墓에 관한 硏究」, 『慶南研究』1, 경남발전연구원 역사문화센터, pp. 1-26.

尹昊弼, 2013, 『축조와 의례로 본 지석묘 사회의 연구』, 목포대학교 대학원 박사학위논문.

李相吉, 1996, 「靑銅器時代 무덤에 대한 一視角」, 『碩晤尹容鎭敎授停年退任紀念論叢』, 碩晤尹容鎭敎授停年退任紀念論叢刊行委員會, pp. 91-114.

李相吉, 2003, 「慶南의 支石墓」, 『지석묘 조사의 새로운 성과』, 제30회 한국상고사학회 학술발표대회, pp. 101-124.

李盛周, 1999, 「지석묘: 농경사회의 기념물」, 최몽룡 외 篇, 『한국 지석묘(고인돌)유적 종합조사·연구』, 서울: 문화재청·서울대학교박물관, pp. 423-441.

李盛周, 2012, 「儀禮, 記念物, 그리고 個人墓의 발전」, 『湖西考古學』26, pp. 74-109.

李盛周, 2015, 「한국 靑銅器時代의 性格에 대한 몇 가지 논의」, 『牛行 李相吉敎授 追悼論文集』, 서울: 진인진, pp. 416-443.

李秀鴻, 2010, 「蔚山地域 靑銅器時代 周溝形 遺構에 대하여」, 『釜山大學校 考古學科 創設20周年 紀念論文集』, pp. 259-276.

李秀鴻, 2015, 『檢丹里類型의 硏究』, 울산: 含春苑.

李淸圭, 2002, 「石劍, 銅劍, 그리고 鐵劍」, 『2002년 한국대학박물관협회 학술대회』, pp. 7-29.

조미애, 2016, 「경북지역 청동기시대 무덤 배치양상」, 『경북지역 청동기시대 무덤』, 서울: 학연문화사.

崔鍾圭, 2011, 「韓國에 있어 靑銅器時代라는 用語의 適用에 대하여」, 『考古學探究』10, 考古學探究會, pp. 87-101.

平郡達哉, 2013, 『무덤자료로 본 청동기시대 사회』, 서울: 서경문화사.

황기덕, 1961, 「황해북도 황주군 긴동고인돌 발굴보고(Ⅰ)」, 『문화유산』3, pp. 11-16.

황기덕, 1963, 「황해북도 황주군 침촌리 긴동 고인돌」, 『고고학자료집』3, pp. 56-63.

Barrett, J. C., 1994, *Fragments from Antiquity: An archaeology of social life in Britain, 2900-1200 BC*, Oxford: Blackwell.

Bradley, R., 2005, *Ritual and Domestic Life in Prehistoric Europe*, London: Routledge.

Frieman, C. J. and Eriksen, B. V., 2015, Introduction. Flint Daggers: A historical, typological and Methodological primer, In Frieman, C. J. and B. V. Eriksen (eds), *Flint Daggers in Prehistoric Europe*, Oxford: Oxbow Books, pp. 1-9.

Hodder, I., 1990, *Domestication of Europe: structure and contingency in Neolithic societies*, Oxford: Blackwell.

청동기시대 무덤 연구성과 검토

신영애 (경상북도문화재연구원)

Ⅰ. 머리말

무덤은 주검을 보호하려는 뜻에서 조성되기 시작했지만 차츰 죽은 이를 기리는 기념물의 성격으로 바뀌면서 형태와 축조방식이 다양해진다. 다양한 형태와 축조방식의 무덤은 그 주인공이나 축조집단의 성격, 그리고 조성 당시 사회·문화상이 반영되어 있기 때문에 역사기록이 남아있지 않은 선사시대에 대한 많은 정보를 우리에게 제공해 줄 수 있다.

청동기시대 무덤은 외형적으로 눈에 띄는 상석이나 묘역 같은 입체적인 구조물이 축조되고 뚜렷한 매장시설을 갖추면서 일정한 경관 안에 지속적으로 조성된다. 대표적인 지석묘 외에 석관묘, 토광묘, 옹관묘 등 종류가 다양하고 지역이나 시기에 따라 각기 다른 모습으로 나타난다. 그 부장유물 또한 무덤의 성격에 따라 각기 독특한 조합과 특성을 보여줘 무덤과 마찬가지로 지역적 혹은 시기적 특징을 보여준다. 이러한 이유로 청동기시대 사회·문화상을 밝히고자 하는 연구에서 무덤은 주된 관심의 대상이 되어 왔다.

이 글은 청동기시대 무덤의 연구성과와 경향을 이해하기 위한 것으로 일제강점기부터 최근까지 시기별로 그리고 주요 연구 주제별로 검토해 보겠다.

Ⅱ. 시기별 연구성과

청동기시대 무덤연구는 커다란 상석이 노출되어 외형적으로 눈에 띄는 지석묘를 중심으로 진행되어 왔다. 주로 지석묘의 기원과 형식분류를 주제로 이루어지던 연구는 개발에 따른 발굴조사의 증가로 지석묘 외에도 많은 무덤자료가 축적되면서 분포, 연대, 입지 등 기본적인 상황이 파악되고 사회복원을 시도하는 종합적인 연구가 지속적으로 이루어지고 있다. 구한말부터 시작된 청동기시대 무덤연구는 지금까지의 발굴조사와 연구성과로 볼 때 대략 태동기, 출발기, 성장기, 발전기로 구분할 수 있다.

1. 태동기(일제강점기부터 50년대 말까지)

무덤연구의 태동기로 선교사에 의해 한반도 지석묘가 서구에 소개되고 일인 학자에 의해 주도적으로 연구가 이루어지던 시기이다. 鳥居龍藏(1926·1946)와 藤田亮策(1948)은 지석묘를 금속병용기 무덤으로 판단하면서 외형과 주요 분포지역을 기준으로 탁자식(북방식), 기반식(남방식)으로 분류하고 탁자식이 기반식보다 더 고식이라고 하였다. 우리 학자들은 지금의 청동기시대 무덤을 거석문화의 일종으로 보고 민속학적 관점에서 연구를 진행하였다. 한흥수(1935)는 거석유구를 선돌, 지석묘, 칠성바위, 돌무덤으로 구분하고 지석묘는 북방식과 남방식으로 분류하면서 신석기시대 정착생활에 따른 무덤으로 보았다. 손진태(1934)는 지석이 있는 지석묘와 지석 없이 지하구조를 덮은 거석개분묘(巨石蓋墳墓)로 구분하고 신석기시대 씨족사회의 가족 공동묘로 파악하였다.

북한의 대표 연구자인 도유호(1959)는 거석문화의 기원을 동남아시아에 두는 전파론을 주장하면서 선돌, 적석총, 석상분, 지석묘로 분류하였다. 지석묘는 다시 전형(북방식/탁자식)과 변형(남방식/기반식/개석식/부가적석식)으로 구분하고 석상분 또는 적석총와 혼합된 변형이 전형에서 발전한 것으로 파악하였다. 외형과 분포양상에 따라 북방식/남방식으로 부르던 것을 전형과 계통이 다른 변형으로 개념화하면서 지석묘사회를 원시공동체 사회로 보았다.

1934년 小泉顯夫와 澤俊一에 의해 처음으로 대구 대봉동 지석묘 15기가 조사되었다.

2. 출발기(60년대 초부터 70년대 중반까지)

청동기시대 무덤연구의 출발기이다. 이전에는 거석문화 내 지석묘를 살피는 정도였다면, 일부 지역에 한정되지만 수습 및 발굴 조사된 자료를 바탕으로 우리 학자들에 의해 지석묘 형식분류가 이루어지고, 부장유물, 연대, 계통 등으로 관심분야가 확장된다. 하지만 아직까지 주된 내용이 유적소개와 유물분석이 다수를 차지하고 있어 종합적인 고찰이 미진한 시기이다.

지석묘 형식분류는 기존의 남방식, 북방식이라는 막연한 분류를 지양하고 세부 속성 기준을 달리하면서 다양한 시도를 하지만 지석유무에 따라 3개 형식으로 구분하는 틀은 크게 벗어나지 않는다. 임병태(1964)는 지석묘 구조를 분석하여 기존에 기반식에 포함되던 무지석식을 하나의 단일 형식으로 추가하여 탁자식, 기반식, 무지석식으로 3분하고, 다시 하부구조에 따라 세분하였다. 김재원·윤무병(1967)은 한국 지석묘 연구의 토대를 마련해 준 경기도 일원의 지석묘 발굴조사를 바탕으로 북방식과 남방식으로 분류하고 남방식은 지석유무에 따라 무지석식과 지석식으로 세분한 후, 북방식 → 무지석식 → 지석식 순으로 변화를 상정하였다. 한병삼(1974)은 청동기시대 무덤을 지석묘, 석관묘, 적석총, 토광묘로 구분한 후, 지석묘는 도유호의 개념을 받아들여 매장시설이 지상에 노출된 '지석묘'와 지하에 마련된 '변형지석묘'로 분류하고 변형지석묘는 지석유무에 따라 세분하였다.

일인 학자인 三上次南(1961)은 동북아시아 선사무덤을 연구하면서 청동기시대 무덤을 지석묘와 석관묘, 적석총 등으로 구분하였다. 지석묘는 북방식을 남방식보다 고식으로 보았고, 석관묘는 3개 형식으로 구분한 뒤 적석총과 남방식의 하부구조도 석관묘에 포함하였다. 그는 특히 지석묘와 석관묘 관계에 초점을 맞춰 두 묘제의 상이한 요소가 합쳐져 발생된 것이 대구 대봉동 지석묘군이라고 하였다. 甲元眞之(1973)는 석관형 매장시설이 지하에 있는 침촌리형에서 매장시설 위에 판석을 이용한 개석이 사용된 대봉동식으로 변화하고, 기반식과 탁자식을 최후기 형태로 파악하였다.

1967년 국립박물관(김재원·윤무병)은 경기도 일원을 중심으로 전국 12개 지역에서 60여기의 지석묘를 발굴 조사한 자료를 토대로 『韓國 支石墓의 硏究』를 출간한다. 이 책은 한국 지석묘 연구의 토대를 마련해준 책으로 현재까지 통용되는 지석묘의 형식분류와 변천안을 제시하였다.

1974년에는 비파형동검이 최초로 유구에서 출토된 송국리 석관묘가 국립박물관에 의해 수습조사 되었다. 이 조사는 무덤연구뿐만 아니라 우리나라 청동기시대 연구에서 중요하게 다루어지는 송국리유적의 존재를 알리는 계기가 되었다.

3. 성장기(70년대 중반 이후부터 90년대 중반까지)

무덤자료가 증가하여 양적 성장을 이루는 시기이다. 대규모 국토개발에 따라 국립박물관과 대학박물관을 중심으로 발굴조사가 본격화되면서 새로운 청동기시대 무덤자료가 증가되어 지석묘 이외의 묘제도 연구대상이 된다. 지석묘 연구도 이전의 형식분류 및 변천, 기원 위주의 연구에서 벗어나 각 형식의 지역분포 양상을 파악하여 지역 간 상호관계, 전파와 교류양상을 해석하고자 노력하고, 점차 영역을 넓혀 축조과정, 의례, 사회구조 등 사회상을 설명하려는 연구가 시작된다. 특히, 사회구조를 설명하는 틀로써 서구의 사회발전단계론을 적극 수용하게 된다. 또 요령지역을 중심으로 일본, 동남아시아 지석묘가 소개되기 시작하면서 동아시아라는 영역 속에서 한반도 지석묘 문화에 대한 접근이 이루어지게 된다.

지석묘에 대해 이전처럼 전통적인 연구 주제를 다룬 연구자 가운데 임세권(1976)은 매장시설의 위치와 구조에 따라 형식분류한 후 개석식으로 토광형의 매장시설을 갖춘 것이 가장 원초적인 형태라고 판단하였으며, 형식의 선후관계를 따져 한반도 지석묘가 동아시아에서 가장 빠르다고 보고 지석묘의 한반도 자생설을 주장하였다. 김병모(1981)는 지석묘가 도작농경과 함께 동남아시아로부터 전파된 것으로 파악하였다. 하인수(1992)는 상석 유무에 따라 일차적으로 지석묘와 타 묘제로 구분하고 개석식지석묘를 집중적으로 연구하면서, 지상형 개석식지석묘의 출현이 북방식지석묘의 영향이라고 판단하였다. 이영문(1993)은 전남지방의 지석묘를 분석하여 제단으로서 기능하던 남방식지석묘에 석관묘문화의 영향으로 매장시설과 결합되면서 무덤의 기능을 하게 된다고 주장하였다.

심봉근(1981)은 일본 지석묘를 종합적으로 다루면서 한국과 지리적으로 가까운 북구주에 지석묘가 편중된다는 점을 지적하는 등 한국 지석묘와의 관계를 검토하였다. 이형구(1988)는 요동반도 지석묘를 소개하면서 발해만의 석묘문화(石墓文化)가 한반도로 전래되었다고 주장하고 한국 청동기문화의 시베리아기원설을 반박하였다. 김정배(1996)는 개석식지석묘로 분류되는 무덤은 지석묘가 아니라 중국의 대개석묘처럼 성격이 다른 별개의 묘제이고 중국과 한반도 거대 지석묘는 발해만의 해안을 따라 환상으로 분포하는 동일 문화권을 형성한다고 주장하였다.

이 시기 연구자들은 새롭게 서구의 사회발전단계론을 받아들여 지석묘사회의 계층형성 여부에 주목하면서 공동체사회 또는 부족사회로 보는 입장과, 계급사회인 족장사회로 보는 입장으로 양분되어 논의하기 시작한다. 최몽룡(1978·1981)은 본격적으로 계층문제를 제기하면서 지석묘사회는 농경을 경제적 배경으로 계층화가 진행된 족장사회로 해석하고, 전남지역 지석묘사회를 마한사회의 형성배경으로 파악하였다. 이영문(1993)은 지석묘사회를 공동체적인 협동사회이면서도 계층과 계급이 발생한 사회로 파악하고 유물과 군집 분포수를 통해 당시 사회구조와 영역권을 상정하여 문헌상의 소국 형성과정과 결부시키는 등 한층 발전된 접근론으로 청동기시대 사회 연구의 새로운 방향을 제시하였다. 이남석(1985)은 지석묘의 분포가 자연환경과 서로 밀접하게 연결되고 석검 같은 부장품이 사회적 권위물로 사용되었을 가능성이 희박하기 때문에 개인간 혹은 집단간에 지배·피지배의 계층차이를 나타낼만한 적극적 증거는 보이지 않는다고 판단하였다.

석관묘는 여전히 주된 연구대상인 지석묘 연구 성과에는 훨씬 못 미치지만 청동기시대 무덤으로서 관심을 받기 시작하였고, 70년대 중반 이후 조사되기 시작한 송국리 석관묘가 중요한 역할을 하게 된다. 이종선(1976)은 최초로 한국 석관묘에 대해 검토하면서 시베리아 석관묘의 전통을 그대로 계승한 단순형과 지석묘문화와 접촉하면서 발생한 결합형으로 분류하였다. 단순형은 판석 수매로 관을 조립한 형태이고, 결합형은 석관에 다른 묘제의 요소가 합쳐져 석관 본래의 모습을 잃고 석곽 형태를 띠는 것으로 각각 벽 구축방법에 따라 세분하였다. 최몽룡(1978·1981)도 청동기시대 무덤을 지석묘, 석관묘, 적석총으로 구분하면서 석관묘의 기원과 연대문제, 지석묘와의 선후관계 등을 파악하고자 하였다. 박희현(1984)은 석관묘가 분포한 입지조건과 유구방향의 특징이 지석묘와 다르다고 판단하고 그 이유는 두 묘제가 서로 다른 문화의 연원을 갖고 있기 때문이라 주장하였다.

한편, 한반도 전역을 대상으로 포괄적으로 연구하던 이전과는 달리 활발한 조사를 통해 확보된 지역단위의 무덤자료를 중심으로 지역별 연구가 시작되고, 실험고고학의 일환으로 처음 실시된 축조실험을 통해 한 사람이 100kg을 끌 수 있다는 사실을 증명하게 된다(최성락·한성욱 1989).

북한은 지석묘가 고조선을 실증해 줄 수 있는 고고자료라고 판단하고 이러한 관점에서 연구가 이루어진다. 석광준(1979)은 지석묘의 기원과 사회진화의 발전과정이라는 측면에서 연구를 진행하면서 묘역시설에 기준을 두고 오덕리형과 침촌리형으로 분류하고 각 형식별로 세분하였다. 석관묘에 기원을 둔 침촌리형은 하나의 적석 묘역에 5~6기의 매장시설이 축조되고 그 위에 상석이 놓인 형식이고, 이 침촌리형에서 개별무덤으로 바뀌고 점차 지상화 되면서 탁자식의 오덕리형으로 발전한다고 보았다. 이 과정이 평등관계인 집체무덤에서 개별 가족묘, 그리고 지배계층의 개별무덤으로 변화하는 것으로 파악한 것이다. 이후 석광준은 침촌형 → 오덕형 → 묵방형으로 변천한다고 자신의 견해를 일부 수정하게 된다.

1992년 경남대학교 박물관에서 조사한 창원 덕천리 지석묘군은 전면제토를 통해 거대한 묘역과 그 매장시설까지 노출하기 시작한 첫 발굴조사이다. 이 가운데 길이 56m의 거대한 묘역이 설치된 1호 지석묘는 개인묘 발전에 따른 청동기시대 계층분화와 사회조직에 대한 연구가 본격화되는 계기가 되었다.

4. 발전기(90년대 중반 이후부터 최근까지)

단편적으로 자료를 확보하던 이전과 달리 전문법인의 구제발굴로 인해 자료가 폭발적으로 늘어나면서 대규모 전면제토로 유적 전모가 드러나는 사례가 급증하고 연구 인력도 증가하는 시기이다. 이런 환경 속에서 연구 활동이 활성화되고 연구 범위와 주제가 다양한 분야로 확대되어 청동기시대 무덤연구가 양과 질적인 측면에서 모두 발전하는 시기이다.

그동안 지석묘에 치중되었던 연구대상은 송국리형 묘제(김승옥 2001)를 중심으로 타 묘제로 범위가 넓어지고 구획된 묘역을 갖춘 새로운 형태의 무덤 조사 예가 증가하면서 주요한 연구대상이 된다. 또한 개별 묘제연구에서 폭을 넓혀 전체 묘역으로, 그리고 묘역과 주거역으로 구성된 취락 전체로 연구대상이 확장된다.

이전에는 한반도 전역을 대상으로 연구가 이루어졌다면 이 시기는 전면적 발굴조사로 확보된 많은 자료를 바탕으로 지역별 혹은 유역권을 대상으로 한 지역 연구가 본격적으로 이루어진다. 지역 특성에 적합한 형식분류와 변천안을 제시하거나 지역유형을 설정하고 동일 지역 또는 타 지역 집단 간 상호관계를 파악해 계층구조를 복원하는 연구가 주를 이룬다. 주요 지역과 묘제는 금강유역을 중심으로 호서지역의 송국리형 묘제와 지석묘 연구(김승옥 2001·2003;손준호 2007;김범철 2010;우정연 2011;박희영 2015), 용담댐과 여수반도 등 전라도지역의 지석묘 연구가 많은 부분을 차지한다(이영문 1999·2011·2014;이동희 2002·2007;김승옥 2003·2006;조진선 2003·2008;황재훈 2006·2012;최성훈 2015;홍밝음 2015).

남한을 벗어나서는 북한(하문식 1998;장호수 2003·2007)과 일본(정한덕·이재현 1998)을 비롯해 인도네시아 지석묘로(가종수 2004;조진선 2010·2013;이동희 2011) 관심 범위가 확장된다. 특히, 한반도 청동기시대 무덤과의 관계에 주목해 1980년대 말부터 급증한 중국 동북지역 무덤연구가 더욱 활발해져 종합적인 고찰이 이루어진다(하문식 1998·2000·2009;김정배 1999;오강원 1999·2002·2010·2012;이종수 2008;송호정 2010;이청규 2011). 특히 이청규는 청동기시대 남한지역 사회를 설명하려면 동일한 형식의 지석묘, 석관묘, 적석묘를 축조하는 중국 동북지역, 북한과 연계된 광역적 영역에 걸친 사회 네트워크의 맥락에서 접근할 필요가 있다고 강조한다.

대표적인 지석묘 연구는 풍부해진 자료를 바탕으로 기존의 연구주제에서 상당한 진척을 보인다. 형식분류와 변천 연구는 지역별로 진행되어 지역 단위의 지석묘사회를 이해할 수 있는 토대를 마련한다. 장송의례를 복원하고자 한 이상길(1994·2001)과 윤호필(2011)은 지석묘 축조과정별로 의례내용을 분석하여 모델화하고, 지석묘사회는 농경을 기반으로 활발한 지석묘 축조 및 장송의례를 바탕으로 위계화된 계층사회로 발전한 것으로 보았다. 이성주(2012)는 지석묘가 집약적인 농경사회형성 과정에서 출현한 의례장소이면서 기념물적 무덤이라고 파악하는 등 의례와 관련해 다양한 시각으로 연구가 진행되고 있다. 또한, 지석묘 사회의 구조를 밝히고자 하는 기존 연구주제를 넘어 지석묘의 경제적·정치적 의미를 찾고자 하는 연구가 많아진다. 김범철(2010·2012)은 많은 노동력을 동원해야 하는 지석묘 축조는 생산성이 높은 토지를 점유하기 위한 집단들 간의 경쟁에서 유발되는 이념적인 기제로 작용한다고 파악하고 있다. 그리고 지석묘 축조가 사회·정치적 발달과정에서 어떤 역할을 했는지 파악하려면 서구이론을 비판적으로 수용하면서 우리에게 적합한 이론화 작업이 필요하다고 주장한다. 경관이라는 차원에서 지석묘를 이해하기 위한 연구도 진행된다(김종일 2006). 그리고 상석 채굴 및 이동(이상균 2001;이종철 2003), 무덤축조 실험(윤호필·장대훈 2009), 자연과학적 분석(강동석 2011), 지형학적 관점(박철웅 2012) 등 다양한 분야로 확장되고, 계속해서 새로운 연구 방향과 방법들이 모색되어 종합적으로 지석묘사회 복원을 시도한다.

대체로 묘역식지석묘로 불리는 자료가 급증하면서 지역양상을 중심으로 활발한 연구가 이루어지고 용어규정과 사회 성격 및 구조에 대해 논의가 진행되고 있다. 이상길(1996·2006·2011)은 묘역이 구획된 것에 의미를 부여해 구획묘로 칭하면서 유형간의 상호관계를 파악하고 이를 통해 묘역의 확대와 정연화 과정이 사회구조의 성층화 과정과 관련 있다고 주장하였다. 김승옥(2006)은 묘역식지석묘의 구조적 특징을 청동기시대 사회적 계층화의 근거로 제시하였다. 윤호필(2009·2010)은 묘역을 지석묘의 한 속성으로 파악하고 일반적인 무덤형태와는 다른 외형적 특징과 기능을 가지게 됨으로써 무덤간의 차별성을 나타내는 표현방식으로 사용된 것으로 추정하였다. 안재호(2012)는 의도적으로 외곽의 형태를 만들고 그 내부에 매장시설을 설치한 무덤은 매장시설의 성격과 상관없이 구획묘로 칭하고, 구획묘는 피장자에 대한 사회적 위계의 분화가 더욱 진전된 결과이며 지석묘보다 진화된 새로운 묘제형식으로 파악하였다. 그리고 생계와 묘제와의 상관관계를 파악하고자 구획묘를 다루면서 전작 농경에 적합한 하안 충적지에 주로 축조된다고 논증하였다. 묘역식지석묘를 다루는 연구자들은 대체로 이 무덤의 축조가 계층화의 심화 과정과 동일한 것으로 이해하고 있다.

그간의 지석묘 자료를 종합하고 지역별로 진행된 새로운 조사·연구성과를 재평가하는 작업이 이루어지는데 문화재청과 서울대학교 박물관에서 출판한『한국 지석묘(고인돌)유적 종합조사·연구-분포, 형식, 기원, 전파 및 사회복원』(1999)과 한국상고사학회가『지석묘 조사의 새로운 성과』란 주제로 마련한 학술발표대회(2003), 그리고 국립나주문화재연구소가 출판한『동북아시아 지석묘(1~6)』(2012)를 들 수 있다. 특히『동북아시아 지석묘(1~6)』(2012)에서는 남한을 비롯해 북한, 중국, 일본 지석묘 자료를 총망라하고 있다.

지석묘 외 타 묘제 연구는 송국리형 묘제가 주를 이룬다. 김승옥(2001)은 금강유역 청동기시대 무덤 가운데 지석묘 외 석관묘, 토광묘, 옹관묘의 속성을 파악하여 형식분류하고, 이들의 입지와 분포, 공간적 배치양상과 변천과정을 검토하여 지석묘와는 다른 특징을 지적하면서 송국리형 묘제로 설정하였다. 우정연(2011)은 송국리형 묘제의 개별 속성의 의미를 추적하고 상호관계를 찾고자 하였고, 이명훈(2015)은 기존에 송국리형으로 분류되던 세 묘제(석관묘, 토광묘, 옹관묘)의 공존관계가 뚜렷해야 송국리형 묘제라 할 수 있다고 그 범주를 새로 설정하였다.

옹관묘는 2000년대 중반까지 송국리문화의 등장과 궤를 같이하는 것으로 보았으나 김규정(2006)은 송국리식토기와 구별되는 직립구연의 호형토기를 사용한 옹관묘는 청동기시대 전기의 특징으로 파악하고 전기부터 지석묘, 석관묘와 함께 조영된 주요 묘제로 파악하고 있다.

이 외에 청동기시대 무덤으로 주목받고 있는 것이 주구묘이다. 기존에 주구석관묘로 불리기도 한 묘제로 매장시설 주위에 묘역시설로 방형계통이나 원형계통의 주구를 두른 무덤이다(김권중 2008). 2000년대에 들어와서 경남과 강원도를 중심으로 새롭게 인식되었고, 청동기시대 전기에 토광묘와 석관묘가 출현한 이후 곧이어 지석묘와 함께 남한 전역에 거의 동시기에 출현한다는 주장이 제기되었다(배진성 2011).

이 시기 연구자들은 위에서 살펴본 개별 묘제가 공동묘역이나 동일지역 내 함께 조성되는데 주목해 묘제 간 상호관계 속에서 각 묘제의 성격과 위치를 규명하고자 하였다. 손준호(2007)는 지석묘와 송국리형 묘제는 계통을 달리하는 묘제로 파악하고 상관관계 유형을 설정하여 축조집단간 교류 및 영향을 밝히고자 하였다. 이영문(2007)도 타 묘제와의 관계 속에서 지석묘의 성격과 위치를 규명하여야 한다고 인식하고 송국리형 묘제를 검토하였다. 이명훈(2015)은 금강하류역의 송국리형 묘제와 지석묘의 관계를 분석해 기존의 인식과 달리 양자를 배타적으로 보기 어렵다고 판단하였다. 지석묘와 석관묘가 한 묘역 내 공반되는 경우 각 묘제의 성격과 배치양상의 차이를 위계차 또는 계통차로 해석하였다. 김현(2006)은 한 묘역 내에 축조된 묘제를 구분하지 않고 무덤이라는 큰 범주 속에서 축조순서에 따라 형식분류한 후, 한 묘역 내 서로 다른 묘제의 관계를 살펴 전체 묘역의 구조적 특징을 파악하고자 하였다. 지금까지 묘제별 검토에서 공동의 묘역에 조성된 묘제를 종합적으로 분석한 새로운 시도라는 점에서 그리고 유구 해석에 그치지 않고 유적을 해석하려는 시도여서 매우 중요한 의미를 가지고 있다고 할 수 있다.

부장유물에 대한 연구는 형식분류와 편년 등 기본적인 연구(庄田愼矢 2006;손준호 2009;平郡達哉 2011;이기성 2013;윤성현 2015)가 지속적으로 이어지면서 부장양상을 종합적으로 검토해 계층화(배진성 2006)하거나 사회발전단계를 추론(中村大介 2012)하고, 상호관계망을 연구(장용준·平郡達哉 2009)하는 도구로 적극 활용된다.

平郡達哉(2013)는 무덤 내 유물부장을 의례행위 과정의 하나로 보았으며 의례행위의 공유여부를 따져 지역간 교류양상을 파악하고자 하였다.

청동기시대 무덤연구는 취락과의 유기적인 관계 속에 이루어지는 경우가 드물었지만 2000년대 본격적인 취락고고학이 시작되면서 묘역과 주거역을 포괄하는 취락 내에서 묘역이 다루어진다. 최종규(2004·2005)는 주거역과 묘역이 동일 지역에 공존하는 '일체형 취락'과 서로 떨어져 있는 '분리형 취락'으로 구분하였고, 이형원(2011)은 단위 취락 내 분묘공간의 변천, 시기별 분묘공간 조성을 검토하면서 묘역과 주거역의 관계를 체계적으로 분석하였다. 또한 김선우(2012)는 지형 및 공간분석을 통해 묘역을 이해하고자 시도한다.

청동기시대 무덤이 축조되던 사회의 성격과 구조에 대해 이전에는 개별 무덤의 구조와 형태처럼 표면적으로 드러난 자료를 바탕으로 이론적으로 파악하고자 했다면 이 시기부터는 무덤의 속성과 분포유형, 묘역의 규모와 형태, 그리고 부장품 등을 구체적이고 종합적으로 분석해 무덤 간 또는 무덤군 간의 위계구조를 본격적으로 다루기 시작한다. 이전까지는 평등사회, 불평등사회로 양분되어 논의되던 것과는 달리 과도기적 성격의 사회라고 판단하거나 시기나 지역에 따라 그 성격이 달랐을 것으로 보는 견해들도 제시된다. 김승옥(2007)은 지석묘 변천과정을 4기로 나누고 1기는 세대공동체의 리더가 안치된 독립묘 조성, 2기는 무덤이 군집을 이루거나 연접하는 현상을 보이고 유아묘의 등장을 통해 유력 세대공동체가 형성된 것으로 설명한다. 3기는 군집묘 내 묘역이나 상석의 규모가 확대되는 무덤과 그 반대로 소형화되는 무덤을 들어 위계화 현상이 심화되는 것으로 이해한다. 그리고 4기는 거대한 묘역과 다중개석의 개인묘를 유력한 개인묘로 판단하고 이를 근거로 족장사회가 형성되었다고 판단하였다. 平郡達哉(2013)는 무덤축조 및 유물부장 양상으로 볼 때 피장자의 지위나 위계에 명확한 상하 관계가 있고, 부와 재산의 소유와 이용에 개인 간 차이가 존재한 사회로 평등사회로부터 수장제로 이행해 가는 과도기적 불평등사회로 생각하였다.

Ⅲ. 주제별 연구성과

청동기시대 무덤은 지석묘를 중심으로 다양한 분야에 대한 연구가 이루어졌다. 여기서는 형식분류 및 연대, 사회구조 등 주요한 주제별로 연구성과를 검토해 보겠다.

1. 형식분류 및 변천

청동기시대 무덤연구의 가장 기초적인 작업은 무덤자료를 분류하는 것으로 일제강점기부터 지석묘 형식분류가 이루어졌고 최근까지도 각 묘제별로 다양한 분류안이 제시되고 있다.

지석묘 분류안은 연구자마다 기준이 서로 달라 다양한 안이 제시되지만 기본적으로 상석, 지석, 매장시설이라는 세 가지 요소가 결합된 방식에 기준을 두고, 지상에 노출된 외형으로 대분류한 후 하부구조의 구조적 차이에 의해 세분하는 공통점이 있다. 분류안은 크게 탁자식/기반식 또는 전형/변형의 2대 분류안과 기반식에서 세분되던 지석 없는 개석식이 새로운 형식으로 분류되는 3대 분류안으로 구분된다. 세분 기준은 매장시설의 위치와 형태, 축조 재료와 방법, 그리고 적석유무 등이다.

2대 분류안은 상석과 지석의 외형적 형태에 따라 일제강점기 일인 학자들에 의해 탁자식과 기반식으로 분류하던 방식에서 시작되었고, 탁자식이 한반도 북쪽, 기반식은 남쪽에 주로 분포하는 점을 들어 북방식과 남방식으로 칭하기도 한다. 2대 분류안에는 도유호 안을 바탕으로 탁자식을 기본적인 전형으로 설정하고 여기서 파생되었다고 보는 다른 형식을 변형으로 분류하는 안이 포함된다. 이 안은 지석묘의 기원과 편년, 전파과정까지 고려한 형식분류 안으로 볼 수 있다. 60년대 이후 북한 학계는 묘역을 기준으로 침촌리형, 오덕리형으로 구분하면서 2대 분류안을 유지한다.

60년대 중반 이후 임병태에 의해 탁자식, 기반식, 무지석식(개석식)의 3대 분류안이 제시된 후 세부 속성 기준에는 차이가 있어도 기본적으로 이 틀에서 크게 벗어나지는 않는다. 하지만 연구자에 따라 위석식을 더해 4대 분류안을 제시하기도 하고, 90년대 이후 많이 조사된 묘역식지석묘는 대체로 새로운 형식으로 인식되고 있다.

매장시설과 묘역 등 하부구조의 구조적 차이에 의해 세분하는 방식은 다양하다. 매장시설의 위치에 따라 지상식과 지하식으로 구분하고, 매장시설 형태에 따라 석관형, 석축형, 토광형, 축조재료에 따라 판석형, 할석형 등으로 구분한다. 묘역시설은 설치유무, 형태를 따져 세분한다. 연구자마다 용어의 차이는 있으나 이러한 분류를 기본적으로 하고 있다.

최근에는 위와 같은 형식분류안을 재고할 만한 다양한 구조의 지석묘들이 확인되기 때문에, 한반도 지석묘의 모든 속성을 고려하면서 지역적인 특징이나 유적을 이해할 수 있는 통일된 분류안을 제시하는 것은 매우 어려운 작업이다. 따라서 기존에 한반도 전역을 대상으로 한 대분류안을 전제로 지역이나 유적의 특징적인 속성으로 세분하는 경향으로 바뀌고 있다. 이는 지석묘 연구의 본질을 흐리는 과도한 형식분류 관점에서 벗어나 당시 사회구조 속에서 지석묘를 다루어야 한다는 생각을 바탕으로 한 것이다.

김현(2006)은 외형적 요소보다는 무덤이라는 본래 기능에 충실하게 매장시설을 우선적인 분류기준으로 삼은 특징이 있고, 윤호필(2009)은 매장시설의 형식분류는 잔존상태만으로 하는 것보다는 유적의 전체적인 맥락을 통해 구분할 필요가 있다고 하였다.

형식분류안만큼이나 선후관계에 있어서도 다양한 견해가 제시된다. 지석묘 형식변천은 크게 매장시설이 지상식에서 지하화한다는 입장과 그 반대 입장으로 구분된다. 점차 지하화한다는 입장은 변천과정을 탁자식 → 기반식/개석식으로 상정한다. 탁자식이 축조되다가 기존의 지하무덤(석관, 토광 등)에 상석 개념이 결합되면서 개석식 또는 기반식으로 변형된다는 것이다(임병태 1964;김재원·윤무병 1967;지건길 1982·1990). 하지만 기반식은 구조적인 면에서 탁자식과 이어질 수 없으므로 탁자식 → 개석식 → 기반식으로 파악하는 연구자도 있다(심봉근

1990;김선기 1994;정한덕·이재현 1998). 남한에서는 대체로 북방식이 최고식이라는 견해가 설득력을 얻고 있다. 지하식에서 지상식으로 변천한다는 견해는 지하에 축조되던 석관묘가 거대화, 지상화하면서 탁자식으로 변해간다고 파악하고 지석묘의 기원을 석관묘에서 파생된 것으로 보는 입장이다. 북한은 이와 동일한 입장으로 침촌리 지하형 → 침촌리 지상형 → 오덕리형으로 판단하고 있다.

석관묘의 형식분류는 독립된 형식으로 석관묘 단독 묘제만을 다루거나 지석묘, 적석묘 등 타 묘제의 매장시설을 석관묘 범주에 넣어 분류하는 견해로 나뉜다. 기본적으로 석재형태와 축조방식에 따라 형식구분하는 방식은 공통적이다. 우리 학계의 석관묘 형식분류에 영향을 끼친 三上次南(1961)은 석재형태와 축조방식에 따라 형식 구분하면서 적석총이나 변형지석묘의 하부구조도 석관묘에 포함하여 복합형이라 하였다. 이종선(1976)은 한국 석관묘는 시베리아 석관묘의 전통을 이어받은 단순형 석관묘, 선행한 지석묘문화와 접촉하여 발생하는 결합형 석관묘로 구분하고, 단순형은 단판석식과 복판석식으로 세분하였다. 지건길(1983)은 판석묘, 할석묘로 분류하고 판석묘 가운데 단판석묘가 복판석묘보다 선행하는 것으로 보았다. 김승옥(2001)은 송국리형 묘제 가운데 석관묘를 묘광의 구조에 따라 일단석관묘, 이단석관묘로 분류하였다. 주구시설을 갖춘 석관묘는 주구묘(하인수 2003;김권중 2008), 주구석관묘 혹은 대평리형 석관묘(이주헌 2000)로 칭하면서 묘역시설이 없는 석관묘와 구분하고 있다. 송국리형 묘제를 설정한 김승옥에 따르면 토광묘는 이단토광묘, 석개토광묘, 이단석개토광묘, 옹관묘는 석개직치, 석개사치, 토개사치로 분류된다.

위와 같은 형식분류 후 부장유물을 기준으로 편년체계를 수립해 왔다. 2000년대까지는 주로 형식변천에 따라 단계구분하고 일부 출토유물을 기준으로 무덤 전체를 편년하여 왔다. 하지만 2000년대 이후부터는 무덤의 형식분류에 크게 의존하는 편년체계의 문제점을 인식하고 석촉·석검·적색마연토기 등 부장유물의 편년안을 마련해서 시간 축을 설정하고 그 편년안과 무덤 구조를 함께 검토해서 편년체계를 새롭게 확립하는 경향으로 바뀌어 간다(정한덕·이재현 1998;김승옥 2003;김현 2006).

2. 기원 및 연대

한반도 청동기시대 묘제 가운데 기원문제는 주로 지석묘와 석관묘 중심으로 다루어져 왔다. 지석묘의 기원은 크게 전파설, 자생설, 파생설로 나뉘고, 전파설은 남방기원설과 북방기원설로 세분된다. 남방기원설은 세계사적 관점에 기초해 유럽의 거석문화가 동남아시아를 거쳐 농경문화와 함께 해로를 통해 전파되었다는 주장이다(도유호 1959;김병모 1981). 전파경로를 따라 지석묘와 함께 난생설화를 공유한다는 점이 이 설의 근거로 제시되지만 출토유물 등으로 볼 때 축조시기가 한반도보다 떨어져 설득력을 잃고 1980년대 이후로는 거의 자취를 감추었다. 북방기원설은 발해연안의 석관묘, 적석총, 지석묘 등 石墓文化가 전래된 것으로 추정하거나(이형구 1988), 중국 동북지역에서 지석묘가 발생한 후 한반도로 전파되었다고 보는 설이다.

자생설은 지석묘 숫자가 많고 한반도 전역에 골고루 분포하는 점을 들어 자체 발생했다는 주장이다(임세권 1976;황기덕 1965).

파생설은 석관묘에서 파생되었다는 주장으로 크게는 한반도 자생설에 포함시킬 수 있고 북방기원설과도 통한다. 시베리아 혹은 중국 동북지역 영향을 받은 석관묘가 지상화·거대화되면서 한반도 지석묘가 발생했다는 주장으로 1980년대까지 대세였다. 주변지역보다 축조연대가 빠르고 매장시설 구조가 석관묘와 유사하다는 점을 그 근거로 들고 있다.

자생설과 파생설에서 주장하는 지석묘 출현 배경은 농경으로 인한 잉여생산과 인구증가 과정을 거치면서 위계화된 사회의 표현방식으로 지석묘가 출현했다는 것이다(석광준 1979).

이 외에 도유호(1959)는 북한에서 전형 지석묘로 분류한 탁자식은 동남아시아에서 전파되고, 변형지석묘인 침촌리형은 북방적 요소로 보이는 석관묘·적석묘와 결합하여 자체 발생했다고 보고 있다. 김선기(1994)는 호남지역 지석묘는 북방적 요소와 남방적 요소의 결합양상이 확인된다는 견해를 제시하였다. 이영문(1999)은 한반도 지석묘는 농경문화, 세골장풍습, 난생설화 등 남방문화요소와 공열·각형토기, 비파형동검 등 북방문화요소가 융합되어 형성되었을 가능성이 높다고 하였다.

석관묘 기원에 대해서는 시베리아 미누신스크의 카라숙 청동기문화의 석관묘가 동진하여 내몽고 및 중국 동북지방, 그리고 한반도에 영향을 주게 되었다는 주장(이종선 1976) 이래, 한반도 석관묘는 북방 시베리아 계통으로 인식되어 왔다. 이와는 달리 석관묘의 원류를 발해연안에 두거나(이형구 1988) 요령지역 석관묘에 주목하기도 한다(이영문 1993). 이후 석관묘의 계통에 대한 연구는 진척되지 못하고 있다.

최근에는 남부지역 구획묘(묘역식지석묘)의 기원지에 대해 중국 동북지방을 주목하고(안재호 2009), 주구묘의 기원에 대해서는 외부의 영향보다는 남한 내 계층화의 진전에 무게를 두기도 한다(김권중 2008).

지석묘, 석관묘의 조성시기에 대해 일제강점기와 광복 이후 얼마간은 금속병용기시대로 인식하였다. 70년대 이후부터는 대체로 청동기시대를 중심 조성시기로 인식하지만 상한과 하한에 대한 견해는 일치하지 않는다. 지석묘에서 타제석기와 빗살무늬토기가 공반되는 사례를 들어 신석기시대 상한설이 주장되기도 하고, 남한에서는 청동기시대 전기 후반부터 석관묘, 토광묘, 지석묘가 출현하는 것으로 보기도 한다(배진성 2011). 전남지역은 초기철기시대까지 지석묘가 지속하는 것으로 이해되고, 제주도는 독특한 형식으로 발전하면서 원삼국시대까지 존속하는 것으로 주장되고 있다(이청규 1993). 최근에는 전남과 제주도 이외지역 지석묘에서 우각형파수편, 와질토기, 철제품의 출토 사례가 증가하고 있어 지석묘의 하한에 대한 재검토가 필요한 것으로 보인다.

3. 사회구조 및 성격

청동기시대 무덤연구의 주요 주제인 사회구조와 성격을 규명하기 위한 논의는 80년대 서구의 이론 틀을

도입하면서부터 본격화된다. 청동기시대 대표적인 지석묘 축조 사회를 발전단계론의 부족사회 또는 족장사회, 즉 평등사회와 불평등사회로 양분하여 논의하다가 연구성과가 축적되면서 점차 평등사회에서 계층사회로 넘어가는 과도기, 그리고 시기와 지역에 따라 그 성격에 차이가 있을 수 있다는 견해가 제시되고 있다.

지석묘사회를 평등사회라고 주장하는 연구자는 복합사회나 족장사회로 볼 수 있는 확실한 근거가 부족하다는 점을 들어 협력체제가 갖추어진 공동체사회로 파악한다. 지석묘 분포와 밀도로 볼 때 자연환경에 영향을 받으면서 축조된다는 점, 지석묘 축조 혹은 부장품에 숙련된 전문가의 증거가 보이지 않는 점, 부장품에 불평등한 요소가 찾아지지 않는 점, 지위가 세습된다고 보이는 지석묘가 찾아지지 않는 점 등을 근거로 지석묘를 일반 구성원들의 무덤으로 보는 것이다. 박양진(2006) 또한 평등사회도 사회적 불평등이 존재하며, 일시적으로 획득한 이러한 사회적 지위 차가 사회적 계층화를 거쳐서 제도화된 증거가 충분하지 않음을 지적하였다.

지석묘사회를 혈연에 기반을 둔 불평등한 사회로 보는 연구자들은 계급이 발생한 족장사회 혹은 군장사회로 판단한다. 지석묘 축조는 많은 노동력과 시간이 소모되기 때문에 지배계층의 무덤으로 볼 수 있고, 묘역식지석묘와 같은 대형 지석묘는 노동력을 통제하는 유력자의 존재를 입증한다고 판단하는 것이다. 그 외에도 귀속지위를 획득한 것으로 보이는 유아무덤도 조사되고, 토기와 석기 제작에 전문적인 기술을 요하는 전문기술자가 등장하는 것이 복합사회의 형성을 나타낸다고 보았다(최몽룡 1999). 최정필(1997)은 순천 우산리와 여수 적량동 지석묘를 분석하여 가장 중심 무덤에서 비파형동검과 마제석검이 출토되는 점을 들어 피장자의 사회적 신분이 다른 무덤과 구분된다고 주장하면서 이를 기초로 지석묘사회를 계층화된 족장사회로 규정하고 있다. 유태용(2003)은 지석묘 축조는 엘리트계층의 등장을 의미한다고 보았다.

두 입장이 조정되어 지석묘사회를 평등사회에서 복합사회로 가는 과도기적 단계로 파악하거나 시기 혹은 지역에 따라 그 성격을 달리했을 것으로 파악하는 견해도 있다. 이남석(1985)은 청동기시대 전기는 부족사회, 후기는 군장사회로 파악하였다. 최종규는 여천 적량동 혹은 부여 송국리 사례에서와 같이 유력 집단 또는 유력 개인이 출현하기 이전에는 평등사회로 보았다. 이영문(2002)은 지석묘사회를 평등사회에서 계급사회로 발전되어가는 과정으로 유력자의 출현이 이루어지던 사회로 파악하였다. 武末純一(2002)은 청동기시대 후기에 여수반도 등 특정지역에서는 수장사회를 넘어선 국(國)으로의 발전가능성까지 제기하였다. 이동희(2007)는 여수반도 적량동 지석묘집단의 경우처럼 족장사회로의 진입이 빨랐던 곳과 늦었던 곳이 있었으나 지석묘사회는 단순족장사회에 해당된다고 하였다. 김승옥(2007)은 지석묘사회의 변천과정을 4기로 구분하고 시기별로 그 성격이 달랐음을 주장하였다. 1기는 무덤간 우열관계가 존재하지 않는 평등사회이고, 점차 계층화가 진행된 4기는 거대한 묘역의 개인묘가 등장하는 족장사회라고 주장하면서 족장의 성격은 세형동검사회의 개인성향의 지배자와는 차이가 있는 집단성향의 지배자로 파악하였다. 이형원(2009)은 송국리와 관창리의 분묘공간에서 수장의 존재는 인정되지만 그 수장가계의 권력이 장기간 지속되었다는 근거를 찾기 어렵다고 주장하며 청동기시대 후기 사회를 단순계층사회로 간주하였다. 김권구(2011)는 청동기시대 무덤을 통해 사회구조의 변천을 논하면서 지석묘사회를 평등사회와 계층사회의 중간 단계로 판단하고 있다. 이청규(2011)는 청동기시대 무덤과 그 부장유물에서 지도자 혹은 실력자의 등장을 설명할 수 있으나 세습화되고 귀속적이라기보다는 집단성향의 획득적인 지위를 보유한 것으로 이해하고 있다.

북한은 도유호(1959)가 지석묘사회를 원시공동체 사회로 규정한 이후 사회진화의 발전과정이라는 측면에서 연구가 이루어지기 시작한다. 석광준(1979)은 지석묘가 석관묘에 기원을 둔 침촌리형에서 오덕리형으로 발전하는데 이 과정이 평등관계인 집체무덤에서 개별 가족묘, 그리고 개별 무덤으로 변화하는 것으로 보았다. 개별 무덤은 부장품의 질과 종류에서 앞서고, 무기류가 다수 출토되기 때문에 지배계층의 무덤으로 볼 수 있다고 하였다. 이후 북한 학계는 줄곧 지석묘를 지배자의 무덤으로 보고 계층사회로 간주하고 있다.

위와 같이 청동기시대를 대표하는 지석묘사회의 성격에 대해 평등사회 혹은 불평등사회로 양분되어 논의되다가 지석묘에 대한 시기별 또는 지역별 양상이 개략적으로 밝혀지면서 구체적인 계층구조까지 언급되는 등 다양한 시각으로 논의가 전개되고 있다. 지금까지의 연구성과를 보면 지배자의 세부적인 성격에는 견해차가 있지만 청동기시대 후기에는 계층화가 진행되었다고 판단하고 지역에 따라 발전단계를 달리할 수 있다고 인정하는 경향이 있다.

4. 묘제 간 관계

청동기시대 무덤은 외형과 매장시설에 따라 대체로 지석묘, 석관묘, 토광묘, 옹관묘로 구분되지만 송국리형 묘제가 규정된 이후 지석묘, 송국리형 묘제, 기타 묘제로 구분되기도 한다. 이렇게 구분되는 서로 다른 묘제가 동일 지역이나 동일 유적에 공존하는 경우 계통차, 위계차, 집단차, 조성시기 차이로 이해되거나 특정 묘제의 확산과정으로 해석되기도 한다.

묘제 간 상관관계에 관한 연구는 지석묘와 송국리형 묘제와의 관계에 특히 주목해 왔다. 김승옥(2001·2003· 2004)은 두 묘제가 출현시점의 차이, 송국리형 주거지 공존여부의 차이, 입지의 차이, 양자의 공존사례가 없는 점 등을 근거로 축조집단을 다르게 인식하고 기본적으로는 배타적인 관계로 보았다. 하지만 송국리형 묘제 전파과정에서 지석묘 축조집단이 송국리형 묘제를 수용하여 두 묘제의 양상이 혼합된 것으로 파악한다. 이영문(2007)은 송국리형 묘제가 송국리문화와 함께 등장하는 것이 아니라 그 이전의 지석묘문화의 한 축으로 전개되었다는 입장으로 지석묘가 송국리형 묘제보다 계층상의 우위에 있다고 이해하고 있다. 김진(2006)은 송국리형 묘제가 갑자기 지석묘에 등장하는 것이 아니라 송국리형 묘제의 요소가 먼저 지석묘에 반영되고 이후 지석묘가 점차 변해 송국리형 묘제로 대체되는 것으로 보았다. 손준호(2009)는 호서지역의 양 묘제가 모두 송국리문화 집단에 의해 선택적으로 축조된 것임을 강조하면서도 양자의 입지와 분포가 다름을 근거로 두 묘제 자체가 배타성을 갖는다고 하였다. 이명훈(2015)은 송국리형 묘제에 속하는 석관묘, 토광묘, 옹관묘의 공존관계가 뚜렷해야 한다는 새로운 범주를 제시하고 지석묘와의 관계를 검토하였다. 금강유역에서 두 묘제의 수량 차이가 거의 없고 분포지역 또한 대부분 일치하거나 매우 가까운 거리에 위치한다. 또한 동일 유적 내에서도 공존하는 사례가 증가하고 있고, 지석묘의 매장시설로 송국리형 석관이 사용된 경우도 확인된다는 점을 근거로 두 묘제를 배타적으로 보기 어렵다고 판단하고 있다. 박희영(2015)은 호서지역 송국리형 묘제의 형태와 분포, 그리고 송국리형 묘제와 지석묘의 밀집도 등을 따져 송국리형 묘제는 지역적으로 재지문화에 따라 수용 양상이 달랐던 것으로 이해한다.

IV. 맺음말

지금까지 청동기시대 무덤연구 성과를 일제강점기부터 최근까지 시기와 주제별로 검토하였다. 초반에는 형식변천과 기원, 계통을 중심으로 연구되어 오다가 점차 연구 영역을 넓혀 개별 묘제간 관계, 지역별 양상, 의례, 사회구조, 경제적·정치적 의미 등 다양한 연구주제가 논의되고 있음을 알 수 있었다.

무덤은 주거지와 함께 당시 물질문화의 다양한 측면과 함께 사회와 문화, 정신세계까지도 파악할 수 있는 중요한 정보를 제공해 주고 있다. 따라서 앞으로 기존 연구나 유적에 대한재평가와 재검토를 바탕으로 새로운 무덤연구가 활발히 진행된다면 청동기시대 문화를 복원하는데 보다 나은 성과가 있을 것으로 기대된다.

참고문헌

가종수, 2004, 「니아스섬의 거석문화」, 『선사와 고대』21.

甲元眞之, 1973, 「朝鮮支石墓の硏究」, 『朝鮮學報』66.

강동석, 2007, 「인천 연안지역 지석묘사회의 성격과 특징에 대하여」, 『고고학6-2』.

강동석, 2011, 「GIS를 활용한 지석묘 공간분포패턴의 사회경제적 배경 이해 : 고창분지 일대를 중심으로」, 『중앙고고연구』8.

김권구, 2011, 「무덤을 통해 본 청동기시대 사회구조의 변천」, 『무덤을 통해 본 청동기시대 사회와 문화』, 제5회 한국청동기학회 학술대회 발표요지, 한국청동기학회.

김권중, 2008, 「청동기시대 주구묘의 발생과 변천」, 『한국청동기학보』3.

김규정, 2006, 「무문토기 옹관묘 검토」, 『선사와 고대』25.

김규정, 2009, 「전북지역 청동기시대 묘제와 주거지」, 『아시아 거석문화와 고인돌』제2회 아시아권문화유산 국제심포지엄, 동북아지석묘연구소.

김범철, 2010, 「호서지역 지석묘의 사회경제적 기능」, 『한국상고사학보』68.

김범철, 2010, 「호서지역 지석묘의 시·공간적 특징」, 『한국고고학보』74.

김범철, 2012, 「거석기념물과 사회정치적 발달에 대한 고고학적 이해」, 『한국상고사학보』75.

김병모, 1980, 「쟈바島의 거석문화 -인도네시아 거석문화의 연구(1)」, 『한국고고학보』8.

김병모, 1981, 「한국거석문화 원류에 관한 연구(1)」, 『한국고고학보』10·11.

김선기, 1994, 「전북지역 지석묘의 전파 경로 : 호남지방 지석묘의 분포를 중심으로」, 『고고역사학지』10, 동아대학교 박물관.

김선우, 2012, 「한반도 중서부 지방 주거지와 지석묘의 공간분석에 대한 시론 : 환경요인 분석을 중심으로」, 『선사와 고대』36.

김승옥, 2001, 「금강유역 송국리형 묘제의 연구-석관묘·석개토광묘·옹관묘를 중심으로」, 『한국고고학보』45.

김승옥, 2003, 「금강상류 무문토기시대 무덤의 형식과 변천」, 『한국고고학보』49.

김승옥, 2003, 「전북지방 지석묘의 현황과 고창 지석묘의 특징」, 『지석묘 조사의 새로운 성과』, 제30회 한국상고사학회 학술대회 발표요지.

김승옥, 2004, 「용담댐 무문토기시대 문화의 사회조직과 변천과정」, 『호남고고학보』19.

김승옥, 2006, 「묘역식(용담식) 지석묘의 전개과정과 성격」, 『한국상고사학보』53.

김승옥, 2007, 「분묘자료를 통해 본 청동기시대 사회조직과 변천」, 『계층사회와 지배자의 출현』, 한국고고학회 편, 사회평론.

김원룡, 1962, 「남식지석묘의 발생」, 『미술사학연구』3, 한국미술사학회.

김재원·윤무병, 1967, 『한국지석묘연구』, 국립박물관.

김정배, 1996, 「한국과 요동반도의 지석묘」, 『선사와 고대』7.

김종일, 2006, 「경관고고학의 이론적 특징과 적용 가능성」, 『한국고고학보』58.

김진, 2006, 「금강상류 지역 청동기시대 묘제에 대한 연구」, 『고문화』67.

김진, 2007, 「전북지역의 청동기시대 묘제와 고인돌」, 『아시아 거석문화와 고인돌』, 제2회 아시아권 문화유산(고인돌)

　　　국제심포지엄, 동북아지석묘연구소.

김현, 2006, 「경남지역 청동기시대 무덤의 전개양상에 대한 고찰」, 『영남고고학』39.

노혁진, 1986, 「적석부가지석묘의 형식과 분포 : 북한강유역의 예를 중심으로」, 『한림대학교 논문집』4.

노혁진, 1999, 「형식학 비판 : 지석묘 사례를 중심으로」, 『한국상고사학보』31.

도유호, 1959, 「조선 거석문화 연구」, 『문화유산』1959-2.

藤田亮策 1948, 『朝鮮考古學研究』, 東京.

武末純一, 2002, 「요녕식동검과 國의 형성-적량동유적과 송국리유적을 중심으로」, 『청계사학』16·17.

박양진, 2006, 「한국 지석묘사회 "족장사회론"의 비판적 검토」, 『호서고고학』14.

박철웅, 2012, 「지석묘의 입지특성과 축조방식에 대한 지형학적 고찰-효산리·대산리를 중심으로」, 『한국지형학회지』19.

박희영, 2015, 「호서지역 송국리형 분묘의 지역성 연구」, 『호서고고학』32.

박희현, 1984, 「한국의 고인돌 문화에 대한 한 고찰」, 『한국사연구』46.

배진성, 2006, 「무문토기사회의 위세품 부장과 계층화」, 『계층사회와 지배자의 출현』, 한국고고학회 전국대회 발표요지.

배진성, 2011, 「분묘 축조 사회의 개시」, 『한국고고학보』80.

배진성, 2012, 「청천강 이남지역 분묘의 출현에 대하여」, 『영남고고학』60.

三上次南, 1961, 『滿鮮古代墳墓の研究』.

석광준, 1979, 「우리나라 서북지방 고인돌에 관한 연구」, 『고고민속논문집』7.

손준호, 2002, 「금강유역 송국리문화단계의 지석묘 검토」, 『古文化』60.

손준호, 2007, 「호서지역 청동기시대 묘제와 고인돌」, 『아시아 거석문화와 고인돌』, 제2회 아시아권 문화유산(고인돌)

　　　국제심포지엄 발표요지, 동북아지석묘연구소.

손준호, 2009, 「호서지역 청동기시대 묘제의 성격」, 『선사와 고대』31.

손진태, 1934, 「조선 돌멘에 관한 조사연구」, 『개벽』신간호, 개벽사.

송호정, 2010, 「요서지역 하가점상층문화 묘제의 변천과 주변 문화와의 관계」, 『요하문명의 확산과 중국 동북지역의 청동기문화』,

　　　동북아역사재단.

심봉근, 1981, 「한·일지석묘의 관계, 형식 및 연대론을 중심으로」, 『한국고고학보』10·11.

안재호, 2009, 「청동기시대 사천이금동취락의 변천」, 『영남고고학』51.

안재호, 2012, 「묘역식지석묘의 출현과 사회상 : 한반도 남부의 청동기시대 생계와 묘제의 지역상」, 『호서고고학』26.

오강원, 1999, 「서단산문화 석관묘유적의 연대편년」, 『선사와 고대』13.

오강원, 2002, 「요동~한반도지역 지석묘의 형식변천과 분포양상」, 『선사와 고대』17.

오강원, 2010, 「서단산문화의 사회구조와 발전단계에 관한 시론」, 『선사와 고대』26.

오강원, 2012, 「청동기문명 주변 집단의 묘제와 군장사회 : 요동과 길림지역의 지석묘와 사회」, 『호서고고학』26.

오대양, 2014, 「북한지역 고인돌유적의 특징과 성격」, 『선사와 고대』40.

오대양, 2015, 「북한지역 석관묘유적의 특징과 성격」, 『한국사학보60』.

우정연, 2011, 「금강 중하류 송국리형 무덤의 거시적 전통과 미시적 전통에 대한 시론적 고찰」, 『한국고고학보』79.

우정연, 2011, 「금강중류 송국리형무덤의 상징구조에 대한 시론적 고찰」, 『호서고고학』25,

유태용, 2000, 「지석묘의 축조와 앨리트 계층의 등장에 대한 이론적 검토」, 『한국 지석묘연구 이론과 방법』, 주류성.

유태용, 2003, 『한국 지석묘 연구』, 주류성.

윤성현, 2015, 「남한 출토 유절식 석검에 대한 연구」, 『한국청동기학보』17.

윤호필, 2009, 「청동기시대 묘역지석묘에 관한 연구 : 기능과 의미를 중심으로」, 『경남연구』1.

윤호필, 2010, 「영남지역 묘역지석묘의 변천 및 성격」, 『한일고고학의 신전개』, 제9회 영남·구주고고학회 합동고고학대회.

윤호필, 2011, 「청동기시대 장송의례의 재인식」, 『무덤을 통해 본 청동기시대 사회와 문화』, 제5회 한국청동기학회 학술대회 발표요지, 한국청동기학회.

윤호필·장대훈, 2009, 「석재가공기술을 통해 본 청동기시대 무덤축조과정 연구」, 『한국고고학보』70.

윤호필·장대훈, 2009, 「청동기시대 묘역지석묘의 복원 실험을 통한 축조과정 연구」, 『야외고고학』7.

이기성 외, 2013, 「무문토기시대 마제석촉 형식 변화 요인에 대한 검토」, 『호서고고학』28.

이남석, 1985, 「청동기시대 한반도 복합발전단계 문제-무덤변천을 통해 본 남한지역 사회발전」, 『백제문화』16, 공주사범대학 백제문화연구소.

이동희, 2002, 「전남지역 지석묘 사회와 발전단계」, 『호남고고학보』15.

이동희, 2007, 「여수반도 지석묘 사회의 계층구조」, 『고문화』70.

이동희, 2007, 「지석묘 축조집단의 단위와 집단의 영역-여수반도를 중심으로」, 『호남고고학보』26.

이동희, 2011, 「인도네시아 숨바섬과 한국 지석묘 사회의 비교연구」, 『호남고고학보』38.

이동희·임동진·조진선·윤호필, 2011, 「인도네시아 수마트라섬 파세마고원의 거석유적」, 『호남고고학보』38.

이명훈, 2015, 「송국리형 묘제의 검토」, 『한국고고학보』97.

이상균, 2000, 「고창 지석묘군 상석 채굴지의 제문제」, 『한국상고사학보』32.

이상균, 2001, 「한반도 선사인의 죽음관」, 『선사와 고대』16.

이상길, 1994, 「지석묘의 장송의례」, 『고문화』45.

이상길, 1996, 「청동기시대의 무덤에 대한 일시각」, 『석오 윤용진교수 정년퇴임기념논총』, 석오 윤용진교수 정년퇴임기념 논총간행위원회.

이상길, 2001, 「매장과 의례에 관한 새로운 시도 - 영남지역을 중심으로」, 『충남대박물관학술회의 한국 청동기시대 연구의 새로운 성과와 과제』, 충남대박물관.

이상길, 2006, 「구획묘와 그 사회」, 『금강 : 송국리형문화의 형성과 발전』, 호남·호서고고학회 발표요지.

이상길, 2011, 「소위 '묘역식 지석묘' 검토-용어, 개념 적용과 관련하여」, 『고고학논총』, 경북대학교고고인류학과 고고학총서 Ⅱ, 고고학논총간행위원회.

이성주, 1999, 「지석묘 : 농경사회의 기념물」, 『한국 지석묘(고인돌)유적 종합조사·연구-분포, 형식, 기원, 전파 및 사회복원』, 문화재청·서울대학교박물관.

이성주, 2012, 「의례, 기념물, 그리고 개인묘의 발전」, 『호서고고학』26.

이송래, 2002, 「복합사회의 발전과 지석묘문화의 소멸」, 『전환기의 고고학』1, 학연문화사.

이영문, 1987, 「전남지방 지석묘의 성격-분포 및 구조를 중심으로」, 『한국고고학보』20.

이영문, 1993, 「전남지방 지석묘사회의 영역권과 구조에 관한 검토」, 『선사와 고대』5, 한국고대학회.

이영문, 1999, 「호남지역 청동기시대 묘제 연구의 성과와 과제」, 『호남고고학보』9.

이영문, 2000, 「한국 지석묘 연대에 대한 검토 : 남한지역의 청동기시대 연대와 관련하여」, 『선사와 고대』14.

이영문, 2002, 『한국 지석묘 사회 연구』, 학연문화사.

이영문, 2006, 「한국 지석묘 조사성과와 연구경향」, 『선사와 고대』25.

이영문, 2007, 「소위 송국리형 묘제의 형성과 그 특징」, 『문화사학』28, 한국문화사학회.

이영문, 2011, 「호남지역 지석묘의 형식과 구조에 대한 몇가지 문제」, 『한국청동기학보』8호.

이영문, 2014, 「호남지역 청동기시대 조사 성과와 연구 과제」, 『호남고고학보』47.

이종선, 1976, 「한국 석관묘의 연구」, 『한국고고학보』1.

이종수, 2008, 「서단산문화 석관묘의 특징과 기원에 대하여」, 『선사와 고대』28.

이종철, 2003, 「지석묘 상석운반에 대한 시론」, 『한국고고학보』50집.

이주헌, 2000, 「대평리형 석관묘고」, 『경북대학교고고인류학과20주년기념논총』.

이청규, 1993, 「청동기시대의 연구 동향」, 『한국사론』23.

이청규, 2007, 「계층사회와 지배자의 출현 : 남한에서의 고고학적 접근」, 『계층사회와 지배자의 출현』, 한국고고학회편, 사회평론.

이청규, 2011, 「요동과 한반도 청동기시대 무덤 연구의 과제」, 『무덤을 통해 본 청동기시대 사회와 문화』, 제5회 한국청동기학회 학술대회 발표요지, 한국청동기학회.

이형구, 1988, 「발해연안 석묘문화의 원류」, 『한국학보』50.

이형원, 2007, 「경기지역 청동기시대 묘제 시론」, 『고고학』6-2, 중부고고학회.

이형원, 2011, 「청동기시대 분묘공간 조성의 다양성 검토」, 『무덤을 통해 본 청동기시대 사회와 문화』, 제5회 한국청동기 학회 학술대회 발표요지, 한국청동기학회.

임병태, 1964, 「한국 지석묘의 형식 및 연대문제」, 『사총』9, 고려대학교 사학회.

임세권, 1976, 「한반도 고인돌의 종합적 검토」, 『백산학보』20, 백산학회.

장용준·平郡達哉, 2009, 「유절병식 석검으로 본 무문토기시대 매장의례의 공유」, 『한국고고학보』72.

庄田愼矢, 2006, 「관옥의 제작과 규격에 대한 소고-마전리 및 관창리유적 출토 자료를 중심으로-」, 『호서고고학』14.

장호수, 2003, 「북한지방의 지석묘」, 『지석묘 조사의 새로운 성과』, 제30회 한국상고사학회 학술발표대회 발표요지.

장호수, 2007, 「북한지역 고인돌 연구」, 『아시아 거석문화와 고인돌』, 제2회 아시아권문화유산 국제심포지엄, 동북아지석묘
연구소.

정한덕·이재현, 1998, 「남해안지방과 구주지방의 청동기시대 문화 연구-승문만기~미생전기의 묘제와의 비교를 중심으로」,
『한국민족문화』12.

鳥居龍藏, 1946, 「中國石棚之硏究」, 『燕京學報』31.

조진선, 1997, 「지석묘의 입지와 장축방향 선정에 대한 고찰」, 『호남고고학보』6.

조진선, 2004, 「전남지역 지석묘의 연구 현황과 형식변천 시론 : 1990년대 이후의 발굴 자료를 중심으로」, 『한국상고사학보』43.

조진선, 2008, 「탐진강유역권 지석묘의 형식과 변천」, 『호남고고학보』30.

조진선, 2010, 「인도네시아 숨바섬의 거석묘 조영과 확산과정」, 『고문화76』.

조진선, 2013, 「인도네시아 지석묘의 기원 : 중국 절강성 지석묘와 비교」, 『한국상고사학보』80.

中村大介, 2007, 「일본열도 미생시대개시기 전후의 묘제」, 『아시아 거석문화와 고인돌』, 제2회 아시아권문화유산 국제 심포지엄,
동북아지석묘연구소.

中村大介, 2012, 「동북아 청동기·초기철기시대 수장묘 부장유물의 전개」, 『한국상고사학보』75.

지건길, 1982, 「동북아시아 지석묘의 형식학적 고찰」, 『한국고고학보』12, 한국고고학회.

지건길, 1983, 「묘제(Ⅱ)-석관묘」, 『한국사론13-한국의 고고학Ⅱ』, 국사편찬위원회.

지건길, 1990, 「호남지방 고인돌의 형식과 구조」, 『한국고고학보』25.

최몽룡, 1978, 「전남지방 소재 지석묘의 형식과 분류」, 『역사학보』78.

최몽룡, 1981, 「전남지방 지석묘 사회와 계급의 발생」, 『한국사연구』35.

최몽룡, 1990, 「호남지방의 지석묘사회」, 『한국 지석묘의 제문제』, 제14회 전국고고학대회.

최몽룡, 1999, 「한국 지석묘의 기원과 전파」, 『한국 지석묘(고인돌)유적 종합조사·연구-분포, 형식, 기원, 전파 및 사회복원』,
문화재청·서울대학교박물관.

최성락·한성욱, 1989, 「지석묘 복원의 일례」, 『전남문화재』2.

최성훈, 2015, 「전남 동남부지역 지석묘사회 변천과정」, 『한국청동기학보』17.

최정필, 1997, 「한국상고사와 족장사회」, 『선사와 고대』제8집.

平郡達哉, 2011, 「남한지역 출토 가지무늬토기에 대한 기초적 연구」, 『영남고고학』57.

平郡達哉, 2013, 『무덤 자료로 본 청동기시대 사회』, 서경문화사.

하문식, 1998, 「북한지역 고인돌의 특이구조에 대한 연구」, 『선사와 고대』10.

하문식, 1998, 「요령지역 고인돌의 출토유물 연구」, 『선사와 고대』11.

하문식, 1998, 「중국 길림지역 고인돌 연구」, 『한국상고사학보』27.

하문식, 1998, 「중국 동북지역 고인돌의 분포와 구조」, 『고문화』51.

하문식, 2000, 「중국 동북지구 고인돌의 기능문제와 축조」, 『선사와 고대』제15집.

하문식, 2000, 「중국 동북지방 고인돌의 한 연구」, 『한국선사고고학보』7.

하문식, 2007, 「북한지역 청동기시대 묘제와 고인돌」, 『아시아 거석문화와 고인돌』, 제2회 아시아권문화유산 국제심포지엄, 동북아지석묘연구소.

하문식, 2009, 「고인돌 연구의 새로운 지평을 위하여(Ⅱ)」, 『선사와 고대』31.

하문식·김주용, 2000, 「고인돌 덮개돌 운반에 대한 연구」, 『한국상고사학보』34.

하인수, 1992, 「영남지방 지석묘의 형식과 구조」, 『가야고고학논총』, 가락국사적개발연구원 한국고대사회연구소.

하인수, 2003, 「남강유역의 지석묘」, 『박물관연구논집』10, 부산박물관.

한병삼, 1974, 「한국의 선사문화-고대-」, 『한국사1』, 국사편찬위원회.

한흥수, 1935, 「조선의 거석문화 연구」, 『진단학보』3, 진단학회.

홍밝음, 2015, 「영산강 상류지역 지석묘 분포현황 및 연대검토」, 『고문화』85.

황기덕, 1965, 「무덤을 통하여 본 우리나라 청동기시대 사회관계」, 『고고민속』

황기덕, 1987, 「우리나라 청동기시대의 사회관계에 대하여」, 『조선고고연구』.

황재훈, 2006, 「전남지역 지석묘의 형식 분류와 변천-개별 지석묘군의 축조순서 분석을 통해서」, 『한국상고사학보』53.

황재훈, 2009, 「경기지역 무문토기시대 묘제의 형식과 지역성 검토」, 『고고학8-1』.

황재훈, 2012, 「섬진강유역 지석묘의 전개과정」, 『한국상고사학보』75.

경북지역 청동기시대 무덤의 배치양상

조미애 (경상북도문화재연구원)

Ⅰ. 머리말

경북지역에서 현재까지 조사된 청동기시대 무덤 유적들을 대상으로 각 유적별 유구의 배치양상을 살펴보고, 배치를 통한 무덤의 시공간적 특성에 대해 파악해 보고자 한다.

먼저 무덤 배치유형으로 크게 단독배치와 군집배치로 구분하여 각 배치유형별 특성에 대해서 살펴보고자 한다. 군집배치는 선상형, 환상형, 부정형의 3가지 유형으로 구분되며, 부정형을 제외한 선상형과 환상형은 다시 소규모 4가지 배치로 구분되며 그 양상을 유형화하는 것을 시도하려 한다. 두 번째, 군집배치의 배치유형을 형성하는 요소로 무덤 축조방식과 축조순서로 나누어 살펴보고자 한다. 무덤 축조방식에 해당하는 상석, 묘역시설, 매장주체부의 축조양상으로 배치유형을 형성하는 공간적인 요소들에 대해 살펴보고, 유물의 편년[1]을 바탕으로 시간적 요소들을 통한 유구의 배치양상을 파악하고자 한다. 세 번째로는 청동기시대 시기별로 확인되는 유적의 배치양상을 구분하고, 해당 유적의 분포양상을 통해 공간적인 특성까지 살펴보고자 한다.

Ⅱ. 배치양상 및 유형화

유적 내 유구 배치양상은 크게 단독배치와 군집배치로 나눌 수 있다. 본고에서는 각 배치별 무덤의 종류와 수량

---

1) 토기는 주거지에서 출토된 무문토기를 4분기법으로 구분한 김병섭의 안을 차용하고, 다수의 출토량이 확인되는 석검과 석촉의 편년은 박선영의 안을 차용하였다. 해당시기에 확인되는 유물이 없는 조기는 제외하고 전기, 중기, 후기로 정리하였다.
김병섭, 2016, 「제 2부 지역편년 : 5장 영남지역」,『청동기시대의 고고학2: 편년』.
박선영, 2005, 南韓 出土 有柄式 石劍 硏究, 경북대학교 대학원 석사학위논문.

및 주거군과 연관된 입지의 특성을 파악해 보고자 한다.

1. 단독묘

단독으로 배치된 청동기시대 무덤 종류는 6가지로 군집유형에서 석관묘와 지석묘로 압축되는 현상과는 차이가 있다. 해당 유구 수로 살펴보면 석관묘가 가장 많고, 다음으로 지석묘, 토광묘 순이며, 옹관묘·목관묘·상석은 각 1기씩 확인된다. 석관묘는 벽석의 축조 형태로 구분했을 때 상형과 석축형이 공존하여 나타나고 있다.[2] 유물을 부장한 무덤과 유물이 없는 무덤의 비율은 비슷하며, 유물을 부장한 무덤은 부장된 유물의 수량이 소량에 불과하다. 특이한 사례로 경주 월산리유적은 석관묘 주변으로 다수의 주혈군이 배치하고 있으며, 그 주변으로 다른 유구는 확인되지 않는 것으로 보아 일종의 묘역시설로 의례와 관련된 시설로 추정되고 있다.[3]

단독배치된 무덤의 위치를 살펴보면 주거군이 없는 곳에 따로 배치된 것이 54%로 과반수를 차지하고 있으며, 주거군 내외에 조성되어 주거군과 가까운 곳에 위치하고 있는 비율도 46%를 차지할 정도로 주거군과 관련된 입지의 차이는 크게 없는 것으로 보인다. 일부는 후대에 조성된 묘역들과 함께 확인되는 경우도 있다. 주거군과 함께 확인된 경우 밀집 조성되어 있는 주거군 내에 위치하고 있거나 주거군에서 조금 떨어진 곳에 독립적으로 조성된 경우가 있다. 후자의 경우가 27%로 주거군 내에 위치하고 있는 것보다는 더 많은 비율로 확인되고 있다.

그러나 이같은 비율은 군집배치된 묘제들이 주거군과 별도로 떨어진 곳에 묘역군을 조성하고 있는 것에 비하면 주거군과 관련된 입지는 단독배치에서 높은 것으로 볼 수 있다. 입지상으로도 단독으로 배치된 무덤들은 주로 산의 정상부나 사면에 위치하고 있는 반면에 군집으로 위치하고 있는 무덤들은 평지에 집중적으로 분포하고 있는 특성이 보였다.

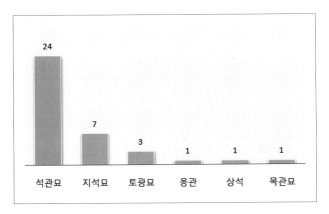

도표 1. 단독배치 무덤의 종류와 수량

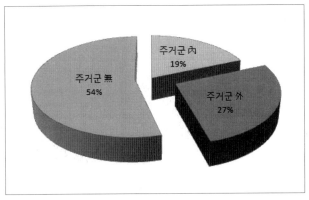

도표 2. 단독배치된 무덤과 주거군의 위치

---

2) 하인수는 석축형석관과 상형석관이 동시에 공존하고 있었다고 하였고, 정한덕·이재현은 석축형석관이 먼저이고 상형석관이 나중에 등장하는 것으로 보았으나 경남에서도 석축형석관과 상형석관이 공존하는 것으로 확인되었다.
　김현, 2006, 「경남지역 청동기시대 무덤의 전개양상에 대한 고찰」, 『영남고고학』 제39집 P.30.
3) 배진성, 2011, 「墳墓 築造 社會의 開始」, 『韓國考古學報 第 80輯』.

2. 군집묘

군집묘는 단독묘에서 보였던 다양한 묘제보다는 일부 유형의 묘제에서 집중되어 나타난다. 석관묘, 지석묘, 묘역식지석묘에서 군집묘가 다량으로 확인되며, 이러한 군집묘는 유적별로 크게 3가지 배치유형이 확인된다. 단독으로 1기만 배치되어 있는 유구를 제외하고 2기 이상이 분포하고 있는 묘들은 모두 군집묘로 분류하였다.

유구의 배치형태는 열상으로 길게 확인되는 선상배치형, 환형의 형태로 응집되어 분포하고 있는 환상형, 마지막으로 일정한 형태가 없는 부정형으로 나누어 볼 수 있다. 지석묘의 경우 거의가 선상형의 배치양상을 보이고 있다. 이같은 배치양상이 주변환경과 어떤 영향이 있는지 인접하고 있는 강과의 상관관계를 파악하고자 하였으나 강의 방향과 직교하거나 평행한 형태로 무작위로 나타나며 일관성은 없었다.

이러한 형태로 묘제가 집중적으로 분포한 곳은 인근에 주거군이나 다른 생활유적군과는 별도로 거리가 떨어진 일정한 곳에 위치하고 있으며, 생활군과 무덤군의 확실한 차별성을 의식하고 묘역을 조성한 것으로 보인다. 단독배치에서는 주거군 내나 주거군 외, 주거군이 없는 입지가 각각 비슷한 비율의 양상으로 보이고 있는 반면에 군집배치상에서는 주거군이 없는 곳에 압도적으로 높은 비율을 보이고 있는 것을 확인할 수 있다. 생활공간과 묘역공간을 확실히 인식하고 공간활용을 하였던 것으로 보인다.

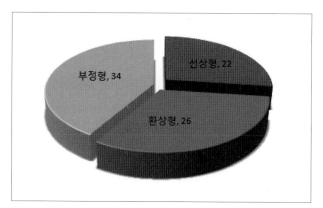

도표 3. 군집배치 내 배치 유형

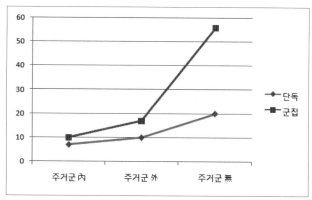

도표 4. 무덤의 배치 위치와 주거군과의 관계

유물을 부장하고 있는 유구의 비율을 유적별로 비교해 보았을 때 유물이 출토된 유적의 수가 압도적으로 많았다. 그러나 각 유적 내에 다수의 묘가 분포하고 있음에도 불구하고 유물을 부장하고 있는 유구의 수는 소수에 해당한다. 각 유적 내에서 확인되는 유구의 배치양상은 다음과 같다.

1) 선상배치형

유구가 길게 선형을 이루며 배치되어 있으며, 2~4줄 가량으로 나란히 위치하고 있다. 유구의 장축방향이 다르게 조성되어 있는 것도 있으나 전체적으로는 긴 선형을 유지하며 배치하고 있다.

　　이러한 유구배치는 주변의 환경과 어떠한 상관관계가 있는지에 대하여 파악해 보고자 가장 인접하고 있는 강과의 배치 방향에 대하여 비교해 보았다. 그 결과 강의 진행 방향과 평행하거나 직교하는 등 일정한 패턴은 확인되지 않았다.

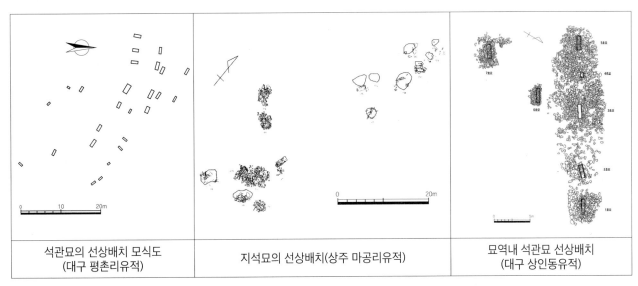

| 석관묘의 선상배치 모식도
(대구 평촌리유적) | 지석묘의 선상배치(상주 마공리유적) | 묘역내 석관묘 선상배치
(대구 상인동유적) |

도면 1. 선상배치유형의 유적 사례

2) 환상배치형

　　유구의 배치가 커다란 원형을 그리며 위치하고 있는 형태이다. 유구의 장축방향이 서로 다르게 무질서하게 분포하고 있으며, 유구의 밀집도가 아주 높다. 묘제의 유형별로 각각 분리되어 분포되어 있는 것도 있으나 지석묘와 석관묘가 함께 배치되어 있는 유적도 있다. 한 유적 내에 이러한 배치양상을 보이는 묘역이 일정한 거리를 두고 떨어져서 조성되어 있는 유적도 있다.

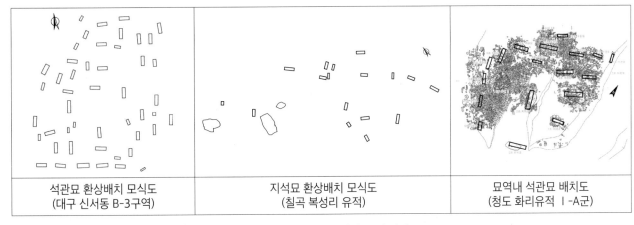

| 석관묘 환상배치 모식도
(대구 신서동 B-3구역) | 지석묘 환상배치 모식도
(칠곡 복성리 유적) | 묘역내 석관묘 배치도
(청도 화리유적 Ⅰ-A군) |

도면 2. 환상형배치유형의 유적 사례

3) 부정형

일정한 형태 없이 분포하고 있는 형태이다. 유구의 수가 많거나 밀집도가 강하지 않고, 10기 내외의 유구가 분포하고 있는 유적에서 확인되는 유형이다. 유구의 수가 2~3기만 확인되어 부정형으로 구분하기에도 애매한 유적의 경우는 제외하였다. 대구 서변동유적의 경우처럼 유적 내에 주거지 및 후대의 다른 성격의 유구들과 섞여서 분포하고 있는 경우도 확인되고, 고령 봉평리유적 Ⅱ구역처럼 지석묘와 석관묘가 혼용되어 분포하고 있는 경우도 확인된다.

3. 배치유형

군집형을 이루고 있는 세가지 배치유형의 세부 양상을 살펴보면 다시 4가지 정도의 유형으로 나누어 볼 수 있다. 매장주체부가 장축을 기준으로 일렬로 배치되어 있는 직렬형, 매장주체부가 장축방향을 같이하여 옆으로 나란히 배치되어 있는 병렬형, 하나의 매장주체부를 중심으로 장축방향으로 달리하면서 '卍'자 형태로 배치되어 있는 형, 장축방향이 일부 다르더라도 4개의 석관이 일정한 공간을 두고 'ㅁ'자 형태로 배치되어 있는 형으로 구분된다. 이러한 세부유형들은 선상배치와 환상배치형에서 확인되며, 부정형에 해당되는 유형은 없다.

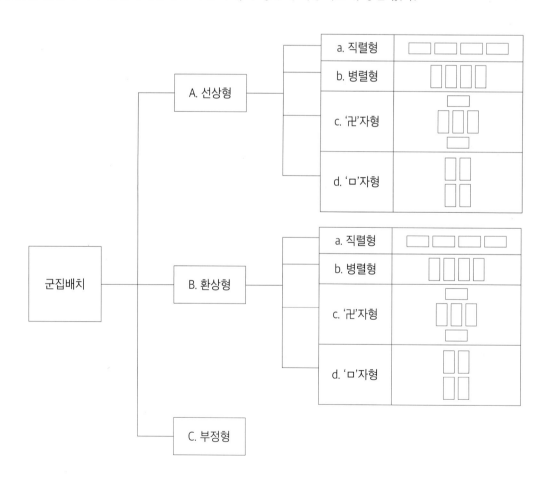

표 1. 군집묘의 유구배치 유형

표 2. 군집배치 내 유구 배치 유형 현황

연번	유적명	선상 배치				환상 배치			
		직렬	병렬	卍	ㅁ	직렬	병렬	卍	ㅁ
1	대구 진천동 558-3유적	■							
2	대구 유천동유적	■							
3	대구 상인동 98-1유적			■					
4	대구 상인동 171-1유적		■						
5	대구 이천동 308-10유적		■						
6	대구 상동 1-64유적	■	■	■					
7	대구 대천동 511-2유적	■	■	■	■				
8	청도 신당리 489-3유적	■	■						
9	달성 평촌리유적	■	■						
10	청도 화리유적	■	■		■				
11	경산 삼성리 지석묘	■							
12	경주 다산리 지석묘	■							
13	김천 송죽리 지석묘	■	■						
14	안동 지례리 지석묘	■	■						
15	상주 마공리 지석묘	■	■						
16	영주 용산동 사계지석묘	■							
17	청도 대천리 지석묘	■							
18	칠곡 왜관리 지석묘	■	■						
19	포항 달전리 지석묘	■							
20	대구 이천동4구지석묘②		■	■					
21	대구 이천동4구지석묘③		■						
22	대구 상인동 지석묘①	■							
23	대구 상인동 지석묘②	■							
24	대구 진천동 지석묘②	■							
25	대구 매호동 지석묘	■	■		■				
26	대구 시지동 지석묘	■	■						
27	대구 욱수동 지석묘	■							
28	대구 연경동유적					■			■
29	대구 신서동유적					■	■	■	■
30	대구 월성동 1150-1유적								■
31	영주 용산동 대릉산지석묘					■	■		
32	영천 용산리 지석묘					■			
33	청도 순지리 지석묘					■	■		
34	청도 진라리 지석묘					■	■		
35	칠곡 복성리 지석묘					■	■		
36	대구 이천동4구지석묘①								■
37	대구 이천동5구지석묘					■	■		
38	대구 칠성동 지석묘					■	■		
39	대구 상동 지석묘①					■	■		
40	대구 상동 지석묘②					■	■		
41	대구 진천동 지석묘③								■

III. 배치유형별 무덤의 특성

1. 배치유형과 무덤 요소와의 관계

군집묘에서의 유구 배치유형은 어떻게 형성되는지 시공간적인 속성들을 파악하여 분석해 보고자 한다. 먼저 무덤을 구성하는 상석, 묘역시설, 매장시설들이 무덤 조성과정에서 어떠한 배치유형을 이루는지 살펴보도록 하겠다.

1) 배치유형과 상석

상석의 위치는 크게 3가지 유형으로 구분된다. 첫째는 개석형으로 매장주체부인 석관의 직상부에 뚜껑처럼 덮는 형이다. 두번째는 석관 상부를 벗어나 석관이 없는 곳에 위치하고 있는 형이다. 이러한 상석을 중심으로 주변에 여러 기의 석관이 밀집되어 분포하고 있다. 세번째는 석관의 일부만 덮고 있는 것[4]으로 2기 이상의 석관에 걸쳐 있거나 하나의 석관 상부에 일부만 걸쳐 있는 형태이다.

개석이 확인되는 유구 전체를 대상으로 이 세가지 개석의 형태가 나타나는 비율을 살펴보니 개석형이 전체의 61%로 가장 많고, 다음으로 세번째 유형인 밀린 개석형이 25%, 두번째 유형인 석관이탈형이 14%로 확인된다. 이 세가지 유형이 한꺼번에 확인되는 유적은 대구 신서동유적이다. 상석 1기를 중심으로 유구의 세부배치형인 '卍'자형[5]과 직렬형, 'ㅁ'자형의 소규모 배치양상이 보이고 있다.

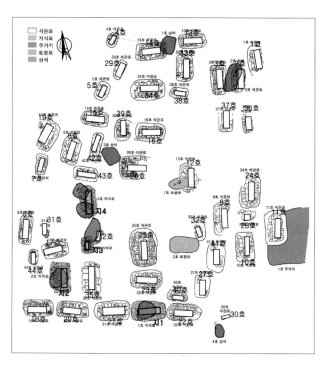

도면 3. 개석과 배치유형의 관계(대구 신서동 B-1구역)

이러한 개석들의 형태가 개석형을 제외하고 후대의 영향으로 인하여 원위치에서 약간씩 이탈한 것이라는 것을 감안하더라도 처음 묘역을 조성할 당시 1개의 상석을 가진 석관묘를 중심으로 그 주변에 밀접한 관계를 가진 부류가

---

4) 개석의 위치 구분은 김현의 '상석의 위치 분류'를 참고하였다.
   김현, 2)의 전게서, P.21.

5) '卍'자형태를 'T'자 형태로 보는 견해도 있다. 중앙의 석곽을 중심으로 장축방향을 달리한 2기가 'T'자형을 이루면 인접하여 배치한다고 보았다.
   류지환, 2015, 「취락과 무덤군의 상관관계로 본 청동기시대 대구 월배지역 취락의 전개과정」, 『(재)영남문화재연구원 제28회 조사연구회 발표자료집 청동기시대 대구지역의 취락과 사회』.

함께 배치된 것이 아닐까 추정된다. 또한 개석형지석묘와 석관묘가 함께 섞여서 분포하고 있지만 지석묘 내에서 시기를 알 수 있는 유물이 출토되지 않았기 때문에 정확한 지석묘와 석관묘 간의 상대축조순서는 파악하기 힘들다.

2) 배치유형과 묘역시설

다음으로 묘역과 연관된 배치로 묘역식지석묘와 석관묘의 배치이다. 후대의 파괴로 인하여 묘역시설이 온전히 남아있는 유적이 드물다. 청도 신당리유적은 원형과 장방형의 묘역식지석묘가 1열로 배치되어 있고, 2열에는 묘역식지석묘와 그 사이에 석관묘가 분포하고 있는 선상배치이다. 두 열의 사이에는 주구가 조성되어 있다.

묘역식지석묘와 석관묘가 배치된 유적의 예로 청도 화리유적 Ⅱ구역을 살펴보면, 역시 후대의 교란으로 인해 묘역시설의 정확한 형태파악은 힘드나 장방형으로 추정되는 묘역식지석묘를 중심으로 양 옆으로 석관묘가 선상배치되어 있는 형태이다. 화리유적의 경우 Ⅰ구역의 B군에서 원형의 묘역식지석묘 3기가 선상배치되어 있는데, 2구역에서는 묘역식지석묘와 석관묘가 함께 배치된 특성을 보이고 있다.

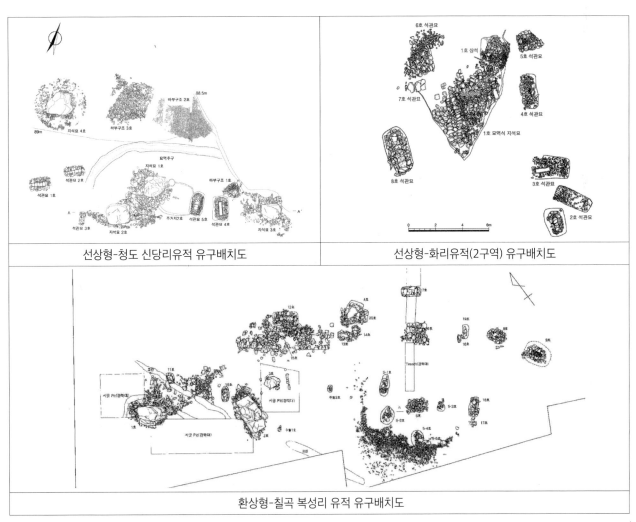

선상형-청도 신당리유적 유구배치도

선상형-화리유적(2구역) 유구배치도

환상형-칠곡 복성리 유적 유구배치도

도면 4. 묘역시설과 하부구조의 배치관계

칠곡 복성리유적도 역시 후대의 파괴로 인해 정확한 묘역시설을 파악하기 어렵다. 묘역식 지석묘의 사이사이와 동쪽으로 치우쳐서 석관묘들이 분포하고 있는 양상을 보이고 있다. 특히 도면 4에 제시된 유적들의 경우처럼 개석식 지석묘와 석관묘가 동시에 분포하고 있는 경우에 석관묘의 성격이 상석이 유실된 지석묘의 하부구조일 수도 있는 애매한 경우가 대부분이다.[6]

3) 배치유형과 매장시설

마지막으로 벽석 축조 형식으로 본 배치유형이다. 석관묘의 벽석 축조 방식은 3가지 정도로 나타나는데 할석이나 천석을 가지고 석곽처럼 쌓아서 축조하는 석축형, 판석으로 네 벽을 수적하여 축조하는 상형, 석축형과 상형을 섞어서 축조하는 혼축형이 확인된다. 분석 결과 벽석의 축조방법과 연관되어 각 형태별로 나타나는 시기차이나 공간적인 특징은 확인할 수 없었다.

그러나 도면 5에서 보는 것처럼 대구 대천동 511-2유적에서는 상형석관묘가 석축형석관묘 주변에 장축방향으로 나란히 하거나 직교한 형태로 축조되어 있다. 석축형석관묘의 규모보다는 작은 소형의 상형석곽묘로 확인된다. 대구 이천동 4구의 경우 대형의 석축형석관묘를 사방으로 에워싸고 상형의 석관묘가 위치하면서 '卍'자형의 배치유형을 만들고 있는 것을 확인할 수 있다. 이와 같은 양상은 환형으로 유구가 배치된 신서동 B-1구역에서도 확인되고 있다.

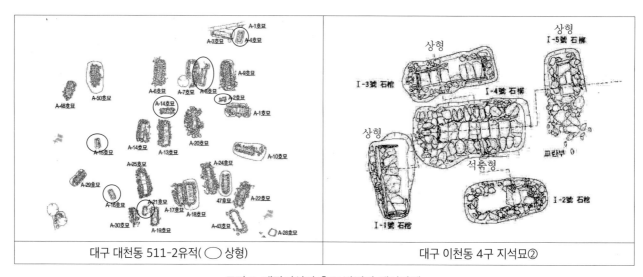

| 대구 대천동 511-2유적(◯ 상형) | 대구 이천동 4구 지석묘② |

도면 5. 매장시설의 축조 방법과 배치관계

---

6) 개석식 지석묘의 구조적 기본 속성은 상석-묘역-묘광-매장주체부로 상석이 없을 경우 석관묘와 구별되는 속성은 묘역시설과 묘광형태이다. 이들 속성들을 통해 지석묘와 석관묘를 구분할 경우는 다음과 같이 정리할 수 있다. 첫째, 상석이 설치된 것, 둘째 묘역시설이 설치된 것, 셋째, 묘광이 극대화된 것, 넷째, 묘광이 다단토광인 것, 다섯째, 규모가 대형인 것, 여섯째, 독립된 곳에 위치하거나 석관묘와 구별된 지역에 군집을 한 것이다. 하지만 석관묘 중에서도 이러한 양상들이 확인될 수 있기 때문에 모든 유적에 적용하기 보다는 유적의 전체적인 맥락에서 개별적으로 파악하는 것이 필요하다.
윤호필, 2013, 축조와 의례로 본 지석묘사회 연구, 목포대학교 대학원 고고인류학과 박사학위논문.

2. 배치유형과 시간성

배치유형을 형성하는 과정에서 유구의 축조순서는 중요한 요소라고 생각된다. 특히 선축된 묘를 파괴하지 않고 유지하면서 원하는 방향으로 묘역을 조성하기 때문에 유구의 조성시기는 아주 중요한 부분을 차지한다고 할 수 있다. 유적 내에 유구가 조성된 상대 순서를 파악하기 위해서는 유물이 출토된 유구를 중심으로 부장유물의 편년을 기준으로 살펴보았다. 또한 유물이 부장되지 않은 유구들이 많기 때문에 유물이 부장된 유구의 상대적인 시기를 단계별로 구분하였다.[7]

선상배치형은 대구 상동 1-64 유적을 예로 살펴보고자 한다. 유구에서 출토된 유물의 편년을 기준으로 유구가

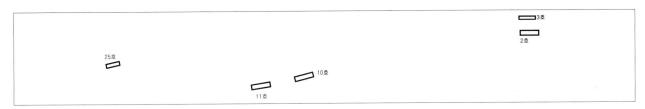

도면 6. 축조순서 1단계(대구 상동 1-64유적)

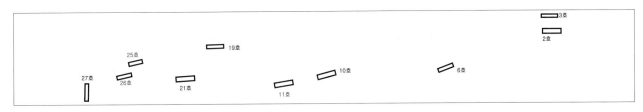

도면 7. 축조순서 2단계(대구 상동 1-64유적)

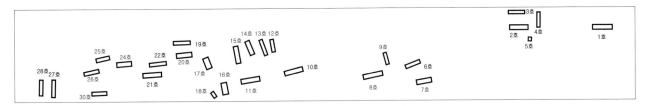

도면 8. 축조순서 3단계(대구 상동 1-64유적)

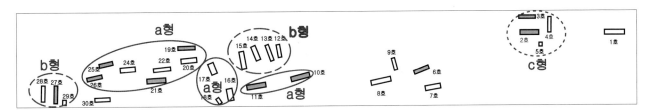

도면 9. 선상배치형의 세부유형(대구 상동 1-64유적)

7) 석관묘의 축조순서와 시간성의 관계는 지석묘의 축조순서와 형식간의 상관관계 검토에 대한 황재훈의 글을 참고하였다.
   황재훈, 2006, 「전남지역 지석묘 형식분류와 변천」, 『한국상고사학보』 제 53, P.51.

조성된 순서대로 1~3단계로 유구를 배치하였고, 도면 9에서는 세부유형으로 나누어지는 부분을 유형별로 구분하여 표시하였다.

도면 6에서 2호 · 3호 · 10호 · 11호 · 25호가 1단계로 가장 먼저 조성된 유구로 각각 큰 간격을 두고 먼저 축조된 것으로 보인다. 그 다음으로 16호 · 19호 · 21호 · 26호 · 27호가 2단계로 축조되었고, 30호와 9호는 묘역시설을 갖추고 있는 형태이다. 유물이 확인되지 않는 석관들도 각 유구들간의 인접한 위치를 통해 추정해 보았다. 이러한 유구들은 도면과 같이 각각 세분화하여 a형인 직렬형, b형인 병렬형, c형인 '卍'자형으로 조성되면서 크게는 선상으로 유구를 조성해 나간 것으로 추정된다. 특히 각각의 유형들은 선축된 유구들을 파괴하지 않고 그 공간을 존중하면서 주변에 묘를 조성하였다.

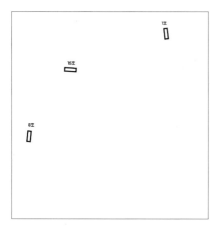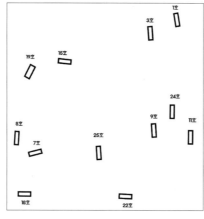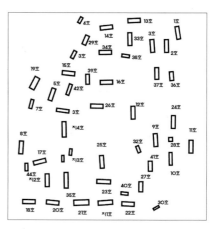

도면 10. 석관묘의 축조 순서 1~3단계 (대구 신서동유적 B-1구역)

환상배치형으로 대구 신서동유적과 청도 화리유적을 예로 보면, 먼저 대구 신서동유적 B-1구역은 1단계로 1호 · 8호 · 16호가 가장 먼저 조성되고 난 뒤 2단계로 3호 · 7호 · 9호 · 11호 · 18호 · 19호 · 22호 · 24호 · 26호가 조성되었고, 마지막으로 25호가 조성된 것으로 상대편년을 통해 축조순서가 확인된다. 잔존하고 있는 상석을 기준으로 상석과 유물이 확인된 유구들과의 인접한 관계를 기준으로 분류를 해보았을 때 도면 우측에서 c형인 '卍'자형, a형인 직렬형, d형인 'ㅁ'자형이 시계반대방향으로 돌면서 둥근형태로 밀집되어 밴드형을 구성하고 있는 것으로 보인다. 특히 석축형태의 석관묘 주변으로 소형의 상형 석관묘가 인접하여 조성되어 있는 것을 확인할 수 있다.

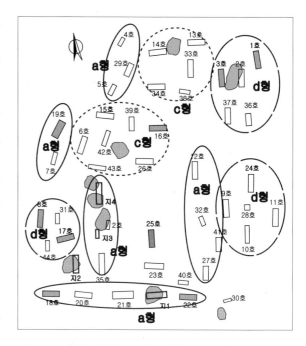

도면 11. 환상배치형의 세부유형(대구 신서동 B-1구역)

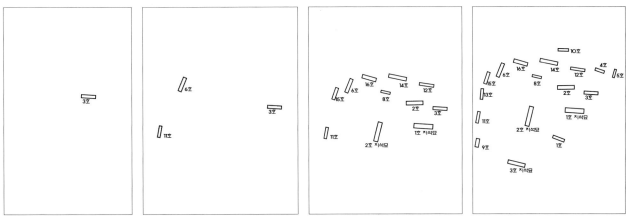

도면 12. 석관묘의 축조 순서 1~4단계(청도 화리유적 Ⅰ구역-A군)

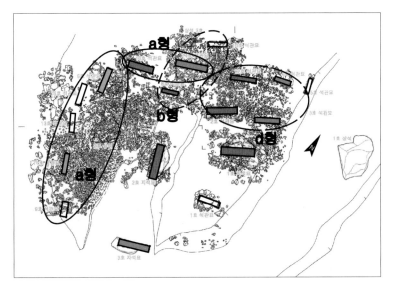

도면 13. 환상배치형의 세부유형(청도 화리유적 Ⅰ구역-A군)

청도 화리유적 Ⅰ구역 A군의 경우처럼 석관묘 주변으로 묘역시설이 있는 경우에서도 유물이 부장된 유구를 중심으로 상대적인 축조순서를 살펴보았다. 가장 먼저 1단계로 3호가 조성된 후 2단계로 6호·11호가 조성되고, 3단계로 2호·6호·8호·12호·14호·15호·16호 석관묘와 지석묘 1호·2호가 축조되었다. 가장 동쪽에 위치하고 있는 석관묘 3호를 시작으로 해서 서쪽으로 시계반대 방향으로 돌면서 조성되었다. 지석묘를 제외하고 상석 3기 중 1기는 원위치를 완전히 이탈하였고, 2기의 상석만이 석관묘에서 이탈하여 묘역 상부에 위치하고 있다. 전제적인 배치양상은 환상형이나 세부유형은 직렬형, 병렬형, 'ㅁ'자형을 이루고 있다.

현재 잔존하는 지석묘 1~3호와 석관묘 1호 사이의 공간은 후대 교란으로 인해 유실되었을 가능성도 크나 지석묘 2기가 일정 공간의 간격을 두고 집중 조성되어 있는 것으로 보아 의도된 공간조성이었을 가능성도 무시할 수 없다.

Ⅳ. 배치양상으로 본 무덤의 시공간적 특성

유물의 편년으로 본 시기 구분은 전기, 중기, 후기로 설정할 수 있으나 유구의 배치양상으로 살펴보았을 때는 전기와 중·후기로 구분할 수 있다. 전기에는 능선 정선부와 사면에 주거군과 인접하여 단독배치가 주류를 이루며,

중기부터는 평지에 주거군과는 별도의 독립된 무덤구역을 유지하며 군집배치가 주류를 이루고 있다. 전기와 중·후기에 해당하는 유적들이 분포하고 있는 공간적 범위를 파악하고, 유구의 배치양상으로 본 시공간적 특성에 대해 정리해 보면 다음과 같다.

1. 청동기시대 전기

부장된 유물의 편년을 통해 청동기시대 전기에 해당하는 유적으로는 경주 월산리유적, 포항 마산리유적, 포항 초곡리유적, 칠곡 심천리유적, 김천 옥율리유적, 포항 삼정리유적, 대구 서변동유적, 대구 삼덕동유적이 있다. 이 외에도 단독으로 배치된 더 많은 무덤이 확인되지만 유물이 출토되지 않아 정확한 시기는 알 수 없다.

확인되는 유구로는 석관묘와 토광묘가 있으며, 석관묘의 경우는 상형과 석축형의 축조방식이 확인되며, 상형의 경우는 규모가 소형으로 확인된다. 단독배치된 유적 가운데 청동기시대 후기로 편년되는 유적은 확인되지 않았다.

청동기시대 전기로 확인되는 군집유구로는 금호강 북안유역의 대구신서동 B-7구역, 금호강 남안유역 신천변의

도면 14. 청동기시대 전기의 단독배치 유적 분포

대구 삼덕동유적, 경주 동천변의 문산리유적 Ⅱ나구역-석관묘, 청도천변의 청도 신당리 489-3유적, 청도 화리유적의 Ⅰ구역, 낙동강변의 구미 월곡리유적, 감천(율곡천변)의 김천 신촌리유적 등이 확인되었다.

이러한 유구들의 특징을 살펴보면, 군집무덤군내에 한쪽 구역에 해당하며, 이러한 유적들은 청동기시대 후기까지 지속적으로 조성된 특징을 보이고 있다. 따라서 군집배치상에 분류되어 있지만 해당 유구들이 확인되는 구역만 보면 단독배치양상과 같은 성격을 보이고 있다. 대구 신서동 B-7구역에서는 석관묘 1기, 경주 문산리유적은 석관묘 1기, 청도 신당리유적은 토광묘 1기, 구미 월곡리유적과 김천 신촌리유적은 토광묘가 2기씩 확인되었다. 대구 삼덕동유적의 경우는 석관묘 3기가 확인된 것을 제외하고 단독배치에 보였던 양상과 동일하다.

2. 청동기시대 중·후기

유구의 배치양상을 토대로 구분했을 때, 중기와 후기 사이에 특별히 구분되는 특성이 보이지 않는다. 전기와 대비되는 공통된 양상을 공유하고 있는 가운데 유물의 편년을 통한 유구의 축조시기 차이만 확인될 뿐이다.

530

생활공간과는 떨어진 곳에 별도의 무덤 공간을 구획하고 일정한 배치양상을 만들어 나가는 양상을 보이고 있으며, 이러한 유적들이 분포하고 있는 공간적인 범위에 대해 살펴보면 다음과 같다.

1) 중기

청동기시대 중기에 오면 전기에서 일부 보였던 단독배치된 석관묘나 토광묘에서 보이던 양상과는 달리 급격하게 그 수가 증대한다. 석관묘와 지석묘군에서 나타나며 무덤의 배치양상 또한 일정한 패턴을 보이기 시작한다. 열상배치와 환상배치, 부정형 등의 유구의 배치양상이 나타나며, 특히 지석묘군에서는 열상배치가 다수 확인된다.

대표적인 유적으로는 대구 동천동유적, 대구 월성동 777-2유적, 대구 상동유적, 대구 월성동 1150-1유적, 대구 상인동 152-1유적, 상주 마공리유적, 경주 황성동 537-2유적, 대구 대천동 467유적, 칠곡 낙산리유적, 경산 옥곡동유적, 경산 산양리유적, 대구 이천동 4구·5구유적, 안동 지례리유적, 김천 송죽리유적, 대구 매호동유적이 있다.

석관묘의 경우 세부적으로 '卍'자형, 직렬형, 병렬형의 세부적인 배치양상을 이루며 축조되기 시작하여 유적내에서 크게 선상형, 환상형의 유구 배치양상을 보인다. 특히 '卍'자형의 배치양상은 중기에 주로 보이며, 후기에 들어서는 신서동유적을 제외하고는 확인되지 않는다. 무덤의 수가 10기 내외의 경우는 일정한 패턴 없이 부정형의 양상을 나타내고 있다.

2) 후기

후기에 와서 조성된 유구의 배치양상은 중기에서부터 나타난 열상배치와 환상배치, 부정형 등의 배치양상이 나타나며, 역시 석관묘의 경우 세부적으로 '卍'자형, 직렬형, 병렬형, 'ㅁ'자형 등의 배치가 확인된다.

해당 유적으로는 대구 상인동유적, 대구 진천동유적, 대구 상동 63-13유적, 대구 상인동 119-20유적, 대구 상인동 128-8유적, 대구 상인동 98-1유적, 대구 상동 1-64유적, 대구 상인동 171-1유적, 칠곡 복성리유적, 대구 상동유적, 대구 이천동 308-10유적, 대구 신서동유적, 대구 상인동 87유적, 대구 시지동유적, 대구 대천동 467유적, 대구 욱수동유적, 대구 월성동 558유적, 고령 봉평리유적, 대구 진천동 558-3유적이 있다.

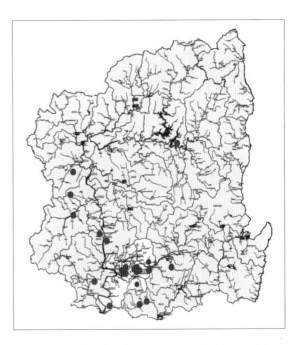

도면 15. 청동기시대 중·후기 군집배치 유적 분포

이러한 유적들은 금호강변, 낙동강변, 청도천 주변의 평지쪽에 폭발적으로 증가하는 양상을 보이고 있으며, 특히 금호강변의 소하천 주변은 석관묘의 집중 분포 지역이다. 이같은 양상은 취락이 많이 확인되는 월성동, 상인동과는 달리 대천동과 진천동구역으로 무덤이 집중되며, 후기 군집묘의 묘역 범위가 취락 내 구역의 범위를 넘어선 공간 활용이 형성되었다고 볼 수 있다.[8]

3. 시기별 묘역 공간 배치

앞에서 살펴본 것과 같이 청동기시대 전기와 중·후기 무덤의 배치양상에 단독배치와 군집배치라는 차이가 나타나고 있다. 그러나 무덤 공간으로 구획한 지역에 전기에서부터 후기까지 지속적으로 무덤을 조성한 유적이 확인되며, 앞에서 언급한 것과 같은 유구의 배치양상이 뚜렷히 보이는 유적이 확인된다. 각 시기별로 일정한 거리를 유지하며 집중적으로 분포하고 있는 양상을 보이고 있다. 대표적으로 청도천변의 화리유적과 금호강 남안 진천변의 대천동 511-2유적이 있다.

1) 청도 화리유적

청도 화리유적은 I·II구역으로 나뉘어져 조사되었다. 먼저 유적 내 유구는 동-서 방향으로 길게 조성되어 있으며, 각 묘역간은 일정한 간격을 두고 조성되어 있다. 가장 먼저 I구역의 B군에서 묘역식지석묘가 먼저 조성되었고, 다음으로 A군의 석관묘군, I구역의 C군과 II구역에서 석관묘가 조성된 것으로 보인다.

I구역의 A군에는 지석묘와 석관묘가 밀집되어 조성되어 있고, 일부가 유실되었지만 할석을 깔아서 그 일대에 묘역시설을 조성했다. II구역은 중앙에 묘역식지석묘를 중심으로 양쪽으로 길게 석관묘가 배치되어 있고, 조금 떨어진 곳에 지석묘 1기가 있어 전체적으로 선상형의 배치양상을 보이고 있다.

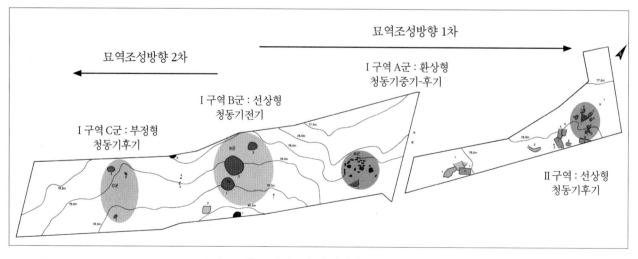

도면 16. 청도 화리유적 내 시기별 유구 배치 양상

8) 류지환, 5)의 전게서.

2) 대구 대천동 511-2유적

대구 대천동 511-2유적의 경우를 살펴보면 청동기시대 중기에 선상배치형의 석관묘군이 조성되었고, 청동기시대 후기에 와서는 환상배치형의 석관묘군이 조성되었다. 또한 가장 동쪽에 위치하고 있는 단독배치된 석관묘의 경우 내부에서 유물이 1점도 출토되지 않아 조성시기를 파악할 수 없으나 앞에서 언급했듯이 다른 유적에서도 단독배치된 석관묘들과 성격이 같기 때문에 전기에 조성되었을 가능성도 배제할 수는 없다. 대천동유적은 청동기시대 전기부터 후기까지 유적의 동쪽에서부터 서쪽으로 이동하면서 묘역을 조성하였다고 말할 수 있다.

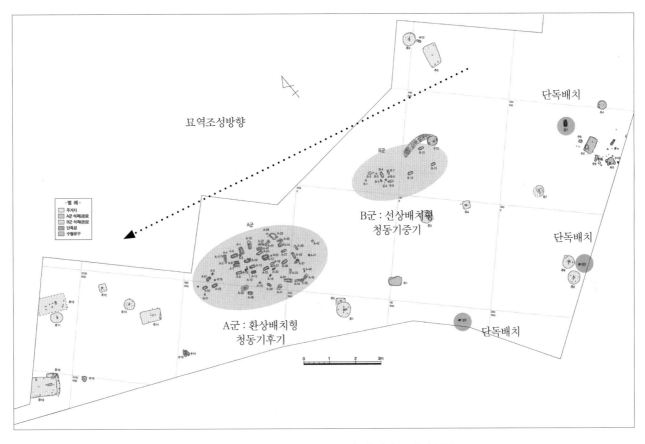

도면 17. 대구 대천동 511-2유적 내 시기별 배치 양상

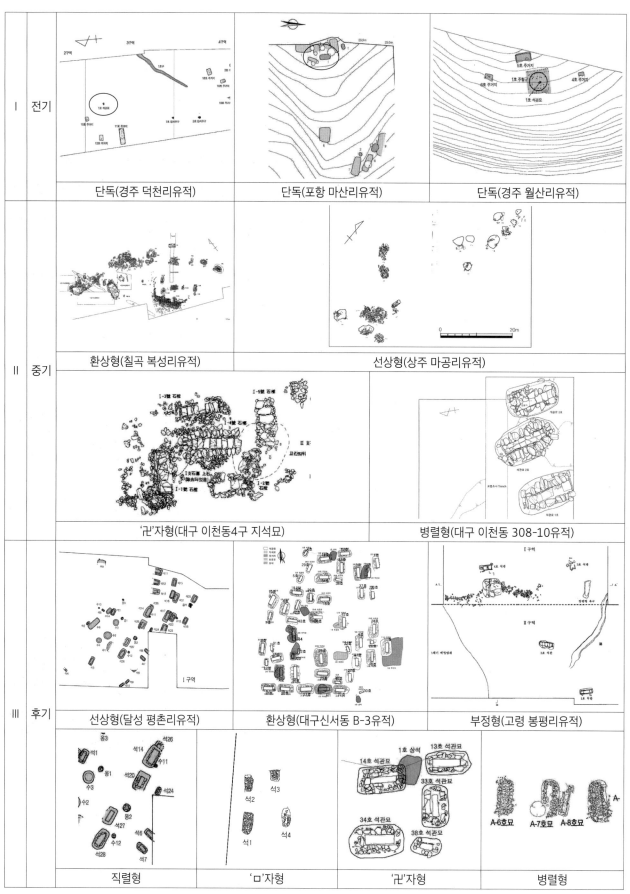

I	전기	단독(경주 덕천리유적)	단독(포항 마산리유적)	단독(경주 월산리유적)
II	중기	환상형(칠곡 복성리유적)	선상형(상주 마공리유적)	
		'ㄹ'자형(대구 이천동4구 지석묘)	병렬형(대구 이천동 308-10유적)	
III	후기	선상형(달성 평촌리유적)	환상형(대구신서동 B-3유적)	부정형(고령 봉평리유적)
		직렬형	'ㅁ'자형	'ㄹ'자형	병렬형

도면 18. 청동기시대 시기별 유구 배치 양상

534

Ⅴ. 맺음말

이상으로 경북지역 청동기시대 무덤군의 배치양상을 통해 무덤의 특성에 대해 살펴보았다. 무덤의 배치양상은 크게 단독배치와 군집배치로 구분되며, 군집배치의 경우는 선상형배치, 환상형배치, 부정형배치로 세분화된다. 부정형을 제외한 선상형과 환상형의 경우에는 다시 '卍'자형, 직렬형, 병렬형, 'ㅁ'자형의 4가지의 배치로 구분되며, 그 양상을 유형화하였다.

이러한 군집묘의 배치유형을 형성하는 요소로 무덤의 축조방식과 무덤의 축조순서로 나누어 시공간적인 속성을 파악하였다. 무덤의 축조방식에 해당하는 상석, 묘역시설, 매장주체부와 배치유형을 형성하는 공간적인 요소들에 대해 살펴보았고, 유물의 편년을 바탕으로 시간적 요소들을 통한 유구의 상대적인 축조순서를 파악해 배치양상과의 관계에 대해 살펴보았다.

배치양상으로 본 시간적인 특성은 청동기시대 전기와 중·후기로 구분되는데 먼저 청동기시대 전기에는 형산강변, 낙동강변에 산발적으로 단독배치된 무덤들이 확인되었고, 군집배치상에서도 전기에 해당하는 무덤들이 확인되는데, 청동기 전기에서 후기까지 지속적으로 조성되는 유적의 한쪽 구역에 해당하는 묘역 공간에 단독으로 배치하고 있었다.

청동기시대 중기와 후기에는 전기와는 달리 금호강변, 낙동강변, 청도천 주변의 평지쪽으로 군집묘가 폭발적으로 증가하는 양상을 보이고 있으며, 특히 금호강변의 소하천 주변은 석관묘가 집중 분포하고 있었다.

또한 무덤 공간으로 구획한 지역에 전기에서부터 후기까지 지속적으로 무덤을 조성한 유적이 확인되었다. 각 시기별로 일정한 거리를 유지하며 집중적으로 분포하고 있는 양상을 보이고 있으며, 대표적인 유적으로는 청도천변의 청도 화리유적과 금호강 남안의 진천변의 대천동 511-2유적이다.

이상으로 배치양상과 무덤의 구성요소와의 관계, 배치양상과 시간성의 관계를 토대로 무덤의 시공간적 특성을 파악해 보고자 하였다. 시간적인 특성으로 전기와 중·후기의 단독묘와 군집배치의 양상이 확인되며, 군집묘에서도 세부적인 배치양상이 파악되지만 무덤의 특성을 규정할만한 차이는 확인되지 않았다. 배치양상을 통해 볼 수 있는 유적의 수가 생각보다 많지 않으며 시간성을 확인할 수 있는 유물을 부장하고 있는 유구의 수 역시 적다는 점이 큰 아쉬움으로 남는다.

참고문헌

경상북도문화재연구원, 2005,『흥해 소망교회 신축부지 내 浦項 馬山里古墳群』.

_____, 2010,『달성 평촌리·예현리유적』.

_____, 1999,『고령 운수 봉평리 지석묘』.

경북대학교박물관, 2004,『대구 상인동 지석묘』.

김현, 2006,「경남지역 청동기시대 무덤의 전개양상에 대한 고찰」,『영남고고학』제39집.

류지환, 2015,「취락과 무덤군의 상관관계로 본 청동기시대 대구 월배지역 취락의 전개과정」,『(재)영남문화재연구원 제28회
　　　　조사연구회 발표자료집 청동기시대 대구지역의 취락과 사회』.

박선영, 2005, 南韓 出土 有病式石劍 硏究, 경북대학교 대학원 석사학위논문.

배진성, 2011,「墳墓 築造 社會의 開始」,『韓國考古學報 第80輯』.

삼한문화재연구원, 2014,『청도 풍각-화양간 국도건설공사구간 내 靑道 新堂里·七星里·西上里 遺蹟 靑道 新堂里 963-1番地
　　　　遺蹟』.

세종문화재연구원, 2012,『대구 세계육상대회 마라톤코스(수성로)확장공사(1단계)구간내 大邱 上洞 1-64番地 遺蹟』.

안재호·이형원, 2016,『청동기시대의 고고학2 編年』, 서경문화사.

영남문화재연구원, 2005,『慶州 奉吉里遺蹟』.

_____, 2006,『국도 35호선 도계-경주간 확장공사구간내 慶州 月山里 山137-1番地遺蹟』.

_____, 2012,『대구도시철도 3호선 건설부지(이천동 구간)내 大邱 梨泉洞 308-10番地遺蹟』.

_____, 2013,『大邱 西邊洞 聚落遺蹟Ⅱ』.

_____, 2009,『대구 대천동 511-2번지 공동주택신축부지내 大邱 大泉洞 511-2番地 遺蹟Ⅰ』.

_____, 2001,『칠곡 복성리 지석묘군』.

윤호필, 2013, 축조와 의례로 본 지석묘사회 연구, 목포대학교 대학원 고고인류학과 박사학위논문.

韓國文化財保護財團, 2012,『大邱新西洞遺蹟Ⅰ·Ⅱ-대구 신서혁신도시 개발사업부지 B구역 문화유적(1차)-』.

_____, 2013,『청도 풍각~화양간 국도건설구간 (칠성-구곡)내 문화유적 발굴조사 靑道 華里遺蹟』.

_____, 1999,『상주 청리유적 (Ⅸ)(Ⅹ)』.

황재훈, 2006,「전남지역 지석묘 형식분류와 변천」,『한국상고사학보』제53집.

경북지역 청동기시대 무덤 부장유물 연구

방선지 (경상북도문화재연구원)

Ⅰ. 머리말

대구·경북은 지석묘의 지역이라 불려질 만큼 지석묘가 많았다고 한다. 일제강점기 때 찍은 유리건판 사진을 보더라도 학교 앞, 역 앞, 집 마당에서도 확인되는데, 사람들이 생활하는 주변으로 어렵지 않게 볼 수 있었던 것을 알 수 있다.

현재는 학술조사와 구제발굴이 이루어지면서 많은 자료들이 축적되고, 연구되고 있다. 경북지역은 대구를 중심으로 청동기시대 생활유적에 대한 연구자료는 많지만 무덤을 연구한 자료는 많지 않다. 따라서 현재까지 조사된 청동기시대 무덤 자료를 집성하여 부장유물의 기종과 특징, 무덤의 조성시기 등에 대해 알아보고자 한다.

대구·경북에서 확인된 청동기시대 분묘는 유적수가 약 880개소이며[1] 발굴조사된 유적이 130개소이다. 130개소 중에서도 유물이 출토된 유적을 중심으로 살펴보고자 한다.

Ⅱ. 출토유물 현황

유물이 출토된 유적은 73개의 유적으로 조사된 유적 수에 비해 많지 않다. 이들 유적에서 출토된 유물 기종을 살펴보면 토기류는 적색마연토기, 무문토기 외에 원형점토대토기, 흑도옹 등이 출토되었고, 석기류는 석검, 석촉, 석도, 석부, 박편, 미완성석기 이외에도 관옥, 경식 등이 출토되었다.

청동기시대 대표 기종이라 할 수 있는 토기는 적색마연토기와 채문토기, 무문토기이다. 그 중 채문토기가 출토된 유적은 청도 화리·신당리유적이며, 적색마연토기는 24개 유적에서 61점이 출토되었으나 대부분은 편이다.

---

1) 대구·경북 지리정보시스템(문화재공간정보)과 지표조사, 발굴조사된 것들을 합한 것이다.

무문토기는 대부분 편으로 출토되어 그 형태나 시기를 짐작하기 어렵다. 청동기시대 대표적인 석기류인 석검은 편을 제외한 유병식석검 78점, 유경식석검 6점이 출토되었다. 유병식석검 가운데 이단병식석검은 34점, 일단병식석검이 44점이 출토되었다. 석촉은 편을 제외하고 총 875점이 출토되었다. 그 중 삼각만입석촉이 109점, 유경식석촉이 766점이 출토되었다. 이중에서 편을 제외하고 시간적 속성변화가 확인되는 기종, 형태적 속성을 분류할 수 있는 유물을 중심으로 형식분류를 하고자 한다. (표1)

표 1. 유물이 출토된 청동기시대 지석묘·석관묘(편 포함)

연번	유적명	토기류			석기류			기타
		채문토기	적색마연토기	무문토기	석검	석촉	반월형석도	
1	대구 서변동유적		3					
2	대구 연경동유적					5		
3	대구 신서동유적			8	6	48		곡옥, 경식, 방추차
4	대구 동내동유적		1					
5	대구 진천동558-3유적					2		
6	대구 대천동467유적				1			
7	대구 대천동511-2유적		5	2	10	109		석도, 경식, 미완성석도
8	대구 월성동1150-1유적					9		
9	대구 월성동777-2유적					1		
10	대구 월성동585유적				3	26		
11	대구 상인동119-20유적					8		
12	대구 상인동128-8유적		1		5	14		곡옥
13	대구 상인동98-1유적					41		
14	대구 상인동171-1유적				1	2		
15	대구 상인동87유적				1	11		방추차
16	대구 상인동 지석묘		3		2	29		곡옥
17	대구 진천동 지석묘		1	2	2	17		
18	대구 동문동유적					9		
19	대구 동천동 지석묘		3	2		8		이형석기, 박편
20	대구 삼덕동유적		1	4		1		
21	대구 이천동308-10유적					17		
22	대구 이천동4구지석묘				1	18		관옥
23	대구 이천동1·5구지석묘		1		1	3		
24	대구 이천동5구지석묘		1	4	1	20	1	석부
25	대구 상동1-64유적			2	2	45		
26	대구 상동63-13유적			1		4		
27	대구 신매동유적		1					
28	대구 매호동 지석묘		4		3	27		
29	대구 시지동 지석묘		4	1	10	10		관옥, 검파두식
30	대구 욱수동 지석묘					1		
31	대구 상동 지석묘				3	58		어망추

연번	유적명	토기류			석기류			기타
		채문토기	적색마연토기	무문토기	석검	석촉	반월형석도	
32	경산 옥산동유적				1	1		
33	경산 옥곡동유적			1	3	10		
34	경산 산양리유적			1	1	1		
35	경산 경리유적			1				관옥
36	경주 황성동575유적			1				
37	경주 황성동537-2유적					8		
38	경주 석장동유적			1	1			석착
39	경주 다산리유적			1				박편
40	경주 덕천리유적		1		1	3		
41	경주 월산리유적				1	17		환옥
42	경주 문산리유적		1		1	7		
43	포항 원동유적				1			
44	포항 마산리유적				1	1		
45	포항 초곡리유적					20		
46	포항 학천리유적				1			석착, 검파두식
47	포항 달전리유적			2				
48	포항 성계리유적			2	1			석부
49	청도 화리유적	1	7	1	18	85		관옥, 방추차
50	청도 신당리489-3유적	1		32	2	7	1	석도, 와질옹
51	청도 신당리694-2유적				1	14		
52	청도 송서리유적		1					
53	청도 대전리유적		1		1			
54	청도 진라리유적		2		3	11		석착, 식옥
55	달성 평촌리유적		1	3	8	81	1	
56	달성 금리유적							흑도옹, 식옥
57	달성 상리유적					5		
58	달성 설화리유적							관옥
59	고령 봉평리유적				2	17		박편
60	고령 봉평리601-3유적							석제방추차
61	칠곡 심천리유적				1	12		
62	칠곡 낙산리유적		1			33		
63	칠곡 복성리유적		1	2	1	11		석부, 관옥, 검파두식
64	구미 봉산리유적							석제방추차, 미완성석검
65	김천 송죽리유적		12	2		14		돌대문토기, 석부, 방추차 등
66	상주 마공리유적		4		2	22		관옥
67	성주 명포리유적							양이부호, 고석
68	안동 도곡리유적			1				
69	안동 지례리유적							석부
70	안동 수곡리유적			1		1		
71	안동 지례리유적				2	6	2	검파두식
72	영덕 남산리유적			1				어망추
73	의성 성암리유적							석부
74	합　계	2	61	79	107	929	5	

Ⅲ. 형식 분류

대구 · 경북지역 청동기시대 무덤에서 출토된 유물 중 토기류는 채문토기, 적색마연토기, 무문토기가 대부분이다. 그 중 형식분류 할 수 있는 기종은 편을 제외하면 토기는 채문토기와 적색마연토기, 석기는 석검과 석촉이다. 따라서 본고에서는 토기류는 채문토기와 적색마연토기, 석기류는 석검과 석촉을 속성에 따라 구분하여 형식분류하고자 한다.

1. 토기

1) 채문토기[2]

채문토기는 적색마연호의 구경부와 동체 상부에 가지문을 시문한 기종으로 가지문토기라고도 한다. 채문토기는 경상남도와 전라남도에 집중 분포하나, 발굴조사 결과 경북 내륙지역에서도 확인되었다. 경남지역에서 집중적으로 출토되는 채문토기가 경북지역에서도 출토되는 것을 지역간의 상호교류로 보기도 한다.[3] (도면 1) 경북지역에서는 대부분 주거지에서 출토되며, 무덤에서 출토된 예는 많지 않다. 채문토기에 대한 연구는 가지무늬토기를 집성한 후 적색마연토기와 형태 비교를 통해 연대를 제시하고 이 후에 적색마연토기와의 관련성을 중시하면서 적색마연토기의 편년과 가지무늬토기 편년을 재검토하여 형태적 특징을 연구하였다.[4]

채문토기는 동체 형태와 동최대경의 위치, 경부 형태로 속성을 분류하는데, 본고에서는 구경부와 동체 형태, 그리고 동최대경의 위치를 속성으로 형식분류하고자 한다.

채문토기의 형태변화를 살펴보면 경부는 점차 짧아지고, 동체는 구형에서 편구형으로 변화된다. 청도 화리유적과 청도 신당리 489-3유적에서 출토된 채문토기 형태를 살펴보면, 경부는 직립하고 구연은 외반한다. 이러한 형태는 송영진(2012)의 Ⅲ기 4단계와 히라고리타츠야(2013)의 Ⅴ식과 유사하며, 대구 상동 주거지 출토 채문토기와 유사하다. 상동 주거지 9호는 무문토기 문양이 소멸되는 단계로 하인수의 Ⅱ단계로 보았으며, 시기는 전기 후반으로 보았다.[5] (도면 1)

2) 채문토기를 가지무늬토기라고도 하나 본고에서는 채문토기로 통칭하겠다.
3) 히라고리타츠야, 2013,『무덤자료로 본 청동기 사회』, 서경문화사, PP.127~159.
4) 이건무, 1986,「채문토기고」,『영남고고학보』2, 영남고고학회.
5) 히라고리타츠야, 2013,『무덤자료로 본 청동기 사회』, 서경문화사, PP.127~159.

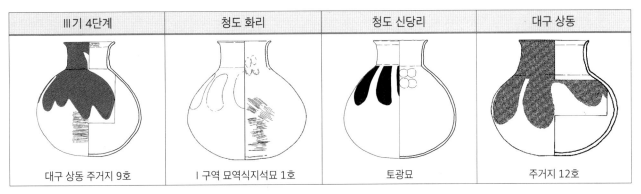

Ⅲ기 4단계	청도 화리	청도 신당리	대구 상동
대구 상동 주거지 9호	Ⅰ구역 묘역식지석묘 1호	토광묘	주거지 12호

도면 1. 송영진(2012)분류안 참고 및 편집(청도 출토 채문토기)

2) 적색마연토기

적색마연토기는 청동기시대를 대표하는 유물로 홍도, 붉은 간토기라고도 한다. 적색마연토기는 일찍이 많은 연구가 이루어진 기종으로 제의용, 부장용 성격을 지니는 토기로 보기도 한다.

경북지역 청동기시대 무덤에서 출토된 적색마연토기는 총 61점이다. 그 중 편을 제외하고 형태를 알 수 있는 적색마연토기 20점으로 형식분류를 하고자 한다.

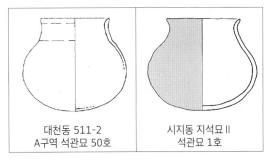

대천동 511-2 A구역 석관묘 50호	시지동 지석묘Ⅱ 석관묘 1호

도면 2. 적색마연토기 단경호

경북지역에서 출토되는 적색마연토기는 크기에 따라 소형과 대형으로 구분되며, 경부의 형태에 따라 단경호와 장경호로 분류된다. 경북지역 청동기시대 무덤 출토 단경호는 출토량이 많지 않아, 선행연구된 자료를 바탕으로 변화상을 살펴보고자 한다. 무덤에서 출토된 단경호는 소형으로 구연의 형태와 동최대경의 위치에 따른 변화가 확인된다. 구연부는 외반되면서 동최대경의 위치는 하위에서 중위로의 변화가 확인된다. 형태상으로 송영진(2012)의 Ⅳ기 6단계에 해당된다. 장경호의 변화상을 살펴보면 구연형태는 직립-외반에서 내만-외반으로 변화되고, 목은 긴 것에서 짧은 것으로 변화하며 동체부는 구형에서 편구형, 동최대경은 하위에서 상위로 변화된다.[6](도면 2)

구경부		동체	
A	B	a	b

도면 3. 적색마연토기 구경부 · 동체 속성분류

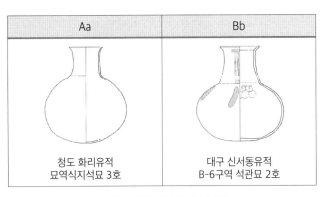

Aa	Bb
청도 화리유적 묘역식지석묘 3호	대구 신서동유적 B-6구역 석관묘 2호

도면 4. 적색마연토기 장경호

6) 김미영, 2010, 「적색마연토기의 변천과 분포에 대한 연구-원저호를 중심으로」, 『경남연구』2, 경남발전연구원, PP.5~9, P.20.
  송영진, 2012, 「금호강유역 마연토기의 변화상과 특징」, 『경남연구』7, 경남발전연구원, P.19,28.
  김미영, 2013, 「영남 중동부지역 적색마연토기의 지역성」, 『한국청동기학회 토기분과 워크숍』, 한국청동기학회.

위 속성을 기준으로 분류하면 다음과 같다. Aa형은 구경부가 직립하면서 구연이 외반하고, 동체가 구형이다. 이러한 형태는 동최대경이 대체로 중위에 있다. Bb형은 구경부가 내만하고 구연이 외반하며, 동체는 편구형으로 동최대경은 대체로 상위에 위치한다. 특히, 경부가 내만하는 것은 구경부와 동체부의 연결부 내면이 직각을 이루는 것이 특징으로 적색마연호의 제작기술과 관련이 있는 것으로 보기도 한다. (도면 3, 4) 또한 주거지에서는 출토되는 사례가 드물어 무덤 부장용으로 별도 제작되었을 가능성이 있다는 견해도 있다. (김미영, 2013)

이처럼 적색마연토기를 시간적 속성에 따라 분류하여 살펴본 결과 구경부가 직립에서 내만하는 것으로 변화되고 동체는 구형에서 편구형, 동최대경은 하위에서 상위로 변화되며 동체와 경부의 구분이 모호화 된다. 경북지역에서 출토된 적색마연토기는 청동기시대 전기 후반에서 후기에 제작된 것으로 판단된다.[7]

2. 석기

적색마연토기와 마찬가지로 석검과 석촉 또한 많은 연구가 이루어진 기종이다. 최근에는 기능과 용도, 제작방법, 실용성 등에 대한 연구가 이루어지면서 도구 변화와 사회 변화의 연관성을 이야기하기도 한다.[8] 사회 변화와 도구 변화의 주된 요인으로 재료, 제작기술, 교류 등이 될 수 있다. 특히 석검과 석촉은 주된 기능이 무기로 수렵과 전쟁에서 보다 효율적인 결과를 얻기 위한 노력의 결과물로 석검과 석촉의 변화 즉, 도구의 발달로 이어진 것으로 판단된다. 또한 석검과 석촉은 의례, 유력자의 상징적인 역할을 한 중요한 유물이라 할 수 있다. 석검과 석촉 이외에도 반월형석도, 석부 등이 출토되지만 무덤에서 출토되는 비중이 크지 않아 석검과 석촉을 중심으로 변화양상을 살펴보고자 한다.

1) 석검[9]

석검은 무기이면서 신분을 상징하는 의기로 청동기시대 대표적인 유물이다. 석검은 무덤을 축조하면서 부장하기 시작하는데, 사회의 변화와 관계있는 것으로 보기도 한다. (배진성, 2007) 석검의 형식분류와 변화양상에 대한 연구는 세부적인 속성, 지역성 등 현재까지도 연구가 활발하게 진행되고 있다.

석검의 기능은 청동기시대 후기로 갈수록 부장용으로 변화되는 양상이 확인되는데, 기능의 변화는 기술적인 변화도 동반된다고 볼 수 있다. 따라서 경북지역 무덤 출토라는 테두리 안에서 석검이 어떻게 변화되는지 알아보고자 한다.

7) 배진성, 2008, 「함안식 적색마연호의 분석」, 『한국민족문화』32, 부산대학교 한국민족문화연구소.
　김미영, 2010, 「적색마연토기의 변천과 분포에 대한 연구-원저호를 중심으로」, 『경남연구』2, 경남발전연구원, PP.5~9, P.20.
　영남문화재연구원, 2009, 「대구 대천동 511-2번지 유적Ⅱ」, 고찰.
8) 김선우, 1994, 「마제석검의 연구현황」, 『한국 상고사학보』제16호, 한국 상고사학회.
9) 김양선, 2015, 「청동기시대 유병식석검의 지역성 연구」, 경북대학교 대학원 석사학위논문.
　박미현, 2008, 「유병식 마제석검의 전개와 지역성 연구」, 부산대학교 대학원 석사학위논문.
　배진성, 2007, 「무문토기 문화의 성립과 계층사회」, 서경문화사, PP.173~195.

석검은 이단병식석검에서 일단병식석검으로의 변화가 확인된다. 이단병식석검은 후기로 가면서 단이 절대로 표현되면서 소멸되는 양상이 확인되는데, 제작기술로 봤을 때, 단보다 절대가 수준 높은 기술을 필요로 한다는 견해도 있다. 석검의 형태는 병부 유무에 따라 유병식석검과 유경식석검으로 대분류하고, 중분류로 병부 형태에 따라 유병식석검은 이단병식석검과 일단병식석검, 소분류로 요부 형태에 따라 이단병식석검은 유구, 유단, 유절식으로 분류하였다. 유구병식석검은 혈구가 있는 검을 말하고, 유단식석검은 요부가 명확한 것, 유절식석검은 병부에 두 줄의 절을 가진다. 특히 유절식석검은 장식성이 강한 것으로 보기도 한다.(윤성현, 2015) 이러한 분류방식을 기준으로 편과 형태를 알기 어려운 것들을 제외한 84점을 분류하였다.

도면 5. 석검 속성분류

도면 6. 석검 형태변화

　석검의 속성은 신부 형태에 따라 완만한 것(Ⅰ)과 각진 것(Ⅱ), 심부 돌출도(폭)에 따라 짧은 것(A), 중간 것(B), 긴 것(C)으로 나뉘고, 병두부 형태에 따라 검신의 너비와 같거나 짧게 돌출된 것(1), 병두부가 돌출된 것(2), 심하게 돌출된 것(3)으로 분류할 수 있다.[10] (도면 5)

　ⅠA1식은 신부가 완만하고 심부 돌출도가 짧고 병 하단부가 직선에 가까운 형태이고, ⅠB2식은 신부가 완만하고 심부 돌출도가 ⅠA1식보다 더 돌출되고 병 하단부 형태가 직선으로 내려오다가 돌출된 형태이다. ⅡC3은 신부가 각진 형태이며, 심부 돌출도가 심화되고 병 하단부가 과도하게 돌출된 형태이다.(도면 6)

10) 박선영, 2004, 「남한 출토 유절병식석검 연구」, 경북대학교 대학원 석사학위논문, PP.6~28.
　장용준・平郡達哉, 2009, 「유절병식석검으로 본 무문토기시대 매장의례의 공유」, 『한국고고학보』제72권, 한국고고학회, PP.45~54.
　손준호, 2009, 「청동기시대 석기의 관찰과 분석」, 『고고학 연구 공개 강좌』제27회, (재)영남문화재연구원, P.3.
　윤성현, 2015, 「남한 출토 유절식 석검에 대한 연구」, 『한국청동기학보』제17호, 한국청동기학회.

2) 석촉[11]

석촉은 무기와 수렵에 사용되는 도구로 주거지뿐만 아니라 무덤에서 가장 많이 출토되는 유물이다. 석촉은 석검과 마찬가지로 도구 제작기술이 발달함에 따라 그 기능도 함께 변화된다. 즉 시간성을 가늠할 수 있는 속성을 파악함에 따라 그 기능과 사용방법, 제작방법 등 다양한 연구를 할 수 있을 것으로 판단된다. 석촉은 일반적으로 삼각만입석촉-이단경식석촉-일단경식석촉으로 변화된다. 특히 삼각만입석촉과 이단경식석촉은 전기에 출토되며, 일단경식석촉은 후기에 출토됨에 따라 석촉의 상대편년이 가능하다. (도면 7)

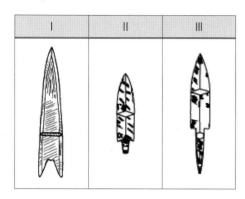

도면 7. 석촉 변화양상

경북지역 무덤에서 출토된 석촉은 총 875점 중 형식분류가 가능한 석촉이 766점이다. 이 중에서 전기 표지유물인 삼각만입석촉이 112점, 이단경식석촉이 2점이며, 나머지 652점이 일단경식석촉이다.

석촉의 신부 단면은 편육각형·육각형에서 능형으로 변화되고, 경부는 단면이 장방형, 경부 말단형태가 평근식에서 단면이 육각형이고 말단부형태가 첨근식, 일체형으로 변화된다고 보았다. (안재호, 2009) 경부 말단의 변화 요인을 화살의 기능 강화, 착장기술의 발달, 재료의 차이로 보기도 하는데 이러한 견해 역시 화살의 기능 발달의 일환으로 시간성을 반영한다고 보았다.[12] 경북지역 청동기시대 무덤에서 출토된 석촉을 연구된 자료들을 바탕으로 속성을 살펴보면 다음과 같다.

석촉의 속성은 먼저 신부 단면형태에 따라 편육각·육각-능형으로 구분되며, 경부 단면형태에 따라 장방형-육각형-원형, 경부 말단 형태에 따라 평근식-첨근식으로 분류하였다. (표 2, 도면 8)

삼각만입석촉은 무경식 석촉으로 신부 단면이 편육각형, 육각형으로 청동기시대 전기에 출토되는 대표적인 유물이다.

유경식석촉은 경부의 단 유무에 따라 일단경식석촉과 이단경식석촉으로 분류되는데, 주로 이단경식석촉이 이른 시기에 출토된다. 일단경식석촉은 경부 단면의 끝의 형태에 따라 평근과 첨근으로 구분된다. 평근은 경부 단면이 납작한 형태를 말하고, 첨근은 단면이 육각형 또는 원형에 가까운 형태에 끝이 뾰족한 것을 이른다. 시기상으로 평근을 전기 후반, 첨근을 후기에 나타나는 형태로 보고 있다.[13] 세장유경식석촉과 일체형석촉은 청동기시대 후기에 출토되는 형식이다. 세장유경식석촉은 청동기시대 후기의 표지유물로 부장 전용 석촉으로 보고 있다. 형태는 폭이 길이에 비해 좁고 경부가 짧으며 무거워 무기로 사용되기 적합한 석촉으로 본다. (손준호, 2007) 일단경식석촉은 신부 단면-능형, 경부 단면-장방형·육각형, 경부 말단-평근식·첨근식이 대부분이다. 일부 경부 단면이 오각형·팔각형

11) 손준호, 2007, 「마제석촉의 변천과 형식별 기능 검토」, 『한국고고학보』제62권, 학국고고학회.

12) 윤성현, 2015, 「남한 출토 유절식 석검에 대한 연구」, 『한국청동기학보』제17호, 한국청동기학회, P.79.

13) 이영문, 2011, 「한국 청동기시대 전기 묘제의 양상」, 『한국문화사학』제35권, 한국문화사학회, P.43.

안재호, 2002, 「적색마연토기의 출현과 송국리식토기」, 『한국 농경문화의 형성』, 한국고고학회.

·다각형도 확인되는데, 이와 공반되는 유물은 일단병식석검(ⅠA1), 이단병식석검(ⅡB2)이다. 이러한 단면형태는 대구 달서구·서구와 청도 일대에서 확인되는데 연구자들은 이를 재가공에 의한 것으로 본다.[14]

구분	신부단면	경부형태
Ⅰ	편육각형 육각형	삼각만입석촉, 무경식석촉
Ⅱa	능형	경부단면-장방형, 경부말단-평근식
Ⅲa		경부단면-육각형, 경부말단-평근식
Ⅲb		경부단면-육각형, 경부말단-첨근식
Ⅳa		경부단면-원형, 경부말단-평근식
Ⅳb		경부단면-원형, 경부말단-첨근식
Ⅴ		일체형, 세장유경촉

표 2. 석촉 속성분류

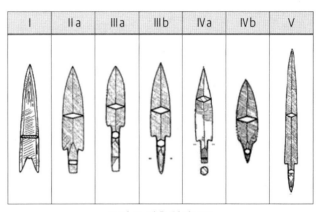

도면 8. 석촉 형식분류

Ⅳ. 공반유물 및 단계설정[15]

경북지역 청동기시대 무덤에서 출토된 유물 중 채문토기와 적색마연토기, 석검과 석촉의 형식분류를 통해 선후관계를 살펴보았다. 유병식석검의 신부 형태는 완만한 것에서 각진 것, 심부 돌출도(폭)는 점차 돌출도가 심화되고 병부 하단의 형태도 직선에서 하단부로 내려가면서 곡선을 그리며 돌출되는 변화상이 확인된다. 석촉은 신부 단면이 편육각에서 능형으로 변화된다. 경부의 단면형태는 장방형-육각형-원형으로 변화하고, 말단형태도 평근식에서 첨근식으로 변화된다. 일부 경부 단면형태가 오각형, 팔각형 등의 다각형 형태로 나타나는 것이 확인되었으나 이는 재사용에 의한 것으로 판단하였다.(황재훈, 2007) 이를 토대로 공반유물을 살펴보면 다음과 같다.

먼저, 석검과 공반된 유물을 살펴보면, 이단병식석검과 일단병식석검이 공반된 유구는 청도 화리Ⅱ구역 석관묘 8호 1기로 ⅠB2형식의 유절식석검과 ⅡC3의 유단식석검, 적색마연호는 구경부가 내만하고 동체는 편구형인 Bb형이 공반되었다. 석검과 토기가 공반된 유구는 대구 대천동 511-2번지유적 A구역 석관묘 50호와 B구역 석관묘 11호, 달성 평촌리유적 석관묘 20호이다. 대천동 511-2번지유적 A구역 석관묘 50호는 적색마연호 Bb식과 유단식석검 ⅡC3식이 공반되었고, B구역 석관묘 11호는 적색마연호 Bb식과 ⅡB2식 유단식석검, 경부 단면이 장방형과 육각형이며 경부 말단이 평근식인 석촉이 공반되었다. 대구 상인동 128-8번지유적 석관묘 7호는 ⅡB2식 유단식석검과 Bb식의 적색마연호가 공반되었다. 달성 평촌리 석관묘 20호는 ⅡC3의 유단식석검과 세장유경식석촉, 경부 단면이 장방형이고 경부 말단이 첨근식인 석촉이 공반되었다. 이외에 석검 1점과 석촉이

---

14) 황재훈, 2007, 「전남지역 지석묘 출토 마제석촉에 대한 연구」, 『차세대 인문사회 연구』3, 동서대학교 일본연구센터, P.191.

15) 이청규 외 10명, 2015, 『한국 청동기 문화 개론』, 진인진, PP.59~64, PP.86~108.

출토된 유적은 대구 월성동 585번지유적, 대구 상인동 87번지유적, 대구 상동 1-64번지유적 등이 있으며, 그 중 월성동 585번지유적 석관묘 3호는 ⅡB2식 유단식석검과 경부 단면이 육각형이고 경부 말단이 평근식인 석촉이 공반되었다. 석관묘 4호에서는 유실된 이단병식석검과 경부 단면이 원형이고 경부 말단이 첨근식인 석촉과 단면이 육각형이고 경부 말단이 평근식인 석촉이 공반되었다. 유병식석검은 삼각만입석촉과 공반되거나 삼각만입석촉과 이단경식석촉이 공반, 또는 채문토기와 구순각목토기편, 단사선문토기편, 삼각만입석촉이 공반, 구경부가 직립한 호형토기[16]만 출토된 경우도 있다. 이단병식석검은 단독으로 출토되거나 일단경식석촉, 적색마연호와 공반되기도 한다.

표 3. 석검 · 석촉 순서나열법

지역	유적명	석검							석촉						
		유구병식	이단			일단			I	IIa	IIIa	IIIb	IVa	IVb	V
			IA1	IIB2	IIIA3	IA1	IIB2	IIIA3							
경주	월산리유적	●							●						
대구	신서동유적B-7	●							●						
칠곡	심천리유적	●							●						
구미	월곡리유적	●							●						
청도	신당리489-3번지유적 1구역	●							●	●					
안동	지례리유적					●				●					
상주	마공리유적 나			●		●				●	●				
대구	매호동유적					●					●				
대구	진천동유적					●						●			
대구	상인동128-8번지유적			●						●	●	●			
대구	상인동 지석묘			●	●	●				●	●	●			
대구	시지동			●		●				●	●		●		
대구	신서동유적	●				●				●	●		●		
대구	상동유적2000					●				●			●	●	
고령	봉평리 지석묘			●		●					●		●		
대구	진천동558-3번지유적									●					●
대구	상동1-64번지유적		●			●				●	●	●			
경산	옥곡동유적			●		●				●	●				
대구	월성동585유적			●		●				●	●	●			●
대구	달성평촌리유적		●	●		●				●	●	●			●
청도	진라리유적	●		●	●	●				●	●	●			●
대구	대천동511-2번지유적		●	●	●	●	●			●	●	●	●		●
청도	화리유적	●	●	●		●	●	●		●	●	●			●

16) 이홍종 · 허의행 · 박상윤, 2011, 『청동기시대 유물 집성』, 서경문화사, PP.356~359.

적색마연호는 장경호로 구경부가 직립하고 구연은 외반하며, 동체는 구형인 형태와 유단병식석검, 유절식석검이 함께 공반된다. 후기에 조성된 무덤에서 적색마연토기는 구경부가 내만하고 구연은 외반하며, 동체는 편구형의 형태인 장경호와 단경호, 유절식석검과 일단병식석검, 일단경식석촉과 일체형석촉, 세장유경식석촉과 공반된다. 이를 바탕으로 단계설정을 하면 다음과 같다.

I단계는 유구병식석검(IA1)과 삼각만입석촉, 이단경식석촉, 채문토기, 직립구연의 호형토기, 구순각목문토기, 공열문토기, 단사선문토기 등이 공반되었다. II단계는 일단경식석촉과 이단병식석검 중 유단식석검이 주를 이루는 단계로 유단식석검 IIB2식과 경부 단면이 장방형, 육각형이고 경부 말단이 평근식인 석촉이 공반되며, 경부 말단이 첨근식인 석촉이 소량 확인된다. III단계는 이단병식석검과 일단병식석검이 함께 출토되기도 하는데, 이단병식석검의 경우 유절병식석검과 유단병식석검, 그리고 일단병식석검이 공반되고, 구경부가 내만하고 동체는 편구형인 적색마연토기가 출토된다. 또한, 유절병식석검이 주를 이루면서 일단병식석검이 공반되기도 한다. 이 단계에서는 청동기시대에서 초기철기시대로의 과도기에 조성된 것으로 추정되는 석관묘도 확인된다. (도면 9)

구분	공반유물	
I	이단병식석검(IA1) 삼각만입석촉(I) 이단경식석촉(IIa) 채문토기 호형토기(구경부 직립) 구순각목문토기 단사선문토기 공열문토기	
II	이단병식석검(IB2) 일단병식석검(IA1) 일단경식석촉(IIa,IIIa) 적색마연토기(Aa)	
III	이단병식석검(IIC3) 일단병식석검(IIA2, IIC3) 일단경식석촉(IIIb,IVa,IVb) 적색마연토기(Bb) 삼각점토대토기 흑도옹 두형토기 등	

1.경주 갑산리 석관묘 2.대구 신서동B-7 석관묘 3.청도 신당리 489-3 토광묘 4.청도 화리 묘역식 지석묘1호
5.경주 문산리 II나 석관묘2호 6.시지동 석관묘15호 7.대구 대천동511-2B군 석관묘11호 8.대구 대천동511-2A군 석관묘18호
9.대구 대천동511-2A군 석관묘40호 10.청도 화리 묘역식지석묘2호 11,12.시지동 지석묘 13,17.대구 대천동511-2A군 석관묘50호
14.대구 상동1-64 석관묘21호 15.청도 신당리694 16.청도 진라리 석관묘 17.달성 평촌리 석관묘25호, 19.청도 대전리 토광묘

도면 9. 공반유물

V. 편년

　　최근 청동기시대 자료들이 많이 확보되면서 시기구분에 대한 연구가 활발하게 진행되고 있다. 대체로 유형을 통해 분류하여 상대적인 시기구분을 하는 것이 일반적이다. 유형은 크게 미사리-가락동-흔암리 · 역삼동-송국리-점토대토기로 나누고, 조기, 전기, 후기로 세분하여 분기를 설정한다. 또한 청동기시대는 토기 문양을 기준으로 분류한 후 편년하는 예가 많다. 경북지역 청동기시대 무덤은 지석묘를 제외한 석관묘, 지석묘, 토광묘, 묘역식지석묘가 전기 늦은 시기에 등장하고, 유물은 적색마연토기와 이단경식석촉, 삼각만입석촉, 이단병식석검이 출토된다. 후기는 송국리유형의 등장을 기준으로 선송국리 · 송국리라 하기도 한다. 이 시기에는 일단병식석검, 삼각형석도, 유구석부, 외반구연 옹형토기가 대표유물이라 할 수 있다. 최근에는 청동기시대의 문화 · 사회상 변천에 따른 남한의 시기를 구분한 연구자료도 있다.[17] 이러한 연구 자료들을 토대로 본고에서는 전기-중기-후기로 시기를 설정하여 서술하고자 한다.

　　무덤에서 출토된 토기 문양을 살펴보면, 단사선문 구순각목문, 공열문을 확인할 수 있는데, 대구지역 청동기시대 전기 문양 편년에 따르면 Ⅲ · Ⅳ기에 해당되며 이 시기의 절대연대는 서기전 9세기대로 보고 있다.[18]

　　채문토기는 대체로 전라도와 경남 일대에서 출토되는 기종으로 경북지역 취락과 무덤에서 출토되는데 이를 남부 해안가 지역과 경북내륙의 교류를 보여주는 유물로 판단하기도 한다. 최근 들어서 경북지역에서 출토된 채문토기 또는 가지문토기에 대한 연구가 진행됨에 따라 형식분류와 시기설정이 가능하게 되었다. 이를 경북지역 무덤에서 출토된 채문토기에 적용시켜 보면 전기 말에 등장하는 Ⅲ식과 유사하다.[19]

　　경북에서 출토되는 유물의 형식분류와 단계설정을 적용시켜 보면 크게 청동기시대 전기, 중기, 후기로 구별되며, 경북지역 청동기시대 무덤 조성시기를 B.C.13C~B.C.3C로 청동기시대 전기에서 후기까지로 설정하고자 한다. 전기는 비파형 동검이 보급되기 시작하는 시기로 상한을 12세기로 추정하고 있다.[20] 동시기의 취락을 살펴보면 전기는 미사리형 주거, 가락동 · 역삼동 · 흔암리형 주거, 중·후기는 역삼동 · 송국리형 주거가 유행한다. (표 4)

표 4. 편년(청동기시대의 고고학2 김병섭의 안 참고 및 편집)

	시기	단계	출토유물
전기	B.C.13C~B.C.10C	Ⅰ	심발형토기, 호형토기, 채문토기, 이중구연단사선문토기, 공열문토기, 유구병식석검, 삼각만입석촉,
중기	B.C.9C~B.C.6C	Ⅱ	적색마연호, 이단병식석검, 일단경식석촉
후기	B.C.5C~B.C.3C	Ⅲ	적색마연호, 이단병식석검, 일단병식석검, 세장유경식석촉, 일체형석촉

17) 안재호 · 이형원, 2016, 『청동기시대의 고고학2-편년』, 서경문화사, PP.12~36.

18) 배진성 외 10명, 2012, 『한국 청동기시대 편년』, 서경문화사, PP.234~235.

19) 히라고리타츠야, 2013, 『무덤자료로 본 청동기 사회』, 서경문화사, PP.127~159.

20) 이청규 외 10명, 2015, 『한국 청동기 문화 개론』, 진인진, P.63

　　16)의 전게서, P.246

경북지역 무덤에서 출토된 유물을 시기별로 살펴보면 다음과 같다. 전기는 채문토기, 구순각목문토기, 단사선문토기, 유구병식석검과 삼각만입석촉, 이단경식석촉이 출토되고, 중기에는 이단병식석검, 일단경식석촉과 일단병식석검, 적색마연호(구경부가 직립-구연 외반-동체 구형인 장경호)가 출토된다. 중기에 시작되어 후기까지 이어지는 시기에 출토되는 유물은 적색마연호와 심부 폭과 병부 하단부 돌출도가 심화된 이단병식석검과 유절병식석검, 일단병식석검, 세장유경식석촉, 일체형석촉이 출토된다. 후기는 구경부가 내만하는 장경호와 이단병식석검이 공반되는데, 그 예가 시지동유적과 대천동 511-2유적이다. 이들 유적에서 출토된 석검은 Ⅲ~Ⅳ단계에 해당되는데, 이 시기를 송국리 단계에 접어든 시점으로 보기도 한다. (김미영, 2013)

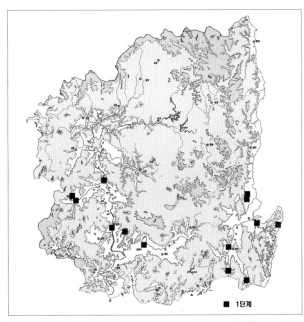

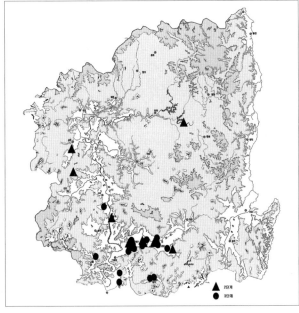

도면 10. 단계별 유적현황

표 5. 단계별 유적현황

유적명	전기 1단계	중기 2단계	후기 3단계
경주 월산리유적	■		
포항 초곡리유적	■		
포항 원동유적	■		
칠곡 낙산리유적	■		
구미 월곡리유적	■		
대구 상인동128-8유적		■	
대구 상인동98-1유적		■	
대구 상인동87유적		■	
대구 동천동지석묘		■	
대구 월성동585유적		■	
상주 마공리지석묘		■	
김천 지좌리유적		■	
대구 이천동1·5구지석묘		■	■
고령 봉평리지석묘		■	
대구 시지동지석묘		■	
대구 매호동지석묘		■	
대구 상동1-64유적		■	
대구 진천동지석묘		■	
대구 신서동유적	■	■	
대구 상동지석묘		■	
대구 상인동지석묘①		■	
청도 694-2유적		■	■
달성 평촌리유적			■
경산 옥곡동유적			■
대구 대천동511-2유적		■	■
청도 화리유적			■
청도 진라리유적			■
김천 문당동유적			■
청도 대전리유적			■

유물의 시간적 변화가 지역별로 어떠한 차이가 있는지 확인해보고자 도면 10에 표현을 해보았다. 전기에 해당되는 1단계는 낙동강유역과 금호강유역, 형산강유역, 동해안에 유적이 분포하고 청동기시대 후기에 해당되는 2·3단계는 금호강유역과 낙동강유역 중심으로 분포하는 것을 확인할 수 있다. (도면 10, 표 5)

VI. 주변지역과의 관계

경북지역 청동기시대 무덤에서 출토된 유물은 토기류보다 석기류가 상대적으로 많은 양을 차지한다. 석기류 중에서도 석촉-석검이 대부분이며, 일부 석도도 함께 출토된다. 석촉과 석검은 무기류로 지역적으로 보았을 때 대구는 석검이 61점, 석촉이 628점이 출토되었고, 경산은 석검 5점, 석촉 12점, 경주는 석검 4점, 석촉 35점, 포항은 석검 4점, 석촉 21점, 청도는 석검 35점, 석촉 117점, 고령은 석검 2점, 석촉 17점 등이 출토되었다. 무기류로 분류되는 석검과 석촉의 출토량은 대구와 청도지역이 경북 내 타지역보다 무기 사용이 빈번했음을 알려준다. 이러한 점은 당시 무덤을 조성한 집단의 성격과 시대상을 반영한 것이 아닌가 생각된다.

적색마연토기는 서남부 해안가와 경남 일대에 주로 분포되는 것으로 인식되어 왔으나 이와 유사한 형태가 경북지역의 취락과 무덤에서도 출토되면서 낙동강과 그 지류를 따라 교류에 의한 결과물로 보는 견해도 있다. 무덤에 부장된 유물을 살펴보면 몇 가지 특징이 확인되는데, 첫째는 유절병식석검이 청도·경산에서 출토된 점이다. 타지역에서는 이단병식석검의 요부의 퇴화가 확인되나, 유절식석검이 출토되지 않는다. 유절병식석검은 앞서 언급했듯이 의례적 성격과 관련 있을 뿐만 아니라 수준 높은 제작기술을 필요로 한다. 따라서 이 지역에 유절병식석검이 출토된다는 것은 청도지역이 대구, 경산지역보다 석기 제작기술이 발달했다는 것을 알 수 있다. 다만, 경산에서 출토된 유절병식석검이 1점이기에 단정 짓기는 어려우나 청도지역의 기술이 전파되었거나 기술자의 이동과 관련된 것이 아닌가 생각된다.

둘째로 공반유물 조합상을 살펴보면, 석검-석촉-토기류(옥석)가 함께 공반된 무덤이 소수이고 대체로 한 기종 또는 석촉-토기, 석검-토기를 부장한 무덤이 상대적으로 많다. 이러한 점은 같은 집단 내에서도 피장자의 사회적인 위치를 나타내는 요소라고 할 수 있다. 경북지역 청동기시대 무덤에서 석검-석촉-토기(옥석)가 공반된 예는 많지 않다. 대천동 511-2유적 A군 석관묘 50호, 대천동 511-2유적 B군 석관묘 10호·11호·12호, 시지동 지석묘군 I-3호, 상인동 지석묘 5호, 대봉동 1구 지석묘 2호, 청도 진라리 지석묘 3호, 청도 화리 C군 석관묘 3호, 대구 상인동 128-8유적 석관묘 7호 등이다. 이들을 살펴보면 대구·청도 지역에 분포하며, 유적 내 3가지 이상의 유물이 부장된 묘는 1~3기에 불과하다. 이는 피장자의 사회적 위치, 계층과 연관지을 수 있을 것이다.[21] (도면 11)

---

21) 8)의 전게서 배진성(2007), PP.198~228.

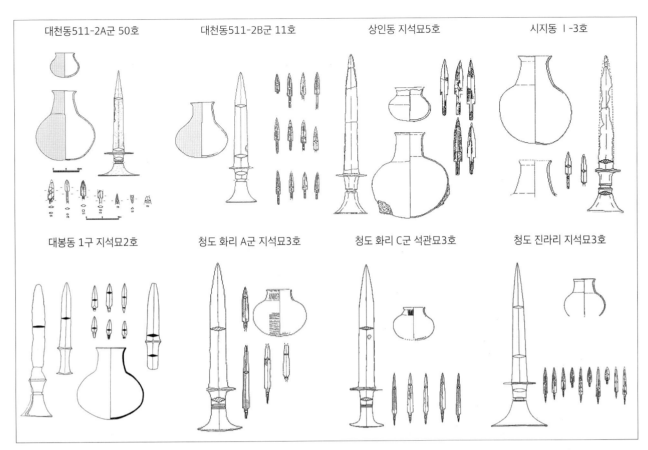

| 대천동511-2A군 50호 | 대천동511-2B군 11호 | 상인동 지석묘5호 | 시지동 I-3호 |
| 대봉동 1구 지석묘2호 | 청도 화리 A군 지석묘3호 | 청도 화리 C군 석관묘3호 | 청도 진라리 지석묘3호 |

도면 11. 석검-석촉-토기 세부 부장

　　종합해보면 지역적으로는 대구와 청도가 석기 제작기술이 타지역에 비해 높은 수준의 기술을 가지고 있었다는 점, 청도와 대구 서구·달서구 지역을 중심으로 한 집단의 활동이 활발했었다는 점, 낙동강과 그 지류를 통한 교류, 유적 내 위계관계를 추정할 수 있었다.

　　지금까지 경북지역 청동기시대 무덤에서 출토된 유물의 유형과 형식분류를 통해 단계를 설정하고 조성시기를 알아보았다. 경북지역 청동기시대 무덤은 경주와 포항, 안동과 김천지역에서 전기에 조성된 무덤이 집중되고, 금호강 하류역에 위치하는 대구, 청도 일대에서는 중기에서 후기에 조성된 무덤이 분포한다. 이러한 점은 지역의 개발 사업과 관련하여 발굴조사된 유적 수와도 관계있을 것으로 판단된다. 따라서 학술조사 등을 통해 지역에 조성된 청동기시대 무덤의 성격과 물질문화의 이동·변화, 집단의 성격 등을 연구할 수 있도록 많은 노력이 필요하다고 생각된다.

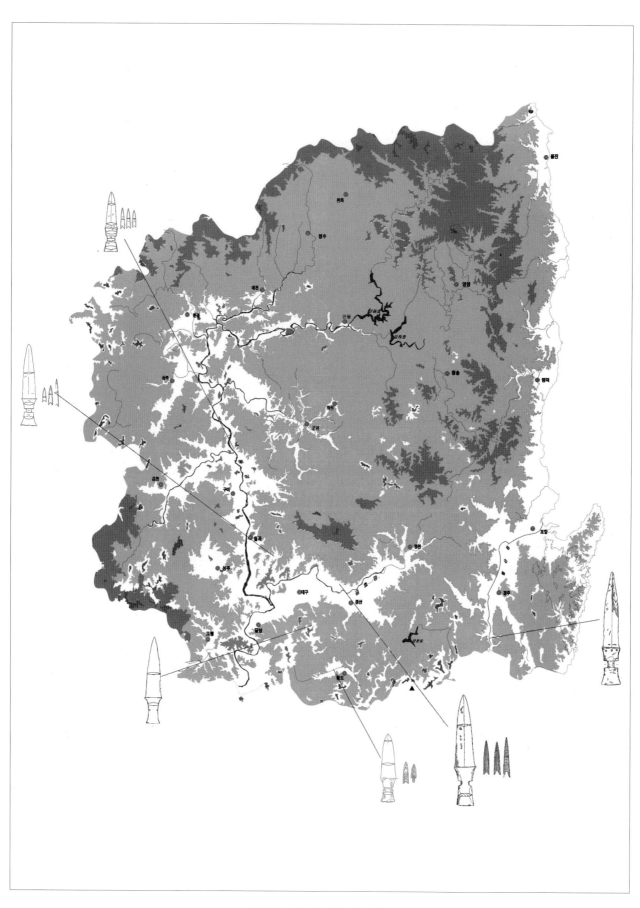

도면 12. 1단계 석검 분포양상

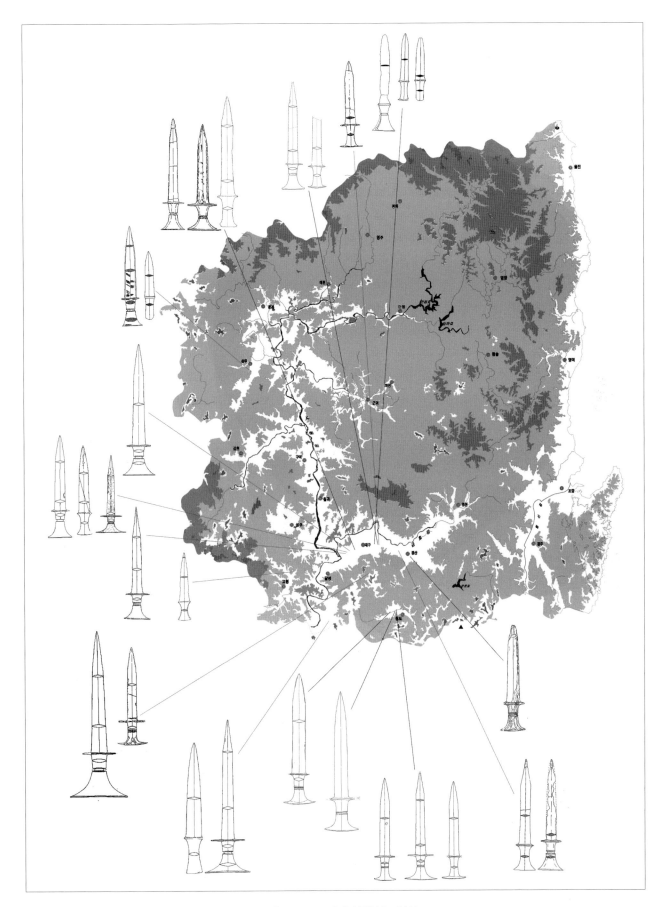

도면 13. 2 · 3단계 석검 분포양상

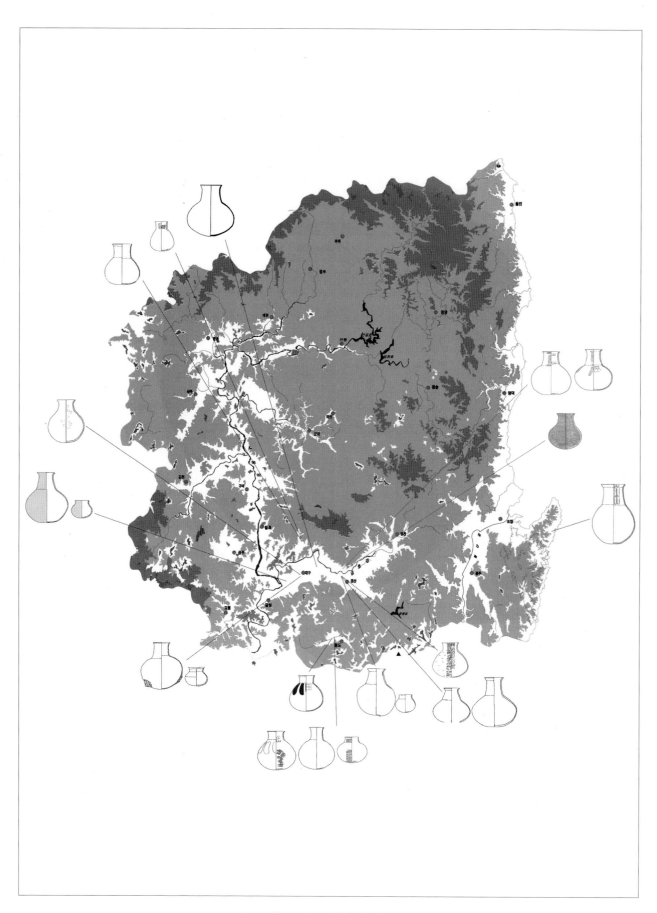

도면 14. 채문토기 · 적색마연토기 분포양상

참고문헌

문화재청 인트라넷-

지리정보시스템(문화재공간정보)

이건무, 1986, 「채문토기고」, 『영남고고학보』2, 영남고고학회.

김선우, 1994, 「마제석검의 연구현황」, 『한국 상고사학보』제16호, 한국 상고사학회.

안재호, 2002, 「적색마연토기의 출현과 송국리식토기」, 『한국 농경문화의 형성』, 한국고고학회.

박선영, 2004, 「남한 출토 유절병식석검 연구」, 경북대학교 대학원 석사학위논문.

손준호, 2007, 「마제석촉의 변천과 형식별 기능 검토」, 『한국고고학보』제62권, 한국고고학회.

황재훈, 2007, 「전남지역 지석묘 출토 마제석촉에 대한 연구」, 『차세대 인문사회 연구』3, 동서대학교 일본연구센터.

박미현, 2008, 「유병식 마제석검의 전개와 지역성 연구」, 부산대학교 대학원 석사학위논문.

배진성, 2008, 「함안식 적색마연호의 분석」, 『한국민족문화』32, 부산대학교 한국민족문화연구소.

장용준·平郡達哉, 2009, 「유절병식석검으로 본 무문토기시대 매장의례의 공유」, 『한국고고학보』제72권, 한국고고학회.

손준호, 2009, 「청동기시대 석기의 관찰과 분석」, 『고고학 연구 공개 강좌』제 27회, (재)영남문화재연구원.

김미영, 2010, 「적색마연토기의 변천과 분포에 대한 연구-원저호를 중심으로」, 『경남연구』2, 경남발전연구원.

이영문, 2011, 「한국 청동기시대 전기 묘제의 양상」, 『한국문화사학』제35권, 한국문화사학회

송영진, 2012, 「금호강유역 마연토기의 변화상과 특징」, 『경남연구』7, 경남발전연구원.

김미영, 2013, 「영남 중동부지역 적색마연토기의 지역성」, 『한국청동기학회 토기분과 워크숍』, 한국청동기학회.

김양선, 2015, 「청동기시대 유병식석검의 지역성 연구」, 경북대학교 대학원 석사학위논문.

윤성현, 2015, 「남한 출토 유적식 석검에 대한 연구」, 『한국청동기학보』제17호, 한국청동기학회.

배진성, 2007, 『무문토기문화의 성립과 계층사회』, 서경문화사.

이홍종·허의행·박상윤, 2011, 『청동기시대 유물 집성』, 서경문화사.

히라고리타츠야, 2013, 『무덤자료로 본 청동기 사회』, 서경문화사.

이청규 외 10명, 2015, 『한국 청동기 문화 개론』, 진인진.

안재호·이형원, 2016, 『청동기시대 고고학2-편년』, 서경문화사.